THE CONCERT OF EUROPE

武装和平

[英]罗伯特·巴尔曼·莫厄特———著　吴赵萍———译

1871—1914

中国出版集团公司
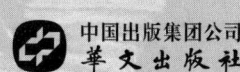
华文出版社

图书在版编目（CIP）数据

武装和平：1871–1914 /（英）罗伯特·巴尔曼·莫厄特著；吴赵萍译. -- 北京：华文出版社，2021.9
（华文全球史）
ISBN 978-7-5075-5467-0

Ⅰ.①武… Ⅱ.①罗… ②吴… Ⅲ.①欧洲—近代史—1871-1914 Ⅳ.①K504

中国版本图书馆CIP数据核字(2021)第119870号

武装和平：1871—1914

作　　者：	[英] 罗伯特·巴尔曼·莫厄特
译　　者：	吴赵萍
选题策划：	盛世华章
插图供应：	029-85504182
责任编辑：	景洋子　魏丹丹
出版发行：	华文出版社
社　　址：	北京市西城区广外大街305号8区2号楼
邮政编码：	100055
网　　址：	http://www.hwcbs.com.cn
电　　话：	总编室010—58336239
	发行部010—58336212
经　　销：	新华书店
印　　刷：	三河市燕春印务有限公司
开　　本：	710×1000　1/16
印　　张：	32.5
字　　数：	400千字
版　　次：	2021年9月第1版
印　　次：	2021年9月第1次印刷
标准书号：	ISBN 978-7-5075-5467-0
定　　价：	125.00元

版权所有　侵权必究

出版前言

随着中国开放的大门越开越大，关注世界各国尤其是西方国家文明的源流、发展和未来已经成为当下世界史研究的一个热点。为了成系统地推出一套强调"史源性"且在现有世界史出版物中具有拾遗补阙价值的作品，我们经过认真论证，推出了"华文全球史"系列，首次出版约一百个品种。

"华文全球史"系列从书目选择到译者的确定，从书稿中图片的采用到人名地名的规范，都有比较严格的遴选规定、编审要求和成稿检查，目的就是要奉献给读者一套具有学术性、权威性和高质量的世界史系列图书。

书目的选择。本系列图书重视世界史学科建设，视角宽阔，层级明晰，数量均衡，有所突出。计划出版的"华文全球史"中，既有通史，也有专题史，还有回忆录，基本上是世界历史著作中的上乘之作，填补了国内同类作品出版的空白。

人名地名规范。本系列图书中人名地名，翻译规范，重视专业性。在人名翻译方面，我们坚持"姓名皆全"的原则，加大考据力度，从而实现了有姓必有名，有名必有姓，方便了读者的使用。在注释方面，书中既有原书注，完整地保留了原著中的注释；也有译者注，体现了译者的研究性成果。

书中的插图。本系列图书的一个重要特点是书中都有功能性插图，这些插图全方位、多层次、宽视角反映当时重大历史事件，或与事件的场景密切相关，涉及政治、军事、经济、社会、外交、人物、地理、民俗、生活等方面的绘画作品与摄影作品。功能性插图与文字结合，赋予文字视觉的艺术，丰富了文字的内涵。

译者的确定。本系列图书的翻译主要凭借的是一个以大学教师为主的翻译团队，团队中不乏知名教授和相关领域的资深人士。他们治学严谨，译笔优美，为确保质量奉献良多。

"华文全球史"系列作为一套具有较高学术价值的优秀的世界历史丛书，对增加读者的知识，开阔读者的视野，具有积极的意义。同时要看到，一方面很多西方历史学家的观点符合事实，另一方面不少西方历史学家的观点是错误的，对于这些，我们希望读者不要不加分析地全盘接受或全盘否定，而是要批判地吸收外国文化中有益的东西。

华文出版社
2019年8月

序　言

本书主要讲述1871年1月至1914年8月的欧洲国家外交关系。在世界历史上，1887年至1914年这段历史时期十分引人瞩目。

在哲学家眼中，任何历史时期均不容忽略。然而，在历史长河中，有些历史阶段的确更加耀眼。正如1789年至1815年这一阶段之所以在人类历史上留下了深刻印记，不只因为其间战争频繁。相对而言，1815年至1830年这一阶段特征显著，1830年至1847年则平淡无奇。其后，1847年至1856年，爆发了激动人心的1848年革命，德意志与意大利民族主义运动风起云涌。在法兰西，路易-拿破仑·波拿巴即拿破仑三世开始崛起。在巴尔干半岛，悲剧再次上演。同时，整个欧洲共产主义运动方兴未艾。随后，1856年至1870年，历史再次归于平淡。奥托·冯·俾斯麦正处于人生蓄势待发的阶段，俄罗斯人郁郁寡欢，伊莎贝拉二世统治下的西班牙陷入一片混乱，丹麦人因石勒苏益格-荷尔斯泰因问题身心俱疲，英国首相亨利·约翰·坦普尔·帕默斯顿年事已高，只有意大利复兴运动给这个平淡无奇的历史时期带来了强烈的骑士主义精神与浓厚的理想主义氛围。

1870年，中世纪曾经辉煌的西欧满目疮痍。法兰西第二帝国彻底瓦解。英国在英吉利海峡对岸冷眼旁观欧洲大陆，与欧洲隔海相望的美国也在静观其变。弗里德里希·斐迪南·冯·博伊斯特曾说："我再也看不到欧洲了。""欧洲"已经从人们的视野中消失不见了。

显然，1871年至1914年是一个崭新的历史时期。这一时期，伴随德意志第二帝国霍亨索伦王朝建立及武装和平状态的出现，时代特征尤其突出。

虽然德意志第二帝国存在了不到五十年，但依然被视为世界历史上的重大事件。它完美继承了维京人的道德精神，可谓是维京人的末代王朝。德意志第二帝国在战争中诞生，认为人类生存状态亘古未变，一直为生存而斗争。当丧钟敲响之时，德意志第二帝国俨然一艘即将沉没的航船。它将旗帜固定在桅杆上后，便不屈不挠地在世界大战中湮没在茫茫历史长河之中。

尽管如此，直到大难临头时，欧洲一直处于和平状态。与德意志第二帝国一样，武装和平也是世界历史上独一无二的存在。历史上并未出现过这样的先例。尽管并未爆发战争，各大国却纷纷武装自己，处于积极备战状态。然而，1871年至1914年的欧洲一直处于武装和平状态。欧洲各大国为了备战寻找各自盟友，井然有序地将自己武装起来，准备迎接随时可能爆发的战争。人们虽然深陷可怕的重重危机，却已经变得麻木不仁。这也是人类应对潜在危险的惯常方式。正如人们如果选择乘坐火车出行，肯定会无视这种出行方式带来的死亡恐惧。当时，之所以危机重重，绝不是因为军事动员才使战争一触即发，因为欧洲一直处于动员状态。1870年以前，大军只存在于战争时期。在和平时期，战时大军会缩减至最小规模，不可能在数月之内恢复至备战状态。然而，1871年以后，伴随大范围征兵，常备军一直处于战争状态。军队规模大到足以发动战争。军队时刻处于"戒备状态"，准备随时发动进攻。只需要五秒钟时间，战争部通过无线电一声令下，常备军便可立刻投入战斗。确切地说，军事动员就是调用常备军。无论和平时期还是战争时期，为了前线作战，部队会一直处于动员状态。

1871年至1914年可谓长期动员的武装和平时代。如果两个国家在共同边界进行军事动员使战争一触即发，但为何在1914年之前并未爆发战争？显而易见，是欧洲协调一直在维护和平。当时，各国政府信仰绝对主权原则。它们一直以维护和平为目标不断进行合作与交流。在许多问题上，虽然国家之间随时都可能发生摩擦,但经过不断互相协调,矛盾最终得以缓解。面对重大危机,欧洲协调通过会议解决难题,以便"渡过"难关。在欧洲协调作用下,一触即发的战争被无限期拖延下去。虽然前景并非一片光明,但欧洲协调的确"发挥了作用",维护了整个欧洲近五十年的和平状态。尽管最后一次(现在看来并非最难解决的)危机爆发后,欧洲协调未能稳定和平状态,但主要原因是德意志第二帝国拒绝参加欧洲协调会议。因此,德意志第二帝国难辞其咎。

然而,德意志第二帝国并非故意挑起战争,也没有想发动战争。因为我们有充分证据可以证明这一点。在1914年危机的整个过程中,德意志第二帝国政府与支持政府的人民始终充满耐心,保持克制。与以前的危机相比,面对此次危机,德意志第二帝国政府没有摆出咄咄逼人之势。总的来说,它表现出和解的态度。与以往相比,德意志第二帝国驻伦敦大使卡尔·马克斯·弗斯特·里奇洛乌斯基、驻圣彼得堡大使弗里德里希·冯·普塔莱斯、驻巴黎大使威廉·冯·舍恩、驻维也纳大使海因里希·冯·齐尔斯基不仅行事谨慎,而且态度冷静,颇具政治家风度。直到危机接近尾声时,德意志第二帝国总参谋部一直表现得谨小慎微,不断提出和解建议。

不过,德意志第二帝国必须承担起主要责任,有三方面的原因:其一,它从未真正信任过欧洲协调。1871年至1914年,德意志第二帝国一直在制造"战争氛围",而不是想方设法压制"战争氛围";其二,在1914年7月的危机中,德意志第二帝国两次拒绝了可能阻止全面战争爆发的提议——1914年7月26日,爱德华·格雷爵士召开国际会议的提议;1914年7月29日,沙皇尼古拉二世将争端提交海牙法庭的提议;其三,当听说俄罗斯帝国发布了总动员令,德意志第二帝国并未"抵制动员",而是决定立刻发动战争,因为德意志第二帝国不愿在担惊受怕中继续等待下去。

在此,我非常荣幸地向尊敬的埃德蒙·乔治·佩蒂-菲茨莫里斯男爵深表谢意。他是研究第二代谢尔本伯爵威廉·佩蒂-菲茨莫里斯及格兰维尔伯爵乔治·莱维森·高尔生平的著名历史学家,曾两次出任副外交大臣。他不仅学识广博、经验丰富，而且思维严密。与埃德蒙·乔治·佩蒂-菲茨莫里斯男爵进行的多次谈话令我受益匪浅。我很荣幸，他亲自审阅了本书手稿。

此外，我还要感谢布里斯托大学与牛津大学基督堂学院的佩勒姆·H.博克斯先生及我的助手布里斯托大学的布彻小姐。

最后，早期发行的大量世界大战文献资料为研究1871年至1914年欧洲历史的学者提供了极大便利。虽然《欧洲内阁的重大政治》个别地方依然存在有待填补的历史研究空白，但这本书比较全面地反映了欧洲大国政策。我们在此向《欧洲内阁的重大政治》的编订者致以崇高的敬意。

罗伯特·巴尔曼·莫厄特
于布里斯托

目 录

001 **第 1 章**
战争时期：1848 年至 1871 年

009 **第 2 章**
《法兰克福条约》

027 **第 3 章**
武装和平

051 **第 4 章**
罗马教廷回归

067 **第 5 章**
巴尔干半岛问题：1876 年至 1878 年

095 **第 6 章**
1878 年的柏林会议

105 **第 7 章**
三国同盟

121	**第 8 章**
	瓜分非洲

133	**第 9 章**
	1884 年至 1885 年的柏林会议

149	**第 10 章**
	埃　及

165	**第 11 章**
	苏伊士运河

173	**第 12 章**
	保加利亚危机：1885 年至 1886 年

191	**第 13 章**
	巴尔干半岛各国边界问题的协调

215	**第 14 章**
	第一次海牙国际会议

237	**第 15 章**
	中国问题的协调

263	**第 16 章** 英德同盟问题：1898 年至 1901 年
285	**第 17 章** 欧洲协调的衰落
303	**第 18 章** 阿尔赫西拉斯会议
323	**第 19 章** 英法协约集团的演变
335	**第 20 章** 波斯尼亚与黑塞哥维那
367	**第 21 章** 第二次海牙国际会议
383	**第 22 章** 欧洲协调的破裂
397	**第 23 章** 巴格达铁路问题

| 419 | **第 24 章**
1913 年的伦敦大使会议 |

| 433 | **第 25 章**
1914 年上半年 |

| 441 | **第 26 章**
决定欧洲命运的关键十二天 |

| 481 | **译名对照表** |

第 1 章
战争时期:1848年至1871年

精彩看点

1848年到1871年欧洲战乱——拿破仑战争与欧洲协调的诞生——1848年欧洲革命——《巴黎条约》与"黑海中立条款"——奥托·冯·俾斯麦与德意志的统一大业

1870年普法战争结束了持续二十二年的欧洲战乱，使欧洲迎来了长达四十四年的和平。

自1848年以来，欧洲各国纷争不断。最早，奥地利帝国与匈牙利王国冲突激烈。不过，双方最终于1849年8月在维拉格斯签订了停战协定。随后，奥地利帝国与撒丁王国发生了短暂冲突。1849年3月，这场冲突以意大利人在诺瓦拉战败而告终。没过多久，1854年，克里米亚战争接踵而来。直到1856年，这场战争才最终结束。1859年，意大利人发动了解放战争（法兰西第二帝国与撒丁王国联手对抗奥地利帝国）。1864年，普鲁士王国与奥地利帝国对丹麦王国发动了石勒苏益格-荷尔斯泰因战争。1866年，普鲁士王国与奥地利帝国之间爆发了普奥战争。1870年，法兰西第二帝国与普鲁士王国之间爆发了普法战争。随后四十四年，土耳其帝国之外的整个欧洲再也没有发生任何战争。

1848年至1870年战争时期之前，虽然欧洲大国协调的地位还并不稳固，却真实地存在着。1814年，欧洲大国结盟共同反抗拿破仑·波拿巴，即拿破仑一世。欧洲各大国互相达成谅解，共同致力于维护欧洲和平，纷纷承诺遵守和平条约。于是，欧洲协调应运而生。在克莱门斯·冯·梅特涅的强大影响力之下，很长一段时期内，尽管欧洲协调（1815年，拿破仑战争结束；三年后的1818年，法兰西王国承认欧洲协调）并非尽善尽美，却一直在起作用。克莱门斯·冯·梅特涅是一位具有欧洲精神的杰出政治家，曾担任奥地利帝国外交大臣长达

克莱门斯·冯·梅特涅

四十年。作为政治家,他走入了一个思想误区。他认为(直到生命最后一刻依然相信)宪政革命与民族运动的影响力具有破坏性,所以他一直激烈反对宪政革命与民族运动。不过,在维持欧洲和平问题上,克莱门斯·冯·梅特涅独具慧眼。他认为,整个欧洲和平受到威胁时,只有各国政府协调一致,心平气和地召开会议,通过交换意见,采取预防措施,才能确保和平。

一场暴力革命结束了1815年至1848年的欧洲和平。这场革命就是1848年欧洲革命。它在意大利、法兰西与奥地利相继爆发。与此同时,其他一些地区的人民蠢蠢欲动，企图发动革命。在哈布斯堡王室的领地，革命之火燃烧得尤其猛烈。捷克人、马扎尔人与意大利人的革命目标是实现民族自由并建立宪政政府。尽管哈布斯堡王朝在俄罗斯帝国帮助下镇压了这场革命，但实现民族自由与建立宪政政府依然是绝大多数欧洲政界开明人士的奋斗目标。克里米亚战争、意大利解放战争及石勒苏益格-荷尔斯泰因战争或多或少凸显出追求民族自由与建立宪政政府的奋斗目标。在1866年与1870年德意志实现统一的两场战争中，争取民族自由是最大的驱动力量。1848年至1870年战争时期接近尾声之时，除了奥匈帝国与俄罗斯帝国以外，民族统一的理想已经在欧洲绝大多数国家完全实现。几乎无一例外，战争的结果是实现民族统一。在此期间，欧洲协调已经名存实亡。欧洲协调取得的唯一成就是1867年伦敦会议承认卢森堡取得独立并保持中立。在其他欧洲重大事务中，欧洲协调完全被排除在外，没有起到任何作用。这些欧洲重大事件有：普鲁士王国镇压汉诺威、黑森-卡塞尔与法兰克福的独立运动；普鲁士王国吞并属于丹麦的石勒苏益格-荷尔斯泰因公国；撒丁王国吞并伦巴第、意大利中部公国、那不勒斯及西西里岛，并

奥匈帝国的徽章　　　　　　　　　　　　俄罗斯帝国的徽章

成立意大利王国；1866年普奥战争结束了德意志邦联（在英国与法兰西第二帝国保证下，根据一项欧洲条约，1815年成立了德意志邦联）[①]；意大利王国吞并威尼西亚及教皇国；1870年，法兰西第二帝国与德意志邦国发生冲突，双方最终以和解而告终。在以上所有斗争中，中立国家袖手旁观，静观其变。有时，中立国也会表示不满，声称要发表抗议，但最终不了了之。1870年，俄罗斯帝国趁欧洲战乱之际，拒绝履行《巴黎条约》（克里米亚战争结束时，该条约由欧洲会议全体代表通过）"黑海中立条款"规定的应尽义务。事实上，英国与法兰西第二帝国认为俄罗斯帝国不守信用，拒绝承认这种恶意行为有效。直到后来，在伦敦召开的一次欧洲会议讨论了此事。然而，伦敦会议竟然将俄罗斯帝国对黑海中立地位的否定纳入一项新的欧洲条约，这实在无法说明国际法的神圣性得到了真正维护。不过，国际法受损的尊严还是得到了一定程度的修复，因为俄罗斯帝国与参加伦敦会议的其他国家共同签订了一份议定书，大致

签订《巴黎条约》

[①] 爱德华·赫兹莱特所著《条约下的欧洲地图》第3卷第433条。1871年1月17日，英国、奥匈帝国、北德意志邦联、法国、意大利王国、俄罗斯帝国与土耳其帝国在伦敦发表了此宣言。——原注

亚历山大·米哈伊洛维奇·戈尔恰科夫

内容是"除非缔约各方心平气和地表示一致同意",任何更改条约的行为均无效。其实,国际法的这一原则早已存在。当俄罗斯帝国外交大臣亚历山大·米哈伊洛维奇·戈尔恰科夫拒绝承认《巴黎条约》"黑海中立条款"内容时,他对国际法的这一原则了然于心。

与亚历山大·米哈伊洛维奇·戈尔恰科夫一样,普鲁士王国首相奥托·冯·俾斯麦对待所有条约都持怀疑态度。在1870年普法战争爆发前后,英国曾经作为中立国多次进行斡旋。然而,奥托·冯·俾斯麦一直无动于衷。1871年2月26日,交战双方法国与普鲁士王国签订了《凡尔赛初步条约》,最终实现了和平。当时，两国均已经精疲力竭，在没有第三方国家干预的情况下便握手言和。阿尔萨斯-洛林转而成为刚刚成立的德意志第二帝国的领土。

  对整个欧洲来说，伴随1871年而来的绝非一片光明的前景。一幅新的政治地图在欧洲大陆广袤的土地上绘制而成。一些重要的邦国消失了，其他邦国则遍体鳞伤。对此，欧洲协调无可奈何，只能望洋兴叹。二十多年来，雄心勃勃的野心家与躁动不安的各民族一直在用暴力手段重塑欧洲。法德之间的势力均衡状态已经不复存在。未来几年，战乱会有可能比过去更少吗？

第 2 章

《法兰克福条约》

精彩看点

欧洲协调名存实亡——维多利亚女王的公开信——普法战争——《凡尔赛初步条约》——巴黎公社运动——法兰克福会议——《法兰克福条约》——德意志第二帝国吞并阿尔萨斯与洛林——德意志帝国与法国之间的隐患

1871年3月，一场欧洲会议在伦敦召开。不过，这次会议绝非真正意义上的欧洲协调会议。1866年，普鲁士王国曾向沙皇亚历山大二世承诺，支持俄罗斯帝国废除《巴黎条约》中的"黑海中立条款"。1870年10月31日，俄罗斯帝国公开表示否认"黑海中立条款"。此举遭到英国抗议。随后，奥托·冯·俾斯麦提议召开大使会议，纠正俄罗斯帝国在处理问题上的形式缺陷[1]。最后，俄罗斯

沙皇亚历山大二世

奥托·冯·俾斯麦

---

[1] 《欧洲内阁的重大政治》第2卷第15页。——原注

帝国明目张胆地否认"奴役"黑海，竟然得到了这次大使会议的认可。然而，这次大使会议的结果绝非欧洲协调所为。

当时，欧洲协调已经名存实亡。欧洲各国君主凭借彼此之间的关系，影响着欧洲国家之间的关系。英国维多利亚女王的公开信表明：普鲁士王国、俄罗斯帝国与英国三国君主一直保持着书信往来。三国君主一致认为：作为欧洲大

维多利亚女王

拿破仑三世

维多利亚公主与普鲁士王储腓特烈亲王

家庭成员,他们共同担负着维护欧洲和平的责任。不过,这种责任时常会屈从于特定的国家政策。

  维多利亚女王坚定不移地支持着普鲁士王国。1870年7月,法兰西第二帝国皇帝拿破仑三世挑起了普法战争。对此,维多利亚女王义愤填膺。在写给女儿维多利亚公主与女婿普鲁士王储腓特烈亲王的信中,维多利亚女王清楚地表达了满腹怒气。这层特殊家庭关系很有可能令开明的腓特烈亲王有着强烈的自由思想倾向。腓特烈亲王赞成比较温和的和平条款,不赞成普鲁士国王御前会议之前提出的强硬条款。在写给维多利亚女王的一封信中,腓特烈亲王表示,对于法国战败赔款从六十亿法郎降至五十亿法郎,他感到十分满意[①]。

---

① 《维多利亚女王书信集》第2册(1862年至1878年)第2卷第121页(1871年3月4日)。——原注

然而，欧洲君主之间的"这层姻亲关系"并未对1871年和平问题的解决产生任何影响。1870年冬天①，在最黑暗的数月时间，路易-阿道夫·梯也尔不辞辛劳地奔走于各中立国首都。各国虽然纷纷表示同情法国处境，却并未采取任何实际行动。最终，路易-阿道夫·梯也尔失望而归。对此，奥托·冯·俾斯麦早有准备。他要确保伦敦会议绝不涉及普法战争问题②。1870年9月4日，法兰西第二帝国灭亡。在这场灾难性的普法战争接近尾声时，新成立的法国临时政府孤立无援，不得不在力所能及范围内去制定和平条款。然而，正是在如此艰

路易－阿道夫·梯也尔

---

① 1870年9月4日，法兰西第三共和国取代法兰西第二帝国。1870年9月4日以后，本书以"法国"代指法兰西第三共和国。——译者注
② 《欧洲内阁的重大政治》第2卷第18页，1870年11月28日，奥托·冯·俾斯麦给普鲁士王国驻伦敦大使阿尔布雷希特·冯·伯恩斯托夫的指示。——原注

儒勒·法夫尔与奥托·冯·俾斯麦会晤

难的情况下达成的和平结果,决定着欧洲未来的国际形势。如果没有顶级政治家因势利导,当时的情况对战胜方绝无优势可言。法兰西第二帝国灭亡后,法国临时政府一时难以决定是否要誓死抗争到底。1870年10月,法国外交部长儒勒·法夫尔与奥托·冯·俾斯麦在费里耶尔举行了会晤。直到现在,人们也不清楚奥托·冯·俾斯麦向儒勒·法夫尔提出的条款具体内容。不过,奥托·冯·俾斯麦所提条款必定十分苛刻。于是,法国临时政府决定要继续战争。儒勒·法夫尔向奥托·冯·俾斯麦不仅提议和平,甚至提出法国与普鲁士王国结为"坚不可摧的盟友"。一旦两国结盟,法国与整个欧洲面临的难题都将迎刃而解。一方面,法国再也不必供养庞大的军队,财政困境得以缓解;另一方面,普鲁士王国也会消除顾虑,不必担心法国再次发动战争进行报复,即将成立的德意志第二帝国也就没必要一直处于备战状态。总而言之,普法战争结束后,如果两国实现了结盟,整个欧洲就不会陷入武装和平的梦魇之中。儒勒·法夫尔后来对法布里斯将军说:"不幸的是,奥托·冯·俾斯麦并未接受我的提议。"①因为这意味着普鲁士王国必须降低和平条款。

两国之间的和平会议分为两个阶段。第一阶段产生了《凡尔赛初步条约》。《凡尔赛初步条约》仓促拟定,普鲁士王国与法国很快便达成一致意见。1871年2月26日,两国签订《凡尔赛初步条约》,却留下许多有待解决的问题。不到三个月后,两国之间和平会议的第二阶段便产生了《最终和约》②。

对普鲁士王国与法国来说,虽然原因不尽相同,但从《凡尔赛初步条约》签订到《最终和约》签订的这段时间,双方都颇感煎熬。奥托·冯·俾斯麦一直担心,中立国家会出手干涉,从中"斡旋"或通过外交手段施压。当然,他的担心并非毫无根据。当时,俄罗斯帝国因废除《巴黎条约》"黑海中立条款"而与英国交恶,奥匈帝国很可能趁机攻打并占领巴伐利亚,以补偿1866年普奥战争中的损失。

对法国政府而言,它别无选择,只能盼望早日签订最终和约。因为在签订最终和约之前,法国政府的行动自由在许多方面都受到限制,例如它需要集中全部精力去镇压来势汹汹的巴黎公社叛乱。

普法战争期间,巴黎第一次遭到围攻,时间长达五个月。尽管勇敢的巴黎市民宁死不屈,但第一次围攻还未结束,第二次围攻已经在酝酿之中。这次,并非德意志人而是法兰西人自己要围攻巴黎。第一次围城期间,巴黎已经和外界断绝了联系。如今普法战争结束了,巴黎依然处于孤立状态。当时,法国国民大会在波尔多召开,投票通过了《凡尔赛初步条约》。随后,国民大会没有返回巴黎,而是迁至凡尔赛。此时,巴黎徒有首都虚名,处于权力真空状态。伴随着普法战争接近尾声,由于法国战败,政府信誉下降,国内政治上的不满情绪高涨。与此同时,法国经济陷入了困境,最终导致1871年3月18日巴黎公社运动爆发及一系列的恐怖、血腥的事件。路易-阿道夫·梯也尔作为临时政府首脑,

---

① 《欧洲内阁的重大政治》第1卷第10页,1871年4月8日法布里斯将军照会的内容。——原注
② 即下文的《法兰克福条约》。——译者注

围攻巴黎期间,市民保卫巴黎

不得不违背《凡尔赛初步条约》，派出政府军驻扎在卢瓦河北岸。然而，此举换来的是怨声载道与最终和约的苛刻条款。

奥托·冯·俾斯麦几乎总是处于超负荷的工作状态。然而，一旦工作压力过大，他就会变得焦躁易怒、满腹狐疑。他会故意制造重重障碍，想方设法刁难对手，发出各种令人生畏的威胁。德意志第二帝国高级将领埃德温·冯·曼陀菲尔将军与法布里斯将军曾经相继指挥军队占领法国领土。法国外交部长儒勒·法夫尔的提议得到了两位德意志第二帝国将军的郑重考虑。1871年4月8日，法布里斯将军与法国外交部长儒勒·法夫尔在鲁昂举行会谈。法布里斯将军在报告中称，儒勒·法夫尔曾说："如果我与你必须握手言和，我们应该会在几天内搞定一切。"

原定计划在中立国比利时王国首都布鲁塞尔签订最终条约。然而，1871年3月，在布鲁塞尔会议上，德意志第二帝国首席代表与法国首席代表均未到场，

埃德温·冯·曼陀菲尔将军

法兰克福和平会议

会议无果而终。与此同时,法国临时政府组织的凡尔赛大军正在围攻巴黎。德意志第二帝国的军队就在不远处驻扎着。两国警戒部队处于高度戒备状态,战争一触即发。走投无路的儒勒·法夫尔提出在柏林与巴黎之间的某个地方与奥托·冯·俾斯麦直接会面。奥托·冯·俾斯麦犹豫再三,最终还是表示同意。1871年5月6日,最终和平会议在法兰克福举行。

此次会议,法国首席全权代表是法国外交部长儒勒·法夫尔。儒勒·法夫尔是一位热衷于公共事务的律师,能言善辩,说起话来铿锵有力。他曾经在一次演讲中宣称,法国绝不放弃一寸国家领土,更不会让出一块堡垒砖石。然而,为了完成和谈这项吃力不讨好的任务,儒勒·法夫尔不得不食言。他必须鼓起勇气放下身段做出割让领土的退让之举。法国财政部长奥古斯丁·普耶-

奥古斯丁·普耶-克蒂埃

克蒂埃与儒勒·法夫尔一道前来参会。他与儒勒·法夫尔性格迥然不同。奥古斯丁·普耶-克蒂埃属于典型的法国人。他身材魁梧，性格平和，却不乏幽默风趣，特别合群。他是诺曼底富有的实业家，一位务实的现实主义者，为人处世十分通情达理。奥古斯丁·普耶-克蒂埃与奥托·冯·俾斯麦一见如故，两人惺惺相惜。

法兰克福会议召开未满四天，法国与德意志第二帝国便签订了最后和约。法国代表下榻于俄罗斯酒店，德意志第二帝国代表住在苏姆施万酒店。尽管双方争论十分激烈，但会议很快便结束了。此时，巴黎依然被巴黎公社控制，满城血雨腥风。法国临时政府必须确保法兰克福和谈万无一失。会谈中，奥托·冯·俾斯麦偶尔也会做出一些小小让步，但始终坚持法国必须全额支付战争赔款。不过，其间只出现了一次例外情况。当时，奥古斯丁·普耶-克蒂埃向奥托·冯·俾斯麦抱怨,德意志第二帝国吞并了贝尔福附近的维勒吕普,让他变成了德意志人。

奥托·冯·俾斯麦一针见血地指出:"这怎么可能呢?谁说要你的老家诺曼底了?莫名其妙。"

奥古斯丁·普耶-克蒂埃解释道:"其实,事情的来龙去脉非常简单。您要知道,我可是维勒吕普铸造厂的主要股东之一。现在,您确实将我变成了德意志人。"

奥托·冯·俾斯麦重新答复道:"好了,好了,别再叫嚷了!我把维勒吕普给你留下。不过,千万不要贪心不足。否则,我定会收回说过的话。"①

位于巴黎奥赛路上的法国外交部内一处楼梯墙面上,悬挂着一幅有趣的版画。这幅版画反映了当时在苏姆施万酒店房间内签署《法兰克福条约》的场

签署《法兰克福条约》

---

① 艾米·劳塞达特所著《法国与德意志第二帝国边界的划分》第15页。——原注

景。这幅画并未突出表现任何仪式感，只是真实地反映了和约签订那一刻的情景。当时，儒勒·法夫尔收到一封电报，其内容大致是巴黎公社已经被镇压，巴黎已经被成功夺回。然而，这个消息来得太迟了，未能使和谈产生任何对法国有利的影响。

一方面，在《法兰克福条约》中，《凡尔赛初步条约》遗留的绝大多数问题都得到解决。为此，法国付出了惨痛代价，背负了层层重压。当时，法国社会、政治与经济均处于水深火热之中。然而，德意志第二帝国吞并了阿尔萨斯与洛林，已经获利颇丰，根本没有必要向伤痕累累的法国继续强取豪夺。德意志第二帝国此举无异于在伤口上撒盐，或许会给法国造成永久创伤。《凡尔赛初步条约》并未提及占领区的公共债务问题。奥托·冯·俾斯麦拒绝承担德意志第二帝国占领区的公债。《凡尔赛初步条约》指出：法国保留贝尔福，但必须在周边设立"有待解决"的"争议地带"。奥托·冯·俾斯麦利用此条款迫使法国放弃了洛林这块宝地。事实上，根据《凡尔赛初步条约》，法国已经割让了大片土地。在赔款问题上，奥托·冯·俾斯麦也寸步不让，坚持要法国支付五十亿法郎赔款。然而，《凡尔赛初步条约》未提及此点。总体而言，《法兰克福条约》苛刻的和平条款并未明显超出《凡尔赛初步条约》范围。不过，在一些细节问题上，德意志第二帝国不断加码，令法国雪上加霜。当然，法国作为战败国根本没有资格去讨价还价。不过，如果说法国被德意志第二帝国"吸干榨净"，也并不符合实际。

另一方面，这显然是一份毫无政治家风度可言的和平条约。作为战败方，法国政治家几乎没有施展拳脚的机会。然而，战胜方德意志第二帝国有着更多机遇。1866年，普鲁士军队在萨多瓦大败奥地利军队。奥托·冯·俾斯麦明白，要想从长计议，就得善待敌人。萨多瓦战役后，普鲁士军队高级将领自然迫不及待地要继续向维也纳挺进。对此，普鲁士公众定会拍手称快，因为一旦普鲁士军队攻陷了奥地利帝国首都维也纳，这将成为普鲁士王国历史上最辉煌的一刻。然而,奥托·冯·俾斯麦排除万难,驳回了军队请求[①]。奥托·冯·俾斯麦很清楚:普鲁士王国和平统一德语区的希望取决于奥地利帝国的态度。一旦奥地利帝国遭到羞辱,积怨难平,必将伺机报复。如此一来,普鲁士王国根本不可能在未来十年到二十年完成统一大业。在德意志第二帝国王储腓特烈亲王支持下,奥托·冯·俾斯麦坚决反对趾高气扬的军队高级将领意气用事,并且获得普鲁士国王德皇威廉一世的同意。普鲁士王国未曾兼并奥地利帝国一寸

普鲁士国王德皇威廉一世

---

① 奥托·冯·俾斯麦所著《思考与回忆》(1898年英译本)第2卷第20章第232页。——原注

土地，便与其握手言和。1866年7月26日签订的《尼科尔斯堡预备条约》仅仅规定奥地利帝国支付一笔小额赔款，并且并未涉及任何领土上的变化。碍于情面的奥地利帝国皇帝弗朗茨·约瑟夫一世只好答应解散德意志邦联（奥地利帝国代表为德意志邦联主席），并同意成立以普鲁士王国为首的北德意志邦联。普鲁士王国为了不伤及哈布斯堡王室颜面，甚至做出退让之举。在吞并汉诺威、黑森-卡塞尔、法兰克福与巴伐利亚的土地时，普鲁士并未对奥地利帝国的老盟友萨克森强取豪夺。事实上，在经历第一次巨大冲击后，奥地利帝国从萨多瓦战败的重创中走了出来，其权力与声望所受损伤程度之小着实令人惊讶。正是因为在1866年普奥战争后，奥托·冯·俾斯麦采取了温和的处理方式，才使奥匈帝国在1870年普法战争时保持中立状态。后来，1879年，奥匈帝国与德意志第二帝国结为德奥同盟。

1871年，奥托·冯·俾斯麦再次面临相同的选择：与敌人握手言和，还是让敌人慢慢品尝失败的痛苦。奥托·冯·俾斯麦原本希望维持双方友好关系。多年后的1884年，他曾对法国驻柏林大使贡托-比隆说："我渴望的结果是，你们既然能够摆脱滑铁卢战役的阴影，也一定能走出色当战败的阴影。"然而，奥托·冯·俾斯麦最终未能将这一想法付诸实践。摆在他面前的两个选择是：要么吞并法国大片领土，要么安抚法国战败的伤痛。事实上，要想安抚敌人，实在是困难重重。因为这样一来，奥托·冯·俾斯麦必须与军队高级将领打一场"硬仗"。普法战争结束后，普鲁士民族主义情绪高涨。一旦这样选择，这将意味着他要逆潮流而动。此外，一旦放弃具有重大战略意义的胜利果实，奥托·冯·俾斯麦将不得不承担巨大风险。大获全胜后，德意志第二帝国取得的最大成果是它与法国之间形成了完美的军事边界。事实上，即便放弃了胜利果实，由于德意志第二帝国与宿敌法国积怨已久，双方和平共处的前景也不十分明朗。

从另一个角度来看，德意志第二帝国若直接摘取胜利的果实，反而易如反掌。法国已经彻底战败，此刻孤立无援。德意志第二帝国不仅可以得到阿尔萨斯，还可以将莱茵河与孚日山脉之间开阔的边境地带——洛林——牢牢握在掌心。实际上，除此之外，德意志第二帝国别无他求。欧洲其他国家一致认为：如果德意志第二帝国得寸进尺，将很难全身而退。

奥托·冯·俾斯麦最终选择了简单、直接的方式，吞并了阿尔萨斯、洛林与梅斯。几个月后，也就是1871年8月，奥托·冯·俾斯麦对法国驻柏林临时代办加布里亚克侯爵约瑟夫·德·卡多因说，德意志第二帝国占据"法国地盘"梅斯实属"荒谬"之举。德意志第二帝国总参谋部基于军事需要，向奥托·冯·俾斯麦施加压力。最后，奥托·冯·俾斯麦不得不同意吞并梅斯[①]。毋庸置疑，吞并梅斯大大巩固了德意志第二帝国的军事边界。不过，常言道："有得必有失。"奥托·冯·俾斯麦错失了一个绝佳的机会，即进一步巩固自己亲手创建的辉煌的德意志第二帝国的根基。德意志第二帝国吞并阿尔萨斯没有任何问题。因为色当战败后，法国人已经料到普鲁士王国必然会吞并阿尔萨斯，所以内心已经接受了这个既成事实。每个民族都能够承受住一定的屈辱。然而，过度的屈辱则会让民族自尊心遭受重创，并且需要很长时间才能让创伤愈合。除了阿尔萨斯，德意志第二帝国还吞并了洛林。法国人恨得咬牙切齿。

事实上，失去了洛林与梅斯，法国需要大批军队去驻守边界，否则就等于失去了防御能力。从军事角度来看，新边界不堪一击[②]。尽管随后多年，为了巩固边界，法国在多处构筑层层堡垒。然而，梅斯距离法国首都巴黎仅有一百七十英里的路程。

一方面，1871年德意志第二帝国吞并阿尔萨斯、洛林的行为必然迫使法国进行大范围的军备扩充；另一方面，德意志人很清楚，他们夺去了愤愤不平的强大邻邦法国的两块土地，必然会遭到报复。因此，他们在尽最大努力保持自己的军事实力。他们必须足够强大，才能牢牢控制阿尔萨斯与洛林。要想保住

[①] 《法国外交文献汇编》（1929年巴黎出版）第1辑第1卷第62页，1871年8月14日。——原注
[②] 乔治·西德纳姆·克拉克所著《一位帝国主义者的研究》（1927年版）第133页（一篇写于1887年的关于法国与德意志第二帝国边界的文章）。——原注

阿尔萨斯与洛林，他们必须有力量还击对手。于是，阿尔萨斯与洛林两地变成了兵营。战争阴云、高度戒备与时刻备战的氛围一直驱之不散。受到影响的其他欧洲大陆国家纷纷居安思危。德意志第二帝国若拥有一支随时可以出击的大军，其他国家也很有必要维持最基本的军事力量。现代国家拥有实力与效率，能够把军队发展至一定规模与水平。为了致命打击敌人，每个国家都把自己有效地武装起来。虽然整个欧洲处于和平状态，但每个国家都在武装自己。德意志第二帝国吞并阿尔萨斯、洛林的行为催生了欧洲的武装和平。

第 3 章

武装和平

精彩看点

奥托·冯·俾斯麦与赫尔穆特·冯·毛奇犯下致命的错误——常备军成为诱发战争的原因——法国与德意志第二帝国之间的贸易繁荣——战争赔款支付问题——1875年的"战争恐慌"——"向法国"发动"防御战"的问题——欧洲有姻亲关系的大国王室担负起反战的职责

强大统一的德意志第二帝国取代了组织松散的德意志邦联（1815年至1866年）。显然，统一的德意志第二帝国与统一的意大利王国同样有利于整个欧洲的和谐发展。欧洲大陆的薄弱地带得到了巩固与强化。德意志第二帝国历史学家海因里希·冯·特赖奇克曾说，自从意大利与德意志统一以来，"欧洲大陆变得更加和谐。中欧力量大大加强"。事实上，这是一场颠覆欧洲大陆旧秩序的革命。不幸的是，这种天翻地覆的变化是暴力的产物。"外交天才奥托·冯·俾斯麦与军事天才赫尔穆特·冯·毛奇打造了全新的欧洲形势。然而，几乎无人为此欢呼雀跃……因为这是欧洲旧势力迫于形势不得不经历的一场巨大革命。"[1]奥托·冯·俾斯麦与赫尔穆特·冯·毛奇完全可以为欧洲创造出和平安宁的局面。然而，他们一意孤行，执意要吞并阿尔萨斯与洛林，从而犯下了致命的错误。因为对繁荣统一的德意志第二帝国来说，强行吞并阿尔萨斯、洛林完全没有必要。奥托·冯·俾斯麦或许已经意识到自己所犯错误。普法战争结束多年后，他曾对法国驻柏林大使贡托-比隆说："1871年，我们采取了所有防范措施，有些或许过于谨小慎微。"[2]

---

[1]　弗里德里希·施蒂弗所著《德意志第二帝国与欧洲》（1928年版）第2页；以上海因里希·冯·特赖奇克的原话引自《政治》（1916年英文版）第2章第584页。——原注
[2]　安德烈·德勒所著《贡托-比隆在德意志第二帝国大使馆工作的最后岁月：1874—1877》（1907年版）第24页。——原注

1870年至1871年普法战争结束时，奥托·冯·俾斯麦选择以简单易行的方式解决问题。这一决定令德意志第二帝国军界、政界、报界与德意志人民心满意足，却显得有些鼠目寸光、缺乏远见。奥托·冯·俾斯麦失去了打造"和谐、稳定的欧洲"①的机会。只有西欧保持和谐稳定，战火才不会绵延不绝。然而，奥托·冯·俾斯麦在阿尔萨斯、洛林所处的"勃艮第"埋下了战争隐患。勃艮第历来是欧洲战争的策源地。奥托·冯·俾斯麦打造的德意志第二帝国在宿敌法国的领土上颐指气使，这种局面充其量只意味着一种晦暗不明的和平。这种平衡与之前的政治权利平衡不同，是现存军事力量的平衡。于是，整个欧洲局势变得紧张起来，形成了武装和平的局面。普法战争后不久，法国便开始加强军事力量。奥托·冯·俾斯麦对此感到十分不满。然而，法国绝不可能坐以待毙。在写给驻柏林大使贡托-比隆的信中，法国外交部长夏尔·弗朗索瓦·玛利曾说："整个欧洲都在忙于恢复军事力量。我们不过是在随大流而已。"②

　　一支真正高效的常备军必然会在无形中成为诱发战争的原因。在个人回忆录中，奥托·冯·俾斯麦曾以精辟的论断确认了这一观点。常备军担负着保卫国家的重任，时刻准备奔赴战场，迎接敌人的挑战。政治家的职责是确保军队时刻保持警惕并随时待命，同时避免不必要的战争。奥托·冯·俾斯麦在自己的回忆录中写道："显然，军中年轻气盛的军官与经验丰富的战略家必须考虑麾下部队的效率与自身的领导能力及如何令军队名垂青史。若军中无士气，实属憾事。但军中士气必须限制在维护和平的需要范围之内。这纯属国家政务，而非军务。从1867年卢森堡危机到1875年俄罗斯帝国与法国制造的战争危机，甚至一直到近来③，德意志第二帝国总参谋部及军队高级将领思想偏激，危及和平。而这一直是军事机构的精神所在，我并不主张将其放弃。一国之君在决

---

① 加布里埃尔·阿诺托所著《法国当代史》第1卷第5章第257页的评论。——原注
② 贡托-比隆所著《在德意志第二帝国大使馆工作的岁月：1872—1873》（1906年版）第67页。——原注
③ 1890年，德皇威廉二世将首相奥托·冯·俾斯麦解职。之后，奥托·冯·俾斯麦便居住在汉堡附近的庄园，倾尽全力撰写回忆录《思考与回忆》。因此，"近来"指19世纪90年代。——译者注

德皇威廉二世

策时,若缺乏辨别轻重缓急的能力,偏听偏信,不能秉承公正,反倒会产生真正的危害。"[1]

这段话的最后一句实则"影射"了迫使奥托·冯·俾斯麦下台的德皇威廉二世。事实上,一旦军队产生了"好战精神",时刻都会威胁和平,即便是最强大的政治家也很难控制局面。如果政治家比较软弱或者根本不够强大,放松了控制,和平受到的威胁就会大大增加。

---

[1] 奥托·冯·俾斯麦所著《思考与回忆》(1898年英译本)第2卷第22章末尾。

不过，依然有一丝光线穿透了笼罩在未来德意志第二帝国与法国上方的阴霾。相对而言，两国贸易似乎进展得更加顺利。在正常情况下，国家之间的良性竞争不会成为友好关系的障碍。然而，贸易壁垒、进口许可及关税是人为构筑的障碍，会引发国家之间关系破裂，甚至加深裂痕，并导致普遍贫困。从前，法兰西第二帝国与普鲁士王国、英国、奥地利帝国及瑞士联邦签订了商业条约，允许一定数量的自由贸易存在。新的法国①政府急于结束这项商业条约，重新恢复经济自由。这意味着法国政府将恢复向外国商品征收高额关税的自由。法国政府肯定不会续订任何商业条约。此外，在现有条约的法定期限到期前，法国政府将通过谈判竭力压制现有条约。考虑到法国给予了德意志第二帝国"最惠国待遇"，奥托·冯·俾斯麦同意压制两国之间的商业条约。因此，《法兰克福条约》指出，法国与德意志第二帝国各州之间的商业条约因战争状态而废止，两国今后将以"最惠国"体系为基础发展贸易关系。该规定长期有效，无条件地被写入一项永久条约。总体来看，法国人是严肃的贸易保护主义者。在随后几年，法国人一直将该规定视为实现经济自由的障碍。事实上，法国贸易非但未因最惠国条款受到德意志第二帝国商品竞争的冲击，反倒有利于出口贸易。从某种程度上来看，两国贸易畅通无阻，政治关系有所缓和。

法兰西第二帝国灭亡后，法兰西第三共和国诞生。法兰西第三共和国巩固政权后，欧洲大国平衡共处的前欧洲政治体系才建立（这是欧洲协调发挥作用的必要条件）。据说，直到1875年，法国人才最终下定决心，支持共和政府。从《法兰克福条约》到1875年表决通过法兰西第三共和国宪法这段时间，有些人（包括奥托·冯·俾斯麦）②想要恢复法兰西帝国；有些人准备伺机复辟波旁王朝。1873年，自称"亨利五世"的尚博尔伯爵在凡尔赛躲藏了十一天，一直在等待一场最终胎死腹中的复辟君主制的政变。

---

① 即法兰西第三共和国。——译者注
② 《欧洲内阁的重大政治》第1卷第118页，1872年5月12日，奥托·冯·俾斯麦写给德意志第二帝国驻巴黎大使哈里·冯·阿尼姆的信。——原注

尚博尔伯爵

只要德意志第二帝国与法国一直互不信任,欧洲协调就无法真正发挥作用。俄罗斯帝国与英国共同代表了"欧洲态度"。它们迫切要求德意志第二帝国与法国彻底解决赔款与撤军问题[1]。奥托·冯·俾斯麦一直有两方面的顾虑。一方面,他担心法国无法按时、分期支付战争赔款。实际上,普鲁士王国政府在预算中已经预先将这笔款项贴现。另一方面,他似乎坚信法国军队会迅速恢复元气并发动复仇战争。奥托·冯·俾斯麦曾写信给德意志第二帝国驻巴黎代办阿尔弗雷德·格拉夫·冯·瓦德西。谈及法国赔款的支付日期(《法兰克福条约》并未明确规定支付日期)时,他说:"法国若不用特许权作为交换,我们也

---

[1] 贡托-比隆所著《在德意志第二帝国大使馆工作的岁月:1872—1873》(1906年版)第125页。——原注

阿尔弗雷德·格拉夫·冯·瓦德西

不必以礼相待。"法国外交部长儒勒·法夫尔认为，和平条约没能解决的问题是摆在法国面前的重重困难，令法国的处境"日益窘迫"①。关于法国军队恢复元气的前景问题，奥托·冯·俾斯麦写信给阿尔弗雷德·格拉夫·冯·瓦德西说："我的话仅供参考。一旦法国形势晦暗不明，正确的做法绝非坐以待毙。一旦和平受到威胁，我们将调遣五十万大军果断发动战争。"②1871年6月16日，几支法军小分队潜入德军占领区雷尼。奥托·冯·俾斯麦通过电报得到这一消息后，向法国外交部长儒勒·法夫尔发来电报称："截至今晚午夜，若法军士兵未

---

① 《欧洲内阁的重大政治》第1卷第50页（1871年6月18日）；《法国外交文献汇编》第1部第1卷第48页。——原注
② 《欧洲内阁的重大政治》第1卷第71页（1871年8月27日）。——原注

能及时撤退至法国边界内，我军将于午夜时分发动进攻。"当天晚上20时，儒勒·法夫尔收到了这条骇人的电报，刚好还有时间处理这份最后通牒①。如果再晚上几个小时，德军定会发起战争。当时，法国政府正在向公众筹集贷款以偿还战争赔款，而所有这一切努力必将伴随战争的爆发而付之东流。

德意志第二帝国驻巴黎大使馆代表并不赞同奥托·冯·俾斯麦发出的警告。普法战争结束后，德意志第二帝国驻巴黎大使馆临时代办阿尔弗雷德·格拉夫·冯·瓦德西被正式任命为德意志第二帝国驻巴黎大使馆大使。他为人十分谨慎，但处事灵活。他向奥托·冯·俾斯麦提议：在支付赔款日期方面，给法国一点喘息的时间②。他报告说，虽然巴黎媒体一直煽动人们仇视德意志第二帝国，军队高级将领也将报仇雪恨挂在嘴边，但法国军队一直保持理智。他在汇报中写道：凡是有理智与责任的法国人均认为酝酿战争的想法"愚蠢至极"。此外，他还注意到，法国政府"一直无比虚弱"。即使有恰当时机发动战争，法国政府也无力应对公众的压力③。总而言之，阿尔弗雷德·格拉夫·冯·瓦德西认为，法国至少需要三年时间才可能恢复元气。

1871年至1875年，德意志第二帝国与法国矛盾重重。尽管法国在平静中休养生息了三年，但战争危机最终还是爆发了。奥托·冯·俾斯麦或许早已料到这一天注定会到来。

赫赫有名的1875年"战争恐慌"的起因扑朔迷离，无人知晓当时到底有没有真正的战争威胁或战争企图。但可以肯定的是，法国人与法国内阁（仅仅小范围内）十分恐慌。英国政府与俄罗斯帝国政府同样惴惴不安。由于（无论是臆想出来的还是由其他原因引发的）战争警报在欧洲上空拉响，欧洲协调看似已经从休眠状态走出。

---

① 加布里埃尔·阿诺托所著《法国当代史》第1章第297页；在《欧洲内阁的重大政治》与《法国外交文献汇编》里没有奥托·冯·俾斯麦最后通牒的电文。——原注
② 《欧洲内阁的重大政治》第1卷第68页（1871年8月23日）。——原注
③ 《欧洲内阁的重大政治》第1卷第58页至第59页（1871年7月9日）。——原注

1871年，法国人已经完全接受了彻底战败的事实。然而，1871年至1875年发生了两件事情：其一，解放占领区，其二，法军恢复了元气。这两件事彻底改变了局面。

根据和平条约，尽管法国人有义务在1874年3月1日之前清偿全部赔款，但他们在五年时间内要支付五十亿法郎战争赔款。德军将留驻法国拥有主权下的北部占领区，直至赔款清偿为止。法国每清偿一笔款项，德军将自动从相应占领地撤离。巨额金融交易历来是国际金融家的关注对象。著名国际银行家族——布雷施劳德家族与罗斯柴尔德家族曾提议向法国提供国际贷款，保证法国在战争结束时即可付清赔款。不过，法国当时并未接受这项提议[1]。

1871年8月，临时政府首脑路易-阿道夫·梯也尔就任法国总统。他把解放占领区视为人生的终极目标。已届古稀之年的路易-阿道夫·梯也尔（当时七十五岁）一直郁郁寡欢，却依然对未来充满了憧憬。1872年5月6日，他曾对德意志第二帝国驻巴黎大使哈里·冯·阿尼姆说，总有一天，德意志第二帝国或许会乐意花重金笼络法国成为自己的盟友，两国也就不必再次兵戎相见[2]。然而，路易-阿道夫·梯也尔生前未能目睹这样的历史时刻。在哈里·冯·阿尼姆看来，路易-阿道夫·梯也尔"年老体衰，十分反感国民大会冥顽不化的态度，只想在完成解放占领区的夙愿后便解甲归田。"

对法国人来说，支付战争赔款的任务如同泰山压顶。他们时常感觉这是根本不可能完成的任务。奥托·冯·俾斯麦本人对待路易-阿道夫·梯也尔一向以礼相待。正如他向埃德温·冯·曼陀菲尔将军提起的那样，他曾将路易-阿道夫·梯也尔"一直护送到楼下"。然而，他绝不会允许法国逾期支付赔款，即便晚一个星期也不行。德军已经做好"随时进攻"法国的准备，以此作为解决

---

[1] 贡托-比隆所著《在德意志第二帝国大使馆工作的岁月：1872—1873》（1906年版）第63页。——原注
[2] 《欧洲内阁的重大政治》第1卷第14页。——原注

支付战争赔款纠纷的最佳备用方案①。不过，1871年8月21日，阿尔弗雷德·格拉夫·冯·瓦德西向奥托·冯·俾斯麦提议，应当给法国财政部喘息的时间②。事实上，法国财政恢复速度惊人，法国很快就从战争阴影中走出。在国际金融家的帮助下（包括德意志第二帝国金融家亨克尔·冯·多纳斯马克），路易-阿道夫·梯也尔提前两年清偿了所有战争赔款。1873年3月15日，奥托·冯·俾斯麦与法国驻柏林首任大使贡托-比隆在柏林举行会晤。双方确定：法国政府支付最后一笔两亿五千万法郎的赔款日期为1873年9月5日；随后十五天内，德军将从最后一个占领区——凡尔登——撤离。这次会议困难重重，并且耗费了大笔资金。贡托-比隆认为，单纯从政治角度来看，这次会议的结果并非十分公正③。法国人最终如期支付了赔款。1873年9月15日，埃德温·冯·曼陀菲尔将军通过电报向奥托·冯·俾斯麦汇报。他说："我已经率领最后一支部队跨过德意志第二帝国边境。我军已经从法国占领区完全撤离。"虽然路易-阿道夫·梯也尔解放占领区的夙愿很快就变为现实，但这时他已不再担任法国总统。1873年5月24日，因国民大会投了反对票，路易-阿道夫·梯也尔被迫辞职，帕特里斯·德·麦克马洪成为新任法国总统。他与埃德温·冯·曼陀菲尔将军共同见证了这"公平与正义"的一刻。当然，对埃德温·冯·曼陀菲尔将军来说，他已经完成了自己在占领区的"艰难使命"。法国驻柏林首任大使贡托-比隆评价说："埃德温·冯·曼陀菲尔将军是一位出类拔萃的军人……足智多谋的外交官……温文尔雅之人。"④

法国彻底解放占领区令奥托·冯·俾斯麦忧心忡忡。他担心法国军事力量

---

① 《欧洲内阁的重大政治》第1卷第117页，1872年5月12日奥托·冯·俾斯麦写给哈里·冯·阿尼姆的信。——原注
② 《欧洲内阁的重大政治》第1卷第68页。——原注
③ 贡托-比隆所著《在德意志第二帝国大使馆工作的岁月：1872—1873》（1906年版）第63页。事实上，最后一支德军于1873年9月16日9时越过边境（《法国外交文献汇编》第1部第1卷第261页）。——原注
④ 安德烈·德勒所著《贡托-比隆在德意志第二帝国大使馆工作的最后岁月：1874—1877》（1907年版）第48页；《法国外交文献汇编》第1部第1卷第231页（1873年4月5日）。——原注

迅速复兴。其实，自普法战争结束后，这个问题一直是他的一块心病。正是在巴黎，人们传出了德意志第二帝国与法国之间不和谐的声音。阿尔弗雷德·格拉夫·冯·瓦德西曾这样写道："和之前一样，巴黎是政治风暴的中心。报刊与证券交易所控制舆论，唯恐天下不乱。"

1872年1月31日，在向德皇威廉一世递交的一份军事报告中，奥托·冯·俾斯麦指出，法国渴望"恢复欧洲大陆第一军事强国的地位"。1872年10月3日，德意志第二帝国驻巴黎大使哈里·冯·阿尼姆在报告中说，他个人认为，在三千八百万法国人中，只有不到十万人认同德意志第二帝国与法国的边界现状。哈里·冯·阿尼姆认为，最好的办法是支持法国国内革命，从而让法国陷

哈里·冯·阿尼姆

入一贫如洗的状态。奥托·冯·俾斯麦虽然认为哈里·冯·阿尼姆不够理智,不值得信赖,但最终还是受到了哈里·冯·阿尼姆的影响。奥托·冯·俾斯麦把哈里·冯·阿尼姆的这份报告递交德皇威廉一世。他向德皇威廉一世谈及在法国政府内部制造混乱的可能性。他指出:"若采取这一措施,主张和平的欧洲国家不可能支持我们。因此,我们要特别谨慎,不能轻举妄动,一定要事先获得与我们建立友好关系国家的条约保证。"他还补充道:"只有这样的条约保证,哈里·冯·阿尼姆的提议才真正可行。在进行这项计划之前,法国要清偿最后一笔赔款,我们也要完全撤出占领区。"[①] 显而易见,奥托·冯·俾斯麦希望,在制造法国社会动荡前,能稳获五十亿法郎的战争赔款。

1873年初春,奥托·冯·俾斯麦似乎坚信战争势在必行。1873年2月2日,在写给哈里·冯·阿尼姆的信中,奥托·冯·俾斯麦说:"我们并不希望看到战争爆发。然而,如果法国故态复萌,目中无人,逼着我们动手,那么我们随时准备开战。如果法国人对我们望而生畏,就让他们怀恨在心吧!"

老总统路易-阿道夫·梯也尔开始担心清偿战争赔款之后,法国会重新成为德意志第二帝国的进攻目标。在与哈里·冯·阿尼姆的一次会晤中,即将卸任的路易-阿道夫·梯也尔问道:"平心而论,在我们清偿赔款后,贵国政府真的会发动新一轮战争吗?"对于这个问题,答案当然只有一个。

1873年5月,路易-阿道夫·梯也尔辞去总统职务。奥托·冯·俾斯麦越来越惶恐。他向哈里·冯·阿尼姆一针见血地指出:自己已经想尽了一切办法要让路易-阿道夫·梯也尔继续留任法国总统。然而,哈里·冯·阿尼姆并未全力以赴地做好相应的辅助工作,结果导致法国新的政治局面对德意志第二帝国十分不利。

不过,奥托·冯·俾斯麦获得了强大的后援力量。1873年5月6日,德意志第二帝国元帅赫尔穆特·冯·毛奇与俄罗斯帝国元帅亚历山大·伊万诺维奇·巴

[①] 《欧洲内阁的重大政治》第1卷第154页。——原注

里亚茨斯基通过协商，签署了军事协定。根据该协定，缔约一方遭到攻击时，另一方要出兵二十万相助。其后，1873年9月15日，德意志第二帝国从法国占领区全面撤军。正是因为有了这项军事协定，德意志第二帝国获得了莫大的心理安慰。

与此同时，新任法国总统帕特里斯·德·麦克马洪与法国总理雅克·维克多·阿尔贝对此事的反应可谓无懈可击。雅克·维克多·阿尔贝对哈里·冯·阿尼姆说，他认为"欧洲目前的政治现状十分稳定"[①]。这番话实际上在暗示：法国无意重新夺回阿尔萨斯与洛林。五天后，即1873年10月22日，奥匈帝国皇帝

帕特里斯·德·麦克马洪

[①] 《欧洲内阁的重大政治》第1卷第219页。——原注

奥匈帝国皇帝弗兰茨·约瑟夫一世

弗兰茨·约瑟夫一世加入德皇威廉一世、沙皇亚历山大二世缔结的军事协定，造就了三皇同盟。对此，奥托·冯·俾斯麦喜出望外。

从法国总理雅克·维克多·阿尔贝的一番话中，奥托·冯·俾斯麦听出了他的弦外之音：现存领土体系十分稳定。奥托·冯·俾斯麦莫名其妙地对哈里·冯·阿尼姆发了一通脾气，他指责哈里·冯·阿尼姆道："你有些偏离了我在一百八十五号电文中概述的主导思想。我们不能轻易相信，战争中失去领土的大国会如此轻言放弃。"①奥托·冯·俾斯麦指出,就目前情况来看,"德意志第二帝国尽管不愿发动战争,但必须考虑战争的可能性。任何政府都不会放手让敌人选择战争时机"。哈里·冯·阿尼姆打算告诉法国总理雅克·维克多·阿尔贝,"德意志第二帝国坊间流传的说法"是"与其不断受到战争威胁",还不如发动战争"更直截了当"②。

雅克·维克多·阿尔贝

---

① 《欧洲内阁的重大政治》第1卷第220页;《法国外交文献汇编》第1部第1卷第279页至281页,亚历山大·米哈伊洛维奇·戈尔恰科夫与勒弗洛在1873年12月12日的谈话。——原注
② 《欧洲内阁的重大政治》第1卷第221页。——原注

罗伊斯的亨利七世

显而易见，奥托·冯·俾斯麦一直反复思量"向法国"发动"防御战"的问题。俄罗斯帝国将军齐默尔曼告诉德意志第二帝国驻圣彼得堡大使罗伊斯的亨利七世，一位法国高级将领曾向他谈起法国要伺机报复德意志第二帝国，并且法国将在五年到六年准备就绪。法国战争部正在"夜以继日地"拼命做战争准备[①]。法国政府意识到奥托·冯·俾斯麦疑虑重重，有可能对法国发动战争。于是，法国总理雅克·维克多·阿尔贝向正在瑞士度假的俄罗斯帝国外交大臣亚历山大·米哈伊洛维奇·戈尔恰科夫送去消息，称法国无意夺回阿尔萨斯与洛林，一旦其他国家有意挑起争端，法国会寻求欧洲国家的支持与调停。亚历山大·米哈伊洛维奇·戈尔恰科夫途经柏林时，专门向奥托·冯·俾斯麦转达了

---

① 《欧洲内阁的重大政治》第1卷第234页（1874年1月12日）。——原注

法国总理雅克·维克多·阿尔贝的态度①。1873年，整整一年的时间，欧洲形势一直不稳定。

1875年1月，因怀疑法国陆军部正从德意志第二帝国购买一万匹战马，奥托·冯·俾斯麦立刻下令禁止出口。法国政府则矢口否认采购战马之事②。此外，两国之间的矛盾因某些传教士的行为进一步加深。1873年5月3日，南锡主教约瑟夫-阿尔弗雷德·福伦公开为梅茨和斯特拉斯堡回归法国进行专门的祈福活动。奥托·冯·俾斯麦曾亲自参加赫赫有名的反普鲁士罗马天主教会的斗

约瑟夫-阿尔弗雷德·福伦

---

① 贡托-比隆所著《在德意志第二帝国大使馆工作的岁月：1872—1873》（1906年版）第388页，此消息由让-巴普蒂斯特·德·乔杜迪于1873年9月转达给亚历山大·米哈伊洛维奇·戈尔恰科夫。——原注
② 《法国外交文献汇编》第1部第1卷第375页。——原注

路易·德卡兹

争,企图将教会权力置于国家监督之下,结果未能成功。因此,他对南锡主教约瑟夫-阿尔弗雷德·福伦的行为尤其愤怒。一连数月,南锡主教约瑟夫-阿尔弗雷德·福伦的行为与一封主教书信(1873年7月26日)一直是德意志第二帝国与法国矛盾的焦点。直到法国外交部长路易·德卡兹告诉新上任的德意志第二帝国驻巴黎大使霍恩洛厄侯爵克洛德维希·卡尔·维克托,约瑟夫-阿尔弗雷德·福伦很快将离开南锡,前往兰斯填补大主教的空缺,两国之间的矛盾才有所缓和。奥托·冯·俾斯麦一直不依不饶地要求法国政府压制国内支持罗马教廷的举动。对此,法国外交部长路易·德卡兹感觉十分为难。在写给贡托-比隆的信中,路易·德卡兹说:"我只能洗耳恭听,平心静气地以礼相待。"亚历山大·米哈伊洛维奇·戈尔恰科夫认为,法国政府表现得十分得体。他曾对贡托-比隆说:"你们处事十分谨慎。"亚历山大·米哈伊洛维奇·戈尔恰科夫还向奥托·冯·俾斯麦明确指出，如果德意志第二帝国对法国发动战争，将遭受整个欧洲舆论的道德谴责[1]。

1875年春，战争风暴近在咫尺。1875年4月5日与4月8日，德意志第二帝国报纸《科隆报》与《柏林邮报》先后刊登了两篇关于法国军队处于战备状态的文章，不仅在德意志第二帝国引起了极大的不安，还引发了一场严重的战争危机。"战争在即？"是《柏林邮报》刊登的文章的标题。据称，《科隆报》上的文章为德意志第二帝国外交部新闻发言人赫尔·埃吉迪所写。因此，启发这篇文章的灵感应该源自奥托·冯·俾斯麦本人[2]。1875年4月25日，霍恩洛厄侯爵克洛德维希·卡尔·维克托与法国外交部长路易·德卡兹举行了正式会晤。路易·德卡兹因柏林的战争传言而深感不安。他十分坦率地承认，法国忙于军备是一场错误决定，但他把这一切归罪于路易-阿道夫·梯也尔。"正是因为路易-阿道夫·梯也尔政府不只满足于恢复国家经济，贪心不足又不懂军事，最终导致整个国家陷入窘境。如今，法国仿佛手握战争警报，战争一触即发。"[3]在随后的会晤中，路易·德卡兹更加坦率地对霍恩洛厄侯爵克洛德维希·卡尔·维克托说："法国与比利时王国、卢森堡大公国、荷兰王国一样，不会发动战争。"紧接着，路易·德卡兹很务实地说，德意志第二帝国与法国不断增加军备，等于自我毁灭。他提议，两国解除武器装备，冰释前嫌。

如果路易·德卡兹的提议被采纳，或许整个欧洲就此相安无事。然而，该提议仅仅被记录在一份电文中，便悄无声息了。在巴黎、伦敦和圣彼得堡，人们都认为一场猛烈的风暴——德意志第二帝国针对法国的防御战——即将开始，和平将不复存在。

---

[1] 安德烈·德勒所著《贡托-比隆在德意志第二帝国大使馆工作的最后岁月：1874—1877》（1907年版）第47页与第49页；南锡主教约瑟夫-阿尔弗雷德·福伦的信载于《法国外交文献汇编》第1部第1卷第276页注释2。——原注

[2] 《法国外交文献汇编》第1部第1卷第395页，注释1；保罗·文茨所著《俾斯麦与德意志第二帝国自由主义》第2章第124页。——原注

[3] 《欧洲内阁的重大政治》第1卷第262页。——原注

毋庸置疑，德意志第二帝国总参谋部做好了进行防御战的准备。德皇威廉一世并未参与德意志第二帝国总参谋部的计划。后来，他对英国维多利亚女王说，德意志第二帝国高级将领说话欠妥，他会让他们三思而后行①。与赫尔穆特·冯·毛奇交谈后，英国驻柏林大使奥多·罗素深感不安②。1875年5月6日，根据巴黎通讯记者阿道夫·奥珀·布洛威茨一篇言辞犀利的文章，伦敦《泰晤士报》称，德意志第二帝国的真正计划是在法国恢复元气之前将其打垮。过去三年，奥托·冯·俾斯麦一直在谈论防御战的必要性，并且再三强调事不宜迟，但没有证据表明他当时已经下定决心要开战。不过，当声望极高的比利时王国驻柏林大使诺东男爵让·巴普蒂斯特问赫尔穆特·冯·毛奇，今年夏天是否打算去西里西亚的别墅度假时，赫尔穆特·冯·毛奇回答说："今年我们要打仗，去不成了。"

此时，在欧洲协调未能起到任何作用的情况下，欧洲有姻亲关系的大国王室担负起反战的职责。英国维多利亚女王给德皇威廉一世写了一封信。1875年5月10日，沙皇亚历山大二世访问柏林时，向德皇威廉一世表达了和平意愿。在英国政府的请求下，意大利王国也放出消息称，支持欧洲强国维持和平的愿望。1875年5月10日前后，英国、俄罗斯帝国、意大利王国甚至奥匈帝国同时向德意志第二帝国施加压力。随后，战争危机与"战争恐慌"便烟消云散了。1875年5月12日，沙皇亚历山大二世对贡托-比隆说："我得到了德意志第二帝国最可靠的保证。我们不用提心吊胆了，和平已经万无一失。"③1873年奥托·冯·俾斯麦多次放言战争迫在眉睫，或许纯属欧洲各国政府与外交界夸大其词的传言。然而，1875年的战争恐慌并非空穴来风。欧洲各国惊恐万分，突

---

① 《维多利亚女王书信集》第2部（1862年至1878年）第2卷第402页至第404及第409页至第410页（1875年6月3日至6月23日）。——原注
② 《欧洲内阁的重大政治》第1卷第290页。——原注
③ 安德烈·德勒所著《贡托-比隆在德意志第二帝国大使馆工作的最后岁月：1874—1877》（1907年版）第152页，关于奥匈帝国向德意志第二帝国表明反战立场由奥多·罗素转述给贡托-比隆的内容在第169页。《法国外交文献汇编》第1部第1卷第438页至第442页，第448页至第449页，第457页，第462页。——原注

霍恩洛厄侯爵克洛德维希·卡尔·维克托

赫尔穆特·冯·毛奇

奥多·罗素

阿道夫·奥珀·布洛威茨

然意识到：如果强国之间不宣而战，硝烟将弥漫整个欧洲。1875年5月，欧洲关系密切的王室君主积极应对这场战争危机。然而，现代国家机构庞大复杂，各国政府渐渐脱离了王室控制。如果要维护整个欧洲和平，免受意外撼动，就必须有一个政府协调组织从中斡旋。1875年战争危机得以和平解决，说明欧洲国家完全可以自行解决问题。路易·德卡兹说："经过这次危机，各国明白了一点——欧洲会议的权威起着至关重要的作用。"[1]

1875年的战争危机为欧洲协调的复兴带来了新的契机。最终，发生在巴尔干半岛的一场新危机让欧洲协调重返政治舞台。

---

[1] 《法国外交文献汇编》第1部第1卷第458页。——原注

第 4 章

罗马教廷回归

精彩看点

天主教复兴运动——教皇国被吞并——教皇庇护九世——意大利王国通过《保障法》——梵蒂冈普世会议——普鲁士王国与罗马教廷之间的"文化斗争"——教皇利奥十三世

当我们循着时间的长河进入1870年之后的历史时期,就会发现教皇已经很久未在欧洲国际政治中发挥作用。教皇发挥调解作用的最后一次会议是1648年召开的威斯特伐利亚会议。之后,各国君主与政府自行其是,无须教皇授权,独立解决互相之间的分歧。18世纪后半叶,欧洲大陆的开明君主们迫使教皇克莱门特十四世解散了象征教皇精神力量的"主力军"——耶稣会(后来,耶稣会于1814年重新恢复)。拿破仑战争后期,命运多舛的教皇庇护七世被拿破仑一世囚禁。他虽然受尽磨难,却忍辱负重,在战争中发挥了一定的作用。然而,当这场"大战"结束时,新出现的欧洲大国协调并未采纳教皇庇护七世所提建议。1823年,欧洲大国协调解体时,教皇庇护七世并未提出要担负起维护欧洲和平与秩序的古老职责。实际上,他也没有表示有能力承担这样的职责。

19世纪中叶,欧洲出现了天主教复兴运动。法国萨伏依①的贵族思想家约瑟夫·德·迈斯特的著作激发了这次运动。约瑟夫·德·迈斯特的著作有《教皇》(1821年)与《圣彼得堡之夜》(1822年)。在法国,让-巴普蒂斯特·亨利·拉科代尔、于格·费利西泰·罗贝尔·德拉梅内与夏尔·福尔贝·勒内·蒙塔朗贝尔继续推进天主教复兴运动。亨利·纽曼、尼古拉·怀斯曼、约翰·阿克

---

① 萨伏依位于法国东南部。11世纪,这里形成了萨伏依公国。1720年,萨伏依公国成为撒丁王国一部分。1861年,意大利王国成立时,萨伏依被割让给法国。——译者注

教皇克莱门特十四世

教皇庇护七世

拿破仑一世

约瑟夫·德·迈斯特

让－巴普蒂斯特·亨利·拉科代尔

于格·费利西泰·罗贝尔·德拉梅内

夏尔·福尔贝·勒内·蒙塔朗贝尔

亨利·纽曼

顿、亨利·爱德华·曼宁在英国积极推动天主教复兴运动。在德意志第二帝国，约瑟夫·冯·格雷斯、伊格纳兹·多林格尔及慕尼黑神学家纷纷做出响应。不过，他们的思想与主张并非完全如教皇所愿。

　　1870年之前，天主教"教皇极权主义"复兴并未建立起教皇的国际影响力。有时，"教皇极权主义"的确会影响国家政策，例如拿破仑三世曾插手教皇国事务并派军驻扎在罗马城中。尽管"教皇极权主义"或宗教团体会影响国家政策的方向，但罗马天主教体系的核心力量在政治上的影响力较弱，在国际上的影响力更是微乎其微。

约瑟夫·冯·格雷斯

庇护九世

从拿破仑战争结束至1870年，教皇囿于日渐衰落的教皇国。19世纪的政治状况决定了教皇国注定会被统一的意大利王国吞并。面对这种状况，教皇必然会奋起抗争，避免因教皇国遭吞并而走向灭亡的命运。然而，1870年，当意大利的最后一个邦国——罗马被占领时，这座城市实际上获得了新生的机会。拥有"罗马"这个微不足道的意大利邦国并未让教皇在欧洲会议取得一席之地。地位虚弱加上管理不善一直让罗马城遭受冷遇。1870年9月20日，意大利王国的军队攻破了庇亚门①，进入了罗马这座"永恒之城"。意大利王国政府所在

---

① 庇亚门是罗马主要城门之一。1870年9月20日，意大利王国军队用炮火摧毁了部分城墙后，从庇亚门率先进入罗马城，才最终实现了意大利的统一。——译者注

地由佛罗伦萨迁至罗马。国教为天主教或新教的欧洲国家相继默认了意大利王国吞并罗马之举，并视其为历史必然。教皇庇护九世一面据理力争，表示抗议，一面隐退至梵蒂冈城堡内。事实上，庇护九世当时并不自知，这是他一生难求的机遇，他将成为维护欧洲和平、友好关系的主力。

无论从内部结构还是外部关系来看，罗马天主教会堪称最完美的国际机构。罗马天主教会实行中央集权制，戒律森严。教会不仅提供接受高等教育的机会，还拥有国际通行的语言与古老的传统力量。各国均有罗马天主教会的代表机构。甚至在一些国家，罗马天主教会拥有压倒一切的绝对优势。作为宗教机构，罗马天主教会崇尚和平，讲究道义，提倡互相信任，教人解除戒心。不过，到目前为止，罗马天主教会还未曾运用自身独特地位，进行任何反对战争或维护国际和平的活动。比起教皇的影响范围，各国的国家意志与民族情感或许过于强大。毕竟，教皇的影响范围仅限于教皇国。然而，梵蒂冈的庞大教廷与官僚机构完全有能力组织真正的国际会议与工作团队。在向各国政府提供建议或进行调停时，它不仅能够排除国家影响、免除民族偏见，还能做到以礼相待。不过，迄今为止，罗马天主教会还未曾在国际关系中展现出自身的独特魅力。1870年后，罗马天主教会曾有机会在国际关系中一展身手。当时，只要教皇庇护九世同意放弃教皇国的世俗权力，并在1870年6月18日的敕令中承认自己是世界绝对精神与道德权威即可。在与意大利国王维克托·伊曼纽尔二世的特使短暂接触后，教皇庇护九世十分明了自己在国际关系中的地位。他态度明确地拒绝了意大利国王维克托·伊曼纽尔二世的特使的提议，坚决不与意大利王国签订任何表示妥协的条约。事实上，占用意大利王国财政五万克朗的现金后，教皇庇护九世的国务大臣顺理成章地将梵蒂冈的一切开支计入意大利王国的账簿。不过，此类事情再也没有发生过。1870年9月10日（罗马被攻陷前），意大利王国首相贝蒂诺·里卡索利的和解提议遭到教皇庇护九世拒绝。

占领罗马八个月后，1871年5月13日意大利王国议会通过了《保障法》，承

维克托·伊曼纽尔二世

贝蒂诺·里卡索利

认罗马教皇神圣不可侵犯,给予教皇高达三百二十二万五千里拉①的年金。不过,教皇庇护九世拒不承认《保障法》,理由是它属于意大利王国单方面的国内法案,而非国际法案。根据《保障法》,教皇依然是精神领袖,享有国际法赋予的特殊权力,但其特殊权力不可超出领土范围。此外,梵蒂冈及其辖区为"治外领土",意大利王国不得在梵蒂冈征税,意大利官员无权进入梵蒂冈。教皇有权接见或委任驻外大使及外交官,并且继续拥有国际法规定的签订条约的权力。

1870年后,教皇没有了教皇国领土利益的牵绊,却拥有世界范围道德领域中的权威力量,掌握有力的高级外交权,获得了维护良好国际关系的特殊地位。1854年与1870年颁布的两条教义将教皇的精神权威提升到了至高无上的

---

① 里拉为自1861年起意大利王国开始使用的货币单位。——译者注

地位。第一条教义由庇护九世于1854年颁布。该教义宣称,圣母无染原罪为一条教义(信条)。在主教大会上,教皇本人亲自拟定了这条教义。因此,它实际上等于宣布教皇永无谬误。第二条教义于1870年6月18日在梵蒂冈普世会议①上投票通过。

1864年,罗马教廷发布了著名通谕与纲领,反对神学领域及政治学领域的现代主义。霍恩洛厄侯爵克洛德维希·卡尔·维克托认为,罗马教廷此举阻碍了现代国家朝着自由与宪政的方向发展。因此,1869年,他呼吁欧洲协调发挥作用,阻止教皇政策向专制主义方向发展。

在梵蒂冈普世会议召开之前,众人皆知这次会议将提出"教皇永无谬误"的问题。1869年4月9日,巴伐利亚外交大臣霍恩洛厄侯爵克洛德维希·卡尔·维克托(罗马天主教徒)向欧洲各国所有巴伐利亚外交代表传阅了一封信(内容由著名的巴伐利亚历史学家与神父伊格纳兹·多林格尔草拟)。他在信中称:"教皇永无谬误远远超出了纯宗教范围,是高度政治化问题。教皇的影响范围上至王公贵族下至平民百姓,甚至涉及与罗马教廷势不两立的人,教皇处理的事务可谓世俗事务。然而,如今这样的世俗事务被上升至教义的高度。"显然,各国政府的权利可能因此受到侵害。因为各国政府并未收到教皇庇护九世邀请,无法派出代表参加普世会议。巴伐利亚公使馆的外交使者纷纷奉命与所在国家政府商讨此事。然而,意大利王国、法国与奥匈帝国不愿卷入梵蒂冈普世会议的事宜,婉拒了大国提议的联合行动。霍恩洛厄侯爵克洛德维希·卡尔·维克托亲自拜访了奥托·冯·俾斯麦,得到了他的支持。奥托·冯·俾斯麦同意派一名巴伐利亚全权代表"伪装成特殊游客"前往罗马教廷。不过,由于意大利王国、法国与奥匈帝国持冷眼旁观的态度,此计划并未实施②。

---

① 1868年6月29日,为了加强教皇权威,庇护九世召开了梵蒂冈普世会议。欧洲及其他地区共有七百余名主教及高级教士参加。会议多次中断,直到1870年10月才结束。——译者注
② 弗里德里希·库尔提乌斯编著、乔治·W.克里斯托尔·麦克米伦公司出版的《回忆霍恩洛厄侯爵克洛德维希·卡尔·维克托》(1906年英译本)第1章第366页。——原注

1870年6月18日，在梵蒂冈普世会议上，高级教士以绝对多数票通过了"教皇永无谬误"的教义。在教皇庇护九世发起的特别行动中，霍恩洛厄侯爵克洛德维希·卡尔·维克托担心的事情并未出现。"教皇永无谬论"教义让教皇掌握了巨大的储备力量，他几乎可以指挥每个国家的数百万人。然而，到目前为止，教皇并未颁布任何新的释义。既然教皇的日常工作涉及世俗王国的子民，毋庸置疑，教皇手中的权力大大加强了。1870年后，随着"教皇永无谬论"教义的颁布及教皇国的灭亡，教皇成了具有国际影响力的人物。这可谓自宗教改革以来前所未有的事情。

教皇拥有了国际身份，教皇选举理应面向世界。然而，事实并非如此。历任教皇一直选自意大利。早在15世纪和16世纪，教皇的意大利身份有助于处理国际事务。人们认为，教皇如果选自大国，并不会更加公正合理。然而，正如约瑟夫·因巴特·德拉·图尔在书中所述："由于意大利四分五裂，教皇的意大利身份不会引发任何异议。在诸城邦中，罗马自成一国，维护着宗教的国际化身份。"不过，1870年后，意大利四分五裂的局面结束了，意大利人成为团结、统一的民族，意大利王国也成为一个大国。因此，当"教皇永无谬论"教义颁布后，教皇国不复存在，有人认为，从理论上讲，教皇仅仅选自意大利与教皇的国际身份存在矛盾[①]。

在普鲁士王国与罗马教廷之间的"文化斗争"中，被奥托·冯·俾斯麦称为"新天主教"的"1870年后"教皇力量面对着巨大考验。这场较量如同一场没有硝烟的战争。普鲁士王国是福音派[②]国家。奥托·冯·俾斯麦认为，罗马教廷视1870年的"文化斗争"为罗马天主教打压新教的斗争。在这场斗争中，奥托·冯·俾斯麦为了让教皇庇护九世对法国施加压力，以获取实现和平的应得利益，曾在凡尔赛与波兹南主教兼格涅兹诺主教米奇斯瓦夫·哈尔卡-莱多

---

① 1919年5月《19世纪》刊载的A.帕里恩与埃德蒙·普利克林的署名文章《罗马问题》。——原注
② "福音派"一词最早出现在16世纪。当时的宗教改教者以此自称，以表明反对罗马天主教的立场。——译者注

霍夫斯基多次协商。为了实现这一目标，奥托·冯·俾斯麦不惜向教皇庇护九世低头，给意大利王国施加压力，为教皇庇护九世在原教皇国争取"领土利益"①。为了实现和平，教皇庇护九世极力敦促法国主教从中斡旋。不过，据说，法国主教对此无动于衷②。

"文化斗争"爆发后，奥托·冯·俾斯麦发现，罗马天主教会阻碍了普鲁士王国的全面发展。"如果罗马天主教会牧师想要充分履行神职，必定会涉足世俗事务。罗马天主教会其实是披着宗教外衣的政治机构。罗马天主教会宣扬：自由必须服从统治。"③奥托·冯·俾斯麦之所以与天主教会进行"文化斗争"，主要起因是波兹南、西普鲁士与上西里西亚爆发了波兰民族主义复兴运动。在天主教会影响下，"根据官方报道"，生活在这三个地区的人们正接受波兰民族主义的思想教育。

这场"文化斗争"始于1872年。德意志第二帝国议会通过了一项重要的法案，将耶稣会神父逐出德意志第二帝国。1872年年中，奥托·冯·俾斯麦曾向教皇庇护九世表示愿意和解。他打算将信奉自由主义思想的枢机主教古斯塔夫·阿道夫·冯·霍恩洛厄，即霍恩洛厄侯爵克洛德维希·卡尔·维克托的弟弟，派驻梵蒂冈。然而，此举遭到教皇庇护九世的拒绝④。1873年，普鲁士王国议会通过了公共教育部长阿达尔贝特·福克提出的《五月法令》，赋予普鲁士王国政府管理天主教教会学校的权力及任命神职人员的决定权。然而，《五月法令》遭到梵蒂冈罗马天主教会的抵制。阿达尔贝特·福克凭借着巨大的勇气坚守自己的岗位。奥托·冯·俾斯麦后来在自己的回忆录中写道，他本人并没有关注《五月法令》的细节问题。他把细节问题留给阿达尔贝特·福克全权负

---

① 奥托·冯·俾斯麦所著《思考与回忆》（1898年英译本）第2卷第134页。——原注
② 安德烈·德勒所著《贡托-比隆在德意志第二帝国大使馆工作的最后岁月：1874—1877》（1907年版）第24页。根据贡托-比隆的说法，关于请求教皇庇护九世进行和平斡旋的建议，在巴黎被包围期间，由米奇斯瓦夫·哈尔卡-莱多霍夫斯基访问凡尔赛时首次提出。——原注
③ 奥托·冯·俾斯麦所著《思考与回忆》（1898年英译本）第2卷第136页。——原注
④ 贡托-比隆所著《在德意志第二帝国大使馆工作的岁月：1872—1873》（1906年版）第118页。——原注

古斯塔夫·阿道夫·冯·霍恩洛厄

阿达尔贝特·福克

责。当《五月法令》付诸实施时,他发现《五月法令》有误。"在我看来,如此画面——憨厚笨拙的普鲁士宪兵穿着带马刺的军靴,拖着军刀,穿堂入室,去驱逐那些脚步轻盈的神父——显而易见地反映出《五月法令》存在观念上的错误。"[1] 1879年,教皇庇护九世去世。同年,阿达尔贝特·福克请辞获批。随着这两位水火不相容的人物相继离去,德意志第二帝国与教廷才有机会达成一份临时协议。

虽然教皇庇护九世私下里待人和蔼可亲,但他实际上是一个老顽固,思想仿佛一直停留在中世纪,政策不由他自己而由周围的人制定。枢机主教基诺佩契成为新教皇,史称"利奥十三世"。教皇利奥十三世不仅是一位政治家与

教皇庇护九世去世

---

[1] 奥托·冯·俾斯麦所著《思考与回忆》(1898年英译本)第2卷第141页。——原注

教皇利奥十三世

学者,还是一位精通世故之人。他上任后立刻表示,希望能够重建因"文化斗争"而中断的德意志第二帝国与梵蒂冈的外交关系。而此时,奥托·冯·俾斯麦准备与罗马天主教和解。实际上,他正急于做出相应妥协。第一次非正式会谈的地点选在一处舒适宜人的温泉所在地。奥托·冯·俾斯麦与来自慕尼黑的教皇使者在基辛根进行了会谈。随后的协商由罗伊斯的亨利七世与教皇使者雅各比尼在威尼斯继续进行。当时,虽然耶稣会士在德意志第二帝国活动依然是非法的,但《五月法令》的绝大多数规定已经被废止。1883年,德意志第二帝国重新恢复了主教的教会等级制度。1884年,德意志第二帝国与教廷恢复了外交关系。1885年，在奥托·冯·俾斯麦慷慨大度的建议之下，教皇利奥十三世成为德意志第二帝国与西班牙王国卡罗林群岛争端的仲裁者①。教皇利奥十三世最终裁定卡罗林群岛归西班牙王国所有，并且给奥托·冯·俾斯麦下达了必须服从的命令。虽然这场"文化斗争"最后以和解而告终，但它给德意志第二帝国与梵蒂冈的关系留下的不安尚未消失。

---

① 1899年，德意志第二帝国从西班牙王国购买了卡罗林群岛。——原注

第 5 章

巴尔干半岛问题：1876年至1878年

精彩看点

奥托·冯·俾斯麦怀疑"欧洲"概念——波斯尼亚与黑塞哥维那的叛乱——俄土战争——"保加利亚暴行"——"三皇同盟"——《布达佩斯条约》——土耳其帝国苏丹阿卜杜勒·哈米德二世——君士坦丁堡国际会议——《圣斯特凡诺条约》

1815年的维也纳会议与1878年的柏林会议确立了欧洲政治体系。或者说，这两次会议确定了欧洲国家边界与国家之间的关系。维也纳会议确立了中欧与西欧的地缘政治格局，柏林会议则确立了东南欧的地缘政治格局。因此，柏林会议与维也纳会议互为补充。此外，值得一提的是，柏林会议重新恢复了欧洲大国协调，深入推进了维也纳会议成果。1815年至1822年，欧洲大国协调曾起过积极作用。不过，当时间推移到1856年，欧洲大国协调变得不那么活跃了。1856年后，欧洲大国协调实际上一直处于搁浅状态。正是在柏林会议上，欧洲大国协调得以重建，1878年至1914年的欧洲和平才会持续。

　　柏林会议有三个显著的事实。第一个显著事实是，柏林会议成功阻止了一场欧洲战争。这是无可置疑的事实。当时，英国与俄罗斯帝国之间的战争一触即发，奥匈帝国也在进行战争动员。奥地利帝国建议召开会议，得到了各国的认同。第二个显著事实是，会议召开前，各大国已经确定了会议要颁布的欧洲法律主要条款。然而，柏林会议的重要性并未因此而降低，主要因为各大国想在会议召开前率先解决最大分歧，并且它们实际上已经达成共识，基本确定会议定会成功。换句话说，如果没有召开会议的可能，英国与俄罗斯帝国之间也不可能达成共识。最后，英国与俄罗斯帝国及俄罗斯帝国与奥匈帝国分别达成的双边协定，只有经过欧洲会议审议与接受才可能被视为欧洲法律。第三个显著事实是，柏林会议表明欧洲国家休戚与共，而这一切主要归功于欧洲著名政治家奥托·冯·俾斯麦，尽管奥托·冯·俾斯麦内心深处并不相信欧洲各国会团结一致，甚至不相信欧洲各国有想要团结的愿望。当时，奥托·冯·俾斯麦曾在亚历山大·米哈伊洛维奇·戈尔恰科夫发来的加急电报上用法语在空白处做了简洁批注："任何人谈及欧洲，都是对地理概念的误解。"在下一行，他又用英语做了颇具讽刺意味的评论："何为欧洲？"[①]

奥托·冯·俾斯麦对国际主义者的"欧洲"概念有所怀疑，他的观点令人耳目一新。事实上，支持奥托·冯·俾斯麦观点的大有人在。他们声称要用理智、清醒的眼光去看待事物的本质，做坚定的现实主义者，批判所有脱离实际的空想主义。当土耳其帝国内部问题日益复杂时，俄罗斯帝国外交大臣亚历山大·米哈伊洛维奇·戈尔恰科夫曾写道："巴尔干半岛问题既非德意志第二帝国的问题也非俄罗斯帝国的问题，而是欧洲的问题。"这样的主张显然与奥托·冯·俾斯麦的主张针锋相对，因为奥托·冯·俾斯麦强烈反对"这种地理概念"。根据奥托·冯·俾斯麦的说法，亚历山大·米哈伊洛维奇·戈尔恰科夫称，俄罗斯帝国之所以视"欧洲"为一种独特的联合力量，完全是权宜之计。俄罗斯帝国一直认为自己是巴尔干半岛的欧洲利益代表者。为此，奥托·冯·俾斯麦亲自口述了一份特殊的备忘录。他说："德意志第二帝国坚决反对这种毫无根据的说法。"奥托·冯·俾斯麦发现，当某些政治家凭一己之力无法达到某种目的时，便想得到其他大国支持，于是满嘴不离"欧洲"。路易-阿道夫·梯也尔与奥匈帝国外交大臣弗里德里希·斐迪南·冯·博伊斯特就是这样的典型代表。在普法战争期间，路易-阿道夫·梯也尔曾奔走于各中立国家；同样，1870年，弗里德里希·斐迪南·冯·博伊斯特曾试图寻找盟友共同对抗普鲁士王国。然而，两人均无果而终。面对此情此景，他们便说："欧洲已不复存在。"[②] 于是，奥托·冯·俾斯麦断言："我们的做法恰好相反。我们拒绝欧

---

① 《欧洲内阁的重大政治》第2卷第87页（1876年10月21日与11月2日）。——原注
② 《欧洲内阁的重大政治》第2卷第88页奥托·冯·俾斯麦的话复述了法语说法: Je ne vois plus L'Erope。——原注

弗里德里希·斐迪南·冯·博伊斯特

洲利益与欧洲义务。……我十分乐意维护俄罗斯帝国利益,并表达我对俄罗斯帝国的感激之情。然而,我绝不会为欧洲其他国家做同样的事情。我们必须要澄清一点,德意志第二帝国绝不打着欧洲的旗号四处招摇撞骗。"[①]当时,在普鲁士王国外交部工作的伯恩哈德·冯·比洛忠心耿耿地追随奥托·冯·俾斯麦。他写信给德意志第二帝国驻圣彼得堡大使汉斯·洛塔尔·冯·施魏尼茨说:"我们继续本着一贯遵循的原则,以自身利益为出发点参与巴尔干事务。"奥托·冯·俾斯麦领导普鲁士王国外交部工作时,一直坚守这项原则。无论是

伯恩哈德·冯·比洛

---

① 《欧洲内阁的重大政治》第2卷第92页,这里的德语原文是Spiegelfechterei mit dem Europaertum。——原注

1866年，当时普鲁士王国吞并了三个邦国，扩大了领土，还是1870年吞并阿尔萨斯、洛林后，德意志第二帝国建立时，奥托·冯·俾斯麦都毅然决然地拒绝了欧洲以任何方式干涉本国领土问题。然而，1878年，奥托·冯·俾斯麦一反常态地认为，在1877年至1878年俄土战争结束时，俄罗斯帝国"为了有所得而争取获得欧洲的认可"，可谓十分明智。俄罗斯帝国正在"修改欧洲法律"，"一旦俄罗斯帝国犹豫不决，土耳其帝国就可能会意识到其中的利害关系，明白俄罗斯帝国在借助欧洲最高政府会议为自己谋求更多利益。"[①] 实际上，奥托·冯·俾斯麦承认了"欧洲"、欧洲最高政府会议或欧洲协调及欧洲成文法律的存在。然而，一旦涉及普鲁士人的自身利益，奥托·冯·俾斯麦便将一切抛之脑后，宁愿用枪炮说话。因为如果能够以武力成功解决问题，他不需要做任何妥协与退让，就可直接攫取想要得到的一切。他认为，通过会议手段，绝对不可能实现所有人的全部目标。

1875年，土耳其帝国的波斯尼亚与黑塞哥维那发生叛乱。这场叛乱最终升级为俄土战争。巴尔干半岛的基督教徒绝大部分为东正教徒。俄罗斯帝国历来非常关注巴尔干半岛叛乱。不过，沙皇亚历山大二世并不想包揽巴尔干半岛的民族事务。他提议召开欧洲会议解决巴尔干半岛的民族纠纷。奥托·冯·俾斯麦尽管与沙皇亚历山大二世关系十分密切，但反对召开欧洲会议。奥托·冯·俾斯麦说，亚历山大·米哈伊洛维奇·戈尔恰科夫说一口流利的法语，虽然在欧洲会议上拥有巨大优势，但还是无法超越法国人的天然优势（奥托·冯·俾斯麦自然不希望法国人独占先机）。此外，在欧洲会议上，三皇同盟（1873年6月6日，德皇威廉一世、沙皇亚历山大二世与奥匈帝国皇帝弗朗茨·约瑟夫一世结成三皇同盟）可能会因为利益冲突而破裂。为此，奥托·冯·俾斯麦派陆军元帅埃德温·冯·曼陀菲尔专程前往华沙游说沙皇亚历山大二世。不过，当时与沙皇亚历山大二世同在华沙的亚历山大·米哈伊洛维奇·戈尔恰科

---

① 《欧洲内阁的重大政治》第2卷第185页，1878年2月6日奥托·冯·俾斯麦写给伯恩哈德·冯·比洛的信。——原注

汉斯·洛塔尔·冯·施魏尼茨将军

夫指出,会议的唯一目标是为土耳其帝国的基督教教徒争取权利保障,免除不公正待遇。"他相信事在人为。他希望奥托·冯·俾斯麦这样的天才人物能为自己指点迷津,找到召开会议之外的其他解决办法。"① 此外,1876年11月,在雅尔塔举行的会谈中,亚历山大·米哈伊洛维奇·戈尔恰科夫曾对德意志第二帝国驻圣彼得堡大使汉斯·洛塔尔·冯·施魏尼茨将军说:"大国应当有担当。"亚历山大·米哈伊洛维奇·戈尔恰科夫不无遗憾地说:"我们曾经把巨大希望寄予德意志第二帝国。"汉斯·洛塔尔·冯·施魏尼茨将军回答道,德意志第二帝国已经竭尽全力了。随后,亚历山大·米哈伊洛维奇·戈尔恰科夫情绪激动

---

① 《欧洲内阁的重大政治》2卷第185页,1878年2月6日奥托·冯·俾斯麦写给伯恩哈德·冯·比洛的信。——原注

地说："不，我想要你们继续努力。我要给奥托·冯·俾斯麦写信。他必须公开宣布俄罗斯帝国有权代表欧洲，结束令人无法容忍的暴行……条约已经没有任何价值……德意志第二帝国必须发声表态。摩纳哥公国可以保持沉默。但我们不能沉默不语。"之后，在与汉斯·洛塔尔·冯·施魏尼茨将军的会谈中，亚历山大·米哈伊洛维奇·戈尔恰科夫宣布："我选择欧洲阵营。"

欧洲阵营一直在伺机瓦解土耳其帝国。如今，眼看这样的机会唾手可得，它自然不会对俄罗斯帝国呼吁置之不理。1875年，波斯尼亚-黑塞哥维那的叛乱（在土耳其帝国的支持下，新政府成立了）导致1876年的俄土战争。当时，塞尔维亚公国与黑山公国公然向土耳其帝国宣战。1875年12月30日奥匈帝国首相久洛·安德拉希伯爵为波斯尼亚-黑塞哥维那起草了一份改革计划，并试图通过

久洛·安德拉希伯爵

第5章 巴尔干半岛问题：1876年至1878年　075

欧洲大国协调迫使土耳其帝国接受此计划。在改革计划中，久洛·安德拉希伯爵提出了许多建议，包括废除波斯尼亚-黑塞哥维那的包税制度。这项改革计划赢得了欧洲大国赞同。土耳其帝国虽然接受了这项计划，并作为帝国敕令昭告天下，但并未将其落到实处[①]。

对于限制土耳其帝国主权的任何提议，英国政府均表示怀疑。然而，1876年5月，土耳其帝国残忍地镇压了保加利亚民族起义，史称"保加利亚暴行"。此外，威廉·尤尔特·格莱斯顿针对"保加利亚暴行"发表了精彩、雄辩的演说，并将演讲内容印发成宣传手册，调转了英国舆论的导向，使英国政府不可能以武力支持土耳其帝国。在1876年5月的保加利亚恐怖暴行中，萨洛尼卡有一万两千名保加利亚农民遇害，还有两名外国（法国与德意志第二帝国）领事丧生。1876年11月，在奥匈帝国与德意志第二帝国的支持下，俄罗斯帝国向土耳其帝国发出了最后通牒，最终促成塞尔维亚公国与黑山公国停战。

奥匈帝国、俄罗斯帝国与德意志第二帝国联手共同处理此次争端。1873年6月6日，奥匈帝国皇帝弗朗茨·约瑟夫一世、沙皇亚历山大二世与德皇威廉一世在美泉宫结盟，成立了著名的"三皇同盟"[②]。根据"三皇同盟"，三位君主必须休戚与共，只要存在有可能引起分歧的任何问题，他们就要协调一致，"以保证更高利益不受损害"。三国首相久洛·安德拉希、亚历山大·米哈伊洛维奇·戈尔恰科夫与奥托·冯·俾斯麦在柏林进行会晤；1876年5月11日，柏林会议通过在波斯尼亚-黑塞哥维那实施改革的新备忘录后，便落下了帷幕。根据此次备忘录，土耳其帝国与塞尔维亚公国和黑山公国在1876年11月签订了停战协议。柏林会议备忘录得到了法国及意大利王国的认可，却遭到英国拒绝（1876年5月19日）。或许正因为看到英国持反对意见，土耳其帝国并没有真心

[①] 安托南·德比杜尔所著《欧洲外交史：武装和平》（1891年版）第2章第483页至第484页。——原注
[②] 阿尔弗雷德·弗朗西斯·普利布拉姆所著《奥匈帝国的秘密协定》（1921年版译本）第2章第185页。——原注

土耳其军队屠杀保加利亚人

遇害的保加利亚人的头颅被插在削尖的木头上

实意地想要实施改革①。土耳其帝国官员艾哈迈德·米德哈特帕夏②发动了宫廷政变,废黜了软弱无能的阿卜杜勒·阿齐兹,拥立阿卜杜勒·阿齐兹羸弱不堪的侄子——穆拉德五世为新苏丹。

艾哈迈德·米德哈特帕夏是一位眼界开阔的高官。他曾游历西方国家,目睹了立宪政府的运作方式。他认为,只有实施自由政治,土耳其帝国才能摆脱

阿卜杜勒·阿齐兹

---

① 埃德蒙·乔治·佩蒂–菲茨莫里斯男爵所著《格兰维尔伯爵乔治·莱维森–高尔传》第2卷第166页至第264页。——原注
② 艾哈迈德·米德哈特帕夏(1822—1884),土耳其帝国著名政治家,曾短暂担任首相,1876年制订了土耳其帝国第一部宪法。该宪法亦称《米德哈特宪法》。——译者注

欧洲大国的控制,从而摆脱分崩离析的命运。1876年6月,沙皇亚历山大二世前往德意志第二帝国迷人的历史圣地埃姆斯的威斯特伐利亚温泉,专程拜访了自己的舅舅①德皇威廉一世。随后,沙皇亚历山大二世又去了波希米亚的赖希施泰特,受到奥匈帝国皇帝弗朗茨·约瑟夫一世的盛情款待。沙皇亚历山大二世与奥匈帝国皇帝弗朗茨·约瑟夫一世会晤期间,奥匈帝国首相久洛·安德拉希与俄罗斯帝国驻奥匈帝国大使尼古拉·诺维科夫于1876年7月8日在一些问题上达成了一致意见。例如,在特殊情况下,奥匈帝国可以吞并波斯尼亚-黑塞哥维那;俄罗斯帝国收回1856年割让给摩达维亚大公国的比萨拉比亚;保加利亚、鲁米利亚与阿尔巴尼亚成为自治省;希腊将获得色萨利与克里特岛。以上内容均包含在1877年1月15日奥匈帝国首相久洛·安德拉希与俄罗斯帝国驻奥匈帝国大使尼古拉·诺维科夫签订的《布达佩斯条约》里。《布达佩斯条约》描述奥匈帝国针对波斯尼亚-黑塞哥维那采取行动时,使用的措辞是"占据"而非"吞并"。《布达佩斯条约》将瓦解土耳其帝国的欧洲领土视作当务之急,并将君士坦丁堡设为自由城市。沙皇亚历山大二世与奥匈帝国皇帝弗朗茨·约瑟夫一世明确表示,将在巴尔干半岛建立几个新的斯拉夫自治国家,而不是对奥匈帝国构成威胁的大斯拉夫国。缔约双方确保,"一旦因为战争或者瓦解土耳其帝国欧洲领土而产生了新的领土变化,最终引发欧洲大国集体审议,双方必须在外交领域互利互助"②。显而易见,《赖希施泰特协议》与《布达佩斯条约》不仅预见到了(很有可能因瓦解土耳其帝国欧洲领土而引发的)俄土战争,而且想到了欧洲协调将会如何化解并最终解决这场危机。

土耳其帝国内忧外患不断。宫廷革命、管理混乱、国内暴动及对外战争导致民不聊生。这一切似乎注定了土耳其帝国欧洲领土将会分崩离析。1877年8月

---

① 沙皇亚历山大二世的母亲亚历山德拉·费奥多萝芙娜是普鲁士国王腓特烈·威廉三世的第四个孩子,也是德皇威廉一世的亲妹妹。——译者注
② 1876年7月8日签订的《赖希施泰特协议》与1877年1月15日签订的《布达佩斯条约》见阿尔弗雷德·弗朗西斯·普利布拉姆所著《奥匈帝国的秘密协定》(1921年版)第2卷第188页至第203页。——原注

穆拉德五世

31日，比前任阿卜杜勒·阿齐兹更加软弱无能的穆拉德五世被废黜。此后，穆拉德五世一直被监禁，过着与世隔离的生活。二十七年后，穆拉德五世在监禁中悄然离世。穆拉德五世因精神疾病遭到废黜后，他的弟弟阿卜杜勒·哈米德二世继位。阿卜杜勒·哈米德二世精明能干，绝非任人摆布的无能之辈。

欧洲大国开始团结起来。各国尽管关系并不稳定，但最终还是达成了一致意见，决定在君士坦丁堡举行会议。1876年12月至1877年1月，欧洲大国召开了君士坦丁堡国际会议。参加此次会议的各国代表为：英国印度事务大臣索尔兹伯里侯爵罗伯特·加斯科因-塞西尔与英国驻君士坦丁堡大使亨利·艾略特、德意志第二帝国驻君士坦丁堡大使卡尔·冯·维特、奥匈帝国驻君士坦丁堡大使尤金·兹奇伯爵和奥匈帝国外交大臣海因里希·弗雷赫尔·冯·卡利斯、意大利王国驻君士坦丁堡大使路易吉·科尔蒂伯爵及俄罗斯帝国驻君士坦丁堡大使尼古拉·帕夫洛维奇·伊格纳季耶夫将军。1876年12月24日，在各大国代表起草了改革计划后，土耳其帝国代表才获准前来参会讨论改革计划。土耳其帝国代表易卜拉欣·埃德恒帕夏曾经留学法国，目前担任驻德意志第二帝国大使一职。易卜拉欣·埃德恒帕夏参会前做了充分准备。就在他参会的前一天，即1876年12月23日，阿卜杜勒·哈米德二世颁布了一部宪法。于是，土耳其帝国成为拥有内阁与两院议会的现代自由宪政国家。土耳其帝国紧跟西方政治发展步伐，主动进行了国内改革。如今的土耳其帝国与其他西方国家完全处于平等地位。1877年1月20日，经过几番协商均无果而终的君士坦丁堡会议最终不欢而散。

易卜拉欣·埃德恒帕夏

民族主义情绪高涨的土耳其人开始备战。1877年2月5日，阿卜杜勒·哈米德二世将艾哈迈德·米德哈特帕夏解职。不过，"米德哈特议会"的运行并未受到影响。1877年3月19日，议会开幕；1877年5月，议会解散①。土耳其帝国第一次立宪政府试验也就此终结。

君士坦丁堡国际会议是一场心照不宣的协调会议。索尔兹伯里侯爵罗伯特·加斯科因-塞西尔完全不信任土耳其帝国政府。根据他从君士坦丁堡送回英国国内的信的内容可知，他越来越相信克里米亚战争本身就是一个错误。

阿卜杜勒·哈米德二世

---

① 埃德温·皮尔斯所著《阿卜杜勒·哈米德二世传》（1917年版）第49页至第51页。——原注

索尔兹伯里侯爵罗伯特·加斯科因-塞西尔

他说:"愚蠢的土耳其人根本就不可能被说服,更不可能实施政治改革。"在他看来,与他一同参会的亨利·艾略特只想讨好土耳其人。索尔兹伯里侯爵罗伯特·加斯科因-塞西尔尽管十分喜欢与聪明风趣的尼古拉·帕夫洛维奇·伊格纳季耶夫将军聊天,但认为尼古拉·帕夫洛维奇·伊格纳季耶夫将军表里不一。尼古拉·帕夫洛维奇·伊格纳季耶夫将军曾不动声色地改动了各国代表在会议上集体通过的一张边界地图。当这张地图再次在会场上呈现时,一向注重细节的索尔兹伯里侯爵罗伯特·加斯科因-塞西尔发现了改动的痕迹。他向尼古拉·帕夫洛维奇·伊格纳季耶夫将军当面指出了改动过的细节。不过,让他不得不佩服的是,尼古拉·帕夫洛维奇·伊格纳季耶夫将军并没有欲盖弥

尼古拉·帕夫洛维奇·伊格纳季耶夫将军

彰，试图掩盖事情的真相。相反，尼古拉·帕夫洛维奇·伊格纳季耶夫将军发出了爽朗的笑声，坦率地承认了这一事实，并不无赞叹地说道："什么都逃不过你的火眼金睛。"索尔兹伯里侯爵罗伯特·加斯科因-塞西尔认为，尼古拉·帕夫洛维奇·伊格纳季耶夫将军不希望此次会议能够圆满成功[①]。

　　君士坦丁堡国际会议未能对土耳其帝国产生任何影响。为了解决土耳其帝国的欧洲领土问题，亚历山大·米哈伊洛维奇·戈尔恰科夫轮番邀请各大国提出建议，让土耳其帝国回归理性。在俄罗斯帝国政府官员，尤其是外交官中，尼古拉·帕夫洛维奇·伊格纳季耶夫将军最了解巴尔干半岛局势。因此，他奉命前往欧洲各大国，请求它们同意俄罗斯帝国作为（1856年）《巴黎条约》签署方的大国代表，进行武力干涉，迫使土耳其帝国实施改革。经过尼古拉·帕

---

① 格温德琳·塞西尔所著《索尔兹伯里侯爵罗伯特·加斯科因-塞西尔传》（1921年版）第2卷第109页至第110页。——原注

夫洛维奇·伊格纳季耶夫将军的不懈努力，1877年3月31日，各国大使在伦敦会晤，并发布了一项草案，要求土耳其帝国进行改革。该草案声明：如果土耳其帝国拒绝实施改革，列强将保留共同采取强制措施的权利。1877年4月9日，阿卜杜勒·哈米德二世向君士坦丁堡议会提交了改革草案条款。最终，该改革草案遭到君士坦丁堡议会否定。于是，俄罗斯帝国开始实施两年以来一直昭然若揭的意图：独自解决土耳其帝国问题，并于1877年4月24日向土耳其帝国宣战。

俄军发现，事情的进展并非如预想般顺利。不过，俄军最终成功挫败了土耳其军队，一直打到离君士坦丁堡几英里的地方。若非英国与奥匈帝国插手干预，俄军定会一举夺取垂涎已久的君士坦丁堡。1878年2月14日，英国舰队驶过达达尼尔海峡。与此同时，奥匈帝国在多瑙河、达尔马提亚进行军事动员。然而，时任英国首相比肯斯菲尔德伯爵本杰明·迪斯雷利年事已高，体弱多病。除此之外，英国内阁成员均为反战派。实际上，主张为"土耳其正义事业"而战

比肯斯菲尔德伯爵本杰明·迪斯雷利

的只有态度不太坚定的首相本杰明·迪斯雷利与维多利亚女王。1877年至1878年的冬天,维多利亚女王曾在信中表明了战争决心。1878年1月20日,维多利亚女王在写给本杰明·迪斯雷利的信中说:"你昨日来信令我心情非常低落。你似乎缺乏信心。然而,你一定要振作起来,丝毫不能退让。数月前,我们已经预见到了今天的局面。俄军一旦占领加里波利半岛,随后便会攻打君士坦丁堡,我们将会因此而蒙羞。对此,我们决不可姑息。"[①]

然而,英国外交大臣爱德华·斯坦利在上议院接受问询时,采取了息事宁人的态度。这让维多利亚女王十分不满。维多利亚女王写信给首相本杰明·迪斯雷利说:"爱德华·斯坦利太令我失望了,他必须辞职。"[②]

爱德华·斯坦利

---

① 《维多利亚女王书信集》第2部第2卷第597页。——原注
② 《维多利亚女王书信集》第2部第2卷第606页,1878年3月5日。——原注

德意志第二帝国皇储妃维多利亚公主是维多利亚女王的长女。数月前（1877年12月19日），德意志第二帝国皇储妃维多利亚公主曾经写信给维多利亚女王说："英国一定要继续引领国际事务的风向标，决不可让俄罗斯帝国与土耳其帝国单独进行媾和。"[①]如若不然，俄罗斯帝国就会如鱼得水。开战前，俄罗斯帝国一心想要促成欧洲国际会议。然而，伴随战争持续进行，俄罗斯帝国消耗了大量财力与物力。为了确保自身利益，俄罗斯帝国自然想要与战败的土耳其帝国单独进行和谈。1878年3月3日，尼古拉·帕夫洛维奇·伊格纳季耶夫将军与土耳其帝国外交大臣萨夫韦特帕夏在君士坦丁堡以西六英里的圣斯特凡诺签订了初步条约。然而，这并非双方签订的第一份条约；1878年1月31日，双方已经签订了"初步和平基础条款"[②]。根据《圣斯特凡诺条约》第

签订《圣斯特凡诺条约》

---

① 《维多利亚女王书信集》第2册第2卷第578页至第579页。——原注
② 爱德华·赫兹莱特所著《条约下的欧洲地图》第2卷第2658页。1878年1月25日，条约签署前，俄罗斯帝国向英国及奥匈帝国传达了初步条约的主旨内容。——原注

二十九条，土耳其帝国在欧洲的领土边界及在亚洲的领土边界发生了巨大变动。条约中最重要第六条规定：新成立的主权国家保加利亚王国领土范围北起多瑙河，南至爱琴海；东起黑海，西至阿尔巴尼亚山。1878年3月23日，《圣斯特凡诺条约》被送至英国外交部及欧洲各大国。

虽然人们对俄罗斯帝国签订《圣斯特凡诺条约》的意图心知肚明，但此举过于唐突，显得不够理智，实在无法得到人们赞同。建立大斯拉夫国家或大保加利亚完全有悖于俄罗斯帝国和奥匈帝国曾经在赖希施泰特与布达佩斯签订的协议。克里米亚战争结束时，除了与英国及其他大国在1856年巴黎会议上签订和约之外，俄罗斯帝国与英国之间还明确了其他责任与义务。在《圣斯特凡诺条约》签订的几周前，俄罗斯帝国才注意到英国对待土耳其帝国领土变更的态度。英国将其态度写入一份备忘录。1878年1月15日，英国驻圣彼得堡大使奥古斯特·洛夫图斯勋爵将备忘录递交给亚历山大·米哈伊洛维奇·戈尔恰科夫。在备忘录中，英国宣称："俄罗斯帝国与土耳其帝国签订的任何条约，只要与1856年的《巴黎条约》有所关联，即为欧洲条约。因此，必须经过1856年《巴黎条约》缔约国同意，条约才能正式生效。"[①]对此，1878年1月25日，俄罗斯帝国回复说，俄罗斯帝国无意独自解决与《巴黎条约》有关的欧洲问题。亚历山大·米哈伊洛维奇·戈尔恰科夫与尼古拉·帕夫洛维奇·伊格纳季耶夫将军十分清楚，单独签订《圣斯特凡诺条约》必然会导致英国及奥匈帝国向俄罗斯帝国宣战。对于这场战争危机，人们并不意外。显然，避免战争的唯一办法是将《圣斯特凡诺条约》提交欧洲国际会议。俄罗斯帝国根据驻伦敦大使彼得·安德烈耶维奇·舒瓦洛夫提出的建议与外交策略，最终将《圣斯特凡诺条约》提交至国际会议。不过，如果俄罗斯帝国没有单独签订这份初步的和约，而是将此次俄土战争所有问题留待国际会议解决，俄罗斯帝国的声望也就不会因此而受损。

---

① 爱德华·赫兹莱特所著《条约下的欧洲地图》第5卷第2657页，又见第2698页索尔兹伯里侯爵罗伯特·加斯科因-塞西尔的传阅文件。——原注

奥匈帝国是第一个提议召开和平会议的国家。1878年2月5日，奥匈帝国通过加急电报向其他各大国政府发出召开和平会议的倡议。奥匈帝国外交大臣久洛·安德拉希通过电报告知奥匈帝国驻柏林大使本杰明·卡罗伊，奥匈帝国只有两个选择——与俄罗斯帝国开战或召开欧洲会议[①]。奥匈帝国提议在维也纳召开和平会议。不过，有人提出，鉴于当前局势紧张，在巴登召开会议更有利于大国之间联络感情。1878年3月7日，奥匈帝国改变了原来的会议提议，指出"鉴于待解决问题的严重性"[②]，应该将普通会议升级为欧洲各大国的全面代表大会。因此，在巴登举行会议的提议被取消。随后，有人提议，会议应该在柏林举行。虽然奥托·冯·俾斯麦对举行国际会议并不热心，但他还是向久洛·安德拉希表示，同意在柏林召开会议。

不过，奥托·冯·俾斯麦依然宣称，德意志第二帝国并不关心能否真正有效地和平解决巴尔干半岛危机。他曾在1876年的一份备忘录中指出，"按照政治惯例，土耳其帝国问题，包括土耳其帝国的民族问题，完全不值得欧洲文明国家动用武力去拼个你死我活"[③]。奥托·冯·俾斯麦这番话可谓高屋建瓴，一语中的。相比而言，在同一年的另外一次讲话中，他的思想则显得比较狭隘，带有民族主义情绪。他说："巴尔干半岛问题根本不值得波美拉尼亚士兵[④]搭上自己的性命。"

事实上，奥托·冯·俾斯麦已经准备好做"调停人"[⑤]。他准备前去参加会议，并帮助和平解决土耳其帝国领土问题。不过，他认为完全可以用更加简单的方式去解决这一问题。1876年，奥托·冯·俾斯麦提议由英国接管埃及和苏伊士运河。与此同时，他还向奥匈帝国提议，应当将波斯尼亚与黑塞哥维那据

---

① 埃德温·皮尔斯所著《阿卜杜勒·哈米德二世传》（1917年版）第2卷第49页至第51页。——原注
② 从国际法的角度来看，普通会议与全面代表大会并无区别。从外交角度来看，普通会议显得不太正式；全面代表大会一般在重大情况下召开。恩斯特·梅森·萨托所著《外交惯例》第2卷第1页。——原注
③ 《欧洲内阁的重大政治》第2卷第71页。——原注
④ 也就是德意志第二帝国士兵。——原注
⑤ 1878年2月19日，奥托·冯·俾斯麦在帝国议会上的讲话。——原注

为己有。如此一来，英国与奥匈帝国就不必担心俄罗斯帝国会在巴尔干半岛兴风作浪①。然而，英国与奥匈帝国并不认为奥托·冯·俾斯麦的提议能有效解决问题。

德意志第二帝国方面曾宣称，奥托·冯·俾斯麦拒绝参与"打着欧洲幌子进行招摇撞骗"的活动。然而，在讨论英国与俄罗斯帝国之间的战争危机时，奥托·冯·俾斯麦利用"欧洲"这一概念，对英国政府进行因势利导。1876年11月，索尔兹伯里侯爵罗伯特·加斯科因-塞西尔去参加君士坦丁堡会议途中经过柏林。他与奥托·冯·俾斯麦进行了多次会谈。索尔兹伯里侯爵罗伯特·加斯科因-塞西尔对当前形势做出"思维缜密的判断"，给奥托·冯·俾斯麦留下了深刻印象。奥托·冯·俾斯麦指出，对整个欧洲来说，英俄战争比俄土战争后果更加严重，英国应当尽力避免给整个欧洲带来灾难性的后果②。索尔兹伯里侯爵罗伯特·加斯科因-塞西尔十分赞同奥托·冯·俾斯麦的观点，并表示他本人对土耳其帝国不抱任何幻想。在君士坦丁堡会议上，他向德意志第二帝国驻君士坦丁堡大使卡尔·冯·维特表达了对"土耳其帝国内阁（包括艾哈迈德·米德哈特帕夏在内）的极其蔑视与厌恶"。不过，他不无遗憾地表示，英国人依然"禁锢在土耳其帝国对英国利益至关重要的错误观念中"③。

俄罗斯帝国政府明白，自己不可能与英国或奥匈帝国动武。对俄罗斯帝国来说，同意参加欧洲和平会议只是时间早晚的问题。事实上，亚历山大·米哈伊洛维奇·戈尔恰科夫十分迫切地想要参加此次和平会议。从1859年奥地利帝国首相克莱门斯·冯·梅特涅去世后，作为卡尔·罗伯特·内塞尔罗德的学生，亚历山大·米哈伊洛维奇·戈尔恰科夫已经在欧洲外交界驰骋了二十年。1876年，他已近耄耋之年。在赖希施泰特会议期间，他曾对奥匈帝国外交大臣久洛·安德拉希说："希望能在有生之年组织召开一次欧洲国际会议。即使会

---

① 《欧洲内阁的重大政治》第2卷第71页。——原注
② 《欧洲内阁的重大政治》第2卷第109页。——原注
③ 《欧洲内阁的重大政治》第2卷第124页。——原注

卡尔·罗伯特·内塞尔罗德

议规模很小,也心满意足了。"然而,当时俄军与英国舰队均已抵达君士坦丁堡附近,双方随时可能因一场"小风波"而引发战争。1878年2月20日,德比伯爵爱德华·亨利·斯坦利告知奥托·冯·俾斯麦,只有"尽快召开国际会议",才能避免战争[①]。事实上,俄罗斯帝国似乎已经明白,是奥匈帝国而非英国一直在阻挠自己坐享胜利果实。1878年2月28日,俄罗斯帝国驻维也纳大使彼得·德奥布里尔对伯恩哈德·冯·比洛说,在俄罗斯帝国与土耳其帝国签订和约的道路上,重重障碍大部分是奥匈帝国设置的。在伯恩哈德·冯·比洛递交报告的空白处,奥托·冯·俾斯麦表达了不同看法。他评论道:俄罗斯帝国问题的根源在于它拒绝了维也纳和平会议的提议。

1878年3月9日,英国向德意志第二帝国表明,同意参加奥匈帝国提议的柏林会议。不过,英国规定,要提前确定会议协商的基础;《圣斯特凡诺条约》所有条款必须提交会议,以确定哪些条款可以正式获批。1878年3月17日,得知此事后,亚历山大·米哈伊洛维奇·戈尔恰科夫当即表示拒绝接受英国提议。就在英国正要表明拒绝参会时,俄罗斯帝国驻伦敦大使彼得·安德烈耶维奇·舒瓦洛夫请求德比伯爵爱德华·亨利·斯坦利四个小时后再下决定。在赢得宝贵的四小时后,彼得·安德烈耶维奇·舒瓦洛夫使出浑身解数,想要找到一个万全之计,以保证英国与俄罗斯帝国按时参会。在致力于和平事业的俄罗斯帝国政治家中,没有人能像彼得·安德烈耶维奇·舒瓦洛夫那样鞠躬尽瘁。然而,他遭到沙皇亚历山大二世的诟病。1878年3月21日,德比伯爵爱德华·亨利·斯坦利向彼得·安德烈耶维奇·舒瓦洛夫求证,俄军在君士坦丁堡郊区比于克代雷登陆的消息。彼得·安德烈耶维奇·舒瓦洛夫将英国方面的质疑提交至圣彼得堡。亚历山大·米哈伊洛维奇·戈尔恰科夫回复说,彼得·安德烈耶维奇·舒瓦洛夫应该向德比伯爵爱德华·亨利·斯坦利求证,英国军舰在马尔马拉海意欲何为?密切关注此事的德意志第二帝国驻伦敦大使乔治·赫伯特·蒙斯特

---

① 《欧洲内阁的重大政治》第2卷第194页。——原注

彼得·安德烈耶维奇·舒瓦洛夫

认为，如果当时彼得·安德烈耶维奇·舒瓦洛夫将这样的回复信息传递至英国，英国与俄罗斯帝国之间势必爆发一场战争。幸运的是，彼得·安德烈耶维奇·舒瓦洛夫并没有这样做。

1878年3月27日，乔治·赫伯特·蒙斯特向德意志第二帝国政府报告了彼得·安德烈耶维奇·舒瓦洛夫的判断——会议将不会如期举行。于是，召开欧洲会议的提议搁浅了。1878年3月28日，英国内阁决定调遣预备役部队。然而，令所有人颇感意外的是，德比伯爵爱德华·亨利·斯坦利辞去了外交大臣的职务。他或许以实际行动表明了自己的反战态度。新任英国外交大臣是索尔兹伯里侯爵罗伯特·加斯科因-塞西尔。乔治·赫伯特·蒙斯特注意到，索尔兹伯里侯爵罗伯特·加斯科因-塞西尔不仅是基督教徒，而且具有强烈的反土耳其帝国情绪。

在奥托·冯·俾斯麦看来，让战争一触即发的火药库就在君士坦丁堡附近，即俄军与英国舰队所在之处。因此，奥托·冯·俾斯从中调停，建议俄军与英国舰队分别向后撤至双方事先协商好的地点。英国与俄罗斯帝国接受了奥托·冯·俾斯麦的调停。随后，英国与俄罗斯帝国便展开了复杂的协商活动，以便就双方撤军事宜达成共识。结果，人们发现，根本不可能找到让双方都满意的万全之策，也根本不可能让双方退回至原来的位置。直到欧洲全面会议召开前，英国与俄罗斯帝国未能就撤军达成一致意见。不过，进行协商的同时，它们也拖延了一段时间。可以说，这次是由德意志第二帝国出面调停了英国与俄罗斯帝国之间的矛盾。

第 6 章

1878年的柏林会议

精彩看点

围绕《圣斯特凡诺条约》展开的斗争——汉斯·洛塔尔·冯·施魏尼茨将军的斡旋——索尔兹伯里侯爵罗伯特·加斯科因-塞西尔与彼得·安德烈耶维奇·舒瓦洛夫签署的备忘录——柏林会议召开——各国代表——《柏林条约》

在国家出现之前的远古人类时期，部落之间出于弱肉强食的本能掠夺成性，战争的威胁无处不在。然而，步入现代文明的人类与国家通常不允许受掠夺本能的驱使而行事。随着有组织的民族国家出现，每个国家都处于绝对王权统治下，却缺乏至高无上的法律与法庭的约束。在这种情况下，另一种形式的战争威胁存在着。当两个主权国家利益存在冲突时，解决分歧的手段是国家力量的角逐——战争，以此来一决高下。此时，避免持续战争的唯一办法便是利用外交手段。当然，即便是利用外交手段，也只能通过双方互相妥协来阻止战争。显而易见，任何一方都不可能完全心满意足。1876年10月20日，奥托·冯·俾斯麦在一份备忘录中写道："大家通常认为，维护和平是睿智政治家的撒手锏。然而，实际上，和平的获得只有一个方式，即利益一方或另一方做出退让。利益双方绝不可自以为是，而要坦诚相待。"[1]

一面是英国与奥匈帝国，另一面是俄罗斯帝国，双方因《圣斯特凡诺条约》产生的意见分歧似乎是无法解决的难题。英国政府无论如何也不肯做出让步，坚持让俄罗斯帝国把《圣斯特凡诺条约》所有条款提交会议进行讨论与决定后，才愿意参会。然而，俄罗斯帝国政府作为制定条约方，绝不会轻易将所有条款和盘托出，交给欧洲会议进行定夺。彼得·安德烈耶维奇·舒瓦洛夫忙

---

[1] 《欧洲内阁的重大政治》第2卷第69页。——原注

于制定各种解决方案；乔治·赫伯特·蒙斯特则马不停蹄地从中斡旋。1878年4月18日，索尔兹伯里侯爵罗伯特·加斯科因-塞西尔向乔治·赫伯特·蒙斯特说明，只要俄罗斯帝国同意将条约提交会议，英国就会前去参会。鉴于"提交"一词意义含糊，索尔兹伯里侯爵罗伯特·加斯科因-塞西尔进一步向乔治·赫伯特·蒙斯特表明：在他看来，争议双方就主要问题必须提前达成共识。否则，即便召开会议，战争也在所难免。在乔治·赫伯特·蒙斯特发送的这封电文的空白处，奥托·冯·俾斯麦的批注为"的确如此"[1]。索尔兹伯里侯爵罗伯特·加斯科因-塞西尔提出，"在德意志第二帝国提议下"，英国与俄罗斯帝国应当继续进行初步协商。对于英国此番提议，奥托·冯·俾斯麦表示赞同。

汉斯·洛塔尔·冯·施魏尼茨将军奉命前往圣彼得堡继续与亚历山大·米哈伊洛维奇·戈尔恰科夫进行斡旋。1878年5月19日，他抵达俄罗斯帝国外交部。在一间既没有阳光又不通风的狭小的卧室内，他见到了躺在病榻上的俄罗斯帝国外交大臣亚历山大·米哈伊洛维奇·戈尔恰科夫。亚历山大·米哈伊洛维奇·戈尔恰科夫一直认为，《圣斯特凡诺条约》的条款不应当与欧洲各国已经签订的条约背道而驰。尼古拉·卡尔洛维奇·吉尔斯一直是亚历山大·米哈伊洛维奇·戈尔恰科夫的官方代言人，代表他处理一切事务。尼古拉·卡尔洛维奇·吉尔斯十分通情达理。但汉斯·洛塔尔·冯·施魏尼茨将军认为，尼古拉·卡尔洛维奇·吉尔斯仅凭一己之力，很难"撼动"俄罗斯帝国大贵族的沙文主义思想。当时，俄罗斯帝国驻伦敦大使彼得·安德烈耶维奇·舒瓦洛夫正在圣彼得堡进行短暂的访问活动。他万分沮丧，因为俄罗斯帝国统治阶层官僚主义作风横行，官场一片混乱。俄罗斯帝国官员不仅无所作为，而且缺乏一心为公的精神。他担心，灾难随时可能降临[2]。

经历了千辛万苦后，彼得·安德烈耶维奇·舒瓦洛夫终于得到了授权。随后，他便返回伦敦。索尔兹伯里侯爵罗伯特·加斯科因-塞西尔向乔治·赫伯

---

[1]　《欧洲内阁的重大政治》第2卷第279页。——原注
[2]　《欧洲内阁的重大政治》第2卷第309页。——原注

尼古拉·卡尔洛维奇·吉尔斯的漫画形象

特·蒙斯特说明，只要能够在会议上"自由讨论"《圣斯特凡诺条约》，英国便同意参会。乔治·赫伯特·蒙斯特把这一信息传送给了奥托·冯·俾斯麦。奥托·冯·俾斯麦又将信息传送给了德意志第二帝国驻维也纳大使奥托·格尔夫·祖·斯托尔伯格-沃尼哥罗德。在"严守秘密"的前提下，奥托·格尔夫·祖·斯托尔伯格-沃尼哥罗德又将消息告诉了奥匈帝国外交大臣久洛·安德拉西。于是，利益各方实际上已经达成了一致谅解。1878年5月28日，索尔兹伯里侯爵罗伯特·加斯科因-塞西尔向彼得·安德烈耶维奇·舒瓦洛夫和乔治·赫伯特·蒙斯特询问，他能否告知议会，经过近几天的努力，召开国际会议的可能

奥托·格尔夫·祖·斯托尔伯格－沃尼哥罗德

性已经大大增加。对此,彼得·安德烈耶维奇·舒瓦洛夫与乔治·赫伯特·蒙斯特均表示赞同。两天后,即1878年5月30日,索尔兹伯里侯爵罗伯特·加斯科因-塞西尔与彼得·安德烈耶维奇·舒瓦洛夫签署了一份备忘录,双方就两国之间存在的问题达成了一致意见。

1878年5月30日索尔兹伯里侯爵罗伯特·加斯科因-塞西尔与彼得·安德烈耶维奇·舒瓦洛夫签署的备忘录内容包括:保加利亚应当一分为二。"北部拥有政治自治权,由保加利亚大公统治;南部设立拥有很大自主权的自治政府,并且效仿英国殖民地政府,由欧洲各国公认的信奉基督教的总督管理,总督任期为五年到十年。"俄罗斯帝国放弃建立大斯拉夫王国,即《圣斯特凡诺条约》中所称的"大保加利亚"。

鉴于英国与俄罗斯帝国现在基本意见一致,如果它们一直保持谨慎理智的状态,此次会议定会成功。英国首相比肯斯菲尔德伯爵本杰明·迪斯雷利决定亲自前去参加会议。亚历山大·米哈伊洛维奇·戈尔恰科夫据此判断,英国与俄罗斯帝国已经达成一致意见。如果英国首相无功而返,肯定不会决定前去参会。因此,亚历山大·米哈伊洛维奇·戈尔恰科夫也决定前往柏林参会。1878年6月4日,汉斯·洛塔尔·冯·施魏尼茨将军专程拜访了亚历山大·米哈伊洛维奇·戈尔恰科夫。他见到了这位年迈的俄罗斯帝国外交大臣。当时,亚历山大·米哈伊洛维奇·戈尔恰科夫因痛风而肿胀的双足虽然打着绷带,但他的心情格外好。正是因为英国首相比肯斯菲尔德伯爵本杰明·迪斯雷利将前往柏林参会,所以必须有一个大人物代表俄罗斯帝国前去参会。亚历山大·米哈伊洛维奇·戈尔恰科夫十分坦率地说,这个大人物"无须征询他人意见",自己恰好就是合适人选。他还说:"众所周知,我从来不会口吐狂言。"汉斯·洛塔尔·冯·施魏尼茨将军认为亚历山大·米哈伊洛维奇·戈尔恰科夫根本没必要把话说得如此直白。在给奥托·冯·俾斯麦的汇报中,汉斯·洛塔尔·冯·施魏尼茨将军陈述此事时,十分谨慎地在括号中注明"原话如此"。

1878年6月13日至1878年7月13日,柏林会议召开。它是国际关系史上意义

柏林会议

重大的一次会议。因为此次会议与会者地位显赫，会议成果丰硕。除了1814年维也纳会议与1919年巴黎和会之外，只有柏林会议汇聚了如此多的欧洲政坛名人。会议主席是这个时代的引领者——德意志第二帝国首相奥托·冯·俾斯麦。在涉及民族利益的问题上，虽然奥托·冯·俾斯麦从未心慈手软，但在柏林会议上，他是会议主席的不二人选。因为他并非要为自己的国家谋取利益，而是希望欧洲大国能心平气和地握手言和。奥托·冯·俾斯麦的精神一直处于高度紧张状态。每一轮会议召开前，他都会喝一大杯波尔图葡萄酒，随后便投入到枯燥无味的讨论中。另一位与会的德意志第二帝国代表是德意志第二帝国驻巴黎大使霍恩洛厄侯爵克洛德维希·卡尔·维克托。他不仅工作起来勤奋认真，而且处事灵活，善于变通。他的性格特点恰好与奥托·冯·俾斯麦的性格特点相得益彰。

亚历山大·米哈伊洛维奇·戈尔恰科是政界名人。他写的电讯快报，文字十分优雅，在欧洲各国政府之间传为佳话。如今，亚历山大·米哈伊洛维奇·戈尔恰科夫已经八十岁，体弱多病，步履蹒跚，但他依然满腔热血。在退出政坛并彻底隐退至俄罗斯帝国贵族养老之地——巴登之前,他为自己能亲临此次(如同1856年的巴黎会议)国际盛会而深感欣慰。尽管亚历山大·米哈伊洛维奇·戈尔恰科与英国首相比肯斯菲尔德伯爵本杰明·迪斯雷利水火不容,但在会议上他们能够以礼相待。身材魁梧、举止优雅的比肯斯菲尔德伯爵本杰明·迪斯雷利已经年逾古稀,走起路来颤颤巍巍,并且咳声不断,但他把手臂伸向更加年长的亚历山大·米哈伊洛维奇·戈尔恰科。两人互相搀扶着一同走下德意志第二帝国外交部的楼梯台阶,此情此景让人动容。比肯斯菲尔德伯爵本杰明·迪斯雷利肩负着英国政府的重托,而亚历山大·米哈伊洛维奇·戈尔恰科则担负着俄罗斯帝国政府的重任。

法国代表团的首席代表是威廉·沃丁顿。他先后在英国拉格比公学与剑桥三一学院接受教育,曾是剑桥大学校划船队[①]的运动员。威廉·沃丁顿是现任法国外交部长。他还是一名出色的古典学者,著有希腊考古学方面的知名著作。无论在柏林会议上,还是在后来担任法国驻伦敦大使时,威廉·沃丁顿一向贤明正直,"坚定不移地主张和平",并极力维护国家利益,给身边的人留下了深刻印象。

奥匈帝国代表是久洛·安德拉希。他在此次会议的招待会上大放异彩,尽管此次会议的招待会并不多。在招待会的场合之下,他通常身穿华丽的红袍。久洛·安德拉希身材高大,大大的脸盘上留着上翘的胡须,是典型的马扎尔"大亨"形象。不过,最重要的是,他多年在国外生活,对巴黎与伦敦的政治了如指掌。

意大利王国代表路易吉·科尔蒂伯爵是一位职业外交官,属于典型的欧洲官员。他对巴尔干半岛各民族及其地理状况了然于心。他思维敏捷,善于破解难题。即便无法让对立双方都感到心满意足,他也总能找到折中的办法与策

[①] 牛津大学与剑桥大学的划船比赛传统始于1829年。从1836年开始,剑桥大学选用浅蓝色队服,而牛津大学选用深蓝色队服,这一习惯一直沿用至今。从1856年开始,该赛事成为年度盛会。——译者注

略让双方握手言和。柏林会议召开时，意大利王国刚刚获得国际认可，被公认为"欧洲列强中最小的强国之一，最小的强国中最强的国家"[①]。事实上，1875年，意大利王国将其在欧洲各国首都的公使馆提升至大使馆的地位。正是在这一年，意大利王国跻身于强国之列。

土耳其帝国代表（奥托·冯·俾斯麦私下论及土耳其帝国代表，常常带着极其不屑的语气）在会议上没有任何地位。不过，从其他各方面来看，自维也纳会议以来，与其他会议相比，柏林会议的与会人员比较"欧洲化"，少了"排他主义"，民族主义并不明显。此外，此次会议最值得称道的成果是：会议不是向战败方而是向战胜方施压。在欧洲阵营的两个国家战争结束时，欧洲协调（发挥了1870年与1871年未能实现的作用）便介入，并达成了一项欧洲协议。

1878年7月13日，《柏林条约》签署，其所有条款几乎无一例外是各大国互相妥协的结果。正是互相妥协的过程中存在着发展与持久的可能性。

---

① 《意大利政治三部曲（1870年至1896年）》（1928年版）第25页。——原注

第 7 章

三国同盟

精彩看点

沙皇亚历山大二世给德皇威廉一世的亲笔信——"结盟噩梦"折磨奥托·冯·俾斯麦——德意志第二帝国与奥匈帝国结盟——《德奥同盟条约》——三国同盟是奥托·冯·俾斯麦的三大外交成果之一——《三国同盟条约》——意大利王国在条约附件中的声明

柏林会议结束后，欧洲大国依然保持着密切联系，因为《柏林条约》的实施工作依然在继续。巴尔干半岛设立了边界委员会。各大国均向边界委员会派出了代表。不过，欧洲列强之间存在着严重的分歧。俄罗斯帝国理直气壮地认为，自己并未得到俄土战争应得的胜利果实。1879年8月15日，沙皇亚历山大二世给德皇威廉一世写了一封亲笔信，抱怨德意志第二帝国未给予俄罗斯帝国外交支持，并提醒他不要忘记俄罗斯帝国曾在1870年给予普鲁士王国大力支持。奥托·冯·俾斯麦感觉，沙皇亚历山大二世信中所言让德意志第二帝国颜面尽失。他为此大发雷霆。但德皇威廉一世在这封信的空白处批注，俄罗斯帝国政府并非信口雌黄，"当年，得到沙皇亚历山大二世亲口确认后，我们才向法国派出了第五军与第六军。否则这两个军还会继续对奥匈帝国的一举一动保持戒备"[1]。德皇威廉一世还指出，1866年普奥战争结束后奥地利人一直伺机报复，所以德意志第二帝国决不能抛弃与俄罗斯帝国的友谊。奥托·冯·俾斯麦一直担心遭到法国报复。他认为，法国、俄罗斯帝国与奥匈帝国有可能联手对抗德意志第二帝国。此外，北石勒苏益格问题也一直困扰着他。1866年，普奥战争结束时，根据《布拉格条约》，普鲁士王国强迫奥地利帝国放弃石勒苏益格公国，并同意将北石勒苏益格归还丹麦王国。然而，这一切的前提条件是

---

[1] 《欧洲内阁的重大政治》第3卷第20页。——原注

由当地居民举行公投，投票结果必须能够表明北石勒苏益格回归丹麦实为众望所归。然而，普鲁士王国并未兑现该条款。沙皇亚历山大二世因为与丹麦王室有姻亲关系，所以曾对奥托·冯·俾斯麦说："你的国家欠我一个人情。你可以通过把北石勒苏益格还给丹麦王国来还这个人情。"[①]显而易见，欧洲国家之间火药味十足，随时都可能燃起一场战火。面对如此复杂的重重矛盾，只有借助高超的外交手段，才有可能化干戈为玉帛。

在个人回忆录与一份机密外交信函（显然比回忆录可信度更高）中，奥托·冯·俾斯麦承认，自己一直被"结盟噩梦"折磨[②]，焦躁不安。他担心奥匈帝国、法国与俄罗斯帝国可能会结成同盟。即使只有其中两个国家结盟，第三个国家也会在无形中使德意志第二帝国面临巨大压力。奥托·冯·俾斯麦在万分焦虑中苦心经营未来。这与英国内阁大臣形成了鲜明对比。在写给奥托·冯·俾斯麦的一份报告中，乔治·赫伯特·蒙斯特说："英国内阁大臣活像一群目光短浅的土豪，得过且过，根本不考虑国家未来。"[③]基于上述原因，奥托·冯·俾斯麦想方设法与奥匈帝国结盟。法国驻柏林大使圣瓦利耶曾向当时的德意志第二帝国外交部红人弗里德里希·冯·荷尔斯泰因暗示，法国与德意志第二帝国也有可能结盟。后来，当弗里德里希·冯·荷尔斯泰因向奥托·冯·俾斯麦汇报此事时说："当时，我显得十分被动。"奥托·冯·俾斯麦似乎并未对此表示反对。

美国总统托马斯·伍德罗·威尔逊曾一针见血地指出，德意志第二帝国吞并阿尔萨斯与洛林的行为严重影响了其后四十年的欧洲国家关系。德意志第二帝国与法国结盟并非完全没有可能。然而，奥托·冯·俾斯麦与德意志第二帝国军政部门一致认为，两国不可能结盟。因此，德意志第二帝国决定维持

---

① 《欧洲内阁的重大政治》第3卷第19页。——原注
② 《欧洲内阁的重大政治》第2卷第154页，1877年6月15日；奥托·冯·俾斯麦所著《思考与回忆》（1898年英译本）第29章。——原注
③ 《欧洲内阁的重大政治》第2卷第155页。——原注

德意志第二帝国徽章

大军以备不时之需,认为有必要做好打"防御战"的准备,奥托·冯·俾斯麦好几次对此曾直言不讳。在缺乏诚信与善意的国际环境下,德意志第二帝国寻求能够给予自己安全保障的盟友。它一向不相信存在所谓的"欧洲"。正如奥托·冯·俾斯麦所说,"欧洲"不过是个"幌子"而已[①]。德意志第二帝国坚持认为,扩大军备与建立军事同盟是实现安全保障的唯一途径。因此,德意志第二帝国不惜投入大量物力,并使用各种政治手段,不遗余力地反对欧洲协调。后来,德意志第二帝国之所以感到"腹背受敌",可以说是因为它在中欧建立"武装和平"体系与绝对军事同盟的必然结果。

① 弗里德里希·库尔提乌斯编著、乔治·W.克里斯托尔·麦克米伦公司出版的《回忆霍恩洛厄侯爵克洛德维希·卡尔·维克托》(1906年英译本)第2卷第267页。——原注

与奥匈帝国结盟会让德意志第二帝国在一定程度上控制奥匈帝国的外交政策，或者至少会让德意志第二帝国有权约束奥匈帝国的外交政策。奥匈帝国在外交政策上一向善变、胆大妄为。比如，1908年奥匈帝国吞并波斯尼亚与黑塞哥维那；1914年，对塞尔维亚王国发动战争。然而，德意志第二帝国皇室和外交部坚持与奥匈帝国结成军事同盟，最终使德意志第二帝国受制于哈布斯堡王朝，同时导致德意志第二帝国反对大国共同审议及欧洲协调的提议。

事实上，德意志第二帝国早就为与奥匈帝国结盟铺平了道路。1866年萨多瓦战役结束后，奥托·冯·俾斯麦坚决反对普鲁士军队进占维也纳，与奥地利帝国签署了温和的《尼科尔斯堡和约》与《布拉格条约》。1878年，巴尔干半岛危机爆发期间，柏林会议即将于两个月后开幕，德意志第二帝国跨出了决定性的一步，与奥匈帝国结盟。1878年4月13日，德意志第二帝国与奥匈帝国签订了《维也纳条约》，达成一项共识，修改《布拉格条约》第五项条款。《布拉格条约》第五项条款规定：如果北石勒苏益格居民通过公投决定回归丹麦王国，普鲁士王国需将北石勒苏益格归还丹麦王国。尽管《维也纳条约》中并未提及，如果奥匈帝国支持德意志第二帝国取消《布拉格条约》第五项条款，德意志第二帝国理当支持奥匈帝国吞并波斯尼亚与黑塞哥维那。当《维也纳条约》公布时，记录在案的签订时间为1878年10月11日，比实际签订时间要晚，目的在于让人形成一种错觉，两国协商并非发生在巴尔干半岛危机爆发期间。如此一来，它们就不会与俄罗斯帝国产生利益冲突[①]。然而，《维也纳条约》并非德意志第二帝国与奥匈帝国的结盟协定。

在此之前，德意志第二帝国、奥匈帝国与俄罗斯帝国已经成立了"三皇同盟"。1879年9月14日，德意志第二帝国驻巴黎大使霍恩洛厄侯爵克洛德维希·卡尔·维克托奉命前往加施泰因。德皇威廉一世亲自前往加施泰因与奥匈

---

① J.V.富勒所著《奥托·冯·俾斯麦外交的巅峰时刻》（1922年版）第7页注释8，该注释参考了1921年2月《观众》刊载的A.弗里斯的文章。关于俄国对待德奥同盟的态度，参见J.Y.辛普森编著的《彼得·亚历山德罗维奇·萨布罗夫回忆录》（1929年版）。——原注

帝国皇帝弗兰茨·约瑟夫一世举行会晤,同行的还有两国首相。霍恩洛厄侯爵克洛德维希·卡尔·维克托抵达目的地时,才得知奥托·冯·俾斯麦提议与奥匈帝国结盟。霍恩洛厄侯爵克洛德维希·卡尔·维克托在工作日志中写道:"起初,久洛·安德拉希并不认为德意志第二帝国真心想要结盟。不过,他得知事情真相时,兴奋地跳了起来。因为奥匈帝国不可能孤军奋战,必须寻找盟友。"奥托·冯·俾斯麦十分焦虑,想尽快与奥匈帝国订立盟约。他听说,久洛·安德拉希不久便会辞职,由海因里希·卡尔·冯·海默勒继任奥匈帝国外交大臣。奥托·冯·俾斯麦并不确定下一任奥地利外交大臣会支持德奥同盟。①

霍恩洛厄侯爵克洛德维希·卡尔·维克托对德奥结盟的提议表示反对,并说明了三点反对理由:"首先,我不相信奥匈帝国;其次,我并不认为俄罗

海因里希·卡尔·冯·海默勒

---

① 西德尼·布拉德肖·费伊所著《世界大战起源》(1928年版)第1卷第68页。——原注

斯帝国一定会成为德意志第二帝国的敌人；再次，我认为与奥匈帝国结盟将导致法俄结盟，最终的结果必然是战争。这与奥托·冯·俾斯订立盟约的初衷——保障和平相悖。"不过，最终霍恩洛厄侯爵克洛德维希·卡尔·维克托被奥托·冯·俾斯麦说服，改变了意见，接受了德奥结盟。奥托·冯·俾斯麦说，如果奥匈帝国不是德意志第二帝国盟友，就有可能与俄罗斯帝国或法国结盟，德意志第二帝国会陷入孤立无援的境地。然而，德皇威廉一世对此一直顾虑重重。因为一旦德奥结盟，作为沙皇亚历山大二世的舅舅，他将陷入不守信义的两难境地。根据霍恩洛厄侯爵克洛德维希·卡尔·维克托与小约瑟夫·玛利亚·冯·拉多维茨的说法，德皇威廉一世曾经以退位相要挟，坚决不同意德奥订立盟约。但最终德皇威廉一世迫于压力，不得不表示同意。《德奥同盟条约》原本是"秘密"协定。柏林著名银行家格尔松·冯·布雷史劳德因为业务需要经常从俄罗斯帝国往德意志第二帝国发回大量信函。《德奥同盟条约》签订的当月，他曾告诉霍恩洛厄侯爵克洛德维希·卡尔·维克托，俄罗斯帝国"从上至下对德意志第二帝国有很深的成见，尤其对奥托·冯·俾斯麦与德奥订立盟约的意见最大。"[①]显而易见，德奥同盟已经为人所知，并且已经危及欧洲国家关系。

1879年10月7日，德意志第二帝国驻维也纳大使罗伊斯的亨利七世与奥地利首相久洛·安德拉希在维也纳签订了《德奥同盟条约》。缔约双方在序言中互相承诺"绝不容许纯防御性的协定沾染一丝侵略性质"。其首要条款，即第一项条款申明："如果……两个帝国之一遭到俄罗斯帝国进攻，缔约双方必须动用帝国全部兵力援助对方。"[②]条约有效期为五年，并且有效期结束后，条约可以续订。

---

① 《欧洲内阁的重大政治》第3卷第59页；弗里德里希·库尔提乌斯编著、乔治·W.克里斯托尔·麦克米伦公司出版的《回忆霍恩洛厄侯爵克洛德维希·卡尔·维克托》（1906年英译本）第2卷第258页，1890年3月31日。——原注
② 阿尔弗雷德·弗朗西斯·普利布拉姆所著《奥匈帝国的秘密协定》（1920年版）第1卷第25页。——原注

格尔松·冯·布雷史劳德

奥托·冯·俾斯麦认为,德奥同盟的存在是(普鲁士王国亲手毁掉的)德意志邦联解体后,德意志第二帝国获得的必要安全保障[1]。直到奥匈帝国与德意志第二帝国1914年突然发动世界大战,德奥同盟这个不幸的同盟一直存在。根据霍恩洛厄侯爵克洛德维希·卡尔·维克托的说法,1890年前,奥托·冯·俾斯麦似乎曾想要解除德奥同盟。然而,"德皇威廉二世不愿远离奥匈帝国,宁愿冒与俄罗斯帝国与法国发生战争的风险"[2]。

如果德奥同盟成为欧洲其他国家相继结盟的示范,那么各种形式的结盟或许最终会演变为和平同盟。然而,1879年10月7日签订的《德奥同盟条约》中,明确无误地提及俄罗斯帝国,结果只可能引起国家之间的猜忌、恐慌与敌意。奥托·冯·俾斯麦拒绝接受可能与法国结盟的任何提议。同样,当德意志第二帝国驻伦敦大使乔治·赫伯特·蒙斯特向奥托·冯·俾斯麦汇报说,英国首相比肯斯菲尔德伯爵本杰明·迪斯雷利提议与德意志第二帝国结盟时,奥托·冯·俾斯麦竟然置若罔闻[3]。

在外交政策上,奥托·冯·俾斯麦取得的一项显著成果是与意大利王国、奥匈帝国结成三国同盟,以保护欧洲君主制度。当时,意大利王国正遭受共和运动威胁。奥托·冯·俾斯麦认为,意大利王国若实行共和体制将会发动针对奥匈帝国的"收复领土"战争[4],目的是夺回的里雅斯特与特伦特[5]。

德奥同盟成立未满两年,奥托·冯·俾斯麦便成功将俄罗斯帝国纳入同盟"体系"之中;1881年6月18日,三皇同盟重新确立(自从俄土战争纠纷解决后,1873年建立的三皇同盟已经名存实亡)。在《思考与回忆》中,奥托·冯·俾斯麦说,恢复三皇同盟的目的是实行君主政体的三国政府能就政治与社会秩序

---

[1] 《欧洲内阁的重大政治》第3卷第27页(1879年8月31日)。——原注
[2] 弗里德里希·库尔提乌斯编著、乔治·W.克里斯托尔·麦克米伦公司出版的《回忆霍恩洛厄侯爵克洛德维希·卡尔·维克托》(1906年英译本)第2卷第425页(1890年3月31日)。——原注
[3] 《欧洲内阁的重大政治》第4卷第9页(1879年9月27日)、第13页(1879年10月17日)。——原注
[4] 《欧洲内阁的重大政治》第3卷第96页至第97页。——原注
[5] 特伦特的英语是Trent,意大利语是Trento(特伦托)。特伦托是意大利特伦蒂诺地区的中心城市。——译者注

问题达成一致意见并加强互相谅解①。缔约三国的大使在柏林签订了《三皇同盟协议》。协议规定：缔约一方若与第四国发生战争，其他缔约国必须保持善意中立。后来，奥托·冯·俾斯麦在《思考与回忆》中指出，三皇同盟并不能保障整个欧洲稳定。在另外一份附加协议中，缔约各国同意保留奥匈帝国吞并波斯尼亚与黑塞哥维那的权利，"只要奥匈帝国视作时机恰当，随时可以采取行动"②。其实，波斯尼亚与黑塞哥维那的身份已经在《柏林条约》中有明确规定。这份附加协议非但无视《柏林条约》，反倒保留了奥匈帝国吞并波斯尼亚与黑塞哥维的权利，实属破坏欧洲国际关系现存体系的阴谋。

三国同盟是奥托·冯·俾斯麦的三大外交成果之一。与其他两项成果一样，三国同盟完全背离了欧洲协调的宗旨。事实上，在德意志第二帝国政坛，奥托·冯·俾斯麦没有表现出特别看重欧洲利益。1880年7月，在派遣几名德意志第二帝国军官前往土耳其帝国担任教官之际，奥托·冯·俾斯麦对霍恩洛厄侯爵克洛德维希·卡尔·维克托说，这对德意志第二帝国十分有利。奥托·冯·俾斯麦说："关注土耳其帝国的利益或欧洲利益并非德意志第二帝国的一贯政策。"霍恩洛厄侯爵克洛德维希·卡尔·维克托补充道："对他来说，欧洲利益不过是一个幌子，对于打着欧洲旗号互相利用的国家十分有益。"

继1815年神圣同盟之后，三国同盟可谓19世纪最著名的同盟。在走向三国结盟的道路上，意大利王国首相贝内德托·凯罗里迈出了第一步。他通过一个叫格罗内尔德·格克的新闻记者，以非官方的方式告知奥匈帝国与德意志第二帝国，意大利王国准备与它们结盟。当时，奥匈帝国外交大臣已经是海因里希·卡尔·冯·海默勒男爵（在签订《德奥同盟条约》后，久洛·安德拉希便辞去了外交大臣的职务）。1880年10月③，奥匈帝国外交大臣海因里希·卡尔·冯·海

---

① 奥托·冯·俾斯麦所著《思考与回忆》（1898年英译本）第29章。——原注
② 阿尔弗雷德·弗朗西斯·普利布拉姆所著《奥匈帝国的秘密协定》（1920年版）第1卷第43页。——原注
③ 《欧洲内阁的重大政治》第3卷第183页，1880年10月17日，罗伊斯的亨利七世致奥托·冯·俾斯麦的信。——原注

默勒男爵与德意志第二帝国驻维也纳大使罗伊斯的亨利七世接受了格罗内尔德·格克的提议。

意大利王国因为一直渴望能够收复特伦特和的里雅斯特，所以与德意志第二帝国、奥匈帝国结盟（海因里希·卡尔·冯·海默勒男爵起初将同盟构想为"中立条约"）也是为了平复国内"民族统一"思想引发的不安定因素。海因里希·卡尔·冯·海默勒男爵认为，"一旦发生欧洲冲突"，意大利王国便有机会从法国手中夺回尼斯和萨伏伊[①]。事实证明，海因里希·卡尔·冯·海默勒男爵的美好设想最终化为泡影。不过，他的看法恰好能够说明，作为缔约方的意大利王国并没有认为三国同盟能够保证未来和平，而是希望它能保障自己应对未来的突发战争。

奥托·冯·俾斯麦认为，意大利王国与德意志第二帝国和奥匈帝国之间的利益并不一致；即使签订了正式条约，也无法确保条约内容能够真正得以贯彻执行。在一份机密文件中，奥托·冯·俾斯麦曾坦言："如果订立盟约的目的是为了维护世界和平，则毫无意义。"[②]奥托·冯·俾斯麦的观点与海因里希·卡尔·冯·海默勒男爵针对未来欧洲冲突的评论观点十分相近。这恰好说明，同盟国各国部长并未将三国同盟视为维护和平的安全保障，尽管他们对外宣称建立三国同盟是为了维护和平。奥托·冯·俾斯麦并不认为意大利王国加入同盟将会对德意志第二帝国有利。奥托·冯·俾斯麦一直在考虑德法战争的可能性。保罗·哈兹菲尔德伯爵的一番话道出了奥托·冯·俾斯麦的心中所想。他说："在任何错综复杂的情况下，意大利王国都不大可能与法国真正为敌。"[③]

事实上，三国同盟与1815年神圣同盟类似，都关注国家利益而非国际目标。与意大利王国外交大臣通信后，罗伊斯的亨利七世写信向奥托·冯·俾斯

---

① 《欧洲内阁的重大政治》第3卷第184页至第185页。——原注
② 《欧洲内阁的重大政治》第3卷第188页（1880年11月8日）。——原注
③ 《欧洲内阁的重大政治》第3卷第193页，1881年12月21日保罗·哈兹菲尔德致罗伊斯的亨利七世的信。——原注

保罗·哈兹菲尔德伯爵

麦汇报说，有必要采取措施"维护并拯救意大利王国危机重重的君主政体"。一旦共和体制在意大利建立，奥匈帝国的斯拉夫人统治区必定会竞相效仿，纷纷建立共和制国家。不仅如此，共和制下的意大利不但会对教皇的存在产生威胁，还会引发哈布斯堡王朝内部的统治危机①。然而，德意志第二帝国的利益与奥匈帝国的稳定息息相关。

奥托·冯·俾斯麦对意大利王国的结盟提议表现十分冷淡。他对意大利王国驻柏林大使劳奈伯爵克劳迪奥·加布里尔说，意大利王国与德意志第二帝国边界相距甚远，对外政策互不影响，互相之间没有纷争，也不可能产生矛盾。然而，奥匈帝国与意大利王国在巴尔干半岛、亚得里亚海及收复领土问题上冲突不断。因为德意志第二帝国有义务支持奥匈帝国②，所以奥托·冯·俾斯麦便默认，在对待奥匈帝国与意大利王国之间存在的矛盾上，三国同盟要"保持中立"。同时，针对这个问题，三国同盟也达成了一致谅解。德皇威廉一世对意大利王国一直心存感激。1866年，在普奥战争最关键的时刻，普鲁士王国与意大利王国成立了普意同盟，最终十三万奥地利士兵被迫前往威尼西亚③救急。否则，克尼格雷茨战役将会有截然不同的结果，普鲁士军队也根本不可能取得最后的辉煌胜利④。

1882年5月20日，奥匈帝国外交大臣古斯塔夫·卡诺基伯爵、德意志第二帝国驻维也纳大使罗伊斯的亨利七世与意大利王国驻维也纳大使卡洛·罗比兰特伯爵共同签署了《三国同盟条约》。然而，三国同盟只是一纸空文。因为奥托·冯·俾斯麦告诉德意志第二帝国签约代表，意大利王国提议全面保障时，

---

① 《欧洲内阁的重大政治》第3卷第194页（1881年12月23日）。——原注
② 《欧洲内阁的重大政治》第3卷第206页（1882年1月31日）。——原注
③ 1866年，普鲁士王国与奥地利帝国为争夺德意志统一的领导权爆发了战争。而想要实现国家统一的意大利王国与普鲁士王国结盟，也对奥地利帝国宣战。意大利军队攻入威尼西亚，令奥地利帝国腹背受敌。最终，普鲁士军队大获全胜。——译者注
④ 《欧洲内阁的重大政治》第3卷第208页，内容节选自德皇威廉一世对奥托·冯·俾斯麦1882年1月31日急电的批注。——原注

一定要装聋作哑，尤其不要承诺罗马继续归属意大利王国管辖①。

《三国同盟条约》序言称，该条约旨在增加和平保障，巩固君主制度，从而确保缔约国社会与政治秩序稳定。

《三国同盟条约》第一条规定，缔约三方互相承诺和平与友好关系，绝不加入与缔约国为敌的其他盟约。缔约三方还承诺，就一般政治问题与经济问题，互相交换意见与看法。

《三国同盟条约》第二条规定，如果意大利王国的军队并未主动进攻，却受到法国军队进攻，那么德意志第二帝国与奥匈帝国必须全力帮助意大利王国。如果缔约任意一方或两方没有主动进攻，却遭到两个或更多非同盟国家的攻击，即出现了联合争端，所有缔约方必须全力互相帮助。1883年10月30日，为了防止鼓吹"泛斯拉夫主义"的俄罗斯帝国发动侵略战争，罗马尼亚王国也加入了三国同盟。

意大利王国在条约附件中声明，同盟国在任何情况下都不能与英国为敌。奥匈帝国与德意志第二帝国也做出了同样声明②。意大利王国首先提出了这一想法，并坚持同盟国共同发表声明③。

三国同盟并未影响1879年《德奥同盟条约》继续生效。事实上，德奥同盟条约是德意志第二帝国与奥匈帝国关系的主导因素。三国同盟的建立正式结束了奥匈帝国与意大利王国在阿尔卑斯山脉与巴尔干半岛的纷争，自然有利于维护欧洲国家的和平友好关系。随后十年，三国同盟有可能发展成为欧洲强国同盟。1883年，查尔斯·迪尔克在《蓓儿美尔街公报》中写道："在过去的十三年，整个欧洲的力量进行了重置。不可否认，在新的形势下，德意志第二帝国的崛起可谓欧洲最健康的元素……总体而言，正是因为欧洲中部有德意

---

① 《欧洲内阁的重大政治》第3卷第212页。——原注
② 阿尔弗雷德·弗朗西斯·普利布拉姆所著《奥匈帝国的秘密协定》（1920年版）第1卷第65页的1882年《三国同盟条约》文本及附件声明。——原注
③ 《意大利政治三部曲（1870年至1896年）》第61页至第62页。——原注

志第二帝国这个重要的和平力量，欧洲各方面都朝更好的方向发展。如果德意志第二帝国未来能一如既往地深谋远虑，除了法国，欧洲其他国家肯定愿意维持现状。"

　　正是在德意志第二帝国影响下，奥匈帝国不再为失去威尼西亚而感到遗憾，意大利王国也不再强求一定要收回特伦特。甚至阿尔萨斯-洛林问题似乎也"日渐明朗"。德意志第二帝国如果不是坚持要求法国公开声明放弃阿尔萨斯-洛林，完全有可能与法国结盟或建立协约关系[①]。英国公开表示支持奥托·冯·俾斯麦的维持现状政策。一位作家曾说："我们不应该忘记，正是在奥托·冯·俾斯麦与索尔兹伯里侯爵罗伯特·加斯科因-塞西尔共同努力下，欧洲国际关系的一大奇迹——欧洲协调才得以诞生。"[②]这种评价虽然未免有些夸大其词，但能够反映出奥托·冯·俾斯麦1875年后的政策主张。

[①]　《欧洲内阁的重大政治》第8卷第265页至266页，1899年德意志第二帝国向法国与俄罗斯帝国初步提出，互相之间应当维持现有的领土状态。——原注
[②]　1929年5月《当代评论》刊载的亚历山大·奥约斯伯爵的重要文章《俄罗斯帝国战前政策》。——原注

第 8 章

瓜分非洲

精彩看点

列强纷纷在非洲建立殖民地——刚果河流域的殖民竞争——亨利·莫尔顿·斯坦利的探险——比利时国王利奥波德二世的野心——布鲁塞尔私人会议——"国际非洲协会"——德属西南非的建立

1883年，奥托·冯·俾斯麦曾告诉后来被封为安普蒂尔勋爵的英国驻柏林大使奥多·拉塞尔，他既不希望拓展殖民地，也不希望发展海军舰队。因为殖民地不仅会成为德意志第二帝国的软肋，而且殖民地利益需要强大的舰队才能维护。奥托·冯·俾斯麦还说："德意志第二帝国的地理位置决定了它不需要发展成为一流海上强国。""奥托·冯·俾斯麦曾拒绝了许多唾手可得的殖民地，只希望通过条约从其他国家手中获得加煤站。"①然而，正是在1883年，舆论的压力迫使奥托·冯·俾斯麦改变了观点及政策。奥托·冯·俾斯麦发动的反对教皇的"文化斗争"，虽然得到民族自由党支持，却最终失败。为了德意志第二帝国工业的持续发展与繁荣，奥托·冯·俾斯麦转而支持保守党，实施保护主义的关税政策。汉堡和不来梅的大工业家及商人开始呼吁开辟海外新市场。在东非与西非，只有广袤的刚果河盆地、尼日尔河盆地及赞比西河盆地尚未被其他国家抢占。

在东非与西非，德意志第二帝国并非唯一在此开辟新天地的强国。英国人虽然对殖民地事业并不热衷，但将殖民扩张视为历史发展的必然进程。英国政府虽然不愿承受额外责任，但也不愿眼睁睁看着自己殖民地的临近地区被其他国家夺走。因此，客观来看，英国人与政府虽然并不热衷于殖民扩张事业，

---

① 埃德蒙·乔治·佩蒂-菲茨莫里斯男爵所著《格兰维尔伯爵乔治·莱维森-高尔传》第2卷（1905年版）。——原注

皮埃尔·德布拉柴伯爵

亨利·莫尔顿·斯坦利

但如果其他强国想要获得英国未能涉足的海外土地，英国也不愿放过夺得海外土地的机会。

与此同时，另一个欧洲强国——法国也在东非与西非不遗余力地拓展殖民事业。1880年11月7日，勇敢无畏的皮埃尔·德布拉柴伯爵沿着刚果河顺流而下，与逆流而上的英国探险家亨利·莫尔顿·斯坦利不期而遇。不过，亨利·莫尔顿·斯坦利的探险活动受雇于比利时国王利奥波德二世。

自从国际非洲协会成立，各国便开始在非洲刚果河流域展开殖民竞争。英勇无畏的英国探险家大卫·利文斯通在非洲从事牺牲自我的布道事业，唤醒了欧洲各国人民开拓非洲的巨大兴趣。他在非洲布道与开设主日学校的故事传播甚广，为众人所熟知。人们意识到，大量的非洲土著不仅是异教徒，而且是封建迷信的无知受害者，遭受着阿拉伯奴隶贩子惨无人道的蹂躏。"非洲大部分地区一片荒芜。各个村落甚至整个部落都因为象牙资源而遭到掠夺，当地居民几乎被赶尽杀绝。奴隶贩子将奴隶装上船，走海上商运航线，运至阿拉伯半岛或马达加斯加，或者向北运往摩洛哥、的黎波里和埃及。大概有近半的非洲土著惨遭屠杀。"[1] 然而，无论暴行多么惨绝人寰，一旦成为过去，人们很快就会将其淡忘。生活在20世纪的现代人根本不了解五十年前中非奴隶贸易的惨绝人寰。

英国传教士大卫·利文斯通让欧洲人民了解到了中非的状况。紧随其后的世俗探险家亨利·莫尔顿·斯坦利继续在非洲进行探索。1875年，亨利·莫尔顿·斯坦利沿着刚果河从东到西穿越了"非洲黑暗大陆"，完成了探险之旅。"伟大探险家亨利·莫尔顿·斯坦利从非洲腹地发回一封接一封的信件与电报，描述了此次探险的巨大收获，激发了人们的兴趣，也燃起了全世界的探险热潮。"[2]

亨利·莫尔顿·斯坦利的探险事迹拨动了比利时国王利奥波德二世的心弦。当时，利奥波德二世刚刚步入不惑之年。他曾经接受过良好教育，头脑灵活，见多识广。利奥波德二世是科堡王室后裔，拥有遍布欧洲的人脉关系[3]。他十分热衷于公共事务，与整个欧洲有影响力的人物均保持密切联系。他每天都会细细品读《伦敦泰晤士报》，堪称欧洲消息最灵通的君主。亨利·莫尔顿·斯坦利公开发表的探险信勾起了利奥波德二世内心深处的一个模糊想法。当年，未登上王位时，作为布拉班特公爵的他曾经游历婆罗洲与远东。自那时起，他心中就有了一个想法。1876年9月12日，利奥波德二世动用自己的国际影响力及各种关系，在布鲁塞尔召开了一场私人会议。此次会议主要探讨了非洲大陆的地理问题。

---

[1] J.S.凯尔提所著《瓜分非洲》（1895年版）第115页。——原注
[2] J.S.凯尔提所著《瓜分非洲》（1895年版）第116页。——原注
[3] 比如，他是维多利亚女王的舅舅。——译者注

比利时国王利奥波德二世

大卫·利文斯通

非洲人为亨利·莫尔顿·斯坦利建造独木舟

亨利·莫尔顿·斯坦利与大卫·利文斯通在河上航行

亨利·莫尔顿·斯坦利与大卫·利文斯通在阅读报纸

受邀参加此次会议的代表有著名的地理协会主席、探险家、对非洲问题感兴趣之人及曾在非洲做管理工作的人。此次会议属于私人聚会，而非官方代表会议。因此，与会者分别以非官方的身份代表各自国家。英国与会代表有前印度行政参事会成员亨利·巴特勒·弗雷尔、著名的东方学者亨利·罗林森、后来建立英属东非公司的威廉·麦金农，以及从事慈善与探险事业的显要人士。德意志第二帝国代表有外交部人员斐迪南·冯·里希霍芬与著名旅行家古斯塔夫·纳赫迪加尔博士。前来参会的还有法国代表、比利时王国代表、奥匈帝国代表与意大利王国代表。会议举行了三天，讨论了非洲问题，并决定建立"国际非洲协会"，以促进黑暗大陆的文明与人类的发展。后来，利奥波德二世不断向友人声称，此次会议的初衷是"建立比利时殖民地"[1]。

"国际非洲协会"在绝大多数欧洲国家及美国都有分支机构。这些分支机构通过捐款来募集资金，为"国际非洲协会"工作，派探险家前往东非与中非远征。虽然远征的目的是为了在中非各地建立一系列根据地，即文明的绿洲，但他们未能取得任何进展。

在国际探险方面，"国际非洲协会"并不成功。协会负责人马克西米利安·斯特拉赫上校仅仅是利奥波德二世的代理人。"国际非洲协会"存在的重要意义在于"保护不为外人所知的个人利益"[2]——利奥波德二世的个人利益。1879年，为了探索刚果河上游，国际非洲协会成立了一个委员会——刚果河上游研究委员会。起初，该委员会成员由来自不同国家的人员构成。但不久之后，比利时王国便控制了它。比利时国王利奥波德二世提供了大笔资金。刚果河上游研究委员会雇用亨利·莫尔顿·斯坦利前往刚果河流域探险，并在当地建立永久性根据地，以实现传播人道主义与发展商业的双重目的。1882年，刚果河上游研究委员会更名为"刚果国际协会"，并使用创始协会"国际非洲协会"的旗帜。

---

[1] 路易·德·利希特维尔德伯爵所著《比利时国王利奥波德二世》（1928年版）第130页。——原注
[2] 路易·德·利希特维尔德伯爵所著《比利时国王利奥波德二世》（1928年版）第138页。——原注

1879年，利奥波德二世派亨利·莫尔顿·斯坦利执行"刚果国际协会"探险任务时，已经有了建立大中西非国家的想法。他想建立一个独立的黑人共和国，由自己做总统或领主。亨利·莫尔顿·斯坦利立刻开始着手探索刚果河上游，沿途建立根据地，并与邻近地区的部落酋长签订特许协议。在此次探险过程中，1880年11月7日，在一个叫恩达姆比穆丰戈的地方，亨利·莫尔顿·斯坦利与逆流而上的法国人皮埃尔·德布拉柴伯爵相遇。皮埃尔·德布拉柴伯爵是"国际非洲协会"法国委员会的代理人。正如亨利·莫尔顿·斯坦利的探险活动代表比利时王国的利益，皮埃尔·德布拉柴伯爵代表着法国利益。皮埃尔·德布拉柴伯爵与非洲部落酋长签订协议而建立的根据地将属于法国。这两位探险家作为不同殖民地的建立者相遇时，他们的既定目标只完成了一半。最终，双方不得不平分秋色。法国占领了刚果河北部流域，比利时王国主要占领了刚果河南部流域。

　　国际开发黑暗非洲计划彻底失败。显而易见，法国追求的是国家利益，而比利时国王纯粹是为了实现个人目标。参与该计划的其他国家同样各行其是。"事实上，第一次布鲁塞尔会议结束后，'国际非洲协会'的国际性已经名存实亡。它很快便沦为一个国家的掠夺工具。显然，亨利·莫尔顿·斯坦利与皮埃尔·德布拉柴伯爵在刚果河流域的探险活动，正在使非洲事务演变为一场危机，为非洲大陆探险活动抹上了强烈的政治色彩。"①

　　1883年，德意志第二帝国主要考察的地方并非刚果河流域，而是非洲大陆南部腹地。在开普敦方向，德意志第二帝国占据了海岸边的安哥拉佩克纳。这里位于开普敦边界的奥兰治河以北约一百五十英里。虽然英国对德意志第二帝国此举进行了外交抗议，经过古斯塔夫·纳赫迪加尔博士的政治努力，德意志第二帝国最终还是将这里发展成为一块大的殖民地，并称之为"德属西南非"。这块殖民地拥有广阔的腹地，沿着九百多英里的海岸线一直到开普敦

---

① J.S.凯尔提所著《瓜分非洲》（1895年版）第140页；阿瑟·B.基斯所著《比利时王国的刚果与柏林议案》（1919年版）第42页。——原注

亨利·巴特勒·弗雷尔

亨利·罗林森

斐迪南·冯·里希霍芬

古斯塔夫·纳赫迪加尔

亨利·莫尔顿·斯坦利与刚果酋长谈判

亨利·莫尔顿·斯坦利穿越刚果河的激流

北部。德意志第二帝国并非这片海岸的唯一拥有者。1877年至1881年担任开普敦总督的亨利·巴特勒·弗雷尔克服了巨大困难,最终说服英国政府派军队于1878年占据了一处良港——沃尔维斯湾及周围方圆十五英里的地方。1884年6月21日,英国内阁决定承认德意志第二帝国是安哥拉佩克纳的保护国。直到1884年年底,柏林会议召开时,德意志第二帝国在安哥拉佩克纳的殖民地依然在不断扩大。

第 9 章

1884年至1885年的柏林会议

精彩看点

奥托·冯·俾斯麦希望法国进行殖民扩张——海因里希·冯·特赖奇克的政治演说——柏林社交圈的世界主义思想——英国驻柏林大使奥多·拉塞尔突然离世——1884年11月15日柏林会议开幕——国际舆论与形势对英国十分不利——柏林会议的两大成果——《柏林法案》

1878年，欧洲协调成功解决了巴尔干半岛问题，阻止了一场欧洲战争的爆发。随后多年，国际竞争的焦点在非洲大陆，并且主要聚焦在西非。1880年，依然有大片黑暗非洲大陆未被探索与开发。英国在非洲大陆的殖民地面积最大。法国则远远落后于英国，仅仅拥有塞内加尔和一些古老但无足轻重的殖民据点。德意志第二帝国国内支持在非洲建立殖民地的呼声越来越高。奥托·冯·俾斯麦虽然反对发展德意志第二帝国的殖民事业，但很高兴看到法国开始实施殖民扩张政策。因为这样一来，法国便会卷入不可避免的国际纠纷中，一定会忙得焦头烂额而无暇他顾。1880年，奥托·冯·俾斯麦让驻巴黎大使霍恩洛厄侯爵克洛德维希·卡尔·维克托"开诚布公地"转告法国人，只要他们远离莱茵河，德意志第二帝国会很高兴看到法国在突尼斯或西非追求利益[①]。奥托·冯·俾斯麦明白，非洲尚未开垦的广袤大陆肯定会成为国际竞争的沃土。欧洲大国领导人充分施展政治才能，使欧洲协调成功介入非洲问题。在非洲大陆角逐的各大国并没有卷入战争，而是心平气和地瓜分尚未开发的非洲大片土地。

1884年至1885年，涉及殖民问题的国际会议在柏林举行。此次会议在柏林召开，证明年轻的德意志第二帝国已经在欧洲崛起，同时说明德意志第二帝

---

① 弗里德里希·库尔提乌斯编著、乔治·W.克里斯托尔·麦克米伦公司出版的《回忆霍恩洛厄侯爵克洛德维希·卡尔·维克托》（1906年英译本）第2卷第279页与第301页。——原注

国虽然开拓殖民事业不久,却跃居殖民利益的中心地位。德意志第二帝国刚刚成立八年,英国首相比肯斯菲尔德公爵本杰明·迪斯雷利便认可了德意志第二帝国在国际政治上的支配地位。当然,比肯斯菲尔德伯爵本杰明·迪斯雷利认为,德意志第二帝国崛起的主要原因是1870年至1871年普法战争后法国日渐衰落,而非德意志第二帝国自身力量非凡。无论如何,德意志第二帝国崛起是毋庸置疑的事实[①]。

在1878年的柏林会议上,德意志第二帝国为了整个欧洲充分发挥自己的影响力时,不仅显示出强有力的一面,而且起到了决定性的作用。然而,令人叹息的是,德意志第二帝国的缔造者奥托·冯·俾斯麦拒绝为德意志第二帝国贴上欧洲标签。"我们无须对其他大国的行动形成任何定论,但最重要的是坚决奉行利己主义政策。"[②]德意志第二帝国一意孤行的态度(德意志第二帝国之所以一意孤行,是因为它认为整个欧洲十分好战,面临着战争威胁)源于它的军事起源。德意志第二帝国就像生活在死敌包围圈内的绝望之人,要想继续生存,只能依靠武力,时刻保持高度警惕,以免遭到敌人围攻。

19世纪80年代,德意志第二帝国对国际关系充满敌意的宿命解读还未形成一定气候。只有海因里希·冯·特赖奇克和少数持有类似观点的人,对民族利己主义、战争至上主义与国家之间不可避免的冲突坚信不疑。1874年,海因里希·冯·特赖奇克开始发表著名政治演说,进一步传播相关理论与思想。德意志第二帝国的中产阶级,尤其是从事专职工作之人,绝大多数依然是守旧的自由主义者。主宰德意志第二帝国上流社会的思想依然是世界主义。

整个殖民会议期间,柏林社交圈的世界主义思想给柏林大使馆的一位英

---

① 乔治·厄尔·巴克尔著所著《比肯斯菲尔德伯爵本杰明·迪斯雷利传》(1920年版)第6卷第13页(1875年8月6日),节选自比肯斯菲尔德伯爵本杰明·迪斯雷利致布拉德福德女士的信;威廉·L.兰格教授所著《俄法联盟》(1929年版)第3页。——译者注
② 弗里德里希·库尔提乌斯编著、乔治·W.克里斯托尔·麦克米伦公司出版的《回忆霍恩洛厄侯爵克洛德维希·卡尔·维克托》(1906年英译本)第2卷第300页,1882年11月2日奥托·冯·俾斯麦致霍恩洛厄侯爵克洛德维希·卡尔·维克托的信。——原注

海因里希·冯·特赖奇克

国年轻外交官留下了十分深刻的印象。通常，欧洲各大国跨越民族界限，从不同国家的贵族中选定统治家族。年轻辉煌的德意志第二帝国本身就是由不同种族构成的联邦国家。19世纪80年代，德意志第二帝国首都柏林充分展示出德意志人绝非眼光狭隘的民族。事实上，古老的勃兰登堡贵族思想是普鲁士贵族思想的全权代表。然而，同样效忠于霍亨索伦家族的西里西亚大地主阶层比勃兰登堡家族拥有更加开阔的眼界。在德意志第二帝国贵族中，最具世界性的一位重要人物——亨尔克·冯·多纳斯马克是西里西亚地主阶层中的大富豪，也是国际金融界与外交界的重量级人物。柏林上流社会还存在着具有社会影响力的法兰西血统及波兰血统的富有家族。他们虽然是德意志第二帝国公民，却来自波兰、法国或其他地方，在其他国家拥有实力强大的家族关系[①]。这样的典型代表有拉特兹维莱家族、里奇洛乌斯基家族、萨冈家族和贝莱尔庞斯家族。此外，还有一些非普鲁士贵族，像符腾堡的贵族、巴伐利亚的贵族、萨克森的贵族和巴登法贵族，以及各附属领地的亲王。拿破仑战争爆发前，这些亲王一直是附属领地的统治君主。这些非普鲁士贵族与亲王虽然在柏林没有府邸，却常常到访柏林，是柏林顶极社交圈的一部分。其中，最典型的代表人物是霍恩洛厄侯爵克洛德维希·卡尔·维克托。他的家族领地分布在德意志第二帝国南部、波兰与俄罗斯帝国。他不仅是附属领地的亲王，还是德皇威廉一世、英国维多利亚女王和沙皇亚历山大三世的知交与座上宾。他一直身居高位，先后担任过各种要职，从巴伐利亚王国首相、帝国议会议员、德意志第二帝国驻巴黎大使、德意志第二帝国外交大臣、阿尔萨斯-洛林总督一直到德意志第二帝国首相。霍恩洛厄侯爵克洛德维希·卡尔·维克托的弟弟古斯塔夫·阿道夫·冯·霍恩洛厄是罗马教廷的枢机主教。他的母系家族还与英国王室有姻亲关系。

当然，很难估量上流社会世界主义的影响力。离开了国际协调、仲裁、调

---

① 詹姆斯·伦内尔·罗德爵士所著《社交与外交回忆》（1922年版）第1卷第57页与第58页。——原注

停与裁军的运作，仅凭上流社会的世界主义根本不可能阻止战争爆发。然而，上流社会的世界主义思想有助于形成舆论。离开了舆论，维护和平的工作将很难顺利进行。19世纪80年代，英国驻柏林外交官对德意志第二帝国上流社会的世界主义氛围了然于心。"德意志第二帝国贵族中不乏法兰西与波兰血统，加上指挥近卫军的大贵族子弟来自德意志第二帝国各个邦国，使德意志第二帝国上流社会具有世界主义色彩。哈兹菲尔德家族、霍恩洛厄家族、里奇洛乌斯基家族与亨克尔-多纳斯马尔克家族的世界主义特征最具代表性。德意志第二帝国这些贵族不仅走遍世界各国，还拥有国际人脉关系。从本质上看，他们绝对不是普鲁士民族主义者。"

早在几年前（比肯斯菲尔德伯爵本杰明·迪斯雷利执政期间），英国著名外交官罗伯特·莫里尔已经意识到，欧洲大陆强国（很可能是法国）对土地辽

罗伯特·莫里尔

阔、肥沃的刚果河流域虎视眈眈。一旦刚果河由一国独占，它定会征收高额关税并断绝整个流域的国际贸易。贸易排外主义与民族中心主义一样，将造成世界总财富下降，从而引发国际争端。罗伯特·莫里尔建议，刚果河流域问题应当由相关利益方通过外交手段解决。正如多瑙河一样，刚果河理应由当地人与相关国家代表组成的国际委员会管理，以确保该流域的贸易与通航自由。罗伯特·莫里尔的提议虽然当时并未产生任何影响，却在一项条约中得到了部分体现。1884年2月20日，英国外交大臣格兰维尔伯爵乔治·莱维森-高尔与葡萄牙王国签订了一项条约。该条约界定了葡萄牙王国古老殖民地安哥拉的土地范围，并同意刚果河由国际委员会管理。在条约最终草案中，国际委员会被更改

格兰维尔伯爵乔治·莱维森－高尔

为"英葡委员会"。然而，该条约遭到不明真相的英国人与葡萄牙人反对，最终未能正式通过。

格兰维尔伯爵乔治·莱维森-高尔认为，要想阻止法国垄断刚果河贸易，当前能采纳的最佳方案是支持比利时国王利奥波德二世建立刚果自由邦，并确保开放刚果河的国际贸易权与通航权。然而，格兰维尔伯爵乔治·莱维森-高尔的想法还未来得及公开，德意志第二帝国便提出了召开国际会议的建议。

德意志第二帝国的国际会议提议十分及时。当时，葡萄牙王国拥有的非洲殖民地面积最大、最古老。葡萄牙王国公开表示对刚果河流域感兴趣，并且向英国提出将刚果河置于国际管理之下，刚果河全部问题提交会议讨论①。于是，格兰维尔伯爵乔治·莱维森-高尔欣然接受了德意志第二帝国的会议提议。在初步协商过程中，与会者一致认为，此次会议将不仅处理刚果盆地问题，还要解决非洲东西海岸的问题，并确定非洲大陆的划分原则，"从而避免未来在领土划界问题上冲突不断的危险"②。

就在会议召开前，在任十三年的知名英国驻柏林大使奥多·拉塞尔突然离世。奥托·冯·俾斯麦一直十分信任与欣赏奥多·拉塞尔。此时，奥多·拉塞尔突然离世影响重大。尽管最早是奥托·冯·俾斯麦提议英国参会，但由于殖民地问题及英国在埃及的地位惹得德意志第二帝国恼羞成怒。当英国提议由罗伯特·莫里尔担任驻柏林大使时，奥托·冯·俾斯麦因为十分不喜欢性格强势的罗伯特·莫里尔，所以当场表态，罗伯特·莫里尔不会成为受德意志第二帝国欢迎的外交官。最终，英国派出的驻柏林大使是1882年曾在开罗担任总领事的爱德华·马利特。

1884年11月15日，柏林会议正式开幕。直到圣诞节前几天，各国代表才纷

---

① 埃德蒙·乔治·佩蒂-菲茨莫里斯男爵所著《格兰维尔伯爵乔治·莱维森-高尔传》第2卷第357页。——原注
② 埃德蒙·乔治·佩蒂-菲茨莫里斯男爵所著《格兰维尔伯爵乔治·莱维森-高尔传》第2卷第357页至第358页。——原注

1884年到1885年的柏林会议

纷离会回国。1885年1月5日至1885年1月30日,会议继续举行。柏林会议在威廉街的奥托·冯·俾斯麦官邸举行。除了瑞士联邦以外,欧洲各国均派出了会议代表。美国也派出了会议代表。英国主要代表有驻柏林大使爱德华·马利特、殖民地部常任副秘书长罗伯特·米德和外交部非洲司司长珀西·安德森。同行的技术专家有领事馆的约瑟夫·阿切尔·克罗(与乔瓦尼·巴蒂斯塔·卡瓦尔卡塞莱共同编著了《绘画史》)、外交部条约管理员爱德华·赫兹莱特、地理学家J.博尔顿及声誉极高的国际律师特拉弗斯·特威斯。当时,埃德蒙·乔治·佩蒂-菲茨莫里斯男爵是负责英国外交事务的议会副秘书长。在《格兰维尔伯爵乔治·莱维森-高尔传》一书中,埃德蒙·乔治·佩蒂-菲茨莫里斯男爵宣称:尽管此次会议代表人数并不多,但"在英国历史上,再也没有比此次会议代表更强的专家出现在其他海外会议上"。英国驻柏林大使馆专员伦内尔·罗德指出，英国代表团没有文书作辅助工作①。由于英国财政部没有为文书辅助工作拨专款，驻柏林大使馆秘书及专员不得不承担起柏林会议的文书工作（工作量极大）。英国探险家亨利·莫尔顿·斯坦利被美国政府聘为地理专家。同时，他要兼顾比利时国王利奥波德二世的私人利益。

当时，国际舆论与形势对英国十分不利，尤其是德意志第二帝国对英国不满。德意志第二帝国抢占先机在柏林举行此次会议，大批政府官员、地理学家、旅行家与各种学者构成的庞大私人团体从事会议辅助工作。因此，关于此次会议能否采纳自己的提议，英国并没有十足把握。不过，会议结果表明，英国大获全胜。虽然英国并未获得特别有利的特许权，但其提出的基本原则得到了会议肯定，从而保障了包括英国在内的各国利益。不过，在"自负的柏林批评家"笔下，英国代表团此次会议之行正如当年神圣罗马帝国皇帝亨利四世"卡诺萨之行"②，是一场负荆请罪之旅③。1885年2月24日，除美国外，与会各国签订了《柏林法案》。

柏林会议取得了两大成果。其一，会议确定了在非洲拓展贸易与殖民事业的基本原则；其二，建立了"刚果自由邦"。在当时，"刚果自由邦"的建立受到万人瞩目。但事实上，拓展贸易与殖民地的共同准则意义更加重大。

《柏林法案》第一条规定："各国充分享有平等、自由的贸易，其范围包括整个刚果河盆地与所有河口"，以及从赤道以南——南纬两度三十分处，即大西洋沿岸以南约两百英里的地方，直到洛日河口。

这片自由贸易区包括刚果河及其支流流过的大片土地及坦葛尼喀湖。如

---

① 埃德蒙·乔治·佩蒂-菲茨莫里斯男爵所著《格兰维尔伯爵乔治·莱维森-高尔传》第2卷第375页；詹姆斯·伦内尔·罗德《社交与外交回忆》第1卷第71页。——原注
② 11世纪初，神圣罗马帝国皇帝亨利四世与教皇格里高利七世产生冲突。教皇格里高利七世一怒之下宣布开除亨利四世的教籍，从而引发了诸侯叛乱。焦头烂额的亨利四世为了求得宽恕，翻越阿尔卑斯山脉来到卡诺萨城堡，然后在大雪中赤脚站立了几天几夜，终于获得教皇格里高利七世宽恕。——译者注
③ 埃德蒙·乔治·佩蒂-菲茨莫里斯男爵所著《格兰维尔伯爵乔治·莱维森-高尔传》第2卷第375页。——原注

爱德华·马利特

罗伯特·米德

约瑟夫·阿切尔·克罗

伦内尔·罗德

果没有《柏林法案》，在各国关税壁垒下，自由贸易区或许早已不复存在。不过，开放的区域远远超过了这个范围。根据亨利·莫尔顿·斯坦利的说法，他提议自由贸易区向东扩展至印度洋，沿着印度洋海岸从赤道以北——北纬五度一直延伸到赞比西河口①。

《柏林法案》第二条规定：所有国家不仅可以自由进入上述区域的海岸线及由此处入海的河流，还可以进入刚果河所有水域、支流及湖泊，以及全部水岸和沟通水道与湖泊的运河。《柏林法案》第二条明确指出，任何国家的商人均拥有同等资格参与沿海贸易，明令禁止了近海贸易中有百害而无一利的排外主义。

《柏林法案》第四条规定，进入自由贸易区的商品都要征税。税收是"对符合贸易利益的支出做出的相应补偿"，各国应当承担同等税收。二十年后，各国将有权自行决定是否继续维持进口贸易自由。但各国对待本国人与外国人必须一视同仁。

《柏林法案》第五条规定，自由贸易区禁止实施垄断或"任何形式的贸易优惠"。

《柏林法案》第六条规定，在自由贸易区行使领土主权的所有国家必须"保护当地部落并负责改善当地居民的精神状况与物质条件，反对奴隶制尤其是奴隶贸易"。"保证赋予当地居民"信仰自由，并且"不能与对待本国国民及其他外国人有所区别"。

《柏林法案》第十七条规定，成立国际刚果委员会，负责执行《柏林法案》有关通航的各项规定。签约各国向国际刚果委员会派驻代表，相关费用由各国自理。实际上，国际委员会名存实亡，通航规则由沿河各国操纵。

《柏林法案》第三十条和第三十一条，关于尼日尔河，明确了类似于刚果

---

① 未参加柏林会议的国家不受《柏林法案》约束。自由贸易区内唯一未派代表参会却接受《柏林法案》的国家是桑吉巴。不过，1890年7月1日，英国与德意志第二帝国之间协议签订后，桑吉巴不再是独立主权国家。——原注

河的通航规定。然而,操纵尼日尔河通航规则的是英国和法国。因此,并不存在负责管理尼日尔河的国际委员会。

《柏林法案》第三十四条明确了在非洲建立殖民地与保护国的程序。任何国家一旦获取了新领土或保护国,"必须同时告知其他签约国,以备不时之需,即方便其他国家索取相关利益"。

《柏林法案》第三十五条指出,占领非洲沿海地区的行为必须有效。"签约各国认为各国有义务确保对既占土地拥有绝对权力,以保护现有权利、贸易自由及公认的转运自由。"但它未指出,占领非洲内陆地区必须是有效行为。

准确来讲,刚果自由邦并非在柏林会议上成立。因此,《柏林条约》中并未提及此事。在此次会议之前或会议中间签订的条约中,刚果自由邦的成立已经得到了的承认。可以说,1884年4月,刚果自由邦已经存在。当时,国际刚果委员会派出一名总督弗朗西斯·德·温顿前往刚果。1884年4月22日,美国承认国

弗朗西斯·德·温顿

际刚果协会为"友好政府组织"。1884年11月至1885年2月,除了土耳其帝国,其他所有欧洲国家纷纷签订条约,承认新成立的刚果自由邦[①]。刚果自由邦作为主权国家签订了《柏林法案》。至此,"国际非洲协会"与"刚果上游研究委员会"这两个组织便从历史上消失了。"然而,其组织形式依然存在……马克西米利安·斯特拉赫上校作为自己服务的神秘组织的主席,宣布放弃国际非洲协会在非洲获得的一切权力,转而支持比利时国王利奥波德二世。"[②]

毫无疑问,《柏林条约》是国际合作实践的了不起的篇章。刚果自由邦的成立初衷是教化当地民族并开发中非资源。虽然刚果自由邦曾在早期受到美国的宝贵支持,但很快便迷失了国际方向。事实上,刚果自由邦在法律意义上已经成为比利时王国的殖民地。起初,它是比利时国王利奥波德二世统治下的独立邦国,纯粹属于国王私人领地。由于比利时王国是《柏林法案》签署国之一,比利时国王利奥波德二世根据其中规定的非洲领土选择权[③],宣布刚果自由邦为中立国。国际非洲协会虽然是刚果自由邦的发起者,也有可能成为它的拥有者,却心甘情愿地放弃了一切权利与主张。于是,比利时国王利奥波德二世成为刚果自由邦九十万平方英里土地的绝对统治者(因为刚果自由邦没有宪法),统治着一千四百万无法保护自己的土著。

---

① 1885年6月25日,土耳其帝国签署了一份协定,承认了刚果自由邦。——原注
② 路易·德·利希特维尔德伯爵所著《比利时国王利奥波德二世》第153页。——原注
③ 1885年2月26日签署的《柏林法案》第10条。——原注

第 10 章

埃 及

精彩看点

埃及问题——"混合法庭"——埃及宣布破产——埃及内政第一次遭到外国干涉——莱昂·甘必大起草了英法联合照会——欧洲会议在君士坦丁堡召开——英法联合舰队被派往亚历山大港——英国自由党政府反对武装干涉埃及事务——苏伊士运河危机——英国军队占领埃及——大国在埃及的协调

从严格意义上说,到1914年为止,埃及一直是土耳其帝国的一个行省。埃及与土耳其帝国一样,一直处于纷乱复杂的国际问题中心。1811年至1848年,精明能干的阿尔巴尼亚人穆罕默德·阿里担任埃及帕夏期间,实际上已经使埃及脱离了土耳其帝国苏丹的统治。他时常公开与土耳其帝国苏丹为敌。1832年至1833年,欧洲列强就埃及的地位问题一直争论不休,互相之间照会不断、电报频繁。1840年至1841年,欧洲列强就穆罕默德·阿里帕夏与土耳其帝国苏丹之间的纷争进行调停。1840年6月15日,英国、奥地利帝国、俄罗斯帝国、普鲁士王国与土耳其帝国签订了《伦敦条约》。缔约国承认穆罕默德·阿里帕夏及其继任者"对埃及的控制权"[1]。当时,法兰西王国被阻挡在近东协调[2]的大门之外,没有参与签订《伦敦条约》。1841年7月13日,法兰西王国参与签署了《伦敦海峡公约》,重新加入了近东协调[3]。1872年,土耳其帝国苏丹阿布杜勒·阿齐兹授予埃及统治者——埃及总督——独立签订公债合同的权利。1873年,埃及总督又被授予指挥陆军与海军舰队的权力。事实上,埃及帕夏多年来已经在行使上述权力。虽然埃及依然是土耳其帝国的一个行省,但在

---

[1] 爱德华·赫兹莱特所著《条约下的欧洲地图》(1875年版)第2卷第190条及附属条款。——原注

[2] 1840年6月,英国、俄罗斯帝国、奥匈帝国、普鲁士王国为保证土耳其帝国的领土完整与主权独立,与土耳其帝国在伦敦召开会议协调近东问题。会议签订了《伦敦条约》。根据该条约,埃及帕夏最终承认了土耳其苏丹的最高统治权。——译者注

[3] 爱德华·赫兹莱特所著《条约下的欧洲地图》(1875年版)第2卷第193条。——原注

1869年苏伊士运河通航

其他一切重大问题上,它均以一个独立国家的身份自行处理。1841年以后,欧洲列强再没有过多关注埃及问题。然而,随着1869年苏伊士运河通航,埃及再次成为国际问题的焦点。苏伊士运河是私人经营项目。从开挖、出租到经营管理,全权由法国人负责。运河公司根据埃及帕夏塞伊德一世授权的租赁合同进行运营。从1869年起,运河租期为九十九年。租期结束后,运河将归属埃及政府。1875年,比肯斯菲尔德伯爵本杰明·迪斯雷利代表英国政府斥资三百九十七万六千五百八十二英镑购买了埃及总督伊斯梅尔名下的运河公司股权。不过,运河公司在国际法的地位并未受到此次交易的影响。它依然是私人企业,管理方为法国人。在埃及总督伊斯梅尔特许下,运河公司根据埃及法律在当地注册。

19世纪70年代,欧洲强国协调、参与解决了埃及的司法公正问题与财政制度问题。1876年,深谋远虑的埃及外交部长努巴尔帕夏与列强达成一致意见,建立了国际法庭，又称"混合法庭"。在混合法庭工作的法官既有外国法官，也有埃及法官。法庭既受理外国人的民事案件，也受理外国人与埃及人之间的民事案件，甚至埃及政府都有可能成为法庭的起诉对象。

1876年4月8日，埃及总督伊斯梅尔暂停发行短期国库券。同年，埃及宣布破产。埃及向国际化迈进了一步。不过，仅仅是埃及总督走向了国际化。英国与法国分别控制埃及的财政收支大权。埃及全新的财政制度被称为"双重监督"。在新的管理制度下，埃及成立了公共债务委员会。法国、奥匈帝国、意大利王国及英国分别收到邀请，将从事推荐公共债务委员会委员的工作。除了英国拒绝了邀请，其他三个国家均欣然接受。不过，埃及新政府最终接受了经"非官方"渠道提名的英国委员弗林·巴林。实际上，由于"双重监督"与公共

弗林·巴林

债务委员会的职权范围并未受到外国成文条约约束，而是要服从于埃及当地法律，所以埃及的主权并未受到影响。

1882年，埃及国内事务第一次遭到外国公然干涉。1881年，在艾哈迈德·阿拉比领导下，埃及军队发动了一场严重的兵变。艾哈迈德·阿拉比逼迫埃及总督伊斯梅尔任命自己为战争大臣。战争部本身就有排外主义情绪。埃及城市居民受到排外情绪煽动，于是骚乱爆发了。1882年6月11日，五十五名欧洲人在埃及的亚历山大港遇害。

显而易见，亚历山大暴乱与谋杀事件直接引起外国干预。1881年11月至1882年1月担任法国内阁总理的莱昂·甘必大支持英法联合干涉行动。1882年1

艾哈迈德·阿拉比

莱昂·甘必大

月8日,莱昂·甘必大起草了一份英法联合照会递交给埃及总督伊斯梅尔,向他保证:在当前极其不利的形势下,他将获得英国与法国的支持①。

英国与法国想出的解决办法即召开欧洲会议。1882年6月23日,欧洲会议在君士坦丁堡召开。参加会议的英国代表是达弗林伯爵弗雷德里克·坦普尔·汉密尔顿。此次会议主要关注的问题是受埃及骚乱威胁的苏伊士运河安全问题及重建埃及秩序问题。然而,会议未能取得任何进展。欧洲列强认为,土耳其帝国的政策变化莫测,令人眼花缭乱,不明所以。事实上,对于埃及问

---

① 埃德蒙·乔治·佩蒂–菲茨莫里斯男爵所著《格兰维尔伯爵乔治·莱维森–高尔传》第2卷第254页。——原注

题，土耳其帝国并非举棋不定，而是想阻止列强干涉，最终恢复自身影响力。除了英国，欧洲列强均不愿承担恢复埃及秩序的责任。1882年7月24日，索尔兹伯里侯爵罗伯特·加斯科因-塞西尔在英国上议院发表演说时指出："我们对'欧洲协调'一词的理解完全不同。在非穆斯林民族问题上，女王陛下的政府如果使用'欧洲协调'一词，这是我断然不会否定的一种奢望。但我认为这只是不切合实际的空想而已。"①1882年7月31日，君士坦丁堡会议落下帷幕。

与此同时，在法国总理夏尔·德·弗雷西内（继任莱昂·甘必大的总理职务）的提议下，英法联合舰队被派往亚历山大港。然而，夏尔·德·弗雷西内想

夏尔·德·弗雷西内

---

① 《英国议会议事录》第272卷第1503页。——原注

英国舰队炮轰亚历山大港

要仰赖英法联合舰队的震慑力。法国舰队司令官接到了命令,一定要避免使用武力。1882年7月11日,当亚历山大港爆发骚乱时,英国舰队用炸弹进行轰炸以平息暴乱。法国舰队则一直按兵不动,并最终全部撤出亚历山大港。

亚历山大港暴乱平息了,暂时得到了解决。然而,毋庸置疑,埃及问题是一个有待解决的长期问题。1882年6月至7月,在君士坦丁堡会议上,列强达成了一项"克己"共识,宣布放弃在埃及采取单独行动或谋求特殊利益的企图。不

达弗林伯爵弗雷德里克·坦普尔·汉密尔顿

过,英国代表达弗林伯爵弗雷德里克·坦普尔·汉密尔顿提出一项保留意见,以防止苏伊士运河及邻近区域遭到暴力威胁。

毫无疑问,埃及将被孤立。即使没有苏伊士运河,由于埃及有大批来自欧洲的官员、商人及专业人士,涉及欧洲列强的重大商业利益,一旦埃及骚乱加重,欧洲列强绝对不会袖手旁观。一旦骚乱威胁到苏伊士运河的安全问题,列强必定会干涉,并且会迅速采取行动。列强采取的可能干涉手段有三种:其一,土耳其帝国军队在埃及登陆;其二,列强采取强制行动,或者一些国家进行联合行动;其三,由一个国家主动请缨或者"受列强委托"单独采取行动。

欧洲列强考虑过由土耳其帝国对埃及进行武装干涉的提议。它们曾经想过由土耳其帝国苏丹派遣号称"巴统之狮"的德维什帕夏前往埃及。德维什帕夏"最近利用极端手段刚刚镇压了阿尔巴尼亚叛乱。根据意大利历史学家马基雅弗利的记载，恺撒·博尔吉亚曾在塞尼加利亚采取类似手段'歼灭'了罗马尼亚叛乱诸侯。"[①]不过，列强最终放弃了这一提议，很可能是顾及政治因素及人道主义因素。

事实上，欧洲列强协调根本无法进行联合干涉。只有开罗高级外交官使团遭到起义者围攻（正如1900年，北京各国公使馆被义和团围攻），欧洲列强才有可能组成国际远征军前去干涉。然而，当时的情况并非如此。与1900年北京的情况相比，在开罗的列强代表的"协调"意识很弱。此外，1882年，开罗总体局势相对而言比较缓和，并未威胁到各国外交官的安全。

第三种干涉方式是在没有其他列强授权的条件下，由一个国家出面干涉。这种干涉方式既非唯一可行方案，也非最佳方案，而是一种万般无奈的选择，因为英国已经下定决心快速有效地采取行动。

威廉·尤特尔·格莱斯顿领导下的英国自由党政府反对武装干涉埃及事务。一旦英国干涉埃及事务，就会带来一系列麻烦。英国不仅会失去一大批支持者，还有可能引发内阁辞职——事实上，约翰·布莱特已经辞职。此外，英国坚决反对土耳其帝国干涉埃及事务，也不希望列强进行联合干涉。不过，1881年，法国军队占领突尼斯"改变了事态"[②]。1882年6月，当法国舰队撤离亚历山大港时，英国政府立刻单独出手干涉苏伊士运河危机。在欧洲列强中，或许只有德意志第二帝国首相奥托·冯·俾斯麦十分欣赏英国此举。早在1878年之前，奥托·冯·俾斯麦一直建议英国军队占领埃及。他把埃及问题比作两大西方强国之间的"石勒苏益格-荷尔斯泰因"问题，认为英国与法国之间的竞争

---

① 埃德蒙·乔治·佩蒂-菲茨莫里斯男爵所著《格兰维尔伯爵乔治·莱维森-高尔传》第2卷第261页。——原注
② 埃德蒙·乔治·佩蒂-菲茨莫里斯男爵所著《格兰维尔伯爵乔治·莱维森-高尔传》第2卷第252页。——原注

会引发一场欧洲战争。奥托·冯·俾斯麦声称，德意志第二帝国不会向埃及派兵，但会从道义上支持英国的派兵行动①。

苏伊士运河危机最终促使英国出兵埃及。不过，英国政府曾经极力促成联合出兵。1882年7月19日，英国大使与法国大使在君士坦丁堡会议上提议：大国——他们实际上指法国、英国与意大利王国——应该接受委托，对埃及进行联合干涉。法国总理夏尔·德·弗雷西内向议会咨询，希望能批准联合干涉行动。莱昂·甘必大是唯一支持此计划的法国非内阁成员议员。莱昂·甘必大宣称："我已经将问题看得十分透彻。我要告诉你们：即便做出巨大牺牲，也绝不能破坏与英国的盟友关系。"1882年7月19日，法国政府内部产生了巨大分歧，最终投票结果为四百一十七票比七十五票，遭到强烈反对的政府当局被迫下台，夏尔·德·弗雷西内被迫辞职。据说，弗林·巴林曾经对法国驻埃及总领事发表评论说："法兰西人真是一个奇怪的民族。我们还没有向你们提出请求，你们就已经把机会拱手相让。"与此同时，意大利王国对法国占领突尼斯感到愤愤不平，拒绝了联合出兵的干涉计划。格兰维尔伯爵乔治·莱维森-高尔写信给奥古斯都·佩吉特爵士说："我刚刚收到了梅纳布雷亚伯爵费德里科·路易吉的消息。得知你们拒绝了联合出兵计划，我感到问心无愧。毕竟我们已经做到了仁至义尽。我们已经表示乐意与其他国家一起联合出兵的诚意，并没有一意孤行。"②1882年7月30日，英国内阁决定由达弗林伯爵弗雷德里克·坦普尔·汉密尔顿告知土耳其帝国：鉴于当前埃及局势日益紧张，英国必须承担起刻不容缓的义务，恢复埃及秩序并维护苏伊士运河的安全③。与此同时，格兰维尔伯爵乔治·莱维森-高尔发出加急电报，将这一决定告知了其他强国。他在

---

① 埃德蒙·乔治·佩蒂–菲茨莫里斯男爵所著《格兰维尔伯爵乔治·莱维森–高尔传》第2卷第260页。——原注
② 埃德蒙·乔治·佩蒂–菲茨莫里斯男爵所著《格兰维尔伯爵乔治·莱维森–高尔传》第2卷第270页至271页。——原注
③ 埃德蒙·乔治·佩蒂–菲茨莫里斯男爵所著《格兰维尔伯爵乔治·莱维森–高尔传》第2卷第272页，埃及1882年9月第18号文件及1882年10月5日第19号文件。——原注

奥古斯都·佩吉特爵士的漫画形象

埃及的工作也告一段落。正如埃德蒙·乔治·佩蒂-菲茨莫里斯男爵在《格兰维尔伯爵乔治·莱维森-高尔传》一书中描述的那样,英国将相关工作由外交部转至陆军部,格兰维尔伯爵乔治·莱维森-高尔的工作移交给了加内特·沃尔斯利爵士。1882年7月22日,被埃及总督伊斯梅尔解职的陆军部长艾哈迈德·阿拉比帕夏发动叛乱。1882年8月,加内特·沃尔斯利爵士率领远征军在亚历山大港登陆。1882年9月13日,艾哈迈德·阿拉比帕夏的叛军在泰勒凯比尔溃败。然而,埃及并未立即恢复平静。英国军队继续留在埃及维持社会秩序。直到埃及局势彻底稳定,英国才会考虑从埃及撤军。

随着英国军队占领埃及,已经不再可能实施在埃及建立国际政治体系的计划。要想在埃及建立类似于丹吉尔的国际政治体系①可谓困难重重。无论如

英军在泰勒凯比尔击败埃及军队

---

① 丹吉尔是摩洛哥北部海港城市。1912年,摩洛哥成为法国"保护国"。1923年,丹吉尔由英国、法国、西班牙王国、葡萄牙王国、意大利王国、比利时王国、荷兰王国、瑞典王国、美国共管——译者注

何，建立埃及国际政治体系依然是值得尝试的试验。令人遗憾的是，从19世纪70年代末到19世纪80年代初，欧洲列强并没有打算在埃及做这种尝试。英国不希望通过"国际"手段解决埃及问题。然而，英国的意愿并没有影响最终决定。在1882年君士坦丁堡会议上，英国原则上已经同意由法国、意大利王国和其他列强合作共同重建埃及秩序。事实上，由于法国与意大利王国拒绝合作，加上其他列强不作为，英国政府别无选择（只要涉及苏伊士运河的利益，英国必然会干涉），只能单独干涉。

随着英国在埃及地位的确立，"大国在埃及的协调"工作并未完全停止。不管怎样，英国还是代替欧洲列强承担了维护和平的部分义务，行使了"托管权"。1883年1月3日，格兰维尔伯爵乔治·莱维森-高尔曾在加急电报中提及此事。埃德蒙·乔治·佩蒂-菲茨莫里斯男爵将加急电报的内容称作"英国埃及政策的原始宪章"[①]。加急电报称，英国承担了镇压艾哈迈德·阿拉比帕夏叛乱的重任，而当时的事态比人们想象的更加严重。镇压叛乱后，英国军队原本应当在埃及继续驻扎一段时间。然而，任务完成后，英国便急于撤军。这次任务确保了苏伊士运河的自由通航，维护了苏伊士运河的中立地位，并保证了苏伊士运河的正常贸易；保障了埃及人与外国人的平等税收，以及混合法庭的常规工作；组建了一小支高效的埃及军队及宪兵部队；任命了欧洲金融顾问，取代了1878年已经失效的双重监督；计划成立埃及代表大会，以吸引土耳其统治阶层之外的人民为埃及国家管理做贡献[②]。

根据加急电报的内容可知，法国当时并未认可英国在埃及的地位。直到1904年与英国签订条约，法国才正式承认英国在埃及的地位。不过，奥托·冯·俾斯麦代表德意志第二帝国向英国做出友好表态，明确表示德意志第

---

① 埃德蒙·乔治·佩蒂-菲茨莫里斯男爵所著《格兰维尔伯爵乔治·莱维森-高尔传》第2卷第306页。——原注
② 埃德蒙·乔治·佩蒂-菲茨莫里斯男爵所著《格兰维尔伯爵乔治·莱维森-高尔传》第2卷第307页至第308页。——原注

二帝国承认英国对埃及的控制权。对此，其他各国没有表示任何反对意见。

1882年，奥托·冯·俾斯麦已经向英国驻柏林大使奥多·拉塞尔表达个人观点。他认为欧洲协调不可能成为管理埃及的有效力量，必须由某个国家出面担此重任[①]。当英国军队占领埃及时，奥托·冯·俾斯麦曾写信给"一位身居高位的要人"谈及德意志第二帝国与英国之间的关系。他说，德意志第二帝国在埃及没有直接利益。即使英国在埃及做出了最不可能发生的越界行为，即便要兼顾与其他大国的友好关系，德意志第二帝国也"没有必要与英国发生冲突"[②]。随后，欧洲列强纷纷认为，英国占领埃及的行为至少保障了自己国家的特殊利益。因为根据之前签订的种种条约，欧洲各大国一直在埃及享有土耳其帝国赋予的种种特权。

---

① 埃德蒙·乔治·佩蒂–菲茨莫里斯男爵所著《格兰维尔伯爵乔治·莱维森–高尔传》第2卷第260页至第261页。——原注
② 埃德蒙·乔治·佩蒂–菲茨莫里斯男爵所著《格兰维尔伯爵乔治·莱维森–高尔传》第2卷第274页至第275页。根据埃德蒙·乔治·佩蒂–菲茨莫里斯男爵的说法，这位"身居高位的要人"是英国公主——德意志第二帝国皇储腓特烈亲王（即后来的德皇腓特烈三世）的妻子维多利亚公主。——原注

第 11 章
苏伊士运河

精彩看点

国际航道问题——苏伊士运河特许经营的第一个三十五年——《特许法案》——英国对埃及以及苏伊士运河的立场——1884年伦敦大使会议——《苏伊士运河公约》——运河公司——国际监管

国际航道问题一般由国际条约处理。要达成国际条约，最佳方式就是进行大国协调。只有经过两个国家突破重重困难的协商，一系列双边条约出炉之后，才可能建立共同监管体系。

1814年至1815年，维也纳会议指出：流经或穿越多个国家的河流航道被视为国际航道。欧洲的莱茵河、多瑙河与斯海尔德河及非洲的刚果河都属于国际航道。19世纪，欧洲舆论依然倾向于认为，即便一条河流仅仅穿越一个国家的不同地区，只要该河流与重要海洋相连就属于国际航道，必须为国际贸易所用。连接北海与波罗的海的海峡及连接地中海与黑海的博斯普鲁斯海峡与达达尼尔海峡均被视为国际航道。

19世纪之前，河岸国家声称有权随心所欲地关闭自己领土上的国际航道。当时，丹麦国王可以收取海峡通行费。荷兰取得了国际认可，有权关闭斯海尔德河河口。土耳其人对多瑙河河口与达达尼尔海峡和博斯普鲁斯海峡出入口拥有绝对的控制权。莱茵河从曼海姆到荷兰边境的航道因通行费而受阻。19世纪，国际条约解除了欧洲河岸国家对所有国际航道的任意控制。1885年，刚果河也成为国际航道。

流经或经过一个以上国家的人工水道，或者连接两个海洋的人工水道，虽然与自然河流或海峡相似，但显然属于不同类别。修建人工水道，像修建人工隧道或道路一样，必须得到所属国家的许可。国际法从未承认任何国际道路通行权自然属于独立国家。因此，在批准修建运河前，国家首脑可以随心所欲地提出任何条件。国家首脑如果亲自主持修建运河，甚至可以把运河视为个人私有财产进行管理。

在苏伊士运河修建之前，还没有哪条国际人工航道能够让所有文明国家特别感兴趣。然而，实际不存在并不代表这种想法也不存在。一条人工航道已经通过签订条约取得了明确地位。这条人工航道是连接加勒比海与太平洋的地峡及沟通大西洋与太平洋之间的运河。按照最初的设想，这条运河将横跨尼加拉瓜或巴拿马。它的地位并非由多边条约或大国协调达成的协议来确定，而是由美国与英国1850年4月19日签订的《克莱顿—布尔沃条约》来确定。五十年后，英国与美国之间的另一项双边条约《海—庞斯富特条约》取代了《克莱顿—布尔沃条约》，并将两国视为最重要的规则纳入其中。根据《克莱顿—布尔沃条约》，英国与美国承诺不获取或保持针对运河的任何专属控制权，也不得在运河上修建防御工事。此外，它们同意保障运河的中立与安全，并且邀请其他友好国家共同订立类似条款。

苏伊士运河特许经营的第一个三十五年并不存在国际条约。1854年，埃及塞伊德帕夏颁布了《特许法案》，规定运河应当作为中立航道，对所有国家船舶进行贸易开放，并且无论国家大小与国籍，关税一律平等。然而，《特许法案》并未取得国际认可，仅仅获得了埃及总督的官方认可与土耳其帝国苏丹的正式批准。不过，如果其他所有国际航道均受国际制度约束，只有苏伊士运河由埃及总督自行管理，那么显然有悖常理。1882年，英国军队占领了埃及。之后，英国便承包了埃及总督在运河公司的业务。英国此番作为并不等于对苏伊士运河进行国际化管理。因为英国仅仅将占领埃及作为权宜之计，在英国及其他大国来看，国际监管体系必不可少。

1883年1月3日，格兰维尔伯爵乔治·莱维森-高尔发了一份加急电报（这份加急电报被埃德蒙·乔治·佩蒂-菲茨莫里斯男爵称作英国在埃及的原始宪章），表明英国政府对埃及以及苏伊士运河的立场。加急电报称，英国政府渴望就苏伊士运河问题与其他大国达成共识，但建立共识的基础应当如下：任何情况下，苏伊士运河应当允许所有船舶自由通航。战争时期，应确定交战方在苏伊士运河内停留的时间限制，任何军队或军需品不得进入苏伊士运河；敌对行动不得在苏伊士运河或周边地区及埃及领海的其他地方。为保卫埃及所采取的必要措施则不受以上两种情况限制。此外，还有一些次要条件，比如禁止在苏伊士运河及附近修建防御工事[①]。

这份加急电报实际上是在邀请大国协调为苏伊士运河量身定做一套法规。1884年，欧洲大国在伦敦召开了一次重要的大使会议，讨论埃及财政方面的复杂问题。此次会议未能达成任何协议，便被会议主席格兰维尔伯爵乔治·莱维森-高尔突然叫停。因为德意志第二帝国大使执意要讨论苏伊士运河卫生条例。然而，英国已经打算独自解决苏伊士运河问题，并且为此专门召开了一次会议。1885年3月30日，由各国指定代表参加的一次非大使级会议在巴黎召开。巴黎会议主席是法国外交部政务司司长艾伯特·毕乐。英国代表是朱利安·庞斯富特与查尔斯·里弗斯·威尔逊。出席会议的国家与地区有英国、法

朱利安·庞斯富特

查尔斯·里弗斯·威尔逊

---

① 《英国议会文件：1884—1885》第89卷第343页。——原注

国、奥匈帝国、德意志第二帝国、意大利王国、西班牙王国、荷兰王国、土耳其帝国与埃及。

在巴黎会议上及其后，英国对待苏伊士运河问题一直特别谨慎，有意避开两件事情：避免任何形式的国际控制或将其定为中立运河，不让交战国军舰与军队"畅通无阻"。1885年3月30日至1885年6月13日，巴黎会议召开期间，各国就《苏伊士运河公约（草案）》达成共识。然而，三年来并没有任何实质性进展。或许因为英国与土耳其帝国关于英军撤离埃及的谈判破裂，驻扎在埃及的英军去留问题依然悬而未决，所以英国便推迟了《苏伊士运河公约（草案）》的实施。不过，1888年10月29日，各国大使与土耳其帝国最终签订了《苏伊士运河公约》。苏伊士运河终于获得了明确的国际地位。即便如此，英国对《苏伊士运河公约》依然持"保留意见"。英国人认为："如此处置方式并不符合埃及目前所处的过渡阶段与特殊情况，可能会妨碍英军占领埃及期间的行动自由。"事实上，英国想要把苏伊士运河视作英国的重要交通枢纽。它已经决定不限制军队行动自由，直到其他大国不再要求设定英国占领埃及的期限。只有法国一直默默地坚持英国必须设限。因此，英国不同意实施1888年签订的《苏伊士运河公约》。直到1904年，法国在《英法协约》明确表示不再要求英国设置时限，英国才同意《苏伊士运河公约》生效，但必须排除其中提及的两种情况。

根据1888年《苏伊士运河公约》，无论战争时期或和平时期，苏伊士运河均对任何国家的商船或军舰开放；不可为了达到战争目的而阻碍苏伊士运河的自由使用；不得在苏伊士运河及各港口包括运河方圆三海里的范围内采取任何敌对行动。

一旦苏伊士运河特许权或租期（从1869年起共计九十九年）结束，1888年签订的《苏伊士运河公约》依然有效。尽管运河公司的特许权最终将转变为埃及政府的所有权，但《苏伊士运河公约》是永久性条约。

运河公司实际上是一家由法国人管理的埃及公司。公司章程根据法国《公司法》制订。迄今为止，英国人是运河的最大使用者，英国政府是运河最大的

约瑟夫·张伯伦

股东。1875年,英国政府购买了埃及总督伊斯梅尔手中的运河股份。之后,英国政府一直拥有三名官方董事。1883年,贸易委员会主席约瑟夫·张伯伦通过谈判达成一项共识:由参与苏伊士运河航运的英国承运人任命七名董事。因此,在行政管理委员会的三十二名董事中,有十名董事来自英国。不过,行政管理委员会仅仅处理运河的商业开发,无权改变1888年签订的《苏伊士运河公约》。

1888年签订的《苏伊士运河公约》是实施国际监管的例证。欧洲列强、西班牙王国和土耳其帝国都属于国际监管方。只要彼此和平共处,一定会合力支持国际监管。《苏伊士运河公约》有一项规定：签署国在埃及的代理人每年举行一次会议，以监督条约的执行情况。不过，因为英国宣称在埃及拥有特殊利益，所以暂时搁置了《苏伊士运河公约》。1922年2月28日，英国发表了一份声明，承认埃及为独立国家。但在这份声明中，英国保留的事项之一，即"大英帝国在埃及的交通安全"。苏伊士运河拥有比巴拿马运河更加完整的国际地位，巴拿马运河则完全属于美国政府的财产。不过，与苏伊士运河一样，巴拿马运河根据条约向所有国家的商船与军舰开放。然而，《克莱顿—布尔沃条约》仅由英国与美国签订（1901年1月18日签订的《海—庞斯富特条约》取代了《克莱顿—布尔沃条约》）。实际上，无论是苏伊士运河还是巴拿马运河，都没有像莱茵河、多瑙河、易北河及其他欧洲河流那样受到国际委员会监管。

第 12 章

保加利亚危机:1885年至1886年

精彩看点

《柏林条约》未能让任何一方满意——英国首相威廉·尤尔特·格莱斯顿与德意志第二帝国首相奥托·冯·俾斯麦达成的共识——处理较小危机的最佳方式莫过于召开大使会议——奥托·冯·俾斯麦的决定令人百思不得其解——"乌尔齐尼事件"与"色萨利事件"——东鲁米利亚问题——《塞尔维亚-保加利亚条约》——保加利亚大公亚历山大一世被绑架——危机四伏的1886年——《再保险条约》

安托南·德比杜尔在《欧洲外交史》[1]中曾评论道:《柏林条约》似乎未能让任何一方心满意足。《柏林条约》不仅遗留了很多悬而未决的问题,并且制造出重重矛盾,以至随时都有可能引发一场全面战争。不过,在接下来的三十五年,全面战争并未爆发。在此期间,《柏林条约》进行了一些艰难调整。

最不满意的自然是土耳其帝国。"自从瓜分波兰或1815年签订《维也纳条约》以来,没有哪个国家遭受的掠夺比土耳其帝国更惨。"[2]不过,土耳其人就像病入膏肓的病人,虽然继续固守着残存的土地,却开始习惯于任人宰割。

罗马尼亚人因被迫将比萨拉比亚割让给俄罗斯帝国而心怀不满。柏林会议结束后,尽管塞尔维亚公国与黑山公国领土大增,却因未能获得奥匈帝国占领的波斯尼亚与黑塞哥维那而耿耿于怀。根据《柏林条约》第二十五条规定,奥匈帝国在诺维巴扎尔的桑贾克建了军事要塞,从而断送了塞尔维亚人想要得到这一重要"通道"的美梦。柏林会议结束时,希腊人带着会议得到的承诺离去。但这些承诺会兑现吗?保加利亚被一分为二:一部分成为一个小公国,另一部分变为基督教总督统治下的土耳其帝国行省。马其顿农民成为土耳其暴政统治下的牺牲品。尽管《柏林条约》其中一条赋予马其顿人获得改革的权力,但土耳其帝国从未实施过任何改革措施。

---

[1] 安托南·德比杜尔所著《欧洲外交史:武装和平》(1916年版)第1页。——原注
[2] 安托南·德比杜尔所著《欧洲外交史:武装和平》(1916年版)第2页。——原注

与小国相比，参会的主要大国对柏林会议的决定似乎也并不满意。俄罗斯帝国认为，德意志第二帝国在柏林会议上的表现实在是忘恩负义，从而心生嫌隙。此外，英国采取的1878年政策大获全胜，让俄罗斯帝国感到愤愤不平。俄罗斯帝国对奥匈帝国也十分不满，因为奥匈帝国没有动用一兵一卒便轻而易举地获得了波斯尼亚与黑塞哥维那。俄罗斯帝国坚持"泛斯拉夫主义"政策。这种肆无忌惮的超国家主义思想严重威胁了欧洲和平。

1878年夏秋时节，经过与穆斯林军队苦战，奥匈帝国军队占领了波斯尼亚与黑塞哥维那。奥地利人接管了波斯尼亚与黑塞哥维那的全部行政管理。1879年，奥匈帝国将卫戍部队部署在桑贾克的三个独立驻地，却并未干涉当地的土耳其民政管理。事实证明奥匈帝国将占领区管理得井井有条。1880年，在"中洛锡安郡竞选巡回演说"中，威廉·尤尔特·格莱斯顿曾经贸然断言"在地图

威廉·尤尔特·格莱斯顿

上找不到一个地方可以让你伸出手指说：奥地利人做得不错。"①不过，在格兰维尔伯爵乔治·莱维森-高尔劝说下，威廉·尤尔特·格莱斯顿在写给奥匈帝国驻伦敦大使米哈伊·卡罗里的一封信中曾表示，他收回自己的妄加评论之言。后来，在有关爱尔兰地方自治问题的辩论中，威廉·尤尔特·格莱斯顿与米哈伊·卡罗里相处甚欢，并且一直将米哈伊·卡罗里这位匈牙利大亨亲切地称作"我们的大使"。

显而易见，与1878年之前相比，巴尔干半岛问题在1878年之后几乎没有任何改善，依然可能触发一场全面战争。幸运的是，1880年，英国首相本杰明·迪斯雷利下台后，新上任的英国首相威廉·尤尔特·格莱斯顿与德意志第二帝国首相奥托·冯·俾斯麦"至少达成了一项共识——当前要想拯救欧洲，就要严格维护欧洲协调及在君士坦丁堡的联合外交行动"。奥托·冯·俾斯麦坚信，"只要巴尔干半岛问题悬而未决，欧洲就无法维护持久和平"。他认为，最终的解决方案很有可能是俄罗斯帝国占领君士坦丁堡。霍恩洛厄侯爵克洛德维希·卡尔·维克托想到了另一个解决方案："土耳其帝国的欧洲领土最终要由大使会议来管理。"②俄罗斯帝国外交大臣尼古拉·卡尔洛维奇·吉尔斯一向恪尽职守，行事低调。他认为，"欧洲协调不仅仅可以解决巴尔干半岛问题，而且事实证明，要想守护好欧洲的安宁与平衡，欧洲协调不可或缺……一旦我们成功消除了两国（英国与俄罗斯帝国）在近东及亚洲问题上的非本质意见分歧，就能保障欧洲和平"③。然而，尼古拉·卡尔洛维奇·吉尔斯的助手亚历山大·乔米尼对此持怀疑态度。他说："我坚信，对所有人来说，这不过是在掩人耳目。没人相信这样做会真正有效。"

---

① 1880年3月17日威廉·尤尔特·格莱斯顿在爱丁堡的演讲；埃德蒙·乔治·佩蒂-菲茨莫里斯男爵所著《格兰维尔伯爵乔治·莱维森-高尔传》第2卷第200至201页。——原注
② 埃德蒙·乔治·佩蒂-菲茨莫里斯男爵所著《格兰维尔伯爵乔治·莱维森-高尔传》第2卷第213页，消息来自奥多·拉塞尔勋爵从柏林发来的急电。——原注
③ 引自W.N.梅德利科特提供的《俄罗斯帝国大使档案》中1880年4月5日至1880年4月17日尼古拉·卡尔洛维奇·吉尔斯致阿列克谢·洛巴诺夫-里斯托夫斯基的信。——原注

与此同时，巴尔干半岛问题中，与黑山和希腊有关的方面，矛盾尤其突出，引人瞩目。在柏林会议上，黑山不仅得到了巴尔干半岛一小片海岸地区，还得到了阿尔巴尼亚内陆的古西涅与普拉瓦。这些地区的阿尔巴尼亚部落拒绝迁出，土耳其帝国表示对此无能为力。1880年6月，列强会议在柏林召开。柏林会议提议，黑山可以得到另外一片海岸地区以取代古西涅与普拉瓦两地，即博雅纳河以南包括乌尔齐尼小港在内的海岸地区。不过，这一提议同样遭到阿尔巴尼亚部落反对。土耳其帝国依然表示，面对阿尔巴尼亚人的民族情绪，自己束手无策。在英国提议下，欧洲协调派出一支联合舰队。当这支舰队抵达乌尔齐尼港时，法国政府拒绝动用武力。1880年整个夏季，联合舰队一直驻扎在无足轻重的乌尔齐尼港（实际上只是一个村庄）。当时的情况被奥匈帝国驻巴黎大使弗里德里希·斐迪南·冯·博伊斯特描述为"无所作为"。最后，威廉·尤尔特·格莱斯顿建议联合舰队占领士麦那及萨洛尼卡的土耳其海关。这一提议让土耳其帝国幡然醒悟，领会到其中的利害关系。土耳其军队将乌尔齐尼港的阿尔巴尼亚叛乱分子驱逐出境，并于1880年10月将乌尔齐尼港移交给黑山①。

同样，要想让土耳其帝国兑现向希腊王国割让领土的承诺，也十分困难，甚至可以说困难重重。而黑山公国最终得到了土耳其帝国割让的土地恰好可以证明：只要欧洲协调团结一致，可谓无所不能。这次土耳其人态度强硬，的确事出有因。因为《柏林条约》中并未提及土耳其帝国割让土地给希腊王国。在巨大压力下，土耳其帝国虽然并非心甘情愿，却割让了《柏林条约》中规定的全部土地。可以说，它已经遵照《柏林条约》履行了义务。看起来，除了英国，其他列强对此均倾向于表示认可。正是在此时，奥托·冯·俾斯麦发表了著名的论断：巴尔干半岛问题不值得德意志第二帝国动用一兵一卒②。1880年10月，格兰

---

① 关于俄罗斯帝国、德意志第二帝国与奥匈帝国在这个问题上的立场，参见J.Y.辛普森编著《彼得·亚历山德罗维奇·萨布罗夫回忆录》第158页至159页。——原注
② 埃德蒙·乔治·佩蒂-菲茨莫里斯男爵所著《格兰维尔伯爵乔治·莱维森-高尔传》第2卷第214页，1880年6月19日奥多·拉塞尔写给格兰维尔伯爵乔治·莱维森-高尔的信。——原注

维尔伯爵乔治·莱维森-高尔在写给妻子的信中说:"欧洲协调已经终结。"①不过,当英国大使奥多·拉塞尔去奥托·冯·俾斯麦的乡间别墅小住期间,在"恩堡的原始森林"中,与奥托·冯·俾斯麦驱车行驶途中进行交谈时,他意识到了问题的症结所在。主要问题就在于英国掌握了欧洲协调的主动权,却忽略了奥托·冯·俾斯麦的"首要地位"。奥多·拉塞尔将自己的这一发现向格兰维尔伯爵乔治·莱维森-高尔做了汇报。1881年2月,格兰维尔伯爵乔治·莱维森-高尔不失时机地派出一位英国高官——前内阁大臣乔治·约阿希姆·戈申前往柏林征求奥托·冯·俾斯麦意见。乔治·约阿希姆·戈申也是英国派往土耳其

乔治·约阿希姆·戈申

---

① 埃德蒙·乔治·佩蒂-菲茨莫里斯男爵所著《格兰维尔伯爵乔治·莱维森–高尔传》第2卷第223页。——原注

帝国的特使。再次受到重视的奥托·冯·俾斯麦对英国的尊重感到十分满意，便再次返回欧洲协调[①]。

事实上，处理较小危机的最佳方式莫过于召开大使会议。因为参加大使会议的人都是有身份、有地位的人。即便没有首相与总理的权力大，他们也拥有得天独厚的优势。其中最大的优势就在于：作为同行，他们不仅互相了解，而且十分精通外交事务；作为外交家，他们拥有妥协精神。奥托·冯·俾斯麦向乔治·约阿希姆·戈申提议：大使会议首先要为希腊王国规划出边界细节；在征得希腊王国同意后，再将这份不容置疑的计划告知土耳其帝国。

奥托·冯·俾斯麦常常会突然做出一些令人百思不得其解的决定。驻德意志第二帝国大使馆的大使们常说，他们能够判断奥托·冯·俾斯麦何时决定发布一项新政策。奥多·拉塞尔虽然不明白奥托·冯·俾斯麦为何突然对希腊王国的边界问题如此热心，但知道德意志第二帝国首相的此番提议定会解决问题。1881年2月12日，奥多·拉塞尔写信给格兰维尔伯爵乔治·莱维森-高尔说："据我所知，奥托·冯·俾斯麦一向不达目的誓不罢休。如果英国能够对奥托·冯·俾斯麦的提议做出热情回应，并给予坚定支持，那么我可以肯定，希腊王国的边界问题有望在英国议会结束前解决。"[②]

出乎意料的是，在奥托·冯·俾斯麦不遗余力的支持下，这件事情最终十分圆满地解决了。尽管土耳其人故意拖延了几个月才真正投降，但无法逃避这一定局。1881年5月，最后一刻终于降临，土耳其帝国同意将整个色萨利省割让给希腊王国。奥多·拉塞尔在写给格兰维尔伯爵乔治·莱维森-高尔的信中说："对英国来说，这样的结果可谓大获全胜。你的策略十分有效，我衷心地向你表示祝贺。仅凭道德劝说就让土耳其帝国割让出美丽的色萨利省，既没有动用

---

① 埃德蒙·乔治·佩蒂-菲茨莫里斯男爵所著《格兰维尔伯爵乔治·莱维森-高尔传》第2卷第227页，1881年2月12日。——原注
② 埃德蒙·乔治·佩蒂-菲茨莫里斯男爵所著《格兰维尔伯爵乔治·莱维森-高尔传》第2卷第227页，1881年2月12日。——原注

武力,也没有流血牺牲,真可谓一大创举。正是在女王陛下的政府竭力支持与引导下,欧洲协调才在外交上赢得了至高无上的荣耀。"为了纪念这一成果,威廉·尤尔特·格莱斯顿向维多利亚女王提议,为英国驻柏林大使奥多·拉塞尔加封贵族头衔。于是,奥多·拉塞尔被封为安特希尔男爵。

"乌尔齐尼事件"与"色萨利事件"之后,巴尔干半岛问题暂时告一段落。奥多·拉塞尔写信给国务大臣格兰维尔伯爵乔治·莱维森-高尔说:"你说一定要谨慎看待一时的风平浪静,因为政治一向是风云诡谲。但我认为目前的平静局面会持续下去。显而易见,正是在你的外交政策影响下,我们才取得了如此令人欣慰的成果。从1878年各大国同意将《柏林条约》作为欧洲和平、秩序与一致行动的基础,《柏林条约》已经进入了实施阶段。"①

看起来,近东将在一段时间内继续保持和平状态。然而,格兰维尔伯爵乔治·莱维森-高尔在写给约翰·布莱特一封信中郑重地宣称"计划满满"。约翰·布莱特虽然是坚定的和平主义者,但收到这样一封来信时依然深感不安。他立刻写了一封回信,向格兰维尔伯爵乔治·莱维森-高尔说明了内心的忧虑。在写给约翰·布莱特的回信中,格兰维尔伯爵乔治·莱维森-高尔说:"亲爱的约翰·布莱特,我为上一封信中的笔误感到愧疚。我想要说的并非'计划满满'而是'元气满满'。像'计划满满'这样的胡言乱语着实不该出现在内阁大臣的通信中。"

1880年至1881年,针对"乌尔齐尼事件"与"色萨利事件",欧洲列强采取了一致行动,对柏林会议的决定进行了修订与增补。然而,在东鲁米利亚问题上,列强并未采取一致行动。欧洲列强中有三个国家单独达成了秘密谅解,想要趁《柏林条约》缔约各方尚未达成共识的情况下篡改条约的内容。这场反对欧洲协调的密谋发生在1881年6月18日。这天,德皇威廉一世、奥匈帝国皇帝弗朗茨·约瑟夫一世与沙皇亚历山大三世结盟,史称"第二次三皇同盟"。"第二

---

① 埃德蒙·乔治·佩蒂-菲茨莫里斯男爵所著《格兰维尔伯爵乔治·莱维森-高尔传》第2卷第231页。——原注

次三皇同盟"的主要目标无可指摘，要确保德意志第二帝国、奥匈帝国与俄罗斯帝国之间的友谊。一旦缔约国一方遭受其他国家攻击，另外两国必须保持善意的中立。然而，"第二次三皇同盟"协定附有一项议定书。议定书规定：奥匈帝国保留在任何恰当时机自行决定吞并波斯尼亚与黑塞哥维那的权利；三国将不会反对保加利亚公国与东鲁米利亚最终合并。事实上，波斯尼亚-黑塞哥维那问题与东鲁米利亚问题是《柏林条约》的重要内容。根据道德原则、国际法原则及所有大国签署的1871年议定书，国际法案必须得到所有缔约方同意，方可修改。

任何一个有责任感的欧洲政治家都明白，东鲁米利亚并入保加利亚公国合情合理，是大势所趋。柏林会议之所以阻挠此事，是因为担心合并后的保加利亚公国会成为俄罗斯帝国的傀儡。不过，如今这种担心已经不复存在，因为保加利亚公国成为一个有组织的国家后，便摆脱了俄罗斯帝国影响。事实上，保加利亚大公亚历山大一世与沙皇亚历山大三世一向交恶。东鲁米利亚并入保加利亚公国意味着要对《柏林条约》进行实质性修改。然而，这个问题牵涉整个欧洲至关重要的利益。因此，只有在缔约各国达成共识后，合并行为方可生效，才能保证欧洲协调的团结一致。

1885年9月18日，东鲁米利亚的首府菲利波波利发生了一场政变。保加利亚民族主义者宣布东鲁米利亚并入保加利亚公国。尽管保加利亚大公亚历山大一世认为，选择此时合并绝非最佳时机（因为他与沙皇亚历山大三世的关系不好），但他无法拒绝如此高调的合并呼声，便率军进入菲利波波利并接管了当地政府。

英国首相索尔兹伯里侯爵罗伯特·加斯科因-塞西尔得知此消息后，立刻致电驻欧洲各大国的英国大使，让他们分别向各国政府咨询维护《柏林条约》的方案[①]。尽管根据1881年的"第二次三皇同盟"协定，俄罗斯帝国一直支持东

---

① 《英国议会文件（1886年）》第75卷；土耳其帝国部分，第20卷第1章第2页（1885年9月19日）。——原注

鲁米利亚与保加利亚公国合并，但如今它想要再次分裂东鲁米利亚与保加利亚公国。然而，事实证明合并已经势不可挡。最明智的做法是严格规范这次合并，以维护《柏林条约》的神圣尊严。俄罗斯帝国率先提出，由俄罗斯帝国元老路易吉·科尔蒂伯爵召集驻君士坦丁堡的各国大使召开会议，"共同协调东鲁米利亚的归属问题"。奥托·冯·俾斯麦的加急电报显示：英国与德意志第二帝国支持维护《柏林条约》的政策，并且承认东鲁米利亚与保加利亚公国合并①。1885年10月至1885年11月，会议在君士坦丁堡召开。1886年4月，各国大使再次召开会议。1886年5月，各国大使达成共识并签订了条约，仅仅承认保加利亚公国与东鲁米利亚合并属于个体行为。保加利亚大公亚历山大一世兼任东

保加利亚大公亚历山大一世

---

① 《欧洲内阁的重大政治》第5卷第10页至第11页，1885年10月3日奥托·冯·俾斯麦写给罗伊斯的亨利七世的信；《欧洲内阁的重大政治》第5卷第14页，1885年10月9日奥托·冯·俾斯麦写给德皇威廉一世的信。——原注

鲁米利亚总督,其任期根据《柏林条约》第十七条规定每五年延长一次①。直到1908年,保加利亚与东鲁米利亚一直保持着上述条约规定的法律地位,尽管通常被统称为"保加利亚"。

东鲁米利亚问题虽然得到顺利解决,但依然产生了一些间接影响,从而引发了一系列意料之外的重大事件。1885年9月,保加利亚大公亚历山大一世率军进入菲利波波利。受保加利亚公国领土扩张的影响,塞尔维亚王国②(对多瑙河畔的维丁港垂涎已久)立刻提出索要相应补偿。保加利亚公国拒绝了塞尔维亚王国的请求。两天后,即1885年11月14日,塞尔维亚王国公开宣战,派出军队向保加利亚公国首都索菲亚进发。1885年11月16日,塞尔维亚军队在斯利夫尼察与保加利亚大公亚历山大一世率领的军队遭遇。仅仅短短三天的战斗,塞尔维亚军队便彻底溃败。保加利亚军队自然想要直捣塞尔维亚王国首都贝尔格莱德。然而,这样必定会引发严重的国际危机。因为奥匈帝国肯定会反对保加利亚军队占领贝尔格莱德,接着俄罗斯帝国不得不与奥匈帝国为敌。不过,俄罗斯帝国提议,各大国集体行动以平息塞尔维亚王国与保加利亚公国之间的冲突。1885年11月24日,在奥匈帝国外交大臣兼外交使团团长赫文胡勒伯爵位于贝尔格莱德的别墅中,欧洲各大国代表举行了一场会议,共同起草了同文照会,并将其递交给塞尔维亚王国③。该照会要求塞尔维亚人停止军事行动,防止进一步的流血冲突。因为保加利亚大公亚历山大一世当时不在索菲亚,所以同文照会无法被送达索菲亚。不过,赫文胡勒伯爵亲自前往保加利亚军营。他向保加利亚大公亚历山大一世发出警告:如果保加利亚军队继续前进,奥匈帝国必将出兵。于是,保加利亚大公亚历山大一世停止了军事行动,宣布停战。1886年3月3日,交战双方在索菲亚签订了《塞尔维亚-保加利亚条约》。《塞尔

---

① 爱德华·赫兹莱特所著《条约下的欧洲地图》第5卷第611条,英国、奥匈帝国、俄罗斯帝国、法国、德意志第二帝国、意大利王国与土耳其帝国1886年4月5日在君士坦丁堡达成共识的法案。——原注
② 1882年,塞尔维亚王国建立,取代了塞尔维亚公国。——译者注
③ 《欧洲内阁的重大政治》第5卷第22页(1885年11月24日第965条)。——原注

维亚-保加利亚条约》只有一条:"塞尔维亚王国与保加利亚公国重建和平。"于是,两国边界重新恢复至战前状态。

虽然《塞尔维亚-保加利亚条约》已经签订了,并且还有列强承认东鲁米利亚并入保加利亚公国的条约在先,但保加利亚公国仍然面临危机。保加利亚大公亚历山大一世除了与英国王室存在亲属关系外,没有任何朋友。俄罗斯帝国与奥匈帝国都盼着他能早日退位。

1886年8月20日至1886年8月21日夜晚,保加利亚大公亚历山大一世在索菲亚王宫中遭到一群军官绑架,先是被囚禁在多瑙河的一条船上,接着被押送送至多瑙河下游俄罗斯帝国境内的雷尼港。保加利亚大公亚历山大一世从雷尼港脱身后,便悄悄去了奥匈帝国的伦堡。然而,绑架并非文明政府用来实现政治目的的手段。奥托·冯·俾斯麦随即拜访了正在弗兰兹贝德养病的俄罗斯帝国外交大臣尼古拉·卡尔洛维奇·吉尔斯。经过1886年8月26日与1886年8月

保加利亚大公亚历山大一世被兵变者抓住

第 12 章 保加利亚危机:1885 年至 1886 年

27日的两天会谈，奥托·冯·俾斯麦与尼古拉·卡尔洛维奇·吉尔斯一致认为，必须先让亚历山大一世返回保加利亚公国，然后再按照正常程序正式退位①。

不久，忠心耿耿的保加利亚人便呼吁让亚历山大一世回国。1886年8月29日，亚历山大一世成功返回保加利亚公国。在给沙皇亚历山大三世的电报中，

沙皇亚历山大三世

---

① J.V.富勒所著《奥托·冯·俾斯麦外交的巅峰时刻》（1922年版）第70页。关于保加利亚大公亚历山大一世遭绑架及回国的更多详情见E.C.科尔蒂所著《亚历山大·冯·巴腾堡》（1920年版）第9章。——原注

保加利亚大公亚历山大一世退位

保加利亚大公亚历山大一世回到奥匈帝国，受到欢迎

亚历山大一世以非常谦恭的姿态宣布了自己的归来。然而，沙皇亚历山大三世的回复是："我并不赞同你返回保加利亚。"1886年9月3日，亚历山大一世退位，离开保加利亚公国并前往奥匈帝国。保加利亚公国的政务由摄政代理。此时，欧洲协调已经停止了斡旋。保加利亚公国摄政只能依靠自己的力量寻找

斐迪南·马克西米利安·卡尔·利奥波德·玛利亚被保加利亚国民议会选为保加利亚大公

下一位君主。几经波折后,他们确定萨克森-科堡-哥达的斐迪南·马克西米利安·卡尔·利奥波德·玛利亚为下一任君主,史称"斐迪南一世"。斐迪南·马克西米利安·卡尔·利奥波德·玛利亚是萨克森-科堡-哥达的奥古斯特的幼子。当时,年仅二十七岁的他是奥匈帝国骑兵营的一名中尉。1887年7月7日,他被保加利亚国民议会选为保加利亚大公。

1885年至1886年可谓多事之秋。东鲁米利亚危机不仅引发了塞尔维亚王国与保加利亚公国之间的战争,而且有可能导致奥匈帝国与俄罗斯帝国之间的战争。当保加利亚大公亚历山大一世率军占领菲利波波利时,土耳其帝国本打算派军攻打东鲁米利亚,却迟迟未动。眼见保加利亚公国实力有所增加,希腊王国像塞尔维亚王国一样也要求获得相应补偿。经过列强态度强硬的协调后,希腊王国虽然一心想夺取伊庇鲁斯,但最终放弃了与土耳其人动武的想法。在这次协调行动中,1886年4月26日列强首先发出了一份联合照会进行警告,最后派出四国联合舰队进行封锁(法国拒绝参加此次封锁行动)。这次行动十分有效,希腊王国重新恢复了理智。主张战争的希腊首相特奥多巴斯·德利吉安尼斯辞职;新任首相查里劳斯·特里库皮斯不仅有主见,而且颇具政治家风度。他精通欧洲政治,组建了主张和平的希腊内阁。

1886年可谓危机四伏。就在这一年,沙皇亚历山大三世一意孤行,对拥有"欧洲好人"美誉的俄罗斯帝国外交大臣尼古拉·卡尔洛维奇·吉尔斯所提出的反对意见置若罔闻,拒绝执行《柏林条约》第五十九条关于巴统港贸易自由的规定(1886年6月)[①]。当时,欧洲协调正在不遗余力地克服重重困难,捍卫《柏林条约》的神圣与尊严。然而,俄罗斯帝国作为欧洲协调的重要一员,此时做出如此举动可谓与欧洲协调完全背道而驰。欧洲协调能够抑制小国家,同样会竭力维护欧洲条约体系。如果有机会,欧洲协调甚至能够帮助大国渡过战争危机。然而,大国蓄意解除条约,欧洲协调无法追究其责任。随着德意志第二帝国(本身即战争产物)横空出世,欧洲出现了强大的军事力量,这也使武力最终取代理智掌握了终极决定权。1887年,查尔斯·迪尔克曾在书中写道:"自拿破仑一世彻底战败后,欧洲的现状是纯粹的军事力量占据了更加重要的地位。"[②]

奥托·冯·俾斯麦将国际大家庭视为武装掠夺团体,所以他的政策主张是通过建立同盟保障安全。1887年6月18日,德意志第二帝国与俄罗斯帝国签订了著名的《再保险条约》。该条约规定,如果缔约国一方与第三国交战,缔约国另一方应保持善意中立。该条约并不适用于德意志第二帝国对法国发动进攻及俄罗斯帝国对奥匈帝国发动进攻所引起的战争。因此,《再保险条约》与德意志第二帝国对奥匈帝国的应尽义务及俄罗斯帝国不断亲近法国的政策并不矛盾。在条约存续的三年间,《再保险条约》一直使德意志第二帝国免受俄罗斯帝国的战争威胁,或者说为德意志第二帝国提供了双重保险。1890

---

① 爱德华·赫兹莱特所著《条约下的欧洲地图》第4卷第615条,1886年7月5日沙皇亚历山大三世的敕令。——原注
② 查尔斯·迪尔克所著《欧洲政治现状》(1887年版)第1页。——原注

年，奥托·冯·俾斯麦辞职后，新任首相列奥·冯·卡普里维接受了弗里德里希·冯·荷尔斯泰因的提议，决定终止《再保险条约》。此举令俄罗斯帝国年迈的外交大臣尼古拉·卡尔洛维奇·吉尔斯惊慌失措。他十分担心"在俄罗斯帝国下一任外交大臣领导下，俄罗斯帝国军国主义与泛斯拉夫主义有可能占上风，而这将会威胁俄罗斯帝国与德意志第二帝国的和平关系"[①]。

[①] 西德尼·布拉德肖·费伊所著《世界大战起源》第2卷第92页至93页。《再保险条约》文本见阿尔弗雷德·弗朗西斯·普利布拉姆所著《奥匈帝国的秘密协定》第1卷第274页。另见1918年1月《美国历史评论》中谢尔盖·戈莱诺夫的文章"三皇同盟的终结"。——原注

第 13 章
巴尔干半岛各国边界问题的协调

精彩看点

驻君士坦丁堡的各国大使——亚美尼亚问题——1894年的亚美尼亚大屠杀——"亚美尼亚三国同盟"——关于亚美尼亚改革方案的照会——克里特岛问题——五大强国在克里特岛的一致行动——马其顿问题——奥匈帝国与俄罗斯帝国在巴尔半岛的矛盾——"米尔茨施泰格计划"——马其顿财政改革方案

在解决巴尔干半岛问题过程中,虽然列强之间猜忌不断,但欧洲协调一直在努力解决问题。

外交人员虽然来自不同国家与民族,但他们视彼此为同僚。对于身处异国他乡甚至客居落后地区的外交人员来说,这份同僚之谊显得弥足珍贵。尤其是在荣辱与共的危险时刻,他们往往互相团结,在当地组成外交使团。北京外交使团与君士坦丁堡外交使团就是最好的例证。

危急时刻,驻君士坦丁堡的各国大使在高级外交官的主持下,通过召开会议讨论局势,以商定可以采取的行动措施。会议讨论结束后,他们通常会向土耳其帝国苏丹提交一份联合说明,通过特殊行动方案向土耳其帝国苏丹提出建议或发出警告。各国大使是各国政府代表。各国政府通过外交大臣就巴尔干半岛危机进行沟通。事实上,在解决巴尔干半岛问题过程中,欧洲协调已经成为各国公认的制度。保守的"现实主义者"虽然不愿承认,但无法改变这一事实及其产生的巨大影响[1]。

亚美尼亚人——包括小亚细亚与君士坦丁堡的大批亚美尼亚人——受到土耳其人的肆意蹂躏,并且经常遭受惨绝人寰的屠杀。1890年8月,德意志第二帝国驻君士坦丁堡大使小约瑟夫·玛利亚·冯·拉多维茨报告说,根据威

---

[1] 1897年7月《双周回顾》第64页至65页的标题文章"英国与欧洲协调"。——原注

廉·怀特提供的消息,屠杀是按照蓄意毁灭整个亚美尼亚种族的计划有组织进行的①。亚美尼亚人受到两项条约的保护。根据1878年6月4日土耳其帝国与英国签订的《塞浦路斯条约》第一条及1878年7月3日签订的《柏林条约》第六十一条,土耳其帝国苏丹有责任保护他的基督子民,有义务实施必要的改革。《柏林条约》第六十一条专门提到了亚美尼亚人,并且承认列强有权监督土耳其帝国苏丹执行相关的责任与义务。

然而,针对1890年的几次大屠杀事件,欧洲列强并未保持一致行动。俄罗斯帝国外交大臣尼古拉·卡尔洛维奇·吉尔斯承认,俄罗斯帝国在这件事上有"道德利益"。不过,他认为英国对亚美尼亚问题别有用心,存在着不可告人的目的,一心想要建立一个自治的亚美尼亚国,作为另一个"保加利亚公国"以阻止俄罗斯帝国扩大势力范围。然而,俄罗斯帝国"并不希望出现第二个保加利亚公国"②。德意志第二帝国对待亚美尼亚问题态度十分公正。根据德意志第二帝国驻伦敦大使乔治·赫伯特·蒙斯特的报告可知,奥托·冯·俾斯麦一直认为,在亚美尼亚问题上,一旦德意志第二帝国向土耳其帝国施加压力,必定会丧失土耳其帝国苏丹的信任③。1893年,英国驻君士坦丁堡大使克莱尔·福特建议(也是达弗林伯爵弗雷德里克·坦普尔·汉密尔顿1883年的提议),应当给予亚美尼亚自治权。不过,土耳其帝国苏丹阿卜杜勒·哈米德二世拒绝了英国提议。与此同时,他通过土耳其帝国驻柏林大使转达了一项请求。他请求德意志第二帝国向英国表明对该提议的反对意见。德意志第二帝国外交大臣阿道夫·马沙尔·冯·比贝尔施泰因虽然不支持英国的提议,但最终还是拒绝了土耳其帝国苏丹阿卜杜勒·哈米德二世的请求④。

---

① 《欧洲内阁的重大政治》第9卷第190页(1890年8月)。——原注
② 《欧洲内阁的重大政治》第9卷第194页(1890年9月15日,德意志第二帝国驻巴黎大使弗里德里希·冯·普塔莱斯致德意志第二帝国首相列奥·冯·卡普里维的信。——原注
③ 《欧洲内阁的重大政治》第9卷第200页注释,1882年4月28日德意志第二帝国外交部致乔治·赫伯特·蒙斯特的信)。——原注
④ 《欧洲内阁的重大政治》第9卷第198页至第201页。——原注

乔治·赫伯特·蒙斯特

阿道夫·马沙尔·冯·比贝尔施泰因

1894年，在土耳其军队支持下，库尔德人对萨姆松和比特利斯两地的亚美尼亚人进行了恐怖大屠杀。1895年，在君士坦丁堡、乌尔法、凡城和特拉布宗及其他地方发生了多次屠杀事件。土耳其帝国苏丹阿卜杜勒·哈米德二世非常害怕遭到暗杀。他认为亚美尼亚人对自己的人身安全构成了威胁，不得不在身边布满了间谍与暗探[1]。据说，1896年君士坦丁堡大屠杀由土耳其帝国苏丹阿卜杜勒·哈米德二世直接授意[2]。

　　面对如此暴行，英国、法国与俄罗斯帝国（按照英国提议行事）[3]结成了"亚美尼亚三国同盟"。根据德意志第二帝国驻君士坦丁堡大使安东·萨尔玛·冯·德尔·杰尔奇的报告称："三国之所以结盟是因为只有它们在埃尔祖鲁姆设有领事，并且恐怖屠杀事件就发生在埃尔祖鲁姆附近。"其他大国包括奥匈帝国与德意志第二帝国只是袖手旁观。德意志第二帝国驻巴黎大使雨果·弗斯特·冯·拉多林曾向土耳其帝国苏丹阿卜杜勒·哈米德二世指出，在巴尔干半岛问题上，德意志第二帝国"从未积极主动过"[4]。此外，德意志第二帝国大使只是"礼貌地"建议土耳其帝国苏丹阿卜杜勒·哈米德二世改善"遭人诟病的边境省份的混乱管理"[5]。意大利王国支持英国，并渴望在亚美尼亚问题上与之合作。然而，法国与俄罗斯帝国显然并不欢迎意大利王国。意大利王国外交大臣阿尔贝托·布兰克男爵致电意大利王国驻君士坦丁堡大使，称"亚美尼亚三国同盟所有成员国均未参加亚美尼亚屠杀事件调查。这一事实再次证明了土耳其帝国及其臣民的安全保障——欧洲协调——已经不复存在"[6]。

　　意大利王国外交大臣阿尔贝托·布兰克男爵的一番话不幸言中了事实。1895年5月11日，英国、法国与俄罗斯帝国向土耳其帝国递交了一份关于亚美

---

[1] 《欧洲内阁的重大政治》第9卷第191页。——原注
[2] 米勒所著《土耳其帝国》第430页。——原注
[3] 《欧洲内阁的重大政治》第9卷第212页（1894年12月8日）。——原注
[4] 《欧洲内阁的重大政治》第9卷第207页，1894年11月28日，德意志第二帝国驻巴黎大使雨果·弗斯特·冯·拉多林写给土耳其帝国苏丹阿卜杜勒·哈米德二世的信。——原注
[5] 《欧洲内阁的重大政治》第9卷第209页（1894年11月30日）。——原注
[6] 《欧洲内阁的重大政治》第9卷第223页（1894年12月31日）。——原注

尼亚改革方案的照会。然而，土耳其政府故技重施，迟迟不肯实施改革。英国政府一度要在达达尼尔海峡附近派遣军舰①，但最终并未付诸行动。次年，即1896年，亚美尼亚大屠杀甚至比之前的几次大屠杀更血腥。"亚美尼亚三国同盟"以失败告终。虽然英国急于采取行动，但俄罗斯帝国一直犹豫不决②，法国唯俄罗斯帝国马首是瞻。除了英国、法国与俄罗斯帝国，德意志第二帝国虽然向土耳其帝国苏丹阿卜杜勒·哈米德二世提出了良好建议，却不愿向其施压。德意志第二帝国外交部认为，"欧洲必须在实施灭亡土耳其帝国与保全土耳其帝国之间做出抉择"。显然，德意志第二帝国倾向于选择后者。"因为德意志第二帝国与奥匈帝国对促成土耳其帝国解体并无明显兴趣。"③因此，奥匈帝国外交大臣阿格诺尔·冯·戈鲁乔夫斯基提出各强国进行积极干预时，遭到德意志第二帝国拒绝。德意志第二帝国已经向土耳其帝国提议采取积极措施防止"骚乱进一步扩大"。德意志第二帝国外交大臣阿道夫·马沙尔·冯·比贝尔施泰因在写给奥匈帝国外交大臣阿格诺尔·冯·戈鲁乔夫斯基的信中说："我们并不打算在亚美尼亚问题上越界。对此，你不必怀疑。"④德意志第二帝国驻巴黎大使雨果·弗斯特·冯·拉多林认为："支持亚美尼亚基督教教徒自治，并竭尽全力将相关措施付诸实践，等于促成土耳其帝国解体。"⑤他的观点得到了德皇威廉二世的认可。

相对而言，在克里特岛问题上，国际行动比较成功。因为克里特岛是海岛，拥有海洋控制权的大国可以在此有所作为。

克里特岛一直处于土耳其帝国管理之下。岛上的希腊人与穆斯林素来不和，时常发生暴乱。1868年，土耳其帝国苏丹阿布杜勒·阿齐兹批准了《基本

---

① 《欧洲内阁的重大政治》第9卷第53页。——原注
② 《欧洲内阁的重大政治》第10卷第53页，1895年8月17日德意志第二帝国驻君士坦丁堡大使安东·萨尔玛·冯·德尔·杰尔奇写的信。——原注
③ 《欧洲内阁的重大政治》第10卷第46页，1895年8月3日罗腾汉写给霍恩洛厄侯爵克洛德维希·卡尔·维克托的信。——原注
④ 《欧洲内阁的重大政治》第10卷第71页（1895年10月9日）及第73页（1895年10月12日）。——原注
⑤ 《欧洲内阁的重大政治》第10卷第76页（1895年10月19日）。——原注

法》，确立了以公正原则为基础的管理方案。接下来的七年，在《基本法》保障下，克里特岛居民过着比较平静的生活。后来，俄土战争爆发，克里特岛上的希腊人再次发动起义要求自治。在英国斡旋下，土耳其帝国苏丹阿卜杜勒·哈米德二世向克里特人做出了很大让步，1878年10月签订了《哈勒帕公约》，岛内再次恢复了平静。然而，土耳其帝国苏丹阿卜杜勒·哈米德二世的态度实在令人捉摸不透。1895年，他任命了一位信奉基督教的总督——卡拉特奥多里帕夏。

卡拉特奥多里帕夏

不过，仅仅一年后，1896年他重新任命了一名穆斯林总督。于是，《哈勒帕公约》被废弃，从而导致了1896年5月的暴动。这场暴动导致雅典群情激昂，希腊王国随后便开始插手干涉"克里特岛事件"。没过多久，列强军舰纷纷停靠在克里特岛附近。

克里特岛内烧杀抢掠不断，同时引发希腊王国一些地方包括雅典在内的巨大骚乱。随着克里特岛大批难民涌现，雅典人为处于水生活热之中的克里特岛居民感到愤愤不平，呼吁希腊王国出面干涉。1897年2月，一支希腊远征军前往克里特岛。虽然希腊远征军顺利登上克里特岛，却遭到英国舰队、法国舰队、意大利王国舰队、俄罗斯帝国舰队、奥匈帝国舰队的阻挠。列强抢先一步占领了克里特岛首府哈尼亚。克里特岛被国际联合舰队封锁，海岸附近叛乱分子的堡垒遭到轰炸。岛内局势得到了一定程度的缓解。虽然克里特岛上还有土耳其帝国驻军，但在国际联合舰队占领哈尼亚前，土耳其帝国总督已经趁乱逃离克里特岛。国际联合舰队在动用武力平定岛内叛乱的同时，发表了《克里特岛自治宣言》。

五大强国在克里特岛的一致行动成功缓解了克里特岛的燃眉之急，不仅确保了克里特岛未来十年的和平，保证了克里特岛的主权由土耳其帝国向希腊王国平稳过渡，还有效防止了五大强国之间的斗争。德意志第二帝国从始至终表示拒绝参与克里特岛协调行动，不愿牵涉其中。1896年5月6日，希腊王国通过本国驻柏林大使请求德意志第二帝国外交部支持克里特岛自治。然而，德意志第二帝国外交大臣阿道夫·马沙尔·冯·比贝尔施泰因回复说，克里特岛之乱的责任应由希腊王国承担，德意志第二帝国不愿承担任何责任[①]。德意志第二帝国驻君士坦丁堡大使安东·萨尔玛·冯·德尔·杰尔奇曾经明确表态，列强对土耳其帝国保持态度一致至关重要。然而，令人意外的是，德意志第二帝国并未参加克里特岛联合行动。因为德意志第二帝国外交大臣阿道夫·马沙

---

① 《欧洲内阁的重大政治》第12卷第153页，1896年5月6日，阿道夫·马沙尔·冯·比贝尔施泰因给希腊王国政府的答复。——原注

安东·萨尔玛·冯·德尔·杰尔奇

尔·冯·比贝尔施泰因再三叮嘱安东·萨尔玛·冯·德尔·杰尔奇,德意志第二帝国一贯政策是不参与巴尔干半岛问题,除非所有强国一致行动[①]。

1896年克里特岛危机结束后,1897年希土战争便接踵而至。在国内舆论压力下,希腊国王乔治一世被迫宣战。据说,乔治一世希望欧洲列强能从中斡旋并在最后一刻阻止战争。在希土战争中,虽然希腊军队惨败,但列强在战争爆发一个月后(1890年5月20日)便进行了干预。最终的条约并非对希腊王国十分不利。最后,希腊军队从克里特岛撤出。

[①] 《欧洲内阁的重大政治》第12卷第162页(1896年6月21日)、第164页(1896年6月27日)、第177页(1896年7月6日),德意志第二帝国虽然改变了所有列强必须一致行动的强硬态度,却提出要求——与奥匈帝国、意大利王国与俄罗斯帝国共同合作。——原注

尽管希腊军队战败,土耳其帝国却失去了克里特岛。列强一致认为,克里特岛必须拥有自治权。虽然克里特岛依然驻扎着几支土耳其军队,但土耳其帝国总督已经逃离克里特岛。四大强国海军占领了克里特岛海岸城镇。俄罗斯海军驻扎在罗希姆诺,法国海军驻扎在小岛锡蒂亚和斯皮纳龙格上,意大利海军驻扎在耶拉佩特拉,英国海军驻扎在干地亚。各国均有分遣队驻扎在哈尼亚。在意大利高级军官卡内瓦罗领导下,四大强国海军将领成立了一个委员会。希土战争结束后,因为奥匈帝国退出了联合行动,所以克里特岛协调最后只剩下四大强国。

大国协调用了十八个月的时间才最终确定了克里特岛新总督的人选。与此同时,在国际海军监管下,克里特岛内相对平静。许多穆斯林作为岛内少数民族纷纷移民至小亚细亚。游客也开始到克里特岛上参观。至少有五年的时间,克里特岛上的居民一直过着快乐、平静的生活[1]。1898年年底,土耳其帝国所有驻军从岛上撤离,只有少数士兵象征性地驻扎在苏达湾的一个小岛上,表明此地主权属于土耳其帝国。

显而易见,欧洲四大强国支持希腊王国统一克里特岛。它们要求由希腊国王乔治一世提名克里特岛的管理者。希腊国王乔治一世推荐了自己的儿子。最终,四大强国共同举荐希腊国王乔治一世的次子乔治王子为克里特岛高级专员。实际上,1897年12月24日,俄罗斯帝国代表曾在君士坦丁堡大使会议上举荐过乔治王子[2]。然而,德意志第二帝国拒绝为四大强国的决定分担责任。德意志第二帝国代表认为,四大强国在克里特岛的联合行动将会点燃土耳其帝国境内的革命之火[3]。1898年12月21日,乔治王子正式就任克里特岛高级专员。

德意志第二帝国代表并不赞同采用权宜之计解决克里特岛问题,因为这样做对克里特岛的穆斯林有失公允。他们坚信克里特岛的新统治制度注定会

---

[1] 威廉·米勒所著《希腊人民史》(1922年版)第110页。——原注
[2] 《欧洲内阁的重大政治》第12卷第2章第447页。——原注
[3] 《欧洲内阁的重大政治》第12卷第2章第510页至第511页,1898年11月28日。——原注

失败。然而，1912年巴尔干战争期间，希腊王国最终统一了克里特岛，也结束了临时统治制度。总体而言，这一权宜之计并不算一大败笔①。

1906年，乔治王子从克里特岛高级专员的职位上卸任。亚历山德罗斯·柴伊米斯接任克里特岛高级专员，一直到1908年秋克里特岛并入希腊王国为止。

乔治王子

---

① 《法国外交文献汇编》第1卷第233页至第235页，1911年秋，克里特岛协调工作基本结束，克里特岛并入希腊王国已经成为大势所趋。——原注

1909年7月，国际联合舰队最后一批军舰驶离克里特岛。然而，列强并不承认希腊王国已经统一克里特岛。因此，克里特岛在国际法中的地位一直模棱两可。1913年，第一次巴尔干战争结束，希腊王国正式吞并克里特岛。

1895年6月，索尔兹伯里侯爵罗伯特·加斯科因-塞西尔第三次出任英国首相。他认为，正是因为在克里米亚战争中英国"投错了赌注，押错了金主"，所以迫于无奈才不得不奉行支持土耳其帝国的政策。如今，他开始犹豫不决，不知是否应该将该政策奉行到底。他虽然希望继续维护土耳其帝国领土完整，却心知肚明这样的想法不太切合实际。1895年，索尔兹伯里侯爵罗伯特·加斯科因-塞西尔曾经试探德意志第二帝国口风，想知道德意志第二帝国是否支持促使土耳其帝国解体。然而，欧洲其他大国怀疑英国动机不纯、存有私心。事实上，索尔兹伯里侯爵罗伯特·加斯科因-塞西尔希望各大国能够一致行动，最终圆满解决巴尔干半岛问题。1896年1月16日，英国驻圣彼得堡大使尼古拉·奥康纳代表英国向俄罗斯帝国外交大臣提议，希望由大国监督土耳其帝国苏丹及其统治。英国认为土耳其帝国行将崩溃，提议各大国在君士坦丁堡召开大使会议，以商讨应对之策。德意志第二帝国外交大臣阿道夫·马沙尔·冯·比贝尔施泰因向奥匈帝国驻柏林大使尼古拉·德·吉尔斯宣称（并同时向德皇威廉二世汇报），英国提议无异于制造混乱，引发列强冲突，破坏土耳其帝国局势。虽然针对英国的指控纯属无稽之谈，但说明德意志第二帝国在土耳其问题上已经下定决心要阻止列强一致行动。其他相关文件与事实也表明德意志第二帝国心意已决。当奥匈帝国驻柏林大使尼古拉·德·吉尔斯询问德意志第二帝国外交大臣阿道夫·马沙尔·冯·比贝尔施泰因是否考虑到土耳其帝国解体的后果时，阿道夫·马沙尔·冯·比贝尔施泰因却说，这不是中欧强国需要考虑的问题。他甚至引用了文策尔·安东曾经对普鲁士王国与神圣罗马帝国提出的关于法兰西大革命的忠告——"任其自生自灭"[①]。在随后七年间，土耳其帝国统治

[①] 《欧洲内阁的重大政治》第1卷第2章第4页，1896年1月22日阿道夫·马沙尔·冯·比贝尔施泰因的备忘录。——原注

下的马其顿依然管理混乱。马其顿人继续遭受暴政的蹂躏，而土匪在马其顿肆意横行。

从1895年开始，马其顿局势日益紧张。马其顿问题涉及不同种族的悲惨遭遇与矛盾冲突。在马其顿，生活着说不同语言的多个民族，有的说保加利亚语，有的说希腊语，有的说塞尔维亚语，有的说罗马尼亚语。马其顿人渴望能在土耳其帝国统治下由一名信奉基督教的总督实施自治。马其顿民族自治运动的主要领导人组成了马其顿委员会。马其顿委员会将总部设在保加利亚公国首都索菲亚。土耳其帝国不仅对马其顿改革不闻不问，而且肆意挑起种族冲突。

德意志第二帝国驻开罗总领事保罗·沃尔夫·梅特涅曾亲自访问君士坦丁堡。在致德意志第二帝国外交部的一封信中，他表示，他坚信凡是有良知的土耳其人都会为欧洲联合舰队抵达土耳其帝国苏丹阿卜杜勒·哈米德二世的耶

保罗·沃尔夫·梅特涅

耶尔德兹皇宫

尔德兹皇宫附近而拍手称快。因为只有这样做,才有可能废黜土耳其帝国苏丹阿卜杜勒·哈米德二世①。英国首相索尔兹伯里侯爵罗伯特·加斯科因-塞西尔应该也有同样想法。他提议在君士坦丁堡举行大使会议,同时他提出附带条件——"只有各大国一致行动才是最终行动。这次将由各国动用各自军事力量共同行动"②。然而,除了英国与奥匈帝国外③,其他大国都不愿接受英国提出的附带条件,君士坦丁堡大使会议最后无果而终。对此,保罗·沃尔夫·梅特涅在一份备忘录中一针见血地指出:"欧洲协调成事不足,败事有余。"在同一份备忘录中,他还说:"所谓的欧洲协调成了令人不齿的笑柄。土耳其帝国发生了令人发指的暴行后,欧洲列强便摆出一副姿态,做出想要采取一致行动的样子。土耳其帝国苏丹阿卜杜勒·哈米德二世顺水推舟,承诺今后绝不会发生此类事件。与此同时,列强在当地一直存在利益纷争,各自心怀鬼胎,随后便不

---

① 《欧洲内阁的重大政治》第12卷第1章第223页至第224页(1896年11月25日)。——原注
② 《欧洲内阁的重大政治》第12卷第1章第217页注释(1896年10月20日)。——原注
③ 《欧洲内阁的重大政治》第9卷第1章第230页(1896年12月3日)。——原注

了了之。于是，深谙此道的土耳其帝国苏丹阿卜杜勒·哈米德二世继续肆无忌惮地作恶。"

不过，保罗·沃尔夫·梅特涅或许应该做出补充说明。欧洲协调无所作为，投了弃权票的德意志第二帝国难辞其咎。

1896年底，德意志第二帝国驻伦敦大使保罗·哈兹菲尔德伯爵在休假期间前往哈特菲尔德，专程拜访了英国首相兼外交大臣索尔兹伯里伯爵罗伯特·加斯科因-塞西尔。保罗·哈兹菲尔德伯爵说："自从上次会晤结束后，许多事情发生了。虽然你一心想要废黜阿卜杜·勒哈米德二世，却没想到事与愿违。"接着，他继续追问："你是否依然想促成此事。"索尔兹伯里伯爵罗伯特·加斯科因-塞西"犹豫了一会儿"，然后自言自语般喃喃道："心意未曾改变。"①

时任德意志第二帝国驻君士坦丁堡大使阿道夫·马沙尔·冯·比贝尔施泰因认为，此后几年马其顿问题依然是近东外交界政治对话的主要议题②。直到1903年，马其顿局势一直在恶化。1903年1月9日，兰斯多恩侯爵亨利·佩蒂-菲茨莫里斯曾写信给英国驻君士坦丁堡大使尼古拉·奥康纳。在谈及英国的意见时，他宣称，"马其顿的种族问题已经发展到令人无法容忍的地步"。尼古拉·奥康纳奉命敦促各大国分别派出军官，组建马其顿宪兵部队与警察部队。与此同时，英国"满怀希望地期待着《柏林条约》签署国能够及时做出回应"③。鉴于马其顿局势极有可能引发欧洲战争，大家一致认为，英国、俄罗斯帝国、意大利王国、德意志第二帝国与奥匈帝国应该一致行动。事实上，德意志第二帝国已经感觉到自己无法继续"冷眼旁观"，无法完全置身于事外④。

---

① 《欧洲内阁的重大政治》第12卷第1章第235页（1896年12月10日）。——原注
② 《欧洲内阁的重大政治》第12卷第2章第516页（1898年12月12日）。——原注
③ 《关于战争起源的英国文件》第5卷第51页。——原注
④ 《欧洲内阁的重大政治》第12卷第2章第521页，1898年12月30日德意志第二帝国外交大臣伯恩哈特·冯·比洛对阿道夫·马沙尔·冯·比贝尔施泰因说，"德意志第二帝国的基本政治原则，即冷静地坐观巴尔干半岛冲突"。《欧洲内阁的重大政治》第12卷第2章第526页，在1899年1月14日阿道夫·马沙尔·冯·比贝尔施泰因写给霍恩洛厄侯爵克洛德维希·卡尔·维克托的信中，有关马其顿问题，提到了列强成立的"克里特岛集团"。——原注

兰斯多恩侯爵亨利·佩蒂－菲茨莫里斯

尼古拉·奥康纳

欧洲战争的真正威胁来自奥匈帝国与俄罗斯帝国在巴尔干半岛的矛盾。不过,两国的矛盾至少得到了暂时缓解。俄罗斯帝国外交大臣弗拉基米尔·尼古拉耶维奇·兰姆斯多夫伯爵前往维也纳,亲自拜访了奥匈帝国外交大臣阿格诺尔·冯·戈鲁乔夫斯基。1903年1月,弗拉基米尔·尼古拉耶维奇·兰姆斯多夫伯爵炮制了"马其顿改革计划"并提交给土耳其帝国。得知此事后,欧洲列强采纳了"马其顿改革计划"。土耳其帝国也表示愿意接受。弗拉基米尔·尼古拉耶维奇·兰姆斯多夫伯爵曾告诉英国驻圣彼得堡大使C.斯科特爵士,正是这次维也纳之行与阿格诺尔·冯·戈鲁乔夫斯基会晤,才避免了"1876年与1877年的

弗拉基米尔·尼古拉耶维奇·兰姆斯多夫伯爵

泰奥菲勒·德尔卡塞

悲剧"再次上演。当年,"由于亚历山大·米哈伊尔维奇·戈尔恰科夫缺乏决断力,激化了被煽动的民族情绪,最终演化为失去控制的一股力量,迫使政府不得不干预土耳其帝国内政"[①]。

俄罗斯帝国与奥匈帝国因为主动采取行动并承担了整个欧洲协调的任务,所以迎来一些批评的声音。不过,法国外交部长泰奥菲勒·德尔卡塞建议,马其顿问题应当"通过人道主义手段而非政治手段"解决[②]。土耳其帝国虽然接受了奥匈帝国倡导的"马其顿改革计划",但未付出实际行动,因此骚乱仍

---

① 《英国政府公文汇编》第55卷第57页,1903年6月10日C.斯科特爵士写给兰斯多恩侯爵亨利·佩蒂-菲茨莫里斯的信。——原注
② 《英国政府公文汇编》第55卷第55页,1906年2月20日爱德华·蒙森爵士写给兰斯多恩侯爵亨利·佩蒂-菲茨莫里斯的信。——原注

在继续。一名俄罗斯帝国领事在米特罗维察被谋杀。据报道，土耳其军队再次故伎重施，就像1876年那样再次犯下累累罪行。英国驻君士坦丁堡大使尼古拉·奥康纳指出，俄罗斯帝国与奥匈帝国的计划实则"成事不足，败事有余"。然而，俄罗斯帝国外交大臣弗拉基米尔·尼古拉耶维奇·兰姆斯多夫伯爵与奥匈帝国外交大臣阿格诺尔·冯·戈鲁乔夫斯基并未知难而退。1903年10月2日，他们在奥匈帝国的施蒂利亚的米尔茨施泰格会晤，拟了一份修改后的改革方案，又称"米尔茨施泰格计划"。其他大国纷纷接受了"米尔茨施泰格计划"。如此一来，马其顿改革至少上升到了欧洲问题的高度。显而易见，"米尔茨施泰格计划"受到了英国外交部的一份备忘录的影响。在这份备忘录中，英国强烈建议任命一名信奉基督教的总督管理马其顿①。虽然"米尔茨施泰格计划"并未包括英国的提议，但在土耳其帝国苏丹阿卜杜勒·哈米德二世最终接受的改革范围内，英国提议促成了一系列新成果。最后，在实施改革的过程中，不仅在土耳其帝国监察团工作人员中增设了来自俄罗斯帝国与奥匈帝国的信奉基督教的民政官，而且在宪兵队中增设了一名意大利官员，并在马其顿境内设立了由欧洲官员监管的五个警区。在五个警区中，于斯屈普由奥匈帝国接管，萨洛尼卡由俄罗斯帝国接管，莫纳斯蒂尔由意大利王国接管，法国与英国则分别接管了塞雷斯与德拉马②。然而，马其顿境内科索沃许多地方不在五大警区之内，所以不归外国官员监管。德意志人含糊其词地说，德意志第二帝国虽然愿意支持马其顿恢复和平，却不会参与"米尔施泰格计划"与马其顿的治安工作③。德意志第二帝国外交大臣阿道夫·马沙尔·冯·比贝尔施泰因在从君士坦丁堡发回国内的一封信中说："我们在马其顿几乎没有任何利益。"实际上，德意志第二帝国接到了欧洲协调的邀请。欧洲协调希望德意志第二帝国能向马其顿

---

① 《欧洲内阁的重大政治》第18卷第1章第370页，1903年10月15日阿道夫·马沙尔·冯·比贝尔施泰因写的信。——原注
② "米尔茨施泰格计划"见《英国议会文件汇编》土耳其帝国卷第4期（1903年）；1808年土耳其帝国苏丹第5号敕令；卓加诺夫所著《马其顿与改革》（1908年版）第8页。——原注
③ 《欧洲内阁的重大政治》第18卷第369页（1903年10月10日）。——原注

增派官员。不过,德意志第二帝国首相伯恩哈德·冯·比洛认为,欧洲协调企图"将马其顿恢复和平行动失败的责任转嫁给德意志第二帝国"。他强烈建议德意志第二帝国弃权。德皇威廉二世在伯恩哈德·冯·比洛备忘录的空白处批注道:"不言而喻。"①

土耳其帝国虽然表示接受"米尔茨施泰格计划",却依然我行我素,迟迟不执行。法国驻伦敦大使皮埃尔·保罗·康邦对兰斯多恩侯爵亨利·佩蒂-菲茨莫里斯说:"依我所见,各国严重失职,听任两大强国②摆布。"③德意志

皮埃尔·保罗·康邦

---

① 《欧洲内阁的重大政治》第18卷第1章第372页(1903年10月18日)。——原注
② 指俄罗斯帝国与奥匈帝国。——译者注
③ 《英国政府公文汇编》第5卷第70页(1904年2月25日)。——原注

第二帝国已经表明态度，不会与列强一道向土耳其帝国施压。于是，土耳其帝国有恃无恐，继续虚与委蛇。1904年2月25日，德皇威廉二世与首相伯恩哈德·冯·比洛在柏林的英国大使馆与弗兰克·拉塞尔爵士共进晚餐。弗兰克·拉塞尔爵士向兰斯多恩侯爵亨利·佩蒂-菲茨莫里斯汇报了当晚的谈话内容。当时，弗兰克·拉塞尔爵士说：“我认为，一旦俄罗斯帝国与奥匈帝国的计划失败，列强不得不考虑后续措施。”"伯恩哈德·冯·比洛耸了耸肩膀说坚决反对召开欧洲会议商讨这一问题。"①1904年5月，英国驻维也纳大使弗朗西斯·理查德·普伦基纳爵士对奥匈帝国外交大臣阿格诺尔·冯·戈鲁乔夫斯基说："事实上，从'米尔茨施泰格计划'公布以来，七个月已经过去了。到目前为止，除了为建立马其顿宪兵队扫除障碍以外，没有任何进展。"②虽然"米尔茨施泰格计划"最终得以实施，却无法确保马其顿管理得以改善。在各国军官领导下，马其顿宪兵队的确有助于维持其管辖区域的社会秩序。然而，列强已经意识到，如果不对马其顿的财政进行外部控制，土耳其帝国的统治现状就不会有任何改变。

1905年5月8日，在列强指示之下，六国大使向土耳其帝国递交了一份联合照会，要求任命四名财政代表。财政代表分别由法国、德意志第二帝国、英国与意大利王国提名，与土耳其帝国监察长及根据"米尔茨施泰格计划"任命的俄罗斯帝国民政官与奥匈帝国民政官共同行动。1905年10月，列强亲自插手此事，将任命的财政代表派到了斯屈普。四国财政代表按照命令各司其职。此次，面对列强的主动插手，土耳其帝国不得不表明态度。1905年10月20日，土耳其帝国拒绝了设置财政代表的要求。

六国大使联合行动，迈出了前所未有的一步。他们要求"集体觐见"土耳其帝国苏丹阿卜杜勒·哈米德二世。一旦这一提议遭到拒绝，六国将按照俄罗

---

① 《英国政府公文汇编》第5卷第72页。——原注
② 《英国政府公文汇编》第5卷第75页，1904年5月15日弗朗西斯·理查德·普伦基纳爵士写给兰斯多恩侯爵亨利·佩蒂−菲茨莫里斯侯爵的信。——原注

斯帝国与奥匈帝国的建议，动用海军进行示威。然而，土耳其帝国拒绝了六国"集体觐见"的要求。于是，六国开始着手进行海军示威行动。1905年10月24日，英国外交大臣兰斯多恩侯爵亨利·佩蒂-菲茨莫里斯提议，应当由一国高级海军军官指挥国际舰队占领米特利尼。如有必要，进一步占领利姆诺斯岛。除了德意志第二帝国，其他各国大使均表示同意英国提议。德意志第二帝国大使以"德意志第二帝国在地中海没有可派遣的军舰"为由[1]，拒绝向国际舰队提供军舰。1905年11月27日，在一位奥匈帝国海军上将的指挥下，国际舰队占领了米特利尼的海关办公室和电报局。1905年12月5日，土耳其帝国最终表示同意六国要求。"随后，双方就相关细节进行了讨论。"1906年1月2日，土耳其帝国正式通过了马其顿财政改革方案。

一段时间内，费代莱·德·乔治斯将军指挥的国际宪兵队与俄罗斯帝国民政官、奥匈帝国民政官及四国财政代表在一定程度上改善了马其顿的悲惨状况。1907年年底，马其顿的情况再次恶化。然而，1908年，青年土耳其党革命在巴尔干半岛掀起狂潮，引发了新的震动。

基于上述事实，人们难免会愤愤不平，认为欧洲协调1890年至1908年为巴尔干半岛问题而付出的努力付之东流的原因与德意志第二帝国不愿参与协调有关。虽然奥匈帝国、意大利王国、法国、英国、俄罗斯帝国共同参与了协调行动，但意大利王国与奥匈帝国必然会受到三国同盟主要成员德意志第二帝国的态度影响。土耳其帝国苏丹阿卜杜勒·哈米德二世曾对德意志第二帝国驻君士坦丁堡大使说，只要三国同盟存在，就不必担心巴尔干半岛的和平问题（这意味着土耳其帝国在巴尔干的统治依然稳固）[2]。德意志第二帝国并非不讲人道，只是拒绝承认欧洲利益休戚与共。它始终执迷不悟，想要维护土耳其帝国领土完整这一符合自己利益的权宜之计。除此之外，它一直坚信，俄罗斯帝

---

[1] 《英国政府公文汇编》第5卷第92页及第94页。——原注
[2] 《欧洲内阁的重大政治》第9卷第12页，1890年4月22日小约瑟夫·玛利亚·冯·拉多维茨写给霍恩洛厄侯爵克洛德维希·卡尔·维克托的信。——原注

国与奥匈帝国在巴尔干半岛的利益根本无法调和。事实上，1890年，英国首相索尔兹伯里侯爵罗伯特·盖斯科因-塞西尔曾对德意志第二帝国驻伦敦大使乔治·赫伯特·蒙斯特一针见血地指出："维也纳是俄罗斯帝国通往君士坦丁堡的必经之路。"德意志第二帝国首相列奥·冯·卡普里维表示同意这一观点[①]。十年后，或者更加准确地说，十二年后，英国意识到俄罗斯帝国与奥匈帝国完全可以进行合作。于是，英国与它们共同参与了解决马其顿问题的国际协调行动。然而，德意志第二帝国没有毫无顾虑地参与此次国际协调，而是始终认为，俄罗斯帝国的野心注定了其与奥匈帝国将势不两立。

---

① 《欧洲内阁的重大政治》第9卷第27页与第28页（1890年5月8日与5月11日）。——原注

第 14 章

第一次海牙国际会议

精彩看点

《日内瓦公约》——《圣彼得堡宣言》——《布鲁塞尔公约》——"穆拉维约夫照会"——德皇威廉二世的批注——德意志第二帝国反对削减军备——海牙国际会议召开——海牙国际会议的三个委员会——海牙会议在裁军问题上遭遇失败——设立国际常设法院与强制仲裁法庭的要求落空——《和平解决国际争端公约》

从国际层面来看，政治家担负着人道主义的精神使命；从国家层面来看，政治家需要服从民族利益。为了完成国际使命、捍卫民族利益，各国政治家必须团结起来患难与共。

国际行动的正义目标是倡导人道主义精神。个别国家采取单独行动所产生的效力绝对不可能与国际行动相提并论。1864年《日内瓦公约》可谓国际行动的典范。在瑞士绅士让·亨利·杜南的倡议与努力下，各国在日内瓦成功召

1864年《日内瓦公约》签订现场

让·亨利·杜南

开了会议。让·亨利·杜南自费出版的《回忆索尔费里诺战役》[①]曾经轰动一时,唤醒了欧洲人对战争惨状的关注。正是在让·亨利·杜南推动下,民间组织国际红十字会成立了。日内瓦会议是一场官方会议,与会代表来自瑞士联邦、巴登、比利时王国、丹麦王国、西班牙王国、法国、黑森大公国、意大利王国、荷兰王国、葡萄牙王国、普鲁士王国与符腾堡王国。其他世界重要文明国家也纷纷加入日内瓦会议起草与签订的公约。《日内瓦公约》是一份关于战时伤病

[①] 《回忆索尔费里诺战役》是红十字会创办人让·亨利·杜南的著作。作为索尔费里诺战役的亲历者,让·亨利·杜南在书中记录了战争的血腥与残酷,希望更多的人了解战争并停止战争,多多参与关爱伤兵行动。——译者注

员待遇的特殊公约[①]。1869年，欧洲列强与其他国家共同签署了《圣彼得堡宣言》，宣布削弱敌国军事力量是唯一合法的战争目的。此外，签约国一致同意，军事行动中不得使用爆炸性步枪子弹[②]。1874年。在沙皇亚历山大二世倡议之下，欧洲列强在布鲁塞尔召开会议。此次会议产生了《布鲁塞尔公约》。它虽然最终未能生效，却对当时的舆论产生了巨大影响。《布鲁塞尔公约》的内容涉及军事当局占领敌国领土的规则、参战人员与非参战人员的区别及关于攻城战、间谍和战犯诸多方面的问题[③]。然而，在此之后，关于和平与战争的国际法并未得到更多关注。直到1898年，沙皇尼古拉二世提出一个具有划时代意义的计划，情况才有所改变。

沙皇尼古拉二世

---

① E.A.韦塔克所著《国际文件》（1908年版）第3页。——原注
② E.A.韦塔克所著《国际文件》（1908年版）第10页。——原注
③ E.A.韦塔克所著《国际文件》（1908年版）第52页。——原注

1898年8月24日，在一份照会中，俄罗斯帝国外交大臣米哈伊尔·尼古拉耶维奇·穆拉维约夫向各国驻圣彼得堡外交代表提出了沙皇尼古拉二世的建议。在沙皇尼古拉二世举行的每周招待例会上，米哈伊尔·尼古拉耶维奇·穆拉维约夫亲手将照会递交到各国外交代表手中，充分体现了该提议的非凡意义。当照会递交到英国代表C.斯科特爵士手中时，米哈伊尔·尼古拉耶维奇·穆拉维约夫态度诚恳地表明，这份照会由尼古拉二世口述，他本人亲笔起草。"俄罗斯帝国并非强烈呼吁全面裁军，沙皇陛下也并非寻求立即实现内心深处的目标，而是希望进行努力，逐步取得成效。"显而易见，沙皇尼古拉二世着眼于现实。他十分谨慎，不想落入"高谈阔论"之嫌。米哈伊尔·尼古拉耶维奇·穆拉维约夫还强调："沙皇陛下拥有最强大的军事力量，若想增强军事实力完全不受宪法与议会限制，提出该照会完全发自肺腑。"后来，有人指出，之所以会有

米哈伊尔·尼古拉耶维奇·穆拉维约夫

谢尔盖·尤利耶维奇·维特

这个照会，一定程度上是因为俄罗斯帝国财政大臣谢尔盖·尤利耶维奇·维特对军事预算的日益增长十分担忧。还有人认为，米哈伊尔·尼古拉耶维奇·穆拉维约夫贪慕虚荣，希望借此机会成为外交界"万众瞩目"的人物。无论如何，毋庸置疑的是沙皇尼古拉二世的照会完全出自真心实意。

"穆拉维约夫照会"又称"沙皇诏书"。从一开始它就指出，"维护和平并尽量减少各国不堪重负的过度军备"代表了当时世界各国的心声。俄罗斯帝国认为，可以通过国际讨论来寻求实现相关目标的手段，并且当下即为有利时机。"穆拉维约夫照会"一针见血地指出，在过去二十年，人们特别渴望和平。各国已经把和平作为国际政策目标。为了和平，大国之间强强联合，已经将军事力量发展到前所未有的程度。"然而，所有这些努力并未带来大家期待的有利于和平的结果。"[1]

---

[1] 《议会文件（1899年1月）》。——原注

基于上述事实，人们不难看出，虽然二十年来欧洲并未爆发大规模战争，但沙皇尼古拉二世已经敏锐地洞察到"武装和平"的隐患。接着在第二年，即1899年，南非爆发了英布战争。这场战争一直持续到1902年才结束。两年后，即1904年，远东爆发了日俄战争。几年之后，黎凡特即地中海东岸，爆发了意土战争。随后，巴尔干战争爆发。1914年，世界大战接踵而至。沙皇尼古拉二世倡导和平运动绝非偶然。表面看来，这一切与尼古拉二世的个人情怀、米哈伊尔·尼古拉耶维奇·穆拉维约夫的政治野心及谢尔盖·尤利耶维奇·维特敏锐的政治嗅觉息息相关，实际上其背后有着更深刻的原因。主要源自人类内心深处难以名状却又真实存在的一种恐惧心理，人们担心恐怖的时代在猝不及防的情况下降临。敏锐的观察家与政治家已经感知到制造灾难的力量正在蠢蠢欲动。他们本能地把思考重心转向了防御手段。当世界灾难迫在眉睫时，文明世界便会陷入惶惶不安。此时，惶恐不安的人们一定会努力采取防御措施。

1898年8月24日，当米哈伊尔·尼古拉耶维奇·穆拉维约夫将照会亲手递交至德意志第二帝国驻圣彼得堡大使雨果·德·拉多林手中时，他特意强调，沙皇尼古拉二世的和平计划，尤其是削减军备计划将遏制社会主义运动，因为社会主义者正是以军备负担过重为由煽动人民叛乱。米哈伊尔·尼古拉耶维奇·穆拉维约夫说，不是要进行裁军（尤其是德意志第二帝国最不可能裁军），而是尽可能削减军备，"将战争的威胁降至最低"。他还补充说，这仅仅是一个初步设想。虽然雨果·德·拉多林如实汇报了米哈伊尔·尼古拉耶维奇·穆拉维约夫的这番言论①，却并未引起德意志第二帝国政治家的共鸣。年迈的德意志第二帝国首相霍恩洛厄侯爵克洛德维希·卡尔·维克托不仅心地善良，而且崇尚和平。然而，在裁军问题上，他似乎完全受制于德意志第二帝国战争部与外交部。其实，雨果·德·拉多林不看好俄罗斯帝国提议。他虽然准确无误地汇报了沙皇尼古拉二世与米哈伊尔·尼古拉耶维奇·穆拉维约夫的提议，却认为

---

① 《欧洲内阁的重大政治》第15卷第142页。——原注

整件事不过是为了满足俄罗斯帝国财政部削减开支与俄罗斯帝国外交大臣利己主义的需要[1]。他指出:"在圣彼得堡举办一场盛大会议,实则满足了俄罗斯帝国外交大臣米哈伊尔·尼古拉耶维奇·穆拉维约夫的个人虚荣心。"

对沙皇尼古拉二世的提议,各国态度十分谨慎,但"几乎所有欧洲大国"都表示赞同[2]。然而,根据最近公开的一份加急电报,德意志第二帝国外交大臣伯恩哈德·冯·比洛向德意志第二帝国驻伦敦大使保罗·哈兹菲尔德指出,沙皇尼古拉二世的计划仅仅是削减军备的计划。因为俄罗斯帝国与英国遭

保罗·哈兹菲尔德

---

[1] 《欧洲内阁的重大政治》第15卷第145页。——原注
[2] 《英国议会文件汇编(1899年)》第9534号,1898年12月30日米哈伊尔·尼古拉耶维奇·穆拉维约夫的照会。——原注

受来自陆地方面攻击的可能性很小,所以削减军备的计划实际上受俄罗斯帝国与法国驱动,它们想在欧洲结成利益集团,"为战争做准备"①。因此,保罗·哈兹菲尔德接到指示,在与英国就沙皇尼古拉二世提议交换意见时,一定要牢记上述事实。德皇威廉二世完全赞同德意志第二帝国外交部的观点。因此,在"减轻所有国家过度军备的负担"这句话旁边,他批注道:"乌托邦!"②由此可见,参加削减军备计划的根本不可能是所有欧洲国家。

据说,法国派出了一个实力强大、富有同情心的代表团前去参会,但实际上并不希望会议圆满成功。1899年4月21日,法国外交部长泰奥菲勒·德尔卡塞曾对德意志第二帝国驻巴黎大使乔治·赫伯特·蒙斯特说:"对于此次会议,我们两国看法完全一致。你们不想在此时限制军事防御力量,也不想提议裁军;我们也是同样立场。"此外,泰奥菲勒·德尔卡塞反对强制仲裁原则。不过,为了避免在会议上过于尴尬,法国将在仲裁方面做出让步。"然而,无论如何,这一切绝不能限制大国的完全独立。"③

考虑到政治因素,俄罗斯帝国认为此次会议不宜在大国首都举行。在获得各国的首肯后,俄罗斯帝国向荷兰王国提出请求,将海牙作为会议的举办地。荷兰王国欣然表示同意。

德皇威廉二世给沙皇尼古拉二世写了一封信(按照惯例,信的内容用英语写成)。他说:"我们不妨放眼未来——手握千军万马的一国之君,解散拥有百年历史的神圣军队,把辉煌的荣耀存在军械库与博物馆的墙面上,将城镇交给无政府主义者与民主主义者。当然,这只是一时之举。最重要的是,你胸怀大爱,才会这样提议。真可谓本世纪最引人瞩目的特立独行之举!"④

实际上,德意志第二帝国反对削减军备更多出于"现实"原因,并非源于

---

① 《欧洲内阁的重大政治》第15卷第146页德语原文是Ah Vorbereitung fur den Krieg(为战争做准备)。——原注
② 《欧洲内阁的重大政治》第15卷第145页。——原注
③ 《欧洲内阁的重大政治》第15卷第186页。——原注
④ 《欧洲内阁的重大政治》第15卷第152页,1898年8月29日相关内容。——原注

军国主义传统的历史影响。德意志第二帝国外交部向参加海牙和平会议的代表发出的指令恰好证明了这一点。

1899年5月9日（海牙国际会议召开的九天前），德意志第二帝国外交部政治司司长弗里德里希·冯·荷尔斯泰因写了一份备忘录，提议和平会议设立强制性国际仲裁法庭。不过，人们一致认为，大国利益太复杂，不可能组成一个公正的法庭。"以无利害关系的小国家为主体，以小问题作为仲裁活动对象，比较合理。然而，对大国与大问题来说，若用同样手段处理，则令人匪夷所思。因为国家越大，越倾向于关注自身利益，而不愿以实现更高的外部目标为目的。大国往往视保护自身利益为最高目标。尤其是强国，并不一定要去维护和平，而是要合理构建更强大的集团来消灭敌人与竞争对手。"①

基于上述民族利己主义理论，德意志第二帝国指示与会代表，不要在强制仲裁问题上发表任何意见。关于削减军备问题，德意志第二帝国外交大臣伯恩哈德·冯·比洛写信给参加海牙国际会议的首席代表乔治·赫伯特·蒙斯特说："无须多言，我们绝不会在任何问题上作茧自缚。"②关于国际仲裁法庭的问题，德意志第二帝国伯恩哈德·冯·比洛外交大臣说，这样的最高法院（该词多次出现在德意志第二帝国文件中）或许能解决阿尔萨斯-洛林问题与丹麦王国在北石勒苏益格的主权问题。随后，他一字不差地重申了弗里德里希·冯·荷尔斯泰因分析国家特点的那番话③。

米哈伊尔·尼古拉耶维奇·穆拉维约夫提出的会议计划消除了人们的顾虑。因为人们担心某些政治问题——例如，阿尔萨斯-洛林问题与埃及问题——可能会被列入会议范围。对此，英国人感到心满意足，但德意志人闷闷不乐。海牙国际会议计划明确列出了八个考虑事项，主要涉及削减海陆军备与通过外交手段防止军事冲突两个方面。与德意志第二帝国不同，英国未受到

---

① 《欧洲内阁的重大政治》第15卷第188页。——原注
② 《欧洲内阁的重大政治》第15卷第190页。——原注
③ 《欧洲内阁的重大政治》第15卷第190页至第191页。——原注

"国家特点"理论与国家至上主义的影响,对八项提议也并未表示出有任何偏见。"女王陛下的政府认为最好不要发表任何明确意见,除了重申真心希望——根据调解与仲裁原则,利用一切可行手段阻止战争。"[1]事实上,就在一年前,即1897年,英国不仅与美国共同协商了一般仲裁条约[2],而且同意将英国与委内瑞拉共和国的边界纷争通过仲裁解决。尽管英国表现得十分谨慎,但这一切充分表明了英国对仲裁的兴趣与热情。

1899年5月18日,海牙国际会议召开,共有二十六个国家派出代表参会。会议地址选在被称作"森林之屋"的豪斯登堡。这是一座建于17世纪的宫殿,

豪斯登堡

---

[1] 《英国议会文件汇编》1899年第7534号文件第9页。——原注
[2] 1897年《奥尔尼-庞斯福特条约》。该条约未能得到美国参议院批准、通过。——原注

参加海牙国际会议的各国代表

索尔姆斯–布劳恩费尔斯的阿玛莉亚①曾在这里居住。英国参加海牙国际会议的全权代表是驻华盛顿大使朱利安·庞斯福特与驻海牙公使亨利·霍华德。德意志第二帝国派出了现任驻巴黎大使乔治·赫伯特·蒙斯特前去参会。乔治·赫伯特·蒙斯特曾担任过驻伦敦大使。他刚直不阿，脾气暴躁。德意志第二帝国另外一名代表是著名的慕尼黑大学法学教授卡尔·冯·施坦格尔。这两位杰出代表均由德意志第二帝国政府任命，却因受到条条框框的严格约束而无法施展个人魅力。奥匈帝国派出两位外交官担任全权代表。法国派出了前总理莱昂·布儒瓦。莱昂·布儒瓦是知名的仲裁与调解倡导者，后来成为国际联盟的创始人。另外两位法国代表是职业外交官。其中一位是保罗·亨利·巴鲁特·德埃斯图尔·德·康斯坦特。他与莱昂·布儒瓦一样，以调和的国际观著称于世。意大利王国派出的代表是驻维也纳大使科斯坦蒂诺·尼格拉。他曾是

---

① 索尔姆斯–布劳恩费尔斯的阿玛莉亚是尼德兰奥兰治亲王约翰·威廉·弗里索（1687—1711）的外曾祖母。——译者注

意大利民族统一运动的英雄人物,是加富尔伯爵卡米洛·奔索的左膀右臂。俄罗斯帝国派出的代表是驻伦敦大使德·斯塔尔。作为老派外交官中的佼佼者,德·斯塔尔是典型的理想主义者,不仅待人和蔼可亲,而且拥有高贵、儒雅的气质。另外一位俄罗斯帝国代表是圣彼得堡大学法学教授费奥多·费奥多洛维奇·马顿斯。他还是俄罗斯帝国外交部官员,曾编辑过大量国家条约,是调解法庭的知名人物与国际法学界的名人。与会的美国代表是驻柏林大使安德鲁·D.怀特。他既是知名大学教授,又兼任着康奈尔大学校长。此外,美国代表还有哥伦比亚大学校长赛斯·洛、外交官斯坦福·纽埃尔、《海权对历史的影响》的作者阿尔弗雷德·塞耶·马汉及炮兵指挥官威廉·克罗泽。与会的日本帝国代表是驻圣彼得堡大使、著名外交家林董男爵。在小国代表中,比利时王国代表爱德华·尤金·德康最著名。他曾写过一篇关于仲裁的论文,对这次会议帮助极大。

  此次海牙国际会议本应在美好的憧憬中开始,实际上却在浓重的悲观情绪中拉开帷幕。一开始,大概新闻媒体从各国政府得到了些许风声,所以对沙皇尼古拉二世的提议很关注,但缺乏热度。德意志第二帝国不情愿、近乎抵制的态度在欧洲已经人尽皆知。德意志第二帝国历史学家坚信,其他大国虽然也不情愿削减军备,却未公开表态。只有直言不讳的德意志第二帝国代表拒绝了理想主义者的计划,从而遭受各方责难。法国代表团接到的政府指示并未公布。不过,赫赫有名的法国首席代表莱昂·布儒瓦似乎曾经暗示过,法国代表团接到的指示与他一直倡导的和平计划不相悖。在进入外交部工作前,英国首席全权代表朱利安·庞斯福特曾是一名职业律师。他一直坚定不移地支持仲裁与调解,并投身于和平事业。对朱利安·庞斯福特来说,美国参议院否决了1897年的《奥尔尼-庞斯福特条约》可谓他人生中最沉重的打击。这次,他前来参加海牙国际会议,再次担负起同样的使命,却有着更加深远的目标。他是为了让世界各国达成仲裁条约而来。在上文,我们已经引述过英国外交部向朱利安·庞斯福特所下指示,此处不再赘述。俄罗斯帝国作为此次会议的发起者,

安德鲁·D. 怀特

赛斯·洛

阿尔弗雷德·塞耶·马汉

威廉·克罗泽

不可能反对自己的计划。美国代表团接到的指示已经广为人知，美国支持裁军与仲裁。对于美国代表团的观点，多数小国表示支持。各国公认，甚至连德意志第二帝国国内的舆论也认为，德意志第二帝国代表团是军国主义与反仲裁的拥护者[①]。此次海牙国际会议的重大意义在于推进了防止与减缓战争的国际行动。

荷兰王国外交大臣威廉·德·博福特宣布海牙会议开幕，并发表了简短的致辞。在致辞中，他指出，沙皇尼古拉二世的倡议旨在实现神圣同盟的创始人沙皇亚历山大一世的崇高目标。他还提醒人们，不要忘记1648年首次欧洲主要国家参加的威斯特伐利亚会议上签订的《威斯特伐利亚和约》。

"尊贵的荷兰女王威廉明娜与沙皇尼古拉二世拥有同样的博大情怀。威廉明娜女王将荷兰最美历史遗迹交付本次会议使用。此刻，诸位嘉宾所处的会议大厅由17世纪杰出艺术家倾尽心血打造而成，是荷兰奥兰治亲王腓特烈·亨

海牙国际会议会场上的各国代表

[①] 马克斯·蒙舍拉所著《同盟国情况》（1925年译本）第24页至第30页；埃里希·勃兰登堡所著《从奥托·冯·俾斯麦到世界大战》（1927年译本）第131页至第132页。——原注

利①遗孀索尔姆斯-布劳恩费尔斯的阿玛莉亚为纪念自己的丈夫而建造的。在令人惊叹不已的人物组图及寓言壁画中，有一组壁画与《威斯特伐利亚和约》相关，定会引起诸位嘉宾的注意。正是从这组壁画中，我们见证了和平降临人间并关闭雅努斯神殿②大门的时刻。这个美丽的寓言预示着诸位的辛劳终将获得累累硕果。待此次会议圆满成功时，诸位一定会说：这座大厅的和平艺术主题已经成功走向全世界，将和平的福音带给全人类。"

荷兰王国想尽一切办法，希望大会能够圆满成功。"森林之屋"不仅将漂亮的大厅供会议全程使用，而且有充足的隔间供委员会处理会议主要工作。会议期间，各国代表及工作人员每天都能享用到"丰盛的午餐"③。荷兰王国首席代表、前外交大臣约恩克海尔·冯·卡纳贝克在会议开幕后举行了盛大招待会。在谈及这次精彩的社交盛会时，美国首席代表安德鲁·D.怀特写道："或许从世界诞生以来，从未有过如此庞大的团体汇聚一堂，但每个人的内心深处充斥着令人绝望的怀疑。"这些老一辈的职业外交官在辉煌的职业生涯接近尾声时，哀叹他们最后会带着一项注定失败的使命谢幕④。英国代表朱利安·庞斯福特在写给首相索尔兹伯里侯爵罗伯特·加斯科因-塞西尔的信中说："其实，早在会议代表一起工作的两周前，会议精神就发生了显著变化。人们发现，只要心怀善意，便有可能就俄罗斯帝国外交大臣米哈伊尔·尼古拉耶维奇·穆拉维约夫提出的某些问题达成共识。"事实证明，解决棘手问题的关键在于会议方法。

开幕式结束后，海牙国际会议成立了三个委员会，分别处理限制军备问题、战争与战争惯例问题及仲裁问题。

---

① 腓特烈·亨利（1584—1647），奥兰治亲王"沉默者"威廉之子，尼德兰政治家与军事统帅。——译者注
② 雅努斯是古罗马的战争与和平之神。战争时期，他的神殿大门敞开，表示他外出帮助罗马人作战；和平时期，他的神殿大门紧闭，表示他在殿内保佑人民平安。——译者注
③ 安德鲁·D.怀特所著《安德鲁·D.怀特自传》第2章第257页。——原注
④ 安德鲁·D.怀特所著《安德鲁·D.怀特自传》第2章第256页；罗伯特·巴尔曼·莫厄特所著《朱利安·庞斯福特传》（1929年版）第231页至第232页与第237页。——原注

会议第一委员会未能取得任何成果。在第五次会议上，当俄罗斯帝国代表提议"稳定"当前武装力量规模时，只有德意志第二帝国技术代表格罗斯·冯·施瓦兹霍夫上校站出来发表了一番讲话，从实质上有效解决了这一问题。然而，其他大国的技术代表对这一问题并未表现出巨大的热情。格罗斯·冯·施瓦兹霍夫上校咄咄逼人地否定了吉林斯基上校的财政理论。他说："德意志人既没有不堪忍受的财政负担，也没有走向财政崩溃的深渊，更没有面临资源耗尽、生活被毁的境地。恰恰相反，我国的国家财富与私人财富正在不断增加，全国上下一片欣欣向荣，人民生活水平（此处，他用了英文短语 standard of life）逐年提高。关于义务兵役制度，德意志人非但不认为这是一种沉重负担，反倒将其视作与个人生存、繁荣及未来息息相关的神圣职责与爱国精神。"①他还补充说，德意志第二帝国现行的国内法规定连续五年逐步增加军事力量，所以德意志第二帝国无法接受俄罗斯帝国提议。在第一委员会中，许多人对无法落实俄罗斯帝国限制军备的提议表示遗憾。不过，第一委员会"感到欣慰的是，最终会议通过了一项决议。它记录了委员会意见，即列强将进一步审核削减军备问题，以证明这是一项有益于全人类的工作"②。此后，除了一次（最多两次）为实现限制军备而举行的会议，每次会议都有失败的记录。限制军备问题是国际事务中最棘手的问题。

相比较而言，处理战争法与战争惯例的第二委员会更加成功。英国军事技术代表约翰·阿德爵士在提交英国审议的私人备忘录中提出力证，降低武器的破坏性不会减轻战争强度，只会让战争拖延更久。或许正因为各国技术代表十分赞同这一观点，第二委员会最终为平民政府与平民代表争取到一定成果。1899年6月29日，会议签署了《战争法与战争惯例公约》。它规定：战争法律、权利与义务不仅适用于军队，也适用于民兵与志愿军。在敌人接近时，当地人

---

① 《英国议会文件汇编（1899年）》第9534号文件第112页至第114页议事录；《海牙和平会议记录》第308页，卡内基国际和平基金会，1923年。——原注
② 《英国议会文件汇编》第111页第9534号文件，1899年。——原注

民若自发拿起武器抵抗入侵，将被视为交战团体。对待战俘必须讲究人道主义。除了武器、战马与军事文件，战俘的个人物品依然属于个人财产。国家可以利用战俘从事劳动，但劳动不能过于繁重，也不能与军事行动有关。政府一旦接管了战俘，就一定要保证其生命安全。信、汇票、贵重物品及战俘收发的邮包应当免去来往邮税。战俘收到的礼物与救济物资应免去一切入境税、其他杂税与政府铁路运输费（第一条至第二十一条）。

交战双方对伤病员的应尽义务严格受1864年《日内瓦公约》（第二十一条）管辖。

关于交战方采取伤害敌人手段的权利并非毫无限制。尤其禁止交战方使用毒药或有毒武器；禁止伤害或处死已经缴械投降的敌人；禁止进攻或轰炸没有防御的城镇、村庄、住宅或建筑物；禁止抢劫城镇或某地，即使遭受袭击也不能实施抢劫（第二十二条至第二十八条）。缔约各方同意不使用有扩散窒息性或有害气体的投射弹（附属声明）。

军事医疗船必须受到尊重。即使在敌对状态持续期间，也不得俘获医疗船。政府承诺不将医疗船用于任何军事目的（《海事公约》）。

此次海牙会议在裁军问题上遭遇严重的失败。不过，在改善战争法律与惯例方面，会议取得了成功。在第一次世界大战期间，海牙国际会议关于战争法律与惯例的一部分规定遭到了无视，但另一部分规定得到了尊重。事实证明，关于战俘待遇的规定总的来说适合现代战争，没有超越交战国认可的人道主义标准。

然而，海牙国际会议的重大目标并非缓解战争而是防止战争。如果无法实现限制军备，仅存的希望就是设计仲裁与调解手段。此前，人们一直在使用仲裁手段，但仲裁行为全部出于自愿，是偶尔的。任何国家都没有义务将争端提交仲裁。如果同意将争端提交仲裁，仲裁手段必须通过特别谈判、仲裁协议或条约来执行。此外，虽有仲裁先例，但并无公认的体系规则。1899年5月20日，海牙国际会议主席德·斯塔尔在全体会议上曾说："外交不再是个人才智发挥独特作用的一门艺术。它正在逐渐发展成为一门科学，所以必须制定解决国际冲突的固定规则。这是当今外交应有的理想与目标……因此，我们将以一种非常特殊的方式把仲裁、调解及斡旋实践变为法典。"

俄罗斯帝国代表团与美国代表团向海牙会议提交了国际常设法院与强制仲裁法庭项目的草案。尽管德意志第二帝国对其与会代表的指示当时并未公开，但各国已经认定德意志第二帝国决不会加入国际常设法院与强制仲裁法庭。1899年5月14日，在离开圣彼得堡前往海牙参会途中，俄罗斯帝国首席代表德·斯塔尔曾在柏林短暂停留，与老朋友德意志第二帝国外交大臣伯恩哈德·冯·比洛共进晚餐。伯恩哈德·冯·比洛在此次会晤的备忘录中写道，埃里胡·伯里特认为，七十六岁的德·斯塔尔已经在外交界驰骋五十多年，人们并不看好他前去参与讨论和平问题。伯恩哈德·冯·比洛想让德·斯塔尔明白，俄罗斯帝国要把政治争端提交强制仲裁法庭的想法十分愚蠢。然而，德·斯塔尔指出，根据规章，拟议法院在涉及国家荣誉或重大利益的案件中不是强制性的。因此，波兰人的独立愿望无法提交强制仲裁法庭。从严格意义上来说，只有争端才能提交仲裁[①]。对此，伯恩哈德·冯·比洛并不认同。在强制仲裁方面，德意志第二帝国坚决表示"无能为力"。甚至对自愿或偶发仲裁计划，它也十分抵制。德意志第二帝国害怕失去快速动员的优势，所以不愿诉诸仲裁[②]。1899年5月26日，在仲裁委员会举行的辩论中，德意志第二帝国反对强制仲裁的观点得到了法国、奥匈帝国与美国代表支持，却遭到了英国、意大利王国及一些小国的反对[③]。

当设立国际强制仲裁法庭的要求落空后，英国首席全权代表朱利安·庞斯福提出了常设法院计划。海牙国际会议集中讨论了该议题。朱利安·庞斯福

---

① 《欧洲内阁的重大政治》第15卷第193页至第195页，埃里胡·伯里特（1810—1879）是1848年布鲁塞尔"和平之友会议"的创始人。——原注
② 《欧洲内阁的重大政治》第15卷第234页，乔治·赫伯特·蒙斯特写给霍恩洛厄侯爵克洛德维希·卡尔·维克托的信。——原注
③ 《欧洲内阁的重大政治》第15卷第239页至第240页，佐恩教授的报告。——原注

指出:"如果需要推进一步,我认为绝对有必要组建常设法院。一旦起纷争的国家有诉求时,就能够诉诸常设法院。"此前,俄罗斯帝国代表与美国代表放弃了国际常设法院与强制仲裁法庭计划,现在欣然接受了朱利安·庞斯福计划。该计划又叫《英-俄-美议案》①。朱利安·庞斯福特通过英国驻维也纳大使发出呼吁,恳请奥匈帝国外交大臣阿格诺尔·冯·戈鲁乔夫斯基不要受德意志第二帝国影响,从而反对设立常设法院计划。阿格诺尔·冯·戈鲁乔夫斯基收到消息后,十分友善地宣称,德意志第二帝国已经"向他传达了立场",但"他在这件事上没有与德意志第二帝国采取一致行动"②。德意志第二帝国代表感觉受到了孤立。与此同时,乔治·赫伯特·蒙斯特称:"事实上,其他国家代表特别热衷于仲裁法院计划。"为了赢得德意志第二帝国支持,各国代表做出了各种让步。功夫不负有心人,德意志第二帝国最终表示赞同。1899年7月29日,海牙国际会议通过了《和平解决国际争端公约》。

《和平解决国际争端公约》第一条规定,签约国同意"尽最大努力确保和平解决国际争端"。第二条规定:"在诉诸武力之前,签约国同意在情况允许的条件下,由一个或多个友好国家斡旋或调解。"(德意志第二帝国代表在会议上据理力争情况允许的保留条款。)除此之外,第三条规定:"签约国建议,在情况允许的条件下,与争端无关的一国或多国应当主动向争端国家提供斡旋或调解。……冲突双方绝不能将其他国家行使这项权利视为不友好行为。"

在既不涉及国家荣誉也不涉及重大利益的国际争端中,针对实际问题引发的分歧,《和平解决国际争端公约》第九条指出,如果无法通过外交手段达成协议,大国应当成立国际调查委员会。不过,国际调查委员会提供的报告仅限于陈述事实,不具有仲裁裁决的性质。

---

① 《欧洲内阁的重大政治》第15卷第262页《英-俄-美议案》,参见1899年6月6日海牙国际会议罗马尼亚王国首席代表贝尔迪曼写给德意志第二帝国外交大臣伯恩哈德·冯·比洛的信。——原注
② 《英国政府公文汇编》第1卷第228页至第229页。——原注

为了方便仲裁，设立常设法院以便各方随时申诉。常设法院根据《和平解决国际争端公约》第二十条规定的程序规则进行运作。第二十二条规定，设在海牙的国际局是常设法院的书记处，也是与法院会议相关的沟通渠道。

一旦签约国希望诉诸常设法院解决分歧时，组成仲裁法庭的仲裁员必须从法院成员的总名单中选出。每一个签署国推荐四名仲裁员，每届任期六年。仲裁员必须在国际法方面具有很强的专业能力与极高的道德声望，并且愿意承担相关工作责任（第二十二条和第二十四条）。各签约国派驻海牙的外交代表与荷兰王国外交大臣（将担任主席）组成常设行政委员会。该委员会不仅要负责确定程序规则，还要解决工作人员的任免及薪资问题（第二十八条）。

出庭双方不仅支付各自费用，还要支付等额的法庭费用。海牙国际局常设工作人员的开支由签约国按照万国邮政联盟国际局规定的比例共同承担。

仲裁法庭服务得到有效利用，仲裁法庭才能圆满履行相应职责。然而，因为争议双方没有义务必须将争议提交给仲裁法庭，所以仲裁法庭的实际效力便会受到影响。事实上，如果争议双方只有一方提出诉诸仲裁法庭，另一方完全可以表示拒绝。1914年7月，由"萨拉热窝事件"引发的奥匈帝国与塞尔维亚王国之间的危机最终引发世界大战，就是因为只有塞尔维亚王国提出将争端提交仲裁法庭，而该提议遭到奥匈帝国的拒绝。

第 15 章

中国问题的协调

精彩看点

《南京条约》——《虎门条约》——"租界"或"外民居住地"——《天津条约》——慈禧太后坚决抵制外国——《马关条约》——"干涉还辽"事件——《胶澳租界条约》——义和团运动——八国联军——《辛丑条约》

虽然中国幅员辽阔，拥有四亿人口，但中央政府软弱无能。中国本身拥有巨大的商业发展潜力。然而，直到1840年，除了广州，中国其他地方禁止对外贸易。显而易见，当时的中国不仅落后，而且缺乏有效管理，很容易受制于欧洲国家。19世纪晚期，欧洲列强争先恐后地瓜分中国，埋下了世界大战的隐患。总而言之，虽然欧洲大国之间也存在着矛盾，但欧洲协调一直维护着它们之间的和平。

根据国际法，中国作为主权国家，完全有权拒绝开放对外贸易（例如，今天的苏联与格陵兰岛也没有对外开放贸易）。然而，这种排外行为与当时西方国家的习惯做法格格不入。1840年，中英战争爆后，中国首次迈出对外开放的重要一步。1842年8月29日，随着中国与英国签订《南京条约》，战争宣告结束。香港被割让给英国，五个港口城市——广州、厦门、福州、宁波、上海被迫宣布向英国开放贸易。

《南京条约》签订后，1843年10月8日，英国公使璞鼎查爵士与中国钦差大臣耆英经过协商签订了《虎门条约》。《虎门条约》规定，百分之五的总关税为英国货物进入条约指定港口的从价税；英国公民的诉讼案件必须由英国领事处理；开辟通商口岸专供英国商人使用。英国人在通商口岸占地造屋，后来形成了"租界"与"外民居住地"①。位于租界内的房屋与土地的租金由当地清政府官员与英国领事"根据当地市场交易利率计算,双方均不可滥征苛捐杂税"。租界不归当地政府管理,完全归外国人管理,但中国居民并未被明令禁止不得在租界内居住。

随后,多数与中国有贸易往来的国家纷纷与清政府谈判,并且签订了包含"最惠国"待遇条款的条约②。各国先后获得了《南京条约》与《虎门③条约》赋予英国人的同等特权。

1844年,应法国请求,清政府颁布了一项法令,允许罗马天主教传教士进入中国传教。欧洲新教强国指出该法令有失公允。为此,耆英(参加《南京条约》与《虎门条约》的谈判者)专门发布了一份公告,宣称自己之前没有未意识到西方国家宗教之间的差异。在传教方面,清政府今后将对西方不同教派一视同仁。

随着广州、上海、厦门、福州和宁波通商口岸的对外开放,中国与欧洲、北美之间的贸易迅速发展。当时,快速帆船依然占据着主导地位,蒸汽船刚刚开始使用。在外国租界与外民居住地,人们不仅填平了泥滩,修建了道路,还建造了临时居所。后来,实体建筑逐渐取代了临时居所,仓库、住宅、教堂与俱乐部拔地而起。外国人与中国人生活在一起,欧洲服饰与独特的中国民族服装出现在大街小巷。身穿制服的警察与充满智慧的中国人或印度人维护着租界或外民居住地的秩序。在宽阔的街道上,交通秩序井然;在各大码头,远洋货船川

---

① 租界是清政府直接租给外国领事的土地。退租应由外国领事提出。外国居民再从领事或其代理人处获取私人土地。殖民地是经清政府同意,外国人可以直接从土地所有者手中购买或租借的土地。在获得相应补偿后,现有中国土地所有者必须同意土地被征用为"租界"或"外民居住地"。——原注

② 1844年7月3日,清政府与美国签订条约;1844年10月24日,清政府与法国签订条约;1845年,比利时王国根据清政府颁布的法令获得最惠国待遇;1847年3月20日,瑞典与挪威联合王国通过签订条约获得特权。其他未能通过签订条约或清政府颁布的法令获得特权的国家与比利时王国享有同等特权。——原注

③ 虎门位于珠江东岸入海口。——原注

流不息。外国几家大公司获得了十分丰厚的商业利润。通商口岸开放之后,贸易摩擦一直存在了许多年。当然,外国人对此负有很大责任。

1856年,中国与英国之间的战争再次爆发。最终,1858年6月26日,清政府与英国签订了《天津条约》才结束了这场战争。根据《天津条约》,清政府被迫开放长江,增设汉口为通商口岸,规定外国人在汉口居住与贸易为合法行为,并且承认双方拥有永久性外交互惠权。

1860年至1900年,总体而言,中国与欧洲列强之间的关系相对缓和。不过,"西方传教士被杀事件"与"抵制洋人事件"时有发生,双方几度剑拔弩张。1861年,咸丰皇帝驾崩后,中国的幕后统治者是慈禧太后叶赫那拉氏。慈禧太后是个非同一般的人物。1835年,叶赫那拉氏出生在一个古老的贵族家庭。1852年,她被选入宫成为咸丰皇帝的妃子。四年后,即1856年,叶赫那拉氏诞下一子。在儿子成为皇位继承人后,叶赫那拉氏在皇宫中的地位也逐渐得到巩固

签订《天津条约》

与提高。咸丰皇帝驾崩后,叶赫那拉氏的儿子继承了皇位,叶赫那拉氏则成为皇太后。慈禧太后利用新皇帝年幼,将国家权力控制在自己手中。她大胆冲破当时中国社会对女性的世俗偏见,全面实施专制统治四十年之久。在外交方面,慈禧太后坚决抵制外国。

咸丰皇帝

慈禧太后

比起慈禧太后，李鸿章的对外政策更具有政治家风度，也更加开放。

1823年，李鸿章出生于一个贫穷的中国读书人家庭。他通过不断努力，最终得到了读书人梦寐以求的最高职位。

当时，中国读书人普遍认为，学而优则仕。但普通人要想出人头地，必须经历严格的科举考试层层选拔。最终，李鸿章在科举考试中脱颖而出。后来，他充分展示出卓越的行政管理才能,并且在1859年至1864年镇压太平天国运动中成为一名成功的军事指挥官。

在外交方面,李鸿章力主温和的外交政策。早在1867年,他曾在一篇文章中论述道:

李鸿章

与外国人打交道时，至关重要的一点是千万不要让外国人看不起我们。①

1860年前后，外国大使馆建立之初，北京出现了外国代表"协调"，类似于君士坦丁堡的欧洲协调。这些来自欧洲各国的外交代表及美国的外交代表与自己国家相隔万里，又生活在排外情绪特别强烈的环境中。他们孤立无援，交际范围有限，自然会抱团。北京的外交代表在享有特权的同时，还要保障外国居民与商人在中国享有的特殊地位。因此，他们肩负的责任格外重大。无论身处何方，至少在正式场合，同是外交官的各国代表认为自己从事的职业十分特殊，具有十分强烈的认同感。北京的生活与工作环境促使各国外交代表于无形中具有很强的团体意识。他们不仅关注各自国家的利益，而且保持行动一致的习惯②。

自从中国局部地区开始对外国商人开放，中国人便开始了解与学习西方国家的物质文明优势。不过，中国学习西方的过程进展十分缓慢。与此同时，日本同样受到西方国家的影响。1650年前后，日本开始禁止外国商人及传教士进入岛内。1853年，日本被迫重新对外开放。当时，美国海军准将马修·C.佩里率领舰队来到东京湾的浦和港，要求与幕府将军签订条约。1854年，幕府将军与美国签订了条约，被迫开放几处港口为通商口岸。此后，其他西方国家接踵而来，纷纷与日本签订条约并获取了同样的通商权。

1863年，日本实力强大的萨摩藩因"谋杀英国公民事件"而遭到英国舰炮轰炸。最终，萨摩藩决定放弃排外政策，接受西方文明。日本其他封建大名纷纷效仿萨摩藩。1868年，日本发生了一场重大变革。日本人称之为"明治维新"。14世纪中期以来，日本一直存在两大统治集团。日本天皇是名义上的最高统治者，但真正的统治者是征夷大将军，又称"幕府将军"。1868年，一场内战结束后，明治天皇在一些大藩的支持下，廓清了幕府将军的势力。明治维新之

---
① J.O.P.布兰德所著《李鸿章》（1927年版）第84页。——原注
② 卫三畏所著《蒲安臣》第319页。——原注

后，日本的各藩大名放弃了封建领主权。日本出现了现代政府形式，引入了西方文明。1894年3月，英国外交大臣金伯利伯爵约翰·伍德豪斯与日本帝国大使青木周藏在伦敦签订了《日英通商航海条约》。该条约设立了英国人在日本帝国享有治外法权的最后期限。随后，日本帝国与其他欧洲列强也签订了类似条约。1899年，随着这些条约正式生效，外国人在日本帝国的治外法权也彻底消失了。

中国人一直以爱好和平而著称。然而，历史揭示出中国人的另一面。1884年至1885年，中国与法国交战。战争起因是法国自称是越南的保护国，占领了越南首府东京。1894年，中国与日本帝国发生了一场重大战争。此次战争源于双方在一个弱小国家——朝鲜王国的利益冲突。这场战争以中国的失败而告终。1895年4月17日，清政府与日本帝国签订了《马关条约》。根据《马关条约》，中国承认朝鲜王国完全独立，并将辽东半岛（包括军事要塞旅顺港）、台湾岛与澎湖列岛割让给日本帝国，同时赔款白银两亿两[1]。此外，长江沿岸的沙市与重庆及京杭大运河上的苏州与杭州增设为通商口岸。

不过，一场突如其来的变故对日本帝国产生了巨大影响，使《马关条约》中的相关条款未能全部生效。1895年4月23日，俄罗斯帝国大使、法国大使与德意志第二帝国大使轮番与日本外交大臣林董男爵交涉，要求日本帝国放弃中国辽东半岛。俄罗斯帝国大使与法国大使并未挑明其中原因。德意志第二帝国大使摆明了事实，表示日本帝国根本不可能与三个欧洲强国对抗，最好退让、妥协，并且它们并未排除向日本帝国施加"必要压力"的可能性[2]。最终，日本帝国表示妥协，并放弃了辽东半岛，却将战争赔款数额由两亿两白银增加至两亿三千万两。

俄罗斯帝国、法国与德意志第二帝国为何对日本帝国采取了特殊措施？这

---

[1] 该条约包含一项条款，规定与日本帝国签订《通商条约》。1896年7月21日，日本帝国通过签订《通商条约》获得了在中国的治外法权及最惠国待遇。——原注
[2] 埃里希·勃兰登堡所著《从奥托·冯·俾斯麦到第一次世界大战》（1927年版）第64页。——原注

签订《马关条约》

实际上是大国"协调行为"。因为这是有限范围的协调行为,所以不大可能促成国际范围的协调行动。

俄罗斯帝国这样做的原因无非担心日本帝国一旦控制辽东半岛,将严重影响甚至阻止自己在远东的扩张。法国之所以支持俄罗斯帝国主张,主要是因为它若不支持俄罗斯帝国的外交政策,有可能会失去俄罗斯帝国这个盟友。德意志第二帝国之所以参与协调,是因为担心《马关条约》会让中国沦为日本帝国的保护国。如此一来将产生两方面的威胁:其一,列强会纷纷提出在中国获取赔偿。于是,关于中国问题的国际竞争与斗争便纷至沓来。其二,中国可能与日本帝国联手对抗欧洲列强。

德意志第二帝国外交大臣阿道夫·马沙尔·冯·比贝尔施泰因是一位阅历丰富的职业外交家。在写给德意志第二帝国驻伦敦大使保罗·哈兹菲尔德的信中,阿道夫·马沙尔·冯·比贝尔施泰因曾说:"德意志第二帝国在中国问题上之所以存在双重目标,一方面是因为要防止以日本人为首的黄色人种结为同盟;另一方面是因为想将英国与俄罗斯帝国之间的摩擦降至最低程度。"[①]

阿道夫·马沙尔·冯·比贝尔施泰因的观点合理解释了德皇威廉二世的惶恐不安。德皇威廉二世认为,日本帝国取得胜利意味着"拉开了白色人种与黄色人种大战的序幕,同时意味着基督教世界与佛教世界的公开宣战"。他还凭借丰富的想象力补充说:"黄种人的陆军部队与铁甲舰队比所有欧洲军队都要强大。他们摆好阵势,准备扫平并征服古老的欧洲国家。"[②]

在英国首相罗斯伯里伯爵阿奇博尔德·菲利普·普利姆罗斯与外交大臣金伯利伯爵约翰·伍德豪斯的领导下,英国政府表现得比较明智与豁达,并未陷入无端的恐慌之中。英国内阁(错误地)认为,列强通过展示军事力量即可

[①] 《欧洲内阁的重大政治》第9卷第260页(1895年4月5日)。——原注
[②] 埃里希·勃兰登堡所著《从奥托·冯·俾斯麦到第一次世界大战》(1927年版)第61页;1895年4月7日,威廉二世的评论见《欧洲内阁的重大政治》第9卷第351页,德意志第二帝国与俄罗斯帝国利益一致,反对亚洲力量崛起。——原注

限制日本帝国的野心。"英国历来没有过多的军事冒险倾向。"①1895年4月8日，英国内阁决定不参与干预行动。就在同一天，俄罗斯帝国驻伦敦大使②与驻柏林大使阿列克谢·鲍里索维奇·洛巴诺夫-罗斯托夫斯基向自己的政府提出了联合行动的建议③。

　　1895年让日本帝国没齿难忘。就在这一年，日本帝国遭受外辱，被迫做出牺牲。1895年1月，俄罗斯帝国外交大臣尼古拉·卡尔洛维奇·吉尔斯去世后，俄罗斯帝国外交部受大国沙文主义思想主导。可想而知，在这种情况下，俄罗斯帝国必然会实施反对日本帝国的政策；法国也会向俄罗斯帝国提供外交支持。但出乎意料的是，德意志第二帝国竟然主动加入俄罗斯帝国与法国的远东利益集团，积极反对日本帝国。在远东利益集团的支持下，俄罗斯帝国必定会走向与日本帝国战争的道路，也必定会与英国渐行渐远。随后大约五年，远东利益集团破坏了远东地区所有国际合作的机会。实际上，这似乎是欧洲列强瓜分中国的前奏。

　　中日战争与马关谈判结束后，清政府不得不筹集资金向日本支付战争赔款并满足其他方面的用途。俄罗斯帝国、英国与德意志第二帝国都非常渴望本国银行能够垄断对中国贷款，至少能够获得部分对中国的贷款。经过谈判，英国与德意志第二帝国最终在一定程度上进行了合作。1898年3月，英国汇丰银行与德意志第二帝国德华银行获得向中国提供大笔贷款的特权。就在当年，英国得到清政府保证，中国不会将长江流域割让给他国，而且只要英国在中国对外贸易中占有最大份额，中国海关总署的负责人必须由英国人担任。

　　欧洲列强在中国争夺特许权自然会产生摩擦。然而，英国首相索尔兹伯

---

① 埃里希·勃兰登堡所著《从奥托·冯·俾斯麦到第一次世界大战》（1927年版）第57页；赫尔曼·卢茨所著《爱德华·格雷爵士与第一次世界大战》（1928年版）第28页1894年10月7日，英国政府的确在一份照会首次提出干预，但战争初期（采取斡旋形式的）干预是在交战双方考虑和平条约之前，与和平条约签订之后的干预有所不同；和平条约签订是为了让签约国一方放弃所得利益。——原注
② 未考据出此人姓名。——译者注
③ 埃里希·勃兰登堡所著《从奥托·冯·俾斯麦到第一次世界大战》（1927年版）第60页。——原注

里侯爵罗伯特·加斯科因-塞西尔认为，竞争与摩擦完全可以避免。1898年年初，英国与德意志第二帝国就向中国贷款的合作事宜一直在谈判。与此同时，为了消除英国与俄罗斯帝国之间的竞争，索尔兹伯里侯爵罗伯特·加斯科因-塞西尔开诚布公地向俄罗斯帝国提出一项建议。1898年1月17日，他写信给英国驻圣彼得堡大使尼古拉·奥康纳说："如果可行，问问财政大臣谢尔盖·尤利耶维奇·维特，英国与俄罗斯帝国是否可能在中国合作。我们两国从未针锋相对。不过，一旦两国对立，肯定会给对方带来极大伤害。因此，两国最好达成互相谅解。如果俄罗斯帝国愿意与英国合作，我们会支持俄罗斯帝国在中国北方的商业利益。"①然而，俄罗斯帝国野心勃勃，想从中国获得更多有形财富，并不满足于同英国合作得到的好处。

不过，第一个攫取中国利益的并非俄罗斯帝国，而是德意志第二帝国。毫无疑问，德意志第二帝国之所以在"干涉还辽"事件中支持俄罗斯帝国，部分原因是它认为俄罗斯帝国定会给予回报，帮助德意志第二帝国在远东地区获得煤炭资源。其实，沙皇尼古拉二世曾对此做过承诺②。早在1895年12月，德意志第二帝国已经把中国的胶州半岛定为自己的供煤港③。

然而，俄罗斯帝国迟迟不肯行动，以便德意志第二帝国实现愿望。俄罗斯帝国的表现令德意志第二帝国非常不满。不过，德意志第二帝国终于等到了一个天赐良机。1897年11月4日，德意志第二帝国两名天主教传教士在中国山东省被杀。德意志第二帝国首相霍恩洛厄侯爵克洛德维希·卡尔·维克托趁机"提出了过分的赔偿要求，利用此事大做文章，一心想要得到中国的胶州半岛及其他地方。"④德意志第二帝国海军上将冯·迪德里希斯奉命前去占领胶州半岛。1897年11月14日，他率领舰队抵达胶州湾。清政府接受了这一既成事实。但还

---

① 《英国政府公文汇编》第1卷第5页。——原注
② 埃里希·勃兰登堡所著《从奥托·冯·俾斯麦到第一次世界大战》（1927年版）第98页。——原注
③ 埃里希·勃兰登堡所著《从奥托·冯·俾斯麦到第一次世界大战》（1927年版）注释3。——原注
④ 《欧洲内阁的重大政治》第14卷，1897年11月7日，霍恩洛厄侯爵克洛德维希·卡尔·维克托给德意志第二帝国驻华公使海靖的信。——原注

需要一段时日，条约的相关细节才可能全部安排妥当。1898年3月6日，《胶澳租界条约》在北京签署。根据该条约，中国将胶州湾入海口两侧包括青岛与相关岛屿在内的土地"暂时租借给德意志第二帝国，期限为九十九年"。中国保留租借土地的主权。实际上，青岛成了德意志第二帝国的军事要塞与海军基地。不过，在商业方面，青岛像通商口岸一样得到了自由管理，对世界各国全面开放。在中国海关总税务司的平等政策下，青岛商业贸易非常繁荣。

德意志第二帝国已经占领了胶州半岛，所以自然不会反对俄罗斯帝国在中国也分得一杯羹。根据1858年签订的《天津条约》及随后列强协商的最惠国条约，签约各国均有权派本国军舰进入中国港口补给食物或其他物资。1898年1月，俄罗斯帝国军舰进入旅顺港。1895年，以失去旅顺港将威胁中国领土完整为由，俄罗斯帝国迫使日本帝国放弃旅顺港。1898年1月12日，俄罗斯帝国外交大臣米哈伊尔·尼古拉耶维奇·穆拉维约夫告诉英国驻圣彼得堡大使尼古拉·奥康纳，俄罗斯帝国军舰在旅顺港过冬只是权宜之计[①]。英国利用与俄罗斯帝国同等的条约权，也命令军舰停留在旅顺港。

然而，1898年1月12日，俄罗斯帝国驻伦敦大使德·斯塔尔将一个消息传达给索尔兹伯里侯爵罗伯特·加斯科因-塞西尔——女王陛下的政府命令两艘军舰停留在旅顺港"给俄罗斯帝国产生了不好的印象"。索尔兹伯里侯爵罗伯特·加斯科因-塞西尔回复说，自己不明白英国执行条约权利为何会冒犯俄罗斯帝国。

不过，鉴于当时索尔兹伯里侯爵罗伯特·加斯科因-塞西尔正要向俄罗斯帝国提议在远东地区合作，为了向俄罗斯帝国示好，便将军舰从旅顺港撤出。1898年3月16日，俄罗斯帝国占领了旅顺港，并且控制了通往北京的海上通道。事件发生后，约瑟夫·张伯伦过于轻率地发表了一番影射俄罗斯帝国的演说。他说："若与魔鬼共饮，须有长勺调羹。"[②]对于俄罗斯帝国占领旅顺港，英国

---

① 《英国政府公文汇编》第1卷第2页。——原注
② 1898年5月13日。——原注

的回应是向中国索要威海卫。一个月前清政府曾提出将威海卫租借给英国，却遭到拒绝，理由是英国"不主张分割中国领土"[1]。然而，现在英国强行索要威海卫，并且意味深长地暗示清政府，若不接受，"将交由英国海军出面解决"[2]。迫于无奈，清政府把威海卫租借给英国，条件与俄罗斯帝国租借旅顺港完全一致。俄罗斯帝国占领旅顺港期间，英国一直占领威海卫。

于是，欧洲列强在互相猜忌中虎视眈眈，以武力互相要挟，在中国抢占地盘，以保持各国在远东地区的力量平衡。在这种情况下，各大国之间根本没有进行国际协调的可能。因为只有在世界重大灾难的压力之下，在最悲惨的环境中，欧洲协调才有可能重新发挥作用。

1898年至1900年，中国人及旅居中国的外国人共同经历了一场灾难。中国人被迫割让了胶州半岛、旅顺港与威海卫，自然会产生惴惴不安的感觉。有远见卓识的中国人开始向外国人学习，根据西方模式改革中国政府机构。中国的光绪帝决定实施改革。光绪帝属于中国专制君主体制下具有改革思想的少数派。他虽然有实施重大改革的远见，却缺乏支持改革的力量。1898年，光绪帝颁布了一系列法令，命令政府采纳西方政府的组织原则与方法，明确提出改革中国传统的行政与教育体系。其中一条法令大意如下：与其他国家相比，我们很容易看出实力方面的差距；在财富方面，我们与外国的差距更大[3]。光绪帝命令广东志士康有为起草了一份完整的改革方案。许多反对改革的高级官员被光绪帝撤职。

然而，这场政治变革遭遇了阻力。1898年9月，在慈禧太后（光绪帝的亲姨母）的指使下，同属旧"利益集团"的贵族与官员互相勾结，发动了一场没有流血的宫廷政变，光绪帝的权力被剥夺。维新派官员纷纷被捕并遭到处决。事实

---

① 1898年2月25日中国提出将威海卫租借给英国，英国的回复见《英国政府公文汇编》第1卷第18页。——原注
② 《英国政府公文汇编》第1卷第29页（第25号与第26号文件），1898年3月31日。——原注
③ R.K.道格拉斯所著《欧洲与远东》（1904年版）第324页。——原注

上，慈禧太后成了中国幕后的独裁统治者。政府颁布的诏书在基调上发生了本质改变。维新派的主张遭到明令禁止。随后，全国上下大小官员纷纷接到命令，光绪帝新近颁布的法令被废止。中国民间一直存在的排外情绪得到了官方的强力支持，以燎原之势迅速蔓延，并引发了可怕的暴力事件。在中国民间古老的秘密团体"义和团"推波助澜之下，动荡不安的局势进一步升级。"义和团"

西方报刊上描绘的义和团运动

利用官方的排外政策，迅速壮大了队伍。他们在中国各地专门袭击在华外国人，尤其是外国使团。在动荡不安的一年中，有些地方几乎处于无政府状态。1900年初，"义和团"实际上控制了整个北京城。尽管北京依然驻扎着一支官军，但公使馆还是遭到义和团的围攻。在危急时刻，三百四十名欧洲士兵混编成了一支护卫队，各国公使馆得到了及时增援。1900年6月，英国海军上将爱德华·霍巴特·西摩尔率领海军陆战队及海员，试图从天津前往北京帮助公使馆解围，却最终未能成行。尽管英军遭到义和团袭击，损失严重，但此次行动受阻的主要原因不是英军在前往北京途中遭遇义和团突袭，而是北京与天津之间廊坊段铁路遭到了破坏。

这次海军陆战队远征可谓多年来列强在远东地区的首次合作。作为派驻中国的英国高级海军将领，爱德华·霍巴特·西摩尔指挥的远征并未接到英国政府的命令，纯属个人责任感使然。不过，他的行动得到了德意志第二帝国军官、俄罗斯帝国军官、法国军官、日本帝国军官、美国军官、意大利王国军官与奥匈帝国军官的支持。这支从天津出发的远征军共有一千八百六十六名海军士兵，其中有九百一十五人来自英国，其余则来自另外七个国家[①]。

中国与欧洲列强进入了战争状态。在慈禧太后的命令下，政府颁布了诏书，对外宣战。1900年6月18日，德意志第二帝国驻北京公使克莱门斯·冯·克林德仅由一名翻译陪同，只身前往中国外交部（总理各国事务衙门）请求保护使馆区，结果遭遇一名军官伏击不幸身亡。因此，北京的外国人聚集在公使馆（幸运的是，由于中国人排外，外国公使馆集中在北京城的另外一个区域）。公使馆临时组建了防卫力量，抵挡了中国官军与义和团的围攻。

与此同时，欧洲列强在天津召开指挥官会议后，增强了在远东的军事力量，组成了一支联军。其中，日本帝国士兵八千人，俄罗斯帝国士兵四千八百人，英国士兵三千人，美国士兵两千六百人，法国士兵八百人，奥匈帝国士兵五十八

---

① 爱德华·霍巴特·西摩尔所著《我的海军生涯》（1911年版）第345页。——原注

爱德华·霍巴特·西摩尔

人，意大利王国士兵五十三人。1900年8月4日，联军从天津出发。联军到达北京后，德意志第二帝国士兵才加入其中。联军的最高指挥官由各个国家的高级军官按天轮值。联军虽然沿途遭遇多次伏击，但最终抵达北京，解了公使馆之围。远征过程中，日本帝国军队装备精良，起到了举足轻重的作用。"日本帝国与中国相邻，其军队不仅训练有素，而且士气振奋，令人耳目一新。此次行动，日本帝国军队不仅获得了盟友的赞赏，也让对手刮目相看。"①

在这次远征中，有两件值得关注的重大国际事件。其一，日本帝国军队参与了此次行动；其二，德意志第二帝国占据了主导地位。1895年，经历"干涉还辽"事件后，日本帝国能与欧洲列强平起平坐，实属不易。1900年6月11日，日本帝国要求参与此次行动。除了俄罗斯帝国与德意志第二帝国对日本帝国的请求反应十分冷淡外②，其他列强均欣然表示接受。大概一个月后，即1900年7月，德意志第二帝国通过驻伦敦大使保罗·哈兹菲尔德提出建议，由英国推荐德意志第二帝国军官担任"驻华联军总司令"③。索尔兹伯里侯爵罗伯特·加斯科因-塞西尔表示自己没有这种打算。德皇威廉二世专程致电沙皇尼古拉二世，询问是否支持由阿尔弗雷德·冯·瓦德西担任联军总司令。沙皇尼古拉二世表示不反对这个提议。于是，"德皇威廉二世利用这个机会分别向巴黎与伦敦传递消息称，沙皇尼古拉二世已经提议由阿尔弗雷德·冯·瓦德西担任联军总司令。对此，沙皇尼古拉二世并未反驳，其他列强也未提出反对意见。法国尽管不乐意由德意志人担任总司令，但没有做出任何表示"④。由德意志人担任联军总司令并非全无道理。毕竟，德意志第二帝国驻华公使克莱门斯·冯·克林德在北京被杀。据说，德意志第二帝国总参谋部反对这一提议，理由是德意

---

① R.K.道格拉斯所著《欧洲与远东》（1904年版）第352页。——原注
② 《英国政府公文汇编》第2卷第6页第6号文件。——原注
③ 《英国政府公文汇编》第2卷第5页。——原注
④ 埃里希·勃兰登堡所著《从奥托·冯·俾斯麦到第一次世界大战》（1927年版）第148页；《欧洲内阁的重大政治》第16卷第83页。——原注

志第二帝国军官没有指挥东方战争的经验[①]。然而,德皇威廉二世非常重视此事,想借此提高德意志第二帝国声望。事实上,阿尔弗雷德·冯·瓦德西担任联军总司令的消息已经不胫而走,引起人们极大关注。不过,直到公使馆危机已经解除,战争实际上已经结束时,阿尔弗雷德·冯·瓦德西才来到中国正式上任,1900年9月25日他在天津踏上中国土地。不过,阿尔弗雷德·冯·瓦德西就任联军总司令确实提高了德意志第二帝国的大国声誉。其他强国对此表示默许,这充分证明在远东问题上有希望实现欧洲协调。

当公使馆解围后,列强占领了北京城。因此,双方必须签订正式的和平条约。此时,清政府已经准备和谈。在清政府决定和谈的同时,义和团迅速瓦解。显而易见,义和团运动受到了清政府的暗中支持。

八国联军提出了极其苛刻的条款。因为在中国的排外运动中,暴力事件层出不穷。外国传教士共二百三十二人遇害。在北京公使馆被围期间,七十二名欧洲人丧生。在这场骇人听闻的排外运动中,对公使馆长时间进行有组织的围攻是违反万国公法的行为。因此,在公使馆解围前,各国不得不组织大规模远征,进行反击。中国必须为此付出代价,不仅要赔偿受害者,还要镇压今后的排外行动。然而,这一切不能成为八国联军在北京城内进行烧杀抢掠的借口。

北京城遭到洗劫,清政府含恨蒙羞。年迈的两广总督李鸿章再次挺身而出,担负起和谈的重任,前去签订一份漫天要价的屈辱和约。当时,李鸿章是唯一一位有担当的中国政治家。他拥有与西方列强进行谈判必备的经验与能力。总之,我们可以说,李鸿章成功地让列强做出了让步。列强本来提出的要求更加苛刻,但他为中国争取了相对有利的条款。

列强代表入驻北京公使馆区,就和平条款进行了长达十一个月的讨论。直到达成一致意见后,各国代表才向清政府代表李鸿章与庆亲王奕劻提出各项要求。1901年9月7日,最后议定的条约草案在北京正式签订,史称《辛丑条

---

① 《英国政府公文汇编》第2卷第5页。——原注

签订《辛丑条约》

约》。清政府签约代表是李鸿章与奕劻。列强签约代表分别德意志第二帝国驻华公使阿尔方斯·穆默·冯·施瓦岑施泰因、奥匈帝国驻华公使齐干·冯·沃尔本、比利时王国驻华公使姚士登、西班牙王国驻华公使葛络干、美国驻华公使柔克义、法国驻华公使鲍渥、英国驻华公使恩斯特·梅森·萨道义、意大利王国驻华公使朱塞佩·萨尔瓦戈·拉吉、日本帝国驻华公使小村寿太郎、荷兰王国驻华公使克罗伯与俄罗斯帝国驻华公使德·吉尔斯。其中,三个签约国——西班牙王国、荷兰王国与比利时王国并未派军参与此次远征。

《辛丑条约》第一条规定,在克莱门斯·冯·克林德遇害之处竖立纪念碑,同时以拉丁语、德语与汉语三种文字刻上清政府的致歉铭文①。第二条规定,清政府必须惩罚包括一些王公在内的施暴者。尽管清政府试图规避惩罚,

---

① 第一次世界大战结束后,这座纪念碑被中国人摧毁。毁坏纪念碑的行为并未受到惩罚,大挫了西方列强在中国的锐气,增加了中国人的反抗勇气。1927年,中国人夺取了汉口租界。——原注

但人们相信"正义得到了伸张,义和团运动的主要首领与参与者遭到了应有的惩罚"①。

《辛丑条约》第六条规定了赔偿问题,涉及受害人的个人索赔及列强的战争索赔。至少表面看来,个人索赔根据公平原则进行了评估。关于战争索赔,列强之间意见并不统一。德意志第二帝国一直态度强硬,不肯做出让步②,日本帝国强烈要求适可而止。俄罗斯帝国与美国提议,将全部赔偿条款提交海牙仲裁法庭,却遭到其他国家反对。英国最初支持日本帝国的观点。然而,英国"迫切需要与德意志第二帝国在中国问题上保持同盟关系",所以最终转而支持德意志第二帝国的观点,认为"列强没有必要在赔偿问题上表现出宽容与大度"③。德意志第二帝国代表、法国代表、英国代表、日本帝国代表成立了一个委员会专门研究中国的偿付能力。最终,中国的战争赔款总额定为四亿五千万两白银,即六千七百五十万英镑。这笔款将按年分期支付,包括百分之四的利息,直到1940年为止。俄罗斯帝国(所获赔款占赔偿总额的百分之二十九)与德意志第二帝国(所获赔款占赔偿总额的百分之二十)所获赔偿份额相当于其他所有国家所获赔偿的总额。

《辛丑条约》第七条规定"公使馆区为各国专属地,由各国独立管理;各国可以在公使馆区内设防,但中国人不得在使馆区内居住。"各国有权在公使馆区保留武装力量。显然,该规定专门针对最近发生的"围攻北京公使馆事件"及潜在的类似危险。外国公使馆区俨然成为拥有军队、武器与兵营的军事堡垒。

1901年以前,虽然北京多数外国公使馆彼此相邻,却没有专门的外国公使馆区。1901年《辛丑条约》改变了这一切。在原来的基础上,不仅设立了封闭区域,而且获得了更多土地,专供公使馆独立使用。"外国公使馆区就像一个有

---

① R.K.道格拉斯《欧洲与远东》(1904年版)第356页至357页。——原注
② 1901年5月25日柔克义在美国写给美国国务卿约翰·海伊的信。——原注
③ H.B.摩尔斯所著《大清帝国的国际关系》第3卷第350页至第351页。——原注

防御功能的军事堡垒，位于存在排外倾向的中国首都的核心地带。不过，它的功能过于强大。欧洲列强或许是在利用这个机会，为外交代表提供更宽敞的住所，创造公园式的生活环境，改善生活条件。但条约对待中国是不公平的，中国付出了惨痛的代价。"新辟出的公使馆区占地两百英亩。使馆区周围是一片开阔地带，北面离皇城城墙仅一百米，南面则将堡垒耸立的北京城墙囊括在内。在公使馆区内部，除了改建了旧建筑，还修建了美丽宽阔的花园。英国公使馆面积由十二英亩增加至三十六英亩；俄罗斯帝国公使馆面积由五英亩增加至十九英亩；德意志第二帝国公使馆面积由二点五英亩增加至二十五点五英亩；法国公使馆面积由六英亩增加至二十英亩；奥匈帝国公使馆面积由两英亩增加至十英亩；意大利王国公使馆面积由一英亩增加至十二英亩；日本公使馆面积由一英亩增加至十四点五英亩。此外，公使馆区专门开辟出一块土地用作修建国际俱乐部。清政府不得不征用当地居民的土地用于扩建外国公使馆区，并将土地交付各国免费使用。外国公使的新生活环境宽敞宜人，高大建筑的周围不仅绿树成荫，而且有令人心旷神怡的绿色草坪。在全副武装、训练有素的外国军队守卫下，外国公使享受着快乐、轻松的室内外俱乐部生活。在家人与朋友的陪伴下，各国外交官在处理外交事务的同时，互相之间保持着独特的团体关系。整个使馆区由高级外交代表按照通行规则进行管理。公使馆区成为"国中国"，由外国人负责管理与治安，并且驻军守卫，同时享有外交豁免权。只有在公使馆区工作的中国人才能在使馆区居住。此外，社会出现动荡时，遭受迫害的中国人可以在使馆区寻求庇护。使馆区作为"国中国"被视为"和平岛"[①]。

在经历1898年至1900年在中国发生的系列排外事件后，存在利益分歧的大国在北京走向了国际协调。当然，一些大国之间依然互相不满，甚至充满敌意。然而，各国在北京的外交使团代表认为他们是有共同目标的利益共同体。

---

① 1929年5月17日《泰晤士报》上的一篇文章。——原注

在义和团动乱期间，大国之间互相忌妒并且存在着利益冲突。如果控制不当，这一切极有可能产生不良后果。不过，美国国务卿约翰·海伊的提议在一定程度上避免了这一切。1899年9月6日，在"门户开放"的照会中，他向英国、法国、意大利王国、德意志第二帝国、俄罗斯帝国、日本帝国提出，各国必须做出承诺，同时获得其他利害攸关国家的同样承诺，任何国家不得干涉通商口岸、"势力范围"及租界内的任何既得利益；清政府向所有进入通商口岸及各国"势力范围"的商品征收协定关税；关税应当由清政府征收；任何国家都不应向其他国家船舶征收高于本国船舶的关税或更高的铁路运输费。除了俄罗斯帝国以外，其他大国表示完全同意这些提议。俄罗斯帝国虽然同意对所有外国人一视同仁，但默认保留有利于本国国民的要求。即使俄罗斯帝国有所保留，其他大国对这份照会的认同表明各国在中国问题上的高度团结①。此外，约翰·海伊在写给美国驻外代表的信中声明，"美国的政策是维护中国领土完整及主权独立"。"门户开放"原则被"其他大国接受"，等于各国正式认同了美国早在1857年的提议②。

1910年，美国国务卿菲兰德·蔡斯·诺克斯进一步努力促进国际社会声援中国。菲兰德·蔡斯·诺克斯的建议大意如下：在满洲铁路问题上，虽然俄罗斯帝国与日本帝国倾向于拥有特权；但满洲铁路应该保持中立，实行国际监管。国际财团将为清政府提供一笔巨额贷款，应当由清政府出面收购俄罗斯帝国与日本帝国拥有的满洲铁路股份。贷款期限结束时，铁路不再由国际监管，而是移交清政府管理③。对此，英国答复说，该建议不合时宜。由于日本帝国与俄罗斯帝国拒不接受，美国提议最终不了了之。不过，在中国满洲之外的其他地方，铁路方面的国际合作比较成功。1909年，在英国、法国、德意志第二帝

---

① H.M.费纳克所著《近代远东史》（1928年版）第144页至第146页。——原注
② H.M.费纳克所著《近代远东史》（1928年版）第152页；J.B.摩尔所著《国际法文摘》第482页。——原注
③ H.M.费纳克所著《近代远东史》（1928年版）第188页至第189页。——原注

国、美国的外交支持下,四国银行集团成立了,共同承担清政府未来的贷款。俄罗斯帝国的资本与日本帝国的资本随后加入该银行集团。然而,该银行集团的贷款不仅局限于铁路方面。1914年,美国总统托马斯·伍德罗·威尔逊以发放贷款条件"触及中国的独立"为由,宣布美国退出该银行集团。因此,随着第一次世界大战爆发,四国银行集团寿终正寝。

第 16 章

英德同盟问题：1898年至1901年

精彩看点

英德结盟谈判——《长江条约》——德意志第二帝国与英国签署关于葡萄牙王国非洲殖民地的条约——"保罗·克鲁格电报事件"——路易莎·卡文迪什的工作——英德结盟谈判彻底失败——"法绍达事件"——德意志第二帝国将英国推入另一个"体系"

担保条约背后一般都存在强有力的支持。当今世界,对于结盟条约,开明的舆论往往漠然置之。不过,19世纪末至20世纪初,大国同盟曾经是保障国家安全与世界和平的主要方式之一。事实证明,1882年成立的三国同盟有效缓解了意大利王国与奥匈帝国的内忧外患。1894年成立的俄法同盟并未滋生大国侵略行动与军国主义思想。很多有识之士甚至认为,如果英德结盟(该同盟必定会与美国及日本帝国建立良好关系),就能确保世界和平。

事实上,大国同盟使欧洲列强分裂为不同集团,与欧洲协调的主张背道而驰。欧洲协调反对会议代表拉帮结派,倡导开放包容的会议精神。不过,事实证明,20世纪头十几年,欧洲协调并非与大国同盟水火不容。其实,英德同盟极有可能保障世界和平的说法绝非无稽之谈[①]。

根据第一次世界大战后公开的文件,在索尔兹伯里侯爵罗伯特·加斯科因-塞西尔与兰斯多恩侯爵亨利·佩蒂-菲茨莫里斯担任外交大臣期间,英国外交部或许并没有十分迫切地想要参加欧洲会议。如果事实如此,就态度而言,英国外交部与德意志第二帝国外交部没有区别。然而,在处理外交事务方面,英国外交部要比德意志第二帝国外交部的手段更加高明。德意志第二帝国无

---

① 埃里希·勃兰登堡的评论参见上文已引用的他所著《从奥托·冯·俾斯麦到第一次世界大战》(1927年译本)第173页至174页;又见欧根·费希尔所著《弗里德里希·冯·荷尔斯泰因的失败》(1925年版)引言。——原注

法与非结盟国家维持友好关系的原因有三个。其一,德意志第二帝国外交部一向自命不凡,并且十分坚定地命令驻外代表严格照章办事。德意志第二帝国外交部从来不愿透露真实意图,以免失去获取更好条件的机会。这种态度一直延续到第一次世界大战结束,直至德意志第二帝国灭亡。其二,在各种谈判中,德意志第二帝国外交部不断进行交涉,甚至为了得到一座加煤站或者几平方英里的非洲丛林而喋喋不休[①]。其三,德意志第二帝国惯于用武力威胁。"德意志第二帝国坚持主动出击的政策,主张用军舰摆平一切。这种行事方式令英国政治家极其反感。在外交方面,英国政治家虽然警惕性极高,却表现得更加沉稳与大度。"[②]然而,德意志第二帝国外交部不仅处事态度冷漠,而且方法简单粗暴,常常弄巧成拙。毫无疑问,这样的处事方式给德意志第二帝国带来了厄运。不过,德意志人也难辞其咎。在政治方面,德意志人崇尚自由,文化程度较高。既然他们委托政府官员管理国家事务,就要为这些官员的失职行为负责。实际上,德意志第二帝国外交部政治司司长弗里德里希·冯·荷尔斯泰因比德皇威廉二世给国家带来的危害更大。毕竟,德皇威廉二世的个人影响力有限。德意志第二帝国保守派骨干、俾斯麦主义者冯·斯塔姆曾对冯·埃克哈德斯坦说:"如果没人阻止弗里德里希·冯·荷尔斯泰因这个该死的笨蛋,总有一天整个国家会在他手下堕入水深火热之中。"[③]

1898年,为了在帝国议会中控制国家政策,冯·埃克哈德斯坦试图拉拢民族自由党左翼形成一个团体。然而,德意志人过于"敬畏绝对权威",他的计划最终失败[④]。

1898年至1901年,英德结盟谈判(一旦成功,很有可能阻止1914年的世界

---

① 1898年8月3日索尔兹伯里侯爵罗伯特·加斯科因-塞西尔给弗兰克·拉塞尔爵士的信,原文如下:"我一如既往地反对赔偿这个字眼。"《英国政府公文汇编》第1卷第60页。——原注
② 埃里希·勃兰登堡所著《从奥托·冯·俾斯麦到第一次世界大战》(1927年译本)第129页。——原注
③ 冯·埃克哈德斯坦所著《在英国圣詹姆斯宫的十年岁月》(1921年版)第37页。——原注
④ 冯·埃克哈德斯坦所著《在英国圣詹姆斯宫的十年岁月》(1921年版)第91页。——原注

大战爆发）一直在进行。事实上,此消息主要来源于德意志第二帝国外交部文件。英国外交大臣索尔兹伯里侯爵罗伯特·加斯科因-塞西尔习惯以私人通信的方式处理大量公务。约瑟夫·张伯伦与德意志第二帝国进行谈判的文件不仅没有在英国外交部登记,也没有经过约瑟夫·张伯伦所在的海外殖民部登记。毕竟英德结盟谈判并非殖民谈判。

实际上,有两种方法可以实现英国与德意志第二帝国翘首以盼的和解。其一,通过谈判达成具体协议,处理特殊摩擦问题。例如,处理在萨摩亚群岛归属问题及在中国方面的两国关系问题和拟建中的巴格达铁路问题。其二,确立结盟关系。这两种方法绝非互不兼容,完全可以双管齐下。

1898年11月14日,英国与德意志第二帝国在萨摩亚群岛的争端(美国也参与其中)通过签订条约的方式解决了。此前,德意志第二帝国曾咄咄逼人地称,不会宣战但会断绝外交关系①。德意志第二帝国驻伦敦大使保罗·哈兹菲尔德政治嗅觉相当灵敏。他认为:"若非面对实际威胁,英国首相索尔兹伯里侯爵罗伯特·加斯科因-塞西尔绝不会让步。"②当时的实际情况或许便是如此。正当英国即将陷入与布尔人的胶着战争(实际上已经发生)时,德意志第二帝国采取这种特殊手段向英国施压。英国放弃了萨摩亚群岛,但获得了汤加群岛和其他特许权。德意志第二帝国副外交大臣曼弗雷德·冯·里希特霍芬随即告诉英国驻柏林大使,英国用不着再为德意志第二帝国对布尔战争的态度而感到惴惴不安了③。

1900年10月16日,英国与德意志第二帝国签订了《长江条约》,又称《英德协定》。后来,虽然它们对条约的解释有争议,但《长江条约》消除了它们在中国的利益冲突。

---

① 《欧洲内阁的重大政治》第14卷第585页(1899年3月25日)及第590页(1899年3月30日)。埃里希·勃兰登堡所著《从奥托·冯·俾斯麦到第一次世界大战》(1927年译本)第127页。——原注
② 埃里希·勃兰登堡所著《从奥托·冯·俾斯麦到第一次世界大战》(1927年译本)。——原注
③ 《英国政府公文汇编》第1卷第132页,1900年2月16日弗兰克·拉塞尔爵士的加急电报。——原注

巴格达铁路由来自德意志第二帝国的一家财团负责修建。在巴格达铁路规划问题上，英国与德意志第二帝国直到1913年才达成谅解①。不过，1898年至1901年，巴格达铁路问题并未对英德结盟谈判产生重大影响。

在商讨特别公约的同时，英国与德意志第二帝国一直同步进行结盟谈判。显而易见，德意志第二帝国长期以来一直想与英国结盟。然而，在英国首相索尔兹伯里侯爵罗伯特·加斯科因-塞西尔的超长任期内，一方面，英国对外政策一直反对与任何大国结盟。另一方面，"多年来，德意志第二帝国一直寻求与英国结盟"②。1899年1月，德皇威廉二世对英国大使馆武官说，八年来（大概指奥托·冯·俾斯麦卸任后），他一直是"英国在欧洲大陆利益的监督者与守护者"，但以后就不再是了③。后来，人们发现，德皇威廉二世对这名英国大使馆武官说过，他虽然是英国在欧洲大陆唯一的朋友，但不可能一直坐在安全阀上④。德意志第二帝国驻伦敦大使保罗·哈兹菲尔德"可谓是奥托·冯·俾斯麦选出的驻外代表中最具外交天赋的人物。保罗·哈兹菲尔德坚信，布尔战争是德意志第二帝国收获英国友谊的机会"。萨克森国王阿尔贝特一世也一直盼望着德意志第二帝国与英国结盟⑤。

尽管索尔兹伯里侯爵罗伯特·加斯科因-塞西尔依然反对英德结盟，但在英国内阁内部，约瑟夫·张伯伦正积极筹划一场支持英德结盟的运动。行事态度温和的阿瑟·詹姆斯·贝尔福对此表示支持。索尔兹伯里侯爵罗伯特·加斯科因-塞西尔把谈判工作留给了约瑟夫·张伯伦。随后，约瑟夫·张伯伦按照自己的方式想方设法促成谈判。1898年3月25日和1898年3月29日，保罗·哈兹菲尔德分别与阿瑟·詹姆斯·贝尔福及约瑟夫·张伯伦进行了非正式会晤。阿尔

---

① 见本书第23章。——原注
② 埃里希·勃兰登堡所著《从奥托·冯·俾斯麦到第一次世界大战》（1927年译本）第103页——原注
③ 《英国政府公文汇编》第1卷第42页，1898年1月19日格里森上校的报告。——原注
④ 《英国政府公文汇编》第1卷第129页至第130页（1899年11月6日）。——原注
⑤ 冯·埃克哈德斯坦所著《在英国圣詹姆斯宫的十年岁月》（1921年版）第42页、第132页与第142页。——原注

萨克森国王阿尔贝特一世

弗雷德·罗斯柴尔德将两次会谈均安排在自己家中举行。他是声望极高、影响力极大的国际金融家族——罗斯柴尔德家族在英国的领袖。随后,英国与德意志第二帝国会谈在不同场合下继续进行①。约瑟夫·张伯伦开诚布公地表明了英国将做出何种让步,以及英国政府将在多大程度上承诺支持德意志第二帝国防御战。他还坦率地说,如果英国不得不放弃这种"自然联盟"的希望,同法国与俄罗斯帝国达成谅解也并非不可能②。约瑟夫·张伯伦"把所有问题都摆在桌面上,这是他的一贯行事作风。他一向反对制造外交神秘感。不过,对保罗·哈兹菲尔德来说,从传统的秘密外交角度来看,这种政治手段不按常理出牌,不仅简单粗暴,而且缺乏明断"。因此,在会谈中,保罗·哈兹菲尔

阿尔弗雷德·罗斯柴尔德

---

① 冯·埃克哈德斯坦所著《在英国圣詹姆斯宫的十年岁月》(1921年版)第1卷第24页注释;《欧洲内阁的重大政治》第14卷第193页、第195页及第196页至第198页。——原注
② 《欧洲内阁的重大政治》第14卷第224页。——原注

弗里德里希·冯·荷尔斯泰因

德"基本上只是倾听，很少提建议，小心翼翼地把全部细节向柏林汇报"①。德意志第二帝国外交大臣伯恩哈德·冯·比洛与外交部政治司司长弗里德里希·冯·荷尔斯泰因采取了谨言慎行的政策，等待更加有利的时机与更加优厚的条件。显然，德皇威廉二世赞同采取这一政策。他写信给伯恩哈德·冯·比洛说："未来在欧洲问题上，如果英国需要支持，我们可以比现在更亲近英国。"②然而，约瑟夫·张伯伦显然已经下定决心，不仅要得到两国公众的坚定支持，而且要引起他们对此事的广泛关注。1898年5月13日，约瑟夫·张伯伦在伯明翰发表演讲，公开主张与德意志第二帝国结盟。十六天后，即1898年5月

---

① 埃里希·勃兰登堡所著《从奥托·冯·俾斯麦到第一次世界大战》（1927年译本）第106页至第107页；《欧洲内阁的重大政治》第14卷第213页。——原注
② 埃里希·勃兰登堡所著《从奥托·冯·俾斯麦到第一次世界大战》（1927年译本）第108页；《欧洲内阁的重大政治》第14卷第217页（1898年4月10日）。——原注

29日,德皇威廉二世私下写信给沙皇尼古拉二世,似乎有意与俄罗斯帝国结盟。他在信中说:"作为值得信赖的老朋友,请你告诉我,如果我拒绝与英国结盟,你能给我什么?你会做什么?"①德意志第二帝国的政策让无数人命悬一线。毋庸置疑,披露德意志第二帝国的外交行事方式是对其政策的最严厉谴责。然而,沙皇尼古拉二世并未采纳德皇威廉二世的提议,也没有与之达成任何协议。

  约瑟夫·张伯伦所做提议从未达到常规外交谈判的阶段。不过,如果德意志第二帝国心怀善意,英国的态度实际上已经十分明确。由于谈判没有任何进展,英德结盟不了了之。不过,两国在消除摩擦方面向前迈进了一步。1898年8月30日,德意志第二帝国与英国在伦敦签署了关于葡萄牙王国非洲殖民地的条约。两国达成一项共识,如果"注定无法维护赤道以南葡萄牙王国非洲属地的完整性",德意志第二帝国与英国将一南一北分而治之②。1899年10月14日,英国同意与葡萄牙王国续订1661年的旧盟约(由于旧盟约从未被废止,准确地说,两国再次确认旧盟约有效),英国承诺保卫葡萄牙王国的所有属地。续订的盟约被称为《温莎条约》,与1898年英国和德意志第二帝国瓜分葡萄牙王国非洲殖民地的条约并不冲突。不过,德意志人对此事非常恼火。

  布尔战争期间,遍布欧洲大陆的德意志第二帝国舆论猛烈抨击了英国。受1896年"保罗·克鲁格电报事件"③影响,德意志第二帝国发现已经很难改变公众舆论导向。尽管如此,它仍然以实际行动向英国示好。布尔战争爆发后,1899年11月20日至1899年11月28日,德皇威廉二世回应了英国六个月之前的邀请,在外交大臣伯恩哈德·冯·比洛的陪同下前往英国访问。其间,约瑟夫·张

---

① 德皇威廉二世写给沙皇尼古拉二世的信(1920年格兰特编辑的《威利-尼基书信集》)第54页;埃里希·勃兰登堡所著《从奥托·冯·俾斯麦到第一次世界大战》(1927年译本)第111页。——原注
② 《欧洲内阁的重大政治》第14卷第347页至第355页。——原注
③ 1896年1月3日,德皇威廉二世给德兰士瓦共和国总统保罗·克鲁格发电报,祝贺他击退来自英国开普殖民地军队的入侵,该电报令英国与德意志第二帝国的关系恶化。此次贺电事件史称"保罗·克鲁格电报事件"。——译者注

伯伦与伯恩哈德·冯·比洛进行了会晤。伯恩哈德·冯·比洛鼓励约瑟夫·张伯伦"在公开场合毫无保留地发表意见,以便了解公众在多大程度上接受了他的观点"[①]。1899年11月30日,约瑟夫·张伯伦利用在莱斯特进行公开演讲的机会,直接提出自己希望看到英国、德意志第二帝国、美国结盟。然而,伯恩哈德·冯·比洛回国后,在帝国议会发表演说时,用"十分冷淡"[②]来形容德意志第二帝国与英国的关系。可想而知,得知此事的约瑟夫·张伯伦有多么震惊与愤怒。伯恩哈德·冯·比洛之所以出尔反尔,是因为他希望在帝国议会营造有利氛围,以便议会通过新海军法,建立一支庞大的海军舰队。事后,他通过保罗·哈兹菲尔德就此事做出了解释,大致是说他在帝国议会的演讲实属无奈,因为面对帝国议会的反英派,他的处境"极其艰难"[③]。

然而,第二年,即1900年,德皇威廉二世特意给英国威尔士亲王爱德华(即后来的英王爱德华七世)写了一封信,并随信附上一份备忘录,其中包含所谓的"锦囊妙计",劝英国向布尔人屈服。"即便最强的足球俱乐部在全力以赴的防守后败下阵来,最终还是要平静地接受失败。"就在一年前,即1899年,在一场英格兰球队对澳大利亚球队的板球比赛中,澳大利亚球队大获全胜,英国人也曾经"非常有骑士风度地表示了甘拜下风"。威尔士亲王爱德华回复说,对于德皇威廉二世的观点,他实在"无法苟同"。德皇威廉二世竟然把"与布尔人的冲突和与澳大利亚人的板球比赛相提并论。众所周知,英国正在为生死存亡而战,为了捍卫英国在南非的利益而战"[④]。事实上,德皇威廉二世提出这种建议不仅有些唐突,而且有点伤人。不过,两国关系依然很好。1900年3月,约瑟夫·张伯伦再次提出结盟。他告诉保罗·沃尔夫·梅特涅,自己

---

① 埃里希·勃兰登堡所著《从奥托·冯·俾斯麦到第一次世界大战》(1927年译本)第138页。——原注
② 埃里希·勃兰登堡所著《从奥托·冯·俾斯麦到第一次世界大战》(1927年译本)第139页。——原注
③ 冯·埃克哈德斯坦所著《在英国圣詹姆斯宫的十年岁月》(1921年版)第143页。——原注
④ 《欧洲内阁的重大政治》第15卷第553页至第558页,1900年2月4日,德皇威廉二世写给威尔士亲王爱德华的信以及1900年2月8日威尔士亲王爱德华写给德皇威廉二世的回信。——原注

在有生之年不会放弃努力。保罗·沃尔夫·梅特涅是德意志第二帝国外交部的一名重要官员,是英德结盟的支持者。当时,由于保罗·哈兹菲尔德身体抱恙,保罗·沃尔夫·梅特涅临时担任代理大使。就在当年晚些时候,英国与德意志第二帝国签订了《长江条约》,一段时间内有效维护了两国的平稳关系。

1900年11月,英国首相索尔兹伯里侯爵罗伯特·加斯科因-塞西尔辞去了兼任的外交大臣一职,由兰斯多恩伯爵亨利·佩蒂-菲茨莫里斯接任。兰斯多恩伯爵亨利·佩蒂-菲茨莫里斯很快便与殖民部大臣约瑟夫·张伯伦共同担负起与德意志第二帝国结盟谈判的重任。1901年1月,维多利亚女王病危。德皇威廉二世前去探望,并在伦敦停留了两周。他此次探病之举给英国人留下了良好印象。与此同时,约瑟夫·张伯伦、兰斯多恩伯爵亨利·佩蒂-菲茨莫里斯及德文公爵斯宾塞·康普顿·卡文迪什代表英国继续与德意志第二帝国进行谈判。

德文公爵斯宾塞·康普顿·卡文迪什

当时，德意志第二帝国驻伦敦大使保罗·哈兹菲尔德因健康问题而无法参加谈判，所以谈判代表是代理大使冯·埃克哈德斯坦。冯·埃克哈德斯坦出身于贵族家庭，头脑灵活，善于交际，精于世故。冯·埃克哈德斯坦因为自己夫人是英国人，所以对英国政治形势了如指掌，完全摆脱了德意志第二帝国外交部政治司司长弗里德里希·冯·荷尔斯泰因主导的狭隘观点。弗里德里希·冯·荷尔斯泰因坦本人的生活十分单调，除了回家睡觉，几乎足不出户。虽然冯·埃克哈德斯坦真诚地接受了英国的结盟提议，但这场谈判根本没有成功的希望。在参加维多利亚女王的葬礼期间，德皇威廉二世收到了首相伯恩哈德·冯·比洛从国

维多利亚女王的葬礼

内发来的关于英德结盟的政策声明。该声明内容如下："目前，最重要的是我们既不要劝阻英国人也不能过早受制于人……我们绝对不能表现得太热情，否则只会涨英国士气，损我国利益……从整体政治形势来看，如果既不做出任何承诺又不给出任何定论，成功激发英国政要对未来英德结盟的希望，这将是一个名副其实的万全之策。"[1]在谈判过程中，保罗·哈兹菲尔德接到指示，不要与兰斯多恩侯爵亨利·佩蒂-菲茨莫里斯形成结盟的书面文件，仅仅口头阐述德意志第二帝国的观点，等待英国主动提出[2]。

热情的德文公爵斯宾塞·康普顿·卡文迪什的夫人路易莎·卡文迪什为了使英国与德意志第二帝国结盟而殚精竭虑。1901年1月，她在查茨沃斯庄园举

路易莎·卡文迪什

---

[1] 《欧洲内阁的重大政治》第17卷第20页至第21页，1901年1月21日。——原注
[2] 《欧洲内阁的重大政治》第17卷第65页，1901年5月20日，曼弗雷德·冯·里希特霍芬写给保罗·哈兹菲尔德的信。——原注

查茨沃斯庄园

行了招待会。约瑟夫·张伯伦与冯·埃克哈德斯坦也参加了招待会。1901年1月16日傍晚,约瑟夫·张伯伦与冯·埃克哈德斯坦在晚宴上谈到了两国之间的友谊。约瑟夫·张伯伦说:"对英国来说,光荣孤立的政策已经终结。"[1]

1901年3月18日,根据兰斯多恩侯爵亨利·佩蒂-菲茨莫里斯的官方记录,冯·埃克哈德斯坦在与他的谈话中提出,英国与德意志第二帝国可以结成"纯粹防御同盟"[2]。五天后,根据恢复履行大使职责的保罗·哈兹菲尔德汇报,兰斯多恩侯爵亨利·佩蒂-菲茨莫里斯曾明确向他咨询过个人意见——是否认为德意志第二帝国与英国能够签署一项有约束力的防御条约,以及"鉴于当前德意志第二帝国舆论有强烈的反英情绪",是否可能达成此项条约?保罗·哈兹

---

[1] 冯·埃克哈德斯坦所著《在英国圣詹姆斯宫的十年岁月》(1921年版)第184页至第185页。——原注

[2] 《英国政府公文汇编》第2卷第61页。——原注

菲尔德回答道，如果英国以加入三国同盟的形式与德意志第二帝国结盟，这种严格意义上的互惠同盟并非不可能①。

当有关消息传到德意志第二帝国外交部时，弗里德里希·冯·荷尔斯泰因写信给冯·埃克哈德斯坦说："显而易见，目前是关键时刻。英国与德意志第二帝国正处于分岔路口。"德意志第二帝国提出，与英国结成防御同盟的方式是英国加入三国同盟。弗里德里希·冯·荷尔斯泰因在写给冯·埃克哈德斯坦的信中说"我们不会放弃取得满意结果的希望。我相信，正确的方式是通过奥地利与英国结盟"。不过，在冯·埃克哈德斯坦看来，该提议只会让英国认为德意志第二帝国在拖延时间。向英国传达了弗里德里希·冯·荷尔斯泰因的建议后，冯·埃克哈德斯坦说，兰斯多恩侯爵亨利·佩蒂-菲茨莫里斯"态度十分冷淡地向我表明，英国关心的是与德意志第二帝国单独结盟"。事实上，英国无法承担捍卫哈布斯堡王朝的责任，因为一旦奥匈帝国皇帝弗兰茨·约瑟夫一世驾崩，哈布斯堡王朝很有可能会瓦解②。

冯·埃克哈德斯坦说，他与兰斯多恩侯爵亨利·佩蒂-菲茨莫里斯之间的谈判已经进行到就结盟条款达成临时协议的地步。"一旦缔约一方遭受两个或两个以上的国家攻击"，协约将生效。两国还将与日本帝国缔结一项关于远东问题的补充条约，并且"特殊条款将引入涉及美国的条约中，这是值得考虑的、更加成熟的主题"。然而，1901年3月25日，弗里德里希·冯·荷尔斯泰因对此做出的回复是，德皇威廉二世对"英国在中国赔款一事上优柔寡断的表现"十分生气，德意志第二帝国特使正从柏林前往伦敦处理此事。

对此，冯·埃克哈德斯坦做了一番评论。他说，"我们兜兜转转又回到了原点。一面是改变世界命运的英德同盟正处于危急关头；另一面是这些微不足

---

① 《欧洲内阁的重大政治》第17卷第46页至第47页。——原注
② 《欧洲内阁的重大政治》第17卷第67页（1901年5月15日）。除了要求整个三国同盟纳入谈判中的英德联盟外，德意志第二帝国还规定：一旦定好条约，就将条约同时递交德意志第二帝国的帝国议会与英国议会。兰斯多恩侯爵亨利·佩蒂-菲茨莫里斯并不赞成德意志第二帝国提议的这种批准方式。——原注

道的钱财问题……多年来，一直努力促成英德结盟的人，如约瑟夫·张伯伦、德文公爵斯宾塞·康普顿·卡文迪什及其夫人路易莎·卡文迪什在满腹狐疑中忐忑不安地关注着事态的新发展。"

最终，1901年12月，保罗·沃尔夫·梅特涅在短暂拜访查茨沃斯庄园后，返回柏林的途中经过伦敦，与兰斯多恩侯爵亨利·佩蒂-菲茨莫里斯进行了一次会谈。为了此次会谈，兰斯多恩侯爵亨利·佩蒂-菲茨莫里斯中途离开了正在召开的内阁会议。布尔战争的局势正朝着有利于英军的方向发展，并且势必以英军大获全胜而告终。保罗·沃尔夫·梅特涅意识到英国已经无须依赖德意志第二帝国的善意。"牵制"英国的计划已经难以为继。于是，保罗·沃尔夫·梅特涅告诉兰斯多恩侯爵亨利·佩蒂-菲茨莫里斯，目前英国与德意志第二帝国不可能结盟。对于这样的结局，德意志第二帝国的感受可谓五味杂陈[①]。

这件事情过去几个月后，1902年2月26日，德皇威廉二世才从冯·埃克哈德斯坦那里得知，德意志第二帝国失去了与英国结盟的机会，错失了真心想要结盟的盟友。面对这种结局，他感到十分惊讶。此前，伯恩哈德·冯·比洛与弗里德里希·冯·荷尔斯泰因一直让德皇威廉二世确信不疑，英国并非真心想要结盟，德意志第二帝国一定要坚持有所保留的态度。就这样，德意志第二帝国错失了结盟良机。"1898年至1901年英国与德意志第二帝国谈判的初衷是一致的，那就是重建地缘政治。"显然，在冯·埃克哈德斯坦看来，美国将对英德同盟达成谅解，何况约瑟夫·张伯伦一心想要促成英德结盟。"约瑟夫·张伯伦的计划包含了化解1914年之前世界政治难题的方案。"[②]

这场旷日持久的英德结盟谈判以彻底失败而告终。兰斯多恩侯爵亨利·佩蒂-菲茨莫里斯曾在机要文件备忘录中抱怨道，德意志第二帝国永远不会提出任何明确的建议或条款。此话并非无中生有。在整个事件结束时，弗里德里

---

① 欧根·费希尔所著《弗里德里希·冯·荷尔斯泰因的失败》第296页至第297页。——原注
② 冯·埃克哈德斯坦所著《在英国圣詹姆斯宫的十年岁月》（1921年版）第184页、第185页、第207页至第209页、第211页至第212页与第221页。——原注

瓦伦丁·希罗尔

希·冯·荷尔斯泰因曾经在写给伦敦友人瓦伦丁·希罗尔的私人书信中说，德意志第二帝国代表从谈判开始便接到相关指示，"不要主动提出结盟问题，只被动接受英国提议再做讨论即可"①。事实上，人们或许会心生疑窦，德意志第二帝国外交部是否认真对待过结盟谈判。在同一封信中，弗里德里希·冯·荷尔斯泰因写道："我曾多次郑重表明，一旦索尔兹伯里侯爵罗伯特·加斯科因-塞西尔掌握了发言权，就肯定不会达成任何协议。"根据冯·埃克哈德斯坦的说法，弗里德里希·冯·荷尔斯泰因一直对索尔兹伯里侯爵罗伯特·加斯科因-塞西尔厌恶至极。德皇威廉二世在写给伯恩哈德·冯·比洛的信中称，英德结盟将让俄罗斯帝国与法国更加紧密地团结在一起。对此，伯恩哈德·冯·比洛评论说"千真万确"，并且补充说，结盟的必要条件是英国要保证德意志第

---

① 参见《英国政府公文汇编》第2卷第84页，1902年1月3日弗里德里希·冯·荷尔斯泰因写给希罗尔的信。——原注

帝国的领土完整,意指德皇威廉二世提出的要保证阿尔萨斯-洛林属于德意志第二帝国①。显然,德意志第二帝国提出这样的条件让结盟谈判根本无法进行。1901年11月,兰斯多恩侯爵亨利·佩蒂-菲茨莫里斯告诉代表保罗·哈兹菲尔德行使大使职责的冯·埃克哈德斯坦,正值英国议会进入尾声阶段,英国内阁工作过于繁忙,无暇考虑如此重大的问题。德意志第二帝国却认为受到了英国怠慢。兰斯多恩侯爵亨利·佩蒂-菲茨莫里斯曾在工作报告中指出:"不过,我认为双方都明白,会谈工作将在假期过后继续进行。"②然而,弗里德里希·冯·荷尔斯泰因说,英国利用保罗·哈兹菲尔德生病回国之机,"给德意志第二帝国下各种连环套"③。与此同时,德意志第二帝国发展海军的计划正在稳步推进。英国与德意志第二帝国这两个欧洲强国之间误解如此深,怎么可能会出现欧洲协调呢?早在1902年,冯·埃克哈德斯坦已经注意到了英国与法国团结一致的种种迹象。冯·埃克哈德斯坦在自己的一本书中曾这样写道:

"1902年2月8日,英国所有大臣与外交大使都参加了一场盛大的官方晚宴。此次宴会在爱德华七世居住的马尔博罗别墅举办。由于德意志第二帝国驻伦敦

马尔博罗别墅

---

① 《欧洲内阁的重大政治》第14卷第217页至第218页。——原注
② 《英国政府公文汇编》第2卷第77页,1901年11月11日兰斯多恩侯爵亨利·佩蒂-菲茨莫里斯备忘录。——原注
③ 《英国政府公文汇编》第2卷第84页,1902年1月3日弗里德里希·冯·荷尔斯泰因写给希罗尔的信。——原注

大使保罗·哈兹菲尔德正在国内养病,我作为德意志第二帝国大使馆代表收到了爱德华七世的邀请。晚宴过后,正当大家抽烟、喝咖啡的时候,我碰巧看到约瑟夫·张伯伦与皮埃尔·保罗·康邦走进了台球室。我一直注意着他们的一举一动,发现他们在一起谈笑风生,足足有二十八分钟。当然,我听不清他们具体在说什么,只听到两个词'摩洛哥'与'埃及'。"[①]

1898年,德意志第二帝国拒绝了英国的结盟提议,很有可能打算挑拨离间英国与法国之间的关系。1898年9月的"法绍达事件"[②]似乎印证了德意志第二帝国的想法。1899年春,据说法国向德意志第二帝国提供了"临时宿营地"。

爱德华七世

---

① 冯·埃克哈德斯坦所著《在英国圣詹姆斯宫的十年岁月》(1921年版)第228页。——原注
② 1898年,因争夺非洲殖民地,英国与法国产生一系列冲突,最终引发一场战争,即著名的法绍达战争。然而,这场战争仅仅持续了四个月,两国便握手言和。——译者注

奥斯坦-萨肯伯爵

1899年5月14日,伯恩哈德·冯·比洛对此事做出了评论。他说:"法国试图与我们冰释前嫌。对此,我们以礼相待,却并不抱任何幻想。"1899年5月,有迹象表明,俄罗斯帝国似乎提出与德意志第二帝国结盟。1899年5月5日,伯恩哈德·冯·比洛向俄罗斯帝国驻柏林大使奥斯坦-萨肯伯爵做出了回复。他说,法国必须与俄罗斯帝国一起同德意志第二帝国结盟,并且确保德意志第二帝国、法国与俄罗斯帝国的领土范围不变。奥斯坦-萨肯伯爵说,法国人实际上已经放弃了对阿尔萨斯-洛林的主权,只是碍于情面不愿通过正式声明的方式表达出来而已[①]。

显然,在布尔战争期间,没有哪个国家像德意志第二帝国一样大献殷勤。德意志第二帝国或许真正想要的是与英国结盟。当时,它未公开任何条件的原因是想要等待时机以获得最大利益。德意志第二帝国耐心等待着这样的机会。1901年6月1日,弗里德里希·冯·荷尔斯泰因在一份备忘录中写道:"此外,我们相信,历史发展的潮流将席卷人类设计的所有计划,很可能有一天就会把德意志第二帝国与英国推向同一战线。"[②]然而,德意志第二帝国拒绝了英国提议,偏离了历史潮流,将英国推入了另一个"体系"。

---

① 弗里德里希·施蒂弗所著《德意志第二帝国与欧洲》第53页至第54页;《欧洲内阁的重大政治》第13卷第265页至第266页。——原注
② 《欧洲内阁的重大政治》第17卷第87页至第88页。——原注

第 17 章
欧洲协调的衰落

精彩看点

防御同盟——意大利王国不是三国同盟的坚定追随者——《普里内蒂-巴雷尔协议》——英日同盟——《法英仲裁条约》——《英法协约》——新赫布里底群岛的归属问题——摩洛哥问题——《英法协约》改变了英国与法国之间的关系

20世纪头十四年的和平时期，所有欧洲强国都在武装自己。除此之外，欧洲列强很快便分裂为两大外交阵营。在这种情况下，欧洲协调依然有可能起作用，只是行动起来举步维艰。当欧洲协调召集会议时，各大国往往根据所处阵营采取行动（尽管并非总是如此）。同一个阵营的成员自动互相投票，而对立阵营成员也以类似方式行事。

当时，由于负责维护和平的国际联盟还未出现，列强之间不可避免地结成了防御同盟。于是，整个欧洲分裂为互相竞争的外交阵营。它们之间必然会出现互相竞争的局面。1914年8月1日，德意志第二帝国副外交大臣阿瑟·齐默尔曼称："这种万恶的同盟体系为现代社会埋下了祸根。"事实上，无从寻找造成外交阵营之间互相竞争的始作俑者。1882年，成立于1879年的德奥同盟变为三国同盟，形成了第一个外交阵营。1894年，法俄同盟成立。经历很长一段时间后，英法协约与英俄协约才分别于1904年与1907年成立，最终形成了第二个外交阵营。从和平友好的角度来看，外交阵营有利于实现力量平衡。一个阵营很强大，另一个阵营就不会轻易动武。然而，一旦一个阵营担心遭到另一个阵营攻击，非常想要抓住唯一可能获胜的机会，就一定会先发制人抢先攻击对方。这样一来，一场全面战争必然会爆发。此外，在任何一次欧洲会议或任何一般欧洲问题的讨论中，如果列强为了投票的目的而明显分成对立阵营，则必定事出有因。

事实上,意大利王国并不是三国同盟的坚定追随者。意大利王国是自由的、实行议会制的民族国家,而哈布斯堡王朝则是一个多民族国家,实行政教合一的专制制度。1882年,在三国同盟成立时,意大利王国坚持附加一项声明,即三国同盟不针对英国。意大利王国曾不断努力促成三国同盟与英国达成谅解,但最终并未能如愿。奥托·冯·俾斯麦下台后,意大利王国与奥匈帝国、德意志第二帝国的关系开始渐行渐远。它与奥匈帝国、德意志第二帝国关系的转折点出现在1896年。当时,意大利王国外交大臣阿尔贝托·布兰克男爵向奥匈帝国与德意志第二帝国分别送去一份备忘录,指出三国同盟需要与英国达成谅解。然而,奥地利与德意志第二帝国并未改变政策方向。此后,据权威人士透露,"再无三国同盟"。①

1900年,意大利王国与法国之间签署了友好协定(与三国同盟之下意大利王国需承担的义务并不冲突)。1900年12月,意大利王国承认摩洛哥王国属于法国势力范围,法国则承认的黎波里是意大利王国的领地②。1902年6月,当三国同盟续订时,意大利王国希望能增加一份声明,即"意大利王国承诺不做任何不利于法国的行动"。然而,德意志第二帝国与奥匈帝国拒绝了这一请求③。事实上,意大利王国同时秘密地向法国保证,"三国同盟续订不会对法国构成威胁,因为任何可能直接或间接侵害法国利益的内容将被排除在外"④。1902年11月1日,意大利王国首相朱利奥·普里内蒂与法国驻罗马大使卡米尔·巴雷尔会谈后,在一份秘密照会中宣布:"如果法国成为一个或多个大国直接或间接入侵的目标,意大利王国将严格保持中立。若法国遭受直接挑衅,为维护国家荣誉与安全而被迫主动宣战,意大利王国同样保持严格中立。在这种情况

---

① 《欧洲内阁的重大政治》第10卷第2369号文件附件,阿尔贝托·布兰克男爵的备忘录。——原注
② 阿尔弗雷德·弗朗西斯·普利布拉姆所著《奥匈帝国的秘密协定》(1921年版)第2卷第241页至第245页。《1900年至1902年法意协定》见《法国外交文献汇编》。——原注
③ 埃里希·勃兰登堡所著《从奥托·冯·俾斯麦到第一次世界大战》(1927年译本)第187页——原注
④ 阿尔弗雷德·弗朗西斯·普利布拉姆所著《奥匈帝国的秘密协定》(1921年版)第2卷第245页至第247页,1902年6月4日。——原注

阿尔贝托·布兰克男爵

朱利奥·普里内蒂

下，法国应事前将意图告知意大利王国。如此一来，意大利王国就能够确定是否存在直接挑衅。"①

意大利王国的这一声明并未违背三国同盟的约定。三国同盟本身就具有防御性质。然而，一位评论家认为："虽然1902年的《普里内蒂-巴雷尔协议》与意大利王国在三国同盟中的义务不冲突，却与三国同盟的精神与宗旨背道而驰。一旦法国发动进攻，意大利王国就不能帮助德意志第二帝国。然而，这恰好是三国同盟的主要目的之一。这一切将完全取决于意大利王国选择如何解释'直接挑衅'这个本质上意义模糊又富有弹性的概念。"②不过，也许有人会争辩说，《普里内蒂-巴雷尔协议》在三国同盟与法俄同盟这两个对立团体之间架起了一座桥梁。若事态发展得十分顺利，有可能会加强欧洲的整体协调。

然而，不幸的是，在接下来的十年，国际事务的发展趋势与欧洲协调的原则渐行渐远。因为与三国同盟或德奥同盟对立的另外一个"体系"已经出现，或者说正在形成。

事实上，20世纪建立的第一个同盟——英日同盟，并未促成大国分裂为两大外交阵营，也没有促使英国向法俄同盟靠拢。一切皆因日本帝国与俄罗斯帝国之间存在重大分歧。同样，英日同盟也没有与德意志第二帝国针锋相对。根据爱德华七世的一份备忘录可知，德皇威廉二世一直"极力主张英国与日本帝国结成紧密联盟"③。

1901年4月17日，在与英国外交大臣兰斯多恩侯爵亨利·佩蒂-菲茨莫里斯的谈话中，日本帝国驻伦敦大使林董男爵首先谨慎地做出解释，"他要表达的是个人观点，而非日本帝国授权的官方观点"。随后，他谈到了为保护两国在中国的利益而达成永久谅解的"必要性"。对此，兰斯多恩侯爵亨利·佩蒂-菲茨

---

① 阿尔弗雷德·弗朗西斯·普利布拉姆所著《奥匈帝国的秘密协定》（1921年版）第2卷第251页。——原注
② 西德尼·布拉德肖·费伊所著《世界大战的起源》（1928年版）第1卷第148页。——原注
③ 《英国政府公文汇编》第2卷第121页（1902年1月31日）。关于英日同盟起源还可参见A.M.普尔利编著的《林董男爵的秘密回忆录》（1915年）。——原注

莫里斯回答说，除非向他提出"实质性建议"，否则他无从发表意见。正是这番谈话开启了英日结盟的谈判。

1901年7月31日，在与林董男爵的另外一次会谈中，兰斯多恩侯爵亨利·佩蒂-菲茨莫里斯甚至说，英国与日本帝国在远东的政策十分相似，"一旦远东海域力量平衡受到严重威胁"，双方的行动有可能会指向同一个方向。爱德华七世在备忘录中表示："至关重要的是，在任何情况下，只要有可能，我们都应当给予日本帝国全力支持。"[1]

日本帝国很快就提出了"实质性建议"。"英国和日本帝国这两个强国都希望维护中国的独立与完整，并且在商业方面都希望维持'门户开放'政策。日本帝国的目标是确保英国支持上述政策的实施。日本帝国提议，如果日本被迫与多个大国开战，英国应承诺支持日本帝国。"与此同时，"日本帝国承诺，为了捍卫自己在中国的利益如果英国与多个大国开战，日本帝国将全力支持英国"。日本帝国还提议邀请德意志第二帝国加入英日同盟[2]。然而，英国不希望协议范围仅限于中国。兰斯多恩侯爵亨利·佩蒂-菲茨莫里斯宣称："最重要的是，英国与日本帝国不应该被其他国家的联合势力压倒。英国在远东一旦失去了海上强国地位，对日本帝国来说，将是一场灾难。无论这场灾难由远东争端引起，还是由其他地方的复杂矛盾引起，其实并不重要。"[3]无论如何，若要结盟，但凡涉及两个大国在印度问题上的争端，英国希望得到日本帝国援助[4]。然而，英国最终同意放弃这一特殊要求，所以与日本帝国最后签署的条约仅仅涉及远东[5]。

1902年1月30日，《英日同盟条约》在伦敦签署。在序言中，英国与日本帝

---

[1]《英国政府公文汇编》第2卷第92页。——原注
[2]《英国政府公文汇编》第2卷第97页，1901年10月16日。——原注
[3]《英国政府公文汇编》第2卷第99页。——原注
[4]《英国政府公文汇编》第2卷第99页。——原注
[5] 1905年，《英日同盟条约》续订时，日本为了回报英国承认其在朝鲜半岛的特权利，承诺在印度问题上帮助英国。——原注

国宣称结盟"纯粹出于维护远东现状与普遍和平的愿望",它们的共同利益是"……在中国与大韩帝国获得与其他国家平等的贸易机会。"

《英日同盟条约》最重要的是第二条。它规定缔约双方如何互相帮助,但前提条件如上所述,必须是缔约一方为了捍卫自身的利益而与其他国家发生战争。如果缔约一方仅与一个国家发生战争,另一方将"保持严格中立,并努力防止其他国家参与针对其盟友的敌对行动"。不过,"在上述事件中,一旦其他一个国家或多个国家加入针对盟国的敌对行动,另一方将提供援助,与其并肩作战;只有在缔约双方同意的情况下,才能实现和平"。

显而易见,正是因为俄罗斯帝国军队占领了满洲,并且将势力渗透到朝鲜半岛,英国与日本帝国才结为同盟。

英国认为,阻止俄罗斯帝国永久性控制满洲与朝鲜半岛,既符合日本帝国的利益,也符合中国与英国的利益。如果日本帝国因此对俄罗斯帝国发动战争,盟约就会立刻生效。不像三国同盟对条约内容秘而不宣,《英日同盟条约》的内容很快便公布了。日本帝国一直主张将条约的部分内容保密。不过,兰斯多恩侯爵亨利·佩蒂-菲茨莫里斯对林董男爵说:"我们肯定会被问及是否存在这样一份条约。既然有,我们就不应该否认。一旦承认条约存在,却拒绝公开内容,会令我们陷入进退两难的境地。"①

既然英德结盟谈判已经破裂,英国自然不想把德意志第二帝国纳入《英日同盟条约》。此外,英王爱德华七世认为,德意志第二帝国很乐意看到英国与日本帝国共同维护中国的领土完整及"门户开放"政策,因为这也符合德意志第二帝国的利益。美国也是如此。实际上,在《英日同盟条约》达成前,德意志第二帝国已经得知了条约的内容②。正如兰斯多恩侯爵亨利·佩蒂-菲茨莫里斯对林董男爵所说,对英国来说,英日同盟是"一个全新的开始",因为英国的一贯政策是"避免与他国结盟"。同时,对整个世界来说,这也是一个全新的开

---

① 《英国政府公文汇编》第2卷第104页,1901年12月19日。——原注
② 《英国政府公文汇编》第2卷第122页。——原注

漫画《英日同盟条约》：在这幅漫画中，俄罗斯以寓言的形式与法国一起观看了联盟的缔结。

始，因为英日结盟等于承认日本帝国是强国。日本帝国尽管并非东方大国，却因此提高了地位。

在独立同盟（不同于国际联盟盟约中设想的世界所有国家或多数国家的总联盟）中，没有比英日同盟更加健全的了。在满洲问题上，虽然日本帝国会与俄罗斯帝国动武，但英日同盟并不鼓励日本帝国与俄罗斯帝国开战。一旦战争来临，英日同盟就必定尽力将战争本地化，阻止第三国参战。这是英日同盟公开承诺的政策。除此之外，可以肯定的是，英日同盟有助于促进与扩大欧洲协调。因为与英国结盟后，日本帝国甚至参与了远东之外的国际事务，间接促成了日本帝国后来加入国际联盟并承担了重要工作。

英日结盟是有特定义务的同盟。它不仅有助于缩小东西方之间的差距，而且赋予日本帝国强国地位及大国应有的担当。英法协约则是一种截然不同的联合方式。英法协约并非联盟。正如皮埃尔·保罗·康邦向兰斯多恩侯爵亨利·佩蒂-菲茨莫里斯描述的那样，英法协约是"绥靖与谅解的产物"，其目标是"尽可能缓和两国之间的冲突，消除摩擦"[①]。英法协约不涉及武装支持，最多是双方的谅解，即一旦其他国家介入埃及问题、摩洛哥问题、西北非问题、纽芬兰岛问题、暹罗问题及新赫布里底群岛问题，在上述问题方面存在分歧的英国与法国必须在外交上互相支持。

在兰斯多恩侯爵亨利·佩蒂-菲茨莫里斯担任英国外交大臣期间，英国与法国构想并形成的协约缓和了它们之间的矛盾。一直以来，尖锐的矛盾不仅破坏了两国关系，而且严重影响了中欧与西欧的国际关系。无论从欧洲角度来看，还是从世界角度来看，建立英法协约都是一件十分有益的事情。事实上，兰斯多恩侯爵亨利·佩蒂-菲茨莫里斯离任后，英法协约已经成为两国默认的防御联盟。然而，这种演变不仅在协约国创立者制订协议时未提及，并且在1904年的协议文本中也无迹可寻。

---

① 《英国政府公文汇编》第2卷第345页与第350页。——原注

任何有助于消除国际偏见尤其是国际仇恨的事情都值得称道。1893年，英国驻巴黎大使达弗林伯爵弗雷德里克·坦普尔·汉密尔顿在一封加急电报中向政府提出了英法协约的想法。他以生动的文字形象地刻画出法国人对英国人的看法。他这样写道："恐怕我只能用'冤家路窄'来形容法国各阶层的人们对英国人的态度……法国人感觉，我们一直在世界各地抢占上风。每当法国人即将获得有利地位之时，英国人便会捷足先登。"达弗林伯爵弗雷德里克·坦普尔·汉密尔顿还说，尽管只涉及特定问题，"例如埃及问题、纽芬兰岛问题及暹罗问题"[1]，但法国人还是将愤怒的矛头公然指向英国。但事实上，法国人对英国人的成见由来已久，根深蒂固。达弗林伯爵弗雷德里克·坦普尔·汉密尔顿宣称，未来"我们还会在各种情况下，不得不与法国人狭路相逢"。

显而易见，英国与法国若一直针锋相对，不可能永远相安无事。两国如果不想办法和解，迟早会爆发战争。因此，对英国与法国说，协约谈判是一项值得称道的政治成就。就英国而言，国内并无影响谈判的阻力。因为英国人一向对外交事务不怎么感兴趣，政府与任何一个国家缔结友好条约，他们都会坦然接受。然而，根据1904年英国驻巴黎大使的报告显示，法国外交部长泰奥菲勒·德尔卡塞虽然一直主张与英国建立和谐关系，但几乎是一个人在努力。[2]

在促成建立英法协约这件事上，爱德华七世、兰斯多恩侯爵亨利·佩蒂-菲茨莫里斯与1898年开始担任法国外交部长的泰奥菲勒·德尔卡塞可谓是不谋而合。1903年5月，有关《法英仲裁条约》的协商问题摆在了两国面前。这一倡议由法国提出[3]。当月，爱德华七世根据英国内阁提议访问巴黎。在演讲

---

[1] 《英国政府公文汇编》第2卷第287页，1893年11月3日达弗林伯爵弗雷德里克·坦普尔·汉密尔顿写给阿奇博尔德·菲利普·普利姆罗斯的信。——原注
[2] 《英国政府公文汇编》第2卷第399页，1904年4月15日，爱德华·蒙森爵士写给兰斯多恩侯爵亨利·佩蒂-菲茨莫里斯的信。——原注
[3] 《英国政府公文汇编》第2卷289页；牛顿男爵托马斯·沃德豪斯·利所著《兰斯多恩侯爵亨利·佩蒂-菲茨莫里斯传》第279页与第292页，本书作者称爱德华七世为英法协约的创始人是"无稽之谈"。根据1929年11月3日《观察家》报道的一次会谈，兰斯多恩侯爵亨利·佩蒂-菲茨莫里斯本人曾指着壁炉说，爱德华七世没有签署协议，也没有制造"那块挡板"。——原注

中，爱德华七世热情洋溢地提及两国的友好传统。1903年7月，法国众议院副主席艾蒂安·克莱门泰尔去伦敦访问，与兰斯多恩侯爵亨利·佩蒂-菲茨莫里斯进行了多次会谈。艾蒂安·克莱门泰尔宣称，法国必须在摩洛哥王国占据优势地位。除此之外，他们还谈到其他悬而未决的问题。艾蒂安·克莱门泰尔访问伦敦后，1903年7月，法国总统埃米尔·弗朗索瓦·卢贝在外交部部长泰奥菲勒·德尔卡塞陪同下访问了伦敦。

在殖民地问题上，法国与英国之间不仅存在严重的分歧，而且发生了冲突。一方面，它们在埃及与摩洛哥的矛盾尤其突出。法国人一直因英国抢先在埃及确立了地位而感到懊恼，因为法国曾经也有机会在埃及取得相应地位。然而，正如直言不讳的皮埃尔·保罗·康邦所说，"法国错过了自己的机会"。另一方面，法国势力已经渗入阿尔及尔，摩洛哥王国也肯定会处于法国控制之下。如果事先没有做出安排，法国人出于根深蒂固的保护主义本能，必定会关闭所有贸易门户。在一份递交法国的照会草案中，兰斯多恩侯爵亨利·佩蒂-菲茨莫里斯写道，英国政府"非常重视"一项保留意见，即希望在摩洛哥王国获得平等的贸易与商业地位。英王爱德华七世删去了"非常重视"四个字，代之以"视为绝对有必要"（并且表示强调）[①]。毫无疑问，摩洛哥问题与埃及问题亟待解决。但除此之外，纽芬兰岛"条约海岸"[②]法国渔民权利之争也引发了诸多问题，尤其是纽芬兰岛居民特别不满。实际上，其他未解决的问题都很容易处理。不过，埃及问题与纽芬兰岛问题特别麻烦，因为这些问题由来已久，与法国人的传统与情感密切相关。根据1713年的《乌德勒支条约》与1783年的《凡尔赛条约》，法国人获得了在纽芬兰海岸部分陆地上捕鱼与晒鱼的权利。法国拒绝放弃这些权利，除非英国给予法国领土补偿。然而，在和平时期，任何国家都很难做到不受限制地放弃领土。索尔兹伯里侯爵罗伯特·加斯科因-塞西

[①] 《英国政府公文汇编》第2卷第400页。——原注
[②] 又称"法兰西海岸"。1713年，法兰西王国放弃被英国占领的纽芬兰岛后，英国允许法国渔民在这里捕鱼与晒鱼干。——译者注

艾蒂安·克莱门泰尔

埃米尔·弗朗索瓦·卢贝

尔与金伯利伯爵约翰·沃德豪斯在任期间，虽然英国与法国曾经进行了谈判，情况有所改善，但纽芬兰岛问题依然有可能进一步恶化[①]。

在英国与法国谈判的最终草案获批前，两国外交部门有条不紊地处理着相关事务，包括互换照会、进行会谈、制订计划与对立计划、反复修改、提出议案及反复修订。1904年4月8日，《英法协约》拟订，并在伦敦签署。不过，协约内容根本未提及两国进行军事合作的可能性。

金伯利伯爵约翰·沃德豪斯

[①] 格特鲁德·M.格温与查尔斯·W.塔克韦尔所著《查尔斯·迪尔克爵士传》第2卷第487页至第488页。——原注

《英法协约》的第一份文件主要涉及纽芬兰岛问题。根据1713年的《乌德勒支条约》与1783年的《凡尔赛条约》，法国人宣称有权在条约规定的海岸登陆、搭建木屋与晒鱼，并实际拥有近海捕鱼的垄断权。由于上述地区法律地位存在不确定性，不仅阻碍了整个纽芬兰岛的发展，而且阻断了对该岛全部海岸约三分之二面积的资本投资。《英法协约》取消了法国在条约海岸登陆的特殊权利，从而改变了上述状况。《英法协约》规定，法国渔民与英国渔民共同享有离岸领海的捕鱼权。《英法协约》要求对被剥夺条约海岸特权的法国公民进行赔偿。作为补偿，法国得到了非洲西部的三块土地。首先，法国在冈比亚的领土边界得到修正，并获得冈比亚河的通航权；其次，法国得到了冈比亚河口对面的洛斯岛（英国海军部称，洛斯岛具有建立海军基地的潜在价值）；最后，法属尼日利亚的边界得到修正，使法国获得了一条沟通尼日尔河与乍得湖的便捷路线。

《英法协约》的第二份文件涉及1896年做出的一项安排。它明确界定了英国与法国在暹罗王国特定地区的势力范围，两国同时宣称放弃兼并暹罗领土。关于马达加斯加岛，针对1897年法国兼并该岛后确立的保护关税制度，英国（根据英国与马拉加什前政府签订的条约）撤回了相关反对意见。作为回报，法国放弃了索要治外法权与桑给巴尔独立邮局的请求。虽然新赫布里底群岛的归属问题依然悬而未决，但两国一致同意，由指定委员会来解决两国公民在当地的土地纠纷[①]。

上述外交政策调整在英国与法国友好关系史上至关重要。然而，如果埃及问题与摩洛哥问题无法解决，它们之间根本无法真正建立友好关系。1904年4月8日签订的《英法协约》明确指出，法国"不会通过要求英国设置占领时限或以其他方式来阻碍英国在埃及的行动。"《英法协约》同意埃及解除阻碍发展的财政限制。当然，解除财政限制前，英国与法国必须与其他在埃及拥有传

---

① 1906年，英国与法国宣布共管新赫布里底群岛。——原注

统势力的国家磋商。不过,《英法协约》签订前,在双方交换的同文照会中,法国已经承认,英国有权要求法国在埃及问题上保持中立并给予积极的外交支持。当然,根据国际法,在必要的情况下,两国还应征得其他大国同意。然而,正如兰斯多恩侯爵亨利·佩蒂-菲茨莫里斯在写给爱德华·蒙森爵士的信中说:"只要英国与法国团结一致,其他大国似乎没有理由表示反对。"[①]因为其他大国在埃及的力量实在微不足道。在《英法协约》中,英国宣布无意改变埃及

爱德华·蒙森爵士

---

① 《英国政府公文汇编》第2卷第367页。——原注

的政治地位。英国还宣布遵守1888年10月29日《君士坦丁堡公约》规定，保证苏伊士运河的自由通航，但必须将其中的两种情况排除在外[①]。

关于摩洛哥问题，法国宣布，按照英国在埃及问题上的做法，法国无意改变摩洛哥王国的政治地位。与此同时，法国在摩洛哥王国的特权也得到英国的明确承认，"摩洛哥王国属于法国海外特殊势力范围。摩洛哥王国的秩序由法国负责维护，法国应为摩洛哥王国提供必要的政治改革、经济改革、财政改革及军事改革。"英国与法国宣布共同遵守埃及与摩洛哥的商业平等原则。三十年之内，它们均有责任反对征收关税或其他税收的不公平做法。爱德华七世认为，两国应当签订商业平等协议。不过，到目前为止，兰斯多恩侯爵亨利·佩蒂-菲茨莫里斯仅仅使法国人的贸易保护政策有所改变。

除了以上公布的条款，还有一些秘密条款并未在1904年公开。主要因为这些条款一旦公开，可能会冒犯西班牙王国。特别是，英国与法国一致同意，只要土耳其帝国苏丹停止行使主权，与梅利利亚、休达和其他西班牙王国领地相邻的摩尔人领土应当属于西班牙王国的势力范围；从梅利利亚到塞布河北岸高地附近的海岸，应当托管给西班牙王国，但不包括塞布河北岸高地。一旦西班牙王国同意在摩洛哥王国保持三十年的商业平等原则，并且不在梅利利亚与塞布河右岸高地之间的摩洛哥王国的海岸修建防御工事，这些秘密条款才会生效。它们的目的是"获取直布罗陀海峡的自由通航权"。直到1911年，这些秘密条款才公开。

十五年来，英国与法国之间一直存在十分严重的冲突与摩擦。《英法协约》彻底改变了这一局面。《英法协约》分别由独立签订的涉及争议领土的文件组成。不过，当签订的《英法协约》递交至兰斯多恩侯爵亨利·佩蒂-菲茨莫里斯手中时，他写信对爱德华·蒙森爵士说："重要的是，一方面，我们要将《英法协约》视作一系列独立文件；另一方面，我们要把它作为改善两国关系

[①] 参见本书第11章。——原注

的综合方案的一部分。"之前存在的各种问题导致英国与法国"针锋相对，形成了不公平竞争"，并且注定会引发"国际争端"。兰斯多恩侯爵亨利·佩蒂-菲茨莫里斯断言："一旦英国与法国愉快地达成谅解，结束存在利益冲突地区的敌对状态，就必定会实现双赢。我们或许应该有所期待，在双方拥有不同特许权的情况下，如果我们坦诚相待，承认彼此的合理需求与渴望，那么《英法协约》将成为维护国际友好关系及捍卫世界和平的先例。"除此之外，英国没有更多要求，也没有迹象表明法国对此有任何异议。

第 18 章

阿尔赫西拉斯会议

精彩看点

德意志第二帝国没有正式承认《英法协约》——德意志第二帝国发展海军舰队的计划——《比约克条约》——《法国－英国－西班牙王国协定》——德皇威廉二世访问摩洛哥王国港口城市丹吉尔——《马德里公约》——阿尔赫西拉斯会议——《阿尔赫西拉斯最终法案》

英法协约集团成立后第一年，欧洲列强关系或者说某些大国之间的关系受到震动，情况着实令人担忧。1906年，列强召开了一次欧洲会议，反映出大国之间矛盾重重，关系并不和睦。

德意志第二帝国之所以一直愤愤不平，是因为英国与法国未与自己协商就决定了摩洛哥王国的命运。《英法协约》主要内容公布时，德意志第二帝国并没有正式承认，而是小心翼翼地避开提问。总而言之，对于摩洛哥问题的解决方案，德意志第二帝国避免流露一丝认可态度①。后来，兰斯多恩侯爵亨利·佩蒂-菲茨莫里斯曾私下承认，没有向德意志第二帝国通报《英法协约》是"外交疏忽"②。随着英法协约集团形成，《英法协约》注定会在一定程度上弥合英国与俄罗斯帝国之间的鸿沟，德意志第二帝国失去了成为欧洲决策者与仲裁者的一切机会。尽管德意志第二帝国希望英国与俄罗斯帝国之间，或者更确切地说，英国与法俄联盟之间能够保持平衡，但（该政策的坚定支持者）弗里德里希·冯·荷尔斯泰因与伯恩哈特·冯·比洛拒绝了与任何一方结盟的机会③。

德意志第二帝国首脑表现出非常无能的一面，因为他们不希望发生战争。

---

① 《英国政府公文汇编》第3卷第61页，1905年3月23日弗兰克·拉塞尔爵士写给兰斯多恩侯爵亨利·佩蒂-菲茨莫里斯的信。又见第84号文件、第86号文件及第89号文件——原注
② 《英国政府公文汇编》第3卷第68页，1905年4月27日兰斯多恩侯爵亨利·佩蒂-菲茨莫里斯写给杜兰德的信。——原注
③ 埃里希·勃兰登堡所著《从奥托·冯·俾斯麦到第一次世界大战》（1927年译本）第207页至第208页。——原注

日俄战争期间，当俄罗斯帝国军队在远东地区发动大战之时，德意志第二帝国总参谋长阿尔弗雷德·冯·施里芬曾告诉首相伯恩哈德·冯·比洛，如果德意志第二帝国认为"有必要与法国开战"，现在就是千载难逢的有利时刻[1]。不过，伯恩哈德·冯·比洛并未采取任何措施充分利用这个机会。

阿尔弗雷德·冯·施里芬

---

[1] 《欧洲内阁的重大政治》第19卷第174页至第175页（1904年4月19日）。——原注

尽管如此,德皇威廉二世与伯恩哈德·冯·比洛及弗里德里希·冯·荷尔斯泰因采取的措施依然极有可能触发一场欧洲战争。1900年,义和团运动曾经让德皇威廉二世感到十分恐慌。这种由"黄祸论"[①]带来的恐惧感令他在1904年如同惊弓之鸟。他在给德意志第二帝国驻东京大使的加急电报空白处批注道:"战争将到来。整个欧洲作为'合众国',将在德意志第二帝国领导下团结起来捍卫其最神圣的财产。我很清楚,我们必须与日本帝国进行殊死搏斗。"[②] 德皇威廉二世的主张被直接传达给了德意志第二帝国驻外大使。1904年10月,当俄罗斯帝国拼命在远东地区增加海军力量时,德皇威廉二世将《巴黎条约》与《伦敦条约》的规定抛在脑后,竟然提议沙皇尼古拉二世派遣黑海舰队通过达达尼尔海峡。现在可以肯定的是,在这种情况下,英国肯定会反对俄罗斯帝国派遣舰队。1904年4月29日,兰斯多恩侯爵亨利·佩蒂-菲茨莫里斯曾给英国

---

① "黄祸论"是一种极端民族主义理论,形成于19世纪。该理论宣扬黄种人的存在使对白人的威胁,全世界的白人应该联合起来对付黄种人。19世纪末20世纪初,"黄祸论"甚嚣尘上,矛头指向中国和日本帝国等黄色人种的国家。一般认为,最早系统论述"黄祸论"的人是俄国无政府主义者米哈伊尔·亚历山大罗维奇·巴枯宁。1873年,他出版了《国家制度和无政府状态》一书。书中露骨地阐述了"黄祸论"。1895年,德意志第二帝国皇帝威廉二世开始在公开场合鼓吹"黄祸论"。为了起到煽动人心的效果,他命令宫廷画家赫尔曼·奈克法斯根据他想象中的"黄祸"景象画了一幅画。印刷后,他将之送给自己的亲友、大臣和欧洲其他主要国家的统治者。画名就叫"黄祸",画中七位天使一样的人物分别代表德意志第二帝国、英国、法国、意大利王国、奥匈帝国、俄罗斯帝国这七个西方国家。她们拿着长矛与盾牌站在一处悬崖上,头顶是一个大十字架的背景,大天使米歇尔站在崖边,表情严肃地说:"欧洲国家联合起来! 保卫你们的信仰与你们的家园!" 在悬崖深渊、隐约的山河的那一边,半空中悬着一团奇形怪状的乌云,乌云中心闪现着被一团火焰环绕的佛陀的坐像。佛陀骑在一条中国式的恶龙身上。其寓意是信奉基督教的国家与信奉佛教的国家不可共存。之后,西方国家很快出现了不少关于"黄祸论"的文章和专著。有的黄祸论鼓吹者竟然说"一旦千百万中国人意识到自己的力量,就会给西方文明带来灾难和毁灭"。他们宣扬中国人等黄种人对西方白种人构成严重威胁,企图以此论证西方列强侵略中国有理。一系列侵略激起了中国人民的反抗,刺激了中国人民的觉醒,促使中国人民投入反侵略的斗争。需要注意的是,美国作家杰克·伦敦于1904年发表《黄祸》一文,1908年和1910年分别写了两部小说《中国佬》和《空前绝后的入侵》,以及其他涉及中国海外移民题材的《白与黄》《黄丝帕》《陈阿春》《阿金的眼泪》等多篇作品。在这一连串精心炮制的"黄色传说"里,杰克·伦敦抨击中国人为"劣等民族",是对白人世界构成威胁的"黄祸",必须对之实施"种族灭绝"。——译者注
② 《欧洲内阁的重大政治》第19卷第211页至第212页(1904年8月11日);谈及"欧洲统一阵线",德皇威廉二世使用了法语词Etats Unis de L'Europe。——原注

驻外使馆发了加急电报。最近，加急电报的内容被公开了。在加急电报中，兰斯多恩侯爵亨利·佩蒂-菲茨莫里斯非常明确地指出："英国绝对无法容忍俄罗斯帝国黑海舰队为攻打我们的远东盟友而通过达达尼尔海峡。"①

可见，德皇威廉二世在不经意间已经引火烧身。然而，他与德意志第二帝国政府并非完全无辜。德意志第二帝国极力推进发展海军舰队的计划，导致其与英国的紧张关系不断升级。伯恩哈特·冯·比洛十分清楚，英国对此事十分敏感。他向德皇威廉二世指出，德意志第二帝国的政策是"充满耐心与善意地度过接下来的几年，不要给人任何值得怀疑的理由"。不过，他还补充说，与此同时，德意志第二帝国可以继续增强海军舰队的力量。伯恩哈特·冯·比洛借用自己最喜欢的典故打了个比方。他说，德意志第二帝国的处境正如当年雅典人建造延伸至比雷埃夫斯港的长墙。在完工前，他们必须想方设法避开"斯巴达人的强大力量"②。如果英国有理由对德意志第二帝国扩大舰队规模表示不满，那么德意志第二帝国就有理由说，英国舰队与法国舰队分别在同一时间于北海及地中海集结，让德意志第二帝国感觉自己孤立无援。显然，此次行动是英国与法国共同决定的策略，尽管该策略未在《英法协约》中出现。英法协约集团开始呈现军事同盟的一面。欧洲确实需要启动和平机制。事实证明，这一机制在1904年并非毫无效力。

1904年10月21日夜晚，俄罗斯帝国波罗的海舰队离开多格海岸向远东进发。由于误以为日本帝国鱼雷快艇混在英国渔船中，波罗的海舰队在慌乱中向英国渔船开了火，击沉了两艘英国渔船，造成英国渔民丧生。波罗的海舰队因判断失误而犯下的暴行是不可原谅的。波罗的海舰队指挥官本来应当采取谨慎合理的措施来核实情况。毕竟，日本帝国鱼雷快艇不太可能出现在距离本国四千英里的北海上。事实上，德意志第二帝国事先收到了"警告"，说日本帝国特工准备在卡特加特海峡埋设地雷。不过，德意志第二帝国并未将情报传递给

---

① 《英国政府公文汇编》第2卷第401页。——原注
② 《欧洲内阁的重大政治》第19卷第373页（1904年12月26日）。——原注

阿瑟·詹姆斯·贝尔福

俄罗斯帝国[①]。英国舆论本来支持英国与俄罗斯帝国开战，但阿瑟·詹姆斯·贝尔福与英国内阁表现得非常冷静与克制，将争端交由调查委员会进行处理。调查委员会根据《1899年海牙公约》专门和平解决国际争端的规定而成立。1905年1月19日，调查委员会在巴黎开庭。1905年2月23日，它提交了调查报告。虽然俄罗斯帝国代表表示反对，但调查委员会多数人认为，现场并没有日本帝国鱼

[①] 《欧洲内阁的重大政治》第19卷第281页（1904年10月13日保罗·沃尔夫·梅特涅的原话），同时参见曼弗雷德·冯·里希特霍芬的旁注。——原注

雷艇，波罗的海舰队指挥官没有理由开火。俄罗斯帝国应当支付英国六万五千英镑的赔偿金。

日俄战争结束前，德皇威廉二世差点通过《比约克条约》与俄罗斯帝国结成防御联盟。不过，《比约克条约》最终流产。由于在远东连吃败仗（尤其是在1905年5月28日的对马海战中，波罗的海舰队被摧毁），沙皇尼古拉二世万分沮丧。1905年6月23日，当沙皇尼古拉二世与德皇威廉二世在芬兰的比约克会面时，德皇威廉二世带来了一份现成的条约草案。沙皇尼古拉二世感动地说，德皇威廉二世是自己唯一的朋友，热泪盈眶地签署了条约草案。条约草案规定，一旦俄罗斯帝国或德意志第二帝国遭受欧洲强国进攻，双方有义务支持彼此的防御。在条约草案正式批准前，不得将条约内容告知法国。如此一来，法国将别无选择，只能加入俄德联盟。

伯恩哈特·冯·比洛事先知道德皇威廉二世的意图，甚至给了他一份条约草案，供他与沙皇尼古拉二世谈判时使用。不过，当《比约克条约》呈现在自己面前时，伯恩哈特·冯·比洛大吃一惊，还威胁说要辞职。面对伯恩哈特·冯·比洛拒不接受的态度，德皇威廉二世感到不知所措。于是，他写信给伯恩哈特·冯·比洛说："对我和国家来说，你的个人价值是世界上任何条约的十万倍……给我拍电报报个平安，让我知道你会继续留任。如果你辞职，我不会苟活到第二天。只是可怜了我的妻小！"[①]最终，伯恩哈特·冯·比洛同意继续留任。

1905年11月23日，沙皇尼古拉二世写信给德皇威廉二世称，《比约克条约》不适用于德意志第二帝国与法国之间的战争。显然，沙皇尼古拉二世是在通知取消《比约克条约》。毫无疑问，正是在俄罗斯帝国外交大臣弗拉基米尔·尼古拉耶维奇·兰姆斯多夫伯爵建议下，沙皇尼古拉二世取消了条约。当沙皇尼古拉二世将条约草案交给弗拉基米尔·尼古拉耶维奇·兰姆斯多夫伯爵看

---

① 《欧洲内阁的重大政治》第19卷第497页至第498页。"报平安"是德皇威廉二世的原话。——原注

过后，弗拉基米尔·尼古拉耶维奇·兰姆斯多夫伯爵说该条约与俄罗斯帝国对法国的承诺不符。德皇威廉二世孤注一掷，想要拉拢俄罗斯帝国，却以失败而告终。此后，德意志第二帝国的国际地位"明显下降"[①]。

"比约克事件"实在令人百思不得其解，竟然发生在由摩洛哥问题引发的严重欧洲危机期间。通过报纸了解到《英法协约》签订消息与内容时，德意志第二帝国首先倾向与英国签订类似的协约，以解决两国之间存在分歧的具体问题。1904年5月18日，英国驻柏林大使弗兰克·拉塞尔斯爵士在新宫与德皇威廉二世共进午餐后，向英国外交部汇报说："会谈快结束时，德皇威廉二世告诉我，德意志第二帝国正在着手准备提案，希望与英国达成一项协议，类似于英国与法国最近达成的协议，以解决两国之间所有悬而未决的问题。"[②]这表明《英法协约》的原则可以延伸为有利于欧洲和平与安全的原则。不过，弗兰克·拉塞尔斯爵士提及的想法没有任何结果。德意志第二帝国外交部正在准备

新宫

---

① 弗里德里希·施蒂弗所著《德意志第二帝国与欧洲》第71页。——原注
② 《英国政府公文汇编》第3卷第1章第1号文件。——原注

中的提案最终也没有递交给英国。英国与德意志第二帝国最后一个难得达成谅解的有利时机就这样悄无声息地擦肩而过。

德意志第二帝国外交部的下一个计划是通过引人瞩目的举动，向英国与法国表明德意志第二帝国在摩洛哥王国的利益不容忽视。德意志第二帝国义愤难平的确事出有因。英国与法国并未将《英法协约》内容正式通知德意志第二帝国。实际上，德意志第二帝国并未意识到，《英法协约》签署前，在英国与法国长时间谈判及照会过程中，自己一直被冷落。1890年至1906年，弗里德里希·冯·荷尔斯泰因撰写的备忘录几乎决定着德意志第二帝国的政策。他坚持认为，德意志第二帝国在摩洛哥问题上必须立场坚定，不是为了物质利益，而是为了国家声誉[①]。德意志第二帝国态度如此强硬，绝非无理取闹。根据英国现在公开的文件可知，在《英法协约》签署前整个谈判过程中，提及德意志第二帝国仅仅三次。1903年8月5日，当兰斯多恩侯爵亨利·佩蒂-菲茨莫里斯问皮埃尔·保罗·康邦，针对《法国-英国-西班牙王国协定》规定的摩洛哥王国的海岸不应设防，德意志第二帝国会有何看法？这是第一次提及德意志第二帝国。对此，皮埃尔·保罗·康邦说，德意志第二帝国曾经希望在穆卢耶河河口建立加煤站，"不过，最近并未听说德意志第二帝国在摩洛哥王国有任何新计划"。第二次提及德意志第二帝国是1903年10月7日兰斯多恩侯爵亨利·佩蒂-菲茨莫里斯向法国发出的警告。他说："德意志第二帝国正以忌妒的目光注视着法国。法国要考虑到德意志第二帝国可能会借机生事。"第三次，1903年12月9日，皮埃尔·保罗·康邦第三次提及了德意志第二帝国。根据兰斯多恩侯爵亨利·佩蒂-菲茨莫里斯的说法，"在一次偏离主题的谈话中，皮埃尔·保罗·康邦曾谈及所谓的'德意志第二帝国的摩洛哥计划'"[②]。如果事实果真如此，不仅皮埃尔·保罗·康邦相信德意志第二帝国对摩洛哥王国有所图谋，而且兰斯多恩侯爵亨利·佩蒂-菲茨莫里斯也认为法国需要关注德意志第二帝国对摩洛哥问题

---

① 1927年7月《柏林月刊》第668页所载B.施韦特费格的文章。——原注
② 《英国政府公文汇编》第2卷第307页、第318页与第332页。——原注

的态度。那么,英国与法国在协约谈判过程中并未征求德意志第二帝国意见,也未获得德意志第二帝国对《摩洛哥公约》的认可,的确不合常理。

为了引起人们重视,遭到冷遇的德意志第二帝国外交部建议德皇威廉二世专程访问摩洛哥王国的港口城市丹吉尔。在伯恩哈特·冯·比洛与弗里德里希·冯·荷尔斯泰因的坚持下,德皇威廉二世最终表示同意。他可能觉得1904年3月16日自己在维戈向西班牙国王阿方索十三世发表过对摩洛哥王国的领土不感兴趣的声明,这在一定程度上束缚住了自己与首相,无法施展拳脚。当时,

西班牙国王阿方索十三世

第18章 阿尔赫西拉斯会议 313

德皇威廉二世曾说，德意志第二帝国"不想要摩洛哥王国的土地"，在摩洛哥王国的唯一兴趣是商业，"希望摩洛哥王国开放港口、授予铁路特许权与进口制成品"[①]。不过，德意志第二帝国仍然有权要求英国与法国不得擅自通过私下协议来决定这些利益。德意志第二帝国对摩洛哥王国苏丹阿卜杜勒·阿齐兹不能公平对待德意志人表示不满。德皇威廉二世告诉伯恩哈特·冯·比洛，不公平待遇问题应当在欧洲层面解决。他告诉海因里希·冯·齐尔斯基："针对摩洛哥王国态度的补救措施不仅符合德意志第二帝国的利益，也符合整个欧

摩洛哥王国苏丹阿卜杜勒·阿齐兹

[①] 《欧洲内阁的重大政治》第17卷第363页至第365页及第12卷第268页。西德尼·布拉德肖·费伊所著《世界大战起源》（1928年版）第1卷第160页；1929年7月《柏林月刊》第667页。——原注

洲的利益。德意志第二帝国十分乐意得到法国、西班牙王国与英国的支持，以适当措施恢复欧洲人在摩洛哥王国受损的声誉。"①

由此可见，德皇威廉二世很可能并不支持丹吉尔之行。因为他心知肚明，丹吉尔之行具有决定性意义，这种强硬的政治手段将破坏他希望促进的有关摩洛哥问题的国际合作。甚至在同意前往丹吉尔后，德皇威廉二世试图推迟访问或者以纯粹私人身份进行访问。不过，伯恩哈特·冯·比洛坚持德皇威廉二世按原定计划行事②。1905年3月31日，德皇威廉二世抵达丹吉尔。在必不可少的公开演讲环节，他宣称视摩洛哥苏丹阿卜杜勒·阿齐兹为国家元首，将与阿卜杜勒·阿齐兹进行直接接触。对于德皇威廉二世的演讲，法国感到愤怒与震惊。英国驻马德里大使阿瑟·尼克尔森爵士（即后来的卡诺克勋爵）告诉法国

阿瑟·尼克尔森爵士

---

① 《欧洲内阁的重大政治》第20卷第200页（1904年4月3日）。——原注
② 埃里希·勃兰登堡所著《从奥托·冯·俾斯麦到第一次世界大战》（1927年译本）第220页至第221页。《欧洲内阁的重大政治》第20卷第262页，第263页至第264页，第272页至第287页；《欧洲内阁的重大政治》第19卷第479页。——原注

驻马德里大使,并向兰斯多恩侯爵亨利·佩蒂-菲茨莫里斯汇报,德意志第二帝国向丹吉尔派遣一艘军舰是"完全合法的"。这其实等于"提醒各国,德意志第二帝国在摩洛哥问题上完全有行动自由"①。

德意志第二帝国担心法国打算单独控制摩洛哥王国。根据法国人一贯的"贸易保护主义本能"②,其结果将是关闭贸易之门。兰斯多恩侯爵亨利·佩蒂-菲茨莫里斯未能使德意志第二帝国注意到1904年4月8日《英法协约》第四条——事实上,它只承诺了三十年的商业平等。德意志第二帝国有理有据地宣称,欧洲各国在摩洛哥王国的利益由1880年7月3日的《马德里公约》③及相关条约界定。有关摩洛哥王国国际事务的任何改变,必须经过所有缔约国同意。基于上述原因,召开国际会议的请求——德意志第二帝国只是非正式提议,并未正式提出,而是以摩洛哥王国苏丹阿卜杜勒·阿齐兹的名义提出召开国际会议——完全合乎情理。

事实上,德皇威廉二世访问丹吉尔并发表演讲并非事发突然。早在五个月前,即1904年11月,德意志第二帝国驻菲斯④公使馆已经通知法国公使馆,德意志第二帝国希望就摩洛哥问题与法国达成共识。然而,直到1905年2月,法国公使馆才将德意志第二帝国的通知转交法国外交部。⑤

法国外交部长泰奥菲勒·德尔卡塞认为,德意志第二帝国召开国际会议的请求实际上是一种挑衅,法国应当抵制。由于未能说服总理莫里斯·鲁维埃和其他内阁成员接受自己的提议,1905年6月6日泰奥菲勒·德尔卡塞辞去外

---

① 《英国政府公文汇编》第3卷第59页,1905年2月12阿瑟·尼克尔森爵士写给兰斯多恩侯爵亨利·佩蒂–菲茨莫里斯的信。——原注
② 《英国政府公文汇编》第3卷第150页,1904年11月15日爱德华·蒙森爵士写给兰斯多恩侯爵亨利·佩蒂–菲茨莫里斯急件中的原话。——原注
③ 由英国、德意志第二帝国、奥匈帝国、法兰西王国、意大利王国、西班牙王国、葡萄牙王国、荷兰王国、丹麦王国、瑞典王国及美国共同签署。——原注
④ 菲斯是摩洛哥王国历史文化名城,北非史上第一个伊斯兰城市,也是摩洛哥王国的宗教、文化与艺术中心。——译者注
⑤ 《英国政府公文汇编》第3卷第67页。——原注

法国总理莫里斯·鲁维埃

交部部长一职。实际上,法国总理莫里斯·鲁维埃拒绝抵制德意志第二帝国召开国际会议的请求,反对采取有可能与德意志第二帝国动武的措施。莫里斯·鲁维埃甚至首先通过非官方渠道借助"私人关系",后来才正式与德意志第二帝国驻巴黎大使接触。他希望德意志第二帝国考虑通过赔偿换取其在摩洛哥问题上对法国的善意。他还进一步提议,按照英法协约的模式解决法德之间在殖民地上的突出问题[1]。然而,偏执、狭隘的伯恩哈特·冯·比洛与弗里德里希·冯·赫尔斯泰因不仅坚持召开国际会议的请求,而且向德皇威廉二

---

[1] 埃里希·勃兰登堡所著《从奥托·冯·俾斯麦到第一次世界大战》(1927年译本)第223页至第225页。《欧洲内阁的重大政治》第20卷第356页、第360页、第362页、第425页。——原注

世隐瞒了莫里斯·鲁维埃的提议。德皇威廉二世得知此事后,便派人拿来了相关文件。读完文件后,他说:"如果我知道这件事,会当即表示同意,就不会举行什么荒谬的阿尔赫西拉斯会议了。"①当然,伯恩哈特·冯·比洛与弗里德里希·冯·荷尔斯泰因向德皇威廉二世隐瞒事实,避而不谈法国多次提出的微小让步,的确属于失职之举。不过,这并不意味着德意志第二帝国要求召开国际会议解决摩洛哥问题是一个错误决定。

德意志第二帝国不仅迫切想要召开国际会议,而且想得到摩洛哥王国的一个港口作为供煤站。1905年4月22日,兰斯多恩侯爵亨利·佩蒂-菲茨莫里斯写信给英国驻巴黎大使弗朗西斯·伯蒂爵士说:"现在授权你通知法国外交

弗朗西斯·伯蒂爵士

---

① 埃里希·勃兰登堡所著《从奥托·冯·俾斯麦到第一次世界大战》(1927年译本)第250页,1907年8月31日海因里希·冯·齐尔斯基的报告。——原注

部部长泰奥菲勒·德尔卡塞,我们准备与法国一起强烈反对国际会议提议。"弗朗西斯·伯蒂爵士把这一消息转达给法国外交部部长泰奥菲勒·德尔卡塞,并留下一份备忘录。一个月后,兰斯多恩侯爵亨利·佩蒂-菲茨莫里斯评论道:"我想这就是进攻与防御联盟的起源"。泰奥菲勒·德尔卡塞和许多法国人及德意志第二帝国似乎都认为,法国拒绝德意志第二帝国召开国际会议的请求是因为可以仰赖英国的武力支持,并且英国实际上已经提议建立军事同盟。然而,事实上,英国并未做出这种保证或建议。弗兰克·拉塞尔斯爵士汇报了与伯恩哈德·冯·比洛的谈话内容。在这次会谈中,伯恩哈德·冯·比洛曾提到,德意志第二帝国外交部已经得到英国向法国提出的针对德意志第二帝国结成进攻与防御联盟的消息。在一份加急电报的空白处,爱德华七世做出的批注与伯恩哈特·冯·比洛的说法大相径庭。爱德华七世写道:"这消息也太不灵通了。"在随后一份提到所谓"结盟提议"的加急电报中,爱德华七世反驳道:"这简直荒谬透顶,纯属无稽之谈!"1905年6月16日,兰斯多恩侯爵亨利·佩蒂-菲茨莫里斯向保罗·沃尔夫·梅特涅做出明确声明,"英国与法国未提出也未讨论进攻与防御同盟"①。

1906年1月16日,关于摩洛哥问题的国际会议召开。会议一直持续到1906年4月7日。《马德里公约》的签署国出席了这次会议。在此次会议上,由于英国给予法国坚定的外交支持,德意志第二帝国并未能取得有利地位。俄罗斯帝国因远东战争失利而削弱了实力,自然想方设法去维护与法国结成的坚固联盟(甚至通过传阅照会向与会国公开这一主张)。②西班牙王国已经与法国在摩洛哥问题上达成了共识③。在罗斯福政府时期,美国与德意志第二帝国关系一直不好。早在1902年,意大利王国与法国已经就的黎波里问题及摩洛哥问题达成

---

① 关于英国对法国做出所谓"保证"文件见《英国政府公文汇编》第3卷第72页与第87页。——原注
② 亚历山大·伊兹沃尔斯基所著《回忆录》第36页。——原注
③ 关于《1904年10月6日宣言》见皮埃尔·阿尔宾的《伟大的政治之路》(1921年版)第391页。——原注

阿尔赫西拉斯会议

协议。因此，在会议上，除了奥匈帝国，德意志第二帝国没有其他朋友，而奥匈帝国对摩洛哥问题根本不感兴趣。1906年4月7日签署的《阿尔赫西拉斯最终法案》充分体现了法国的利益诉求，但也给了其他国家明确的保证。《阿尔赫西拉斯最终法案》主要内容如下：

摩洛哥王国的警察由苏丹领导，但在未来五年内，西班牙王国官员与法国官员将共同组织警力，相关费用由摩洛哥王国支付。瑞士联邦的一名高级军官将在丹吉尔担任摩洛哥王国警察总监五年。

成立摩洛哥国家银行，其总部设在丹吉尔。由四名审查员组成的委员会监督国家银行的运作。四名审查员分别由英格兰银行、西班牙银行、法兰西银行与荷兰银行任命。摩洛哥国家银行的资金将由阿尔赫西拉斯会议成员国平均分摊（实际上，每个成员国将指定一家本国银行或财团），各国将分别认购适当资金。

在向外国人提供的公共工程或公共服务的全部特许权方面，必须允许签署国侨民进行公开竞争或招标。

《阿尔赫西拉斯最终法案》重新将摩洛哥问题纳入国际会议讨论范围，保障了《马德里公约》签署国的利益，从而解决了1904年被《英法协约》忽略的问题。在阿尔赫西拉斯会议召开期间，德皇威廉二世曾写信给伯恩哈特·冯·比洛一针见血地指出，在英国主导下，北非将成为"拉丁"区。他说："你告诉我，维斯孔蒂-维斯塔诺侯爵越来越倾向于承认法国的主张。其实，

维斯孔蒂-维斯塔诺侯爵

有一个号称反对德意志第二帝国的'拉丁联盟',该组织受到旅居伦敦的德意志人支持。在英国的支持下,'拉丁联盟'很可能早就通过互相让步,将整个非洲海岸一直到地中海沿岸的大片地区分割完毕,却把德意志第二帝国排除在外。如此一来,根据英国与法国之间的友好协约,霍雷肖·纳尔逊时代遗留的'地中海问题'便不复存在,英国可以大规模减少驻扎在马耳他的海军舰队,从而把更多军舰补充至北海舰队。"[①]

[①] 根据1928年11月22日《泰晤士报》转载的《柏林日报》消息。维斯孔蒂-维诺斯塔侯爵是意大利王国外交大臣。——原注

第 19 章
英法协约集团的演变

> 精彩
> 看点

英国外交大臣爱德华·格雷爵士——外交支持的条约义务——查尔斯·雷平顿上校与维克多·休格特少校——英国军队与法国军队的定期交流——比利时王国的中立地位——"英法军事协定几乎已经成形!"——孤立无援的德意志第二帝国

由兰斯多恩侯爵亨利·佩蒂-菲茨莫里斯谈成的《英法协约》绝对没有任何军事意义。然而，《英法协约》确实意味着（并且在书面文件中明确规定了）外交支持。在召开阿尔赫西拉斯会议前进行协商的过程中，兰斯多恩侯爵亨利·佩蒂-菲茨莫里斯重申了外交支持的义务[①]。就在此次会议召开前，英国外交大臣兰斯多恩侯爵亨利·佩蒂-菲茨莫里斯服务的阿瑟·詹姆斯·贝尔福政府集体辞职。在新一届政府——亨利·坎贝尔-巴纳曼政府担任外交大臣的爱德华·格雷爵士接手了前任兰斯多恩侯爵亨利·佩蒂-菲茨莫里斯的所有安排。在给阿瑟·尼克尔森爵士的指示中（包括任命阿瑟·尼克尔森爵士为出席阿尔赫西拉斯会议的英国代表），爱德华·格雷爵士写道："总的来说，你根据1904年4月8日《英法协约》的第二条和第九条，在埃及问题与摩洛哥问题上，诚恳地支持法国代表的提议。"[②]

在爱德华·格雷爵士担任外交大臣的最初七年，1904年《英法协约》发生了一些变化，或者说英国在摩洛哥问题上给予法国的外交支持似乎演变成了一项义务，即法国若遭受德意志第二帝国攻击，英国应提供陆军支持与海军支持。事实上，英国肯定没有这样做的条约义务，但英国人对法国抱有期望，并

---

① 《英国政府公文汇编》第3卷第118页至第119页（1905年7月12日第152号文件）。——原注
② 《英国政府公文汇编》第3卷第151页（1905年12月14日）。——原注

温斯顿·丘吉尔

做出了相应的安排，不会让英国政府完全袖手旁观。1911年至1915年担任英国海军大臣的温斯顿·丘吉尔这样写道："显然，《英法协约》及1906年以来进行的海军与陆军对话，已经彻底让我们陷入有履行盟友义务却没有任何优势的处境。"①

由外交支持的条约义务向军事支持谅解的演变过程，很可能始于英国外交大臣兰斯多恩侯爵亨利·佩蒂-菲茨莫里斯对德意志第二帝国驻伦敦大使保罗·沃尔夫·梅特涅说过的一番话。他原话的大致意思是，他个人认为，一旦法国遭受德意志第二帝国攻击，根据《英法协约》关于摩洛哥问题的谅解，英国人的反应必然十分强烈，英国政府根本无法保持中立。1906年1月24日，爱

① 温斯顿·丘吉尔所著《世界危机》第1卷第205页。——原注

德华·格雷爵士继任外交大臣后,他站在个人角度向保罗·沃尔夫·梅特涅重新阐释了这段话。一个星期过后,爱德华·格雷爵士将此事告诉了皮埃尔·保罗·康邦,并画蛇添足地补充道,他有理由知道这番话在柏林是否得到了公正报道。他还向皮埃尔·保罗·康邦信誓旦旦地保证,他的这番话在确保和平方面与正式同盟一样具有同样的道德效力①。其结果可想而知,那就是德意志人也认为,一旦德意志第二帝国因摩洛哥问题攻击法国,英国肯定会为法国而战。不过,随着阿尔赫西拉斯会议召开,这场特殊的摩洛哥危机通过外交手段

爱德华·格雷爵士

---

① 《英国政府公文汇编》第3卷第180页。爱德华·格雷爵士所著《二十五年间》(1926年版)第1卷第79页。这是爱德华·格雷爵士第二次向皮埃尔·保罗·康邦表达自己的"个人观点",即英国将在摩洛哥问题上给予法国军事支持。参见《英国政府公文汇编》第3卷第170页及爱德华·格雷爵士所著《二十五年间》第1卷第73页(1906年1月10日)。——原注

得到解决。不过,达成摩洛哥问题谅解的英国负责人与法国负责人依然认为,一旦法国遭到德意志第二帝国进攻,英国将提供军事支持。英国与法国有这种认识的根源是英国总参谋部与法国总参谋部在政府与外交部授权下进行了多次陆军与海军对话。

显而易见,由法国人率先提议进行军事对话。他们通过《泰晤士报》军事记者查尔斯·雷平顿上校与英国人进行了间接接触。1904年12月,法国派遣武官维克多·休格特少校前往伦敦,却并未给出任何指示,因为英国军队被认为"一无是处"[①]。不久,维克多·休格特少校便有了截然不同的看法。1905年秋,他开始研究两国军队进行合作的技术问题。与军事行动部主任詹姆斯·格里森将军谈话过程中,当维克多·休格特少校得知英国战争部也正在研究同样

詹姆斯·格里森将军

---

① 维克多·休格特少校所著《英国与战争》(1928年译本)第3页。——原注

问题，他感到十分意外。维克多·休格特少校将此事告知了法国驻伦敦大使皮埃尔·保罗·康邦。于是，在法国总理莫里斯·鲁维埃授权下，皮埃尔·保罗·康邦开始与英国政府就此事进行官方会谈①。

1905年12月28日，维克多·休格特少校与查尔斯·雷平顿上校进行了会谈。维克多·休格特少校说，法国政府对英国新政府的态度感到不安。查尔斯·雷平顿上校给爱德华·格雷爵士写了一封信，讲述了这次会谈内容。爱德华·格雷爵士在回信中说："我对你与法国武官会谈的内容十分感兴趣。在此，我只能告诉你，兰斯多恩侯爵亨利·佩蒂-菲茨莫里斯对法国说过的话依然算数，我坚决支持他的说法。"当然，查尔斯·雷平顿上校肯定会把这个消息转告维克多·休格特少校。

此后不久，在"没有任何承诺"的基础上，英国与法国开始了正式的官方会晤。即使在有所保留的状态下，英国政府的态度也完全在法国人的意料之外。维克多·休格特少校这样写道："1906年，其实，我们有些惊讶地看到法国政府要求的授权竟然得到了批准。亨利·坎贝尔-巴纳曼、爱德华·格雷爵士及战争部大臣理查德·霍尔丹都是聪明过人的政治家。他们不可能没有意识到，无论有无保留条件，正在进行的研究都意味着英国必然会承担某些道义方面的义务。不过，这种思想确实影响了英国在1914年进行军事干涉的决心。此外，英国自由党刚刚执政，不可能对现状熟视无睹——法国虽然是共和制国家，但作为英法协约集团的成员国，它对英国极端反战派上台执政，感到一丝不安。因此，英国不打算拒绝法国驻伦敦大使皮埃尔·保罗·康邦率先提出的会谈请求。"②

维克多·休格特少校还补充说，就与法国进行军事合作的可能性与计划而言，"英国首相亨利·坎贝尔-巴纳曼、外交部大臣爱德华·格雷爵士及战争部大臣理查德·霍尔丹比大部分英国人更有先见之明……毋庸置疑，只要比利

---

① 维克多·休格特少校所著《英国与战争》（1928年译本）第4页至第5页。——原注
② 维克多·休格特少校所著《英国与战争》（1928年译本）第6页。——原注

时王国保持中立，无论是签订《英法协约》还是军事方面的非正式会谈都不会让英国卷入战争"[1]。事实上，赫尔穆特·冯·毛奇曾说过同样的话[2]。

1906年1月10日，在与皮埃尔·保罗·康邦的谈话中，爱德华·格雷爵士表达了他的个人观点，一旦法国因摩洛哥问题受到德意志第二帝国攻击，英国将给予法国军事支持。爱德华·格雷爵士还补充说："至于明确承诺，我目前只能保证国家保持中立状态"。"目前"一词无法涵盖未来的情况。皮埃尔·保罗·康邦说，在正在进行的大选过后，他将请求英国给出真正保证。"与此同时，他还认为，英国海军与战争部和法国海军与军事专员之间应该进行非正式交流，以商讨在英国与法国结为战争盟友的情况下如何更有效地采取行动。他相信双方已经进行过一些沟通，认为将来还会继续进行下去。这些交流活动未曾要求政府做出任何承诺。"针对以上观点，爱德华·格雷爵士做了补充说明，他说："我不反对这一提议。"[3]

两国工作人员曾经的交流活动非常随意，主要通过中间人进行。然而，爱德华·格雷爵士现在明确授权英国战争部与海军部同法国进行正式会谈。不过，他提出一条保留意见，即"会谈属于临时性的，绝不做出任何承诺"。尽管如此，至少英国外交部似乎倾向于认为，协约意味着一旦法国遭受德意志第二帝国攻击或者在摩洛哥问题上被德意志第二帝国挫败，英国都有义务从军事上支援法国。1906年1月13日，英国驻巴黎大使弗兰西斯·伯蒂爵士写信给爱德华·格雷爵士说："在摩洛哥问题上，如果与法国无政治利害关系的大国对法国采取敌对行动，并且法国在行动上并未违反《英法协约》，外交支持又无法解决这一矛盾，从情感上说，法国理应受到协约伙伴外交支持以外的帮助。"[4]爱德华·格雷爵士（他本人曾说，英国不可能加入任何一个欧陆同盟）

---

[1] 维克多·休格特少校所著《英国与战争》（1928年译本）第17页至第18页。——原注
[2] 《欧洲内阁的重大政治》第21卷第526页。——原注
[3] 《英国政府公文汇编》第3卷第171页。——原注
[4] 《英国政府公文汇编》第3卷第174页（1906年1月13日）。——原注

约翰·阿巴思诺特·费希尔

在回信中说:"我的看法是,如果法国与德意志第二帝国爆发战争,起因是我们与法国在摩洛哥问题上达成的协议,那么我们就不能袖手旁观,而是与法国并肩作战。"① 关于预防措施,"看来约翰·阿巴思诺特·费希尔早就说服了法国海军武官,并且已经准备好了全部海军计划。我现在已经得到了理查德·霍

---

① 《英国政府公文汇编》第3卷第176页。《宣言》指1904年4月8日签订的关于埃及与摩洛哥的《英法宣言》。——原注

尔丹同意,詹姆斯·格里森将军正在与法国武官直接沟通。"随后,爱德华·格雷爵士又补充道:"然而,这一切不过是预防措施。我现在厌恶战争。"在这封信中,爱德华·格雷爵士还评论道:"我还未曾踏入过如此之深的外交泥潭。"然而,英国外交大臣爱德华·格雷爵士是否已经深陷其中而并不自知呢?尽管爱德华·格雷爵士拒绝给出明确承诺并拒绝考虑结盟,但仅仅两星期后,他便"顺从了皮埃尔·保罗·康邦的提议,认同了与促成英国与法国结盟的外部力量相比,书面保证会更有影响力。"此外,关于防御同盟的书面约定不能保密。爱德华·格雷爵士说:"我还告诉他,如果建立这样的防御同盟,不可能对议会隐瞒如此重大的事件……任何一届英国政府都不可能在做出如此重大承诺后,对相关协定守口如瓶。"① 不过,有证据可以表明,爱德华·格雷爵士的确感觉英国对法国存在一种不够明确却真实存在的义务。因为他曾在回忆录中三次提到,如果1914年英国拒绝向法国提供军事支持,他感觉自己必须引咎辞职②。1906年2月2日,英国首相亨利·坎贝尔-巴纳曼在给里里彭侯爵乔治·罗宾逊的信中写道,军事对话"可谓一项光荣任务"。

爱德华·格雷爵士就任外交大臣后,英国军队与法国军队频频进行定期交流。1904年至1907年担任英国防务部大臣乔治·西德汉姆·克拉克爵士曾写道:"在兰斯多恩侯爵亨利·佩蒂-菲茨莫里斯任职期间,英国军队与法国军队的军事'对话'均为非正式对话……自从亨利·坎贝尔-巴纳曼新政府成立,在法国驻伦敦大使皮埃尔·保罗·康邦提议下,英国总参谋部与法国总参谋部进行了定期交流。"③ 不仅英国内阁不知道两国军队定期交流的内容,甚至在英国防务部工作的大臣们也不知道。爱德华·格雷爵士写道:"当时,并非所有内

---

① 《英国政府公文汇编》第3卷第181页,1906年1月31日爱德华·格雷爵士在写给弗兰西斯·伯蒂爵士的信中提及当天他与皮埃尔·保罗·康邦的谈话。——原注
② 爱德华·格雷爵士所著《二十五年间》第1卷第306页与第314页;西德尼·布拉德肖·费伊所著《世界大战的起源》(1928年版)第1卷第31页。——原注
③ 《英国政府公文汇编》第3卷第185页。——原注

阁成员知晓军方对话这一事实。英国防务部的大臣们后来肯定知晓此事。"①对英国这样一个大国来说,以如此轻慢的方式对待一场看似迫在眉睫的战争,实在令人匪夷所思。

1906年,英国武官与比利时总参谋部在布鲁塞尔多次举行会晤。主要目的是确保英国与比利时王国合作,预防德意志第二帝国破坏比利时王国的中立地位。"1906年年初,由于摩洛哥纠纷很可能引发一场欧洲战争,比利时王国深感焦虑。与此同时,法国与德意志第二帝国之间也很有可能因为摩洛哥问题动武。德军很可能入侵比利时王国,以绕开法国东部防御工事。"②英国和比利时王国之间的会谈与英国和法国之间的会谈性质截然不同。根据1839年的《伦敦条约》,英国有义务捍卫比利时王国的中立。英国与比利时王国会谈的内容因为未公开,所以极有可能招致外界批评。不过,如果将谈话内容告知德意志第二帝国,等于对德意志第二帝国发出了善意警告,德意志第二帝国肯定会采取措施彻底消除遭受英国、法国、比利时王国联合抵制的疑虑。英国与比利时王国的会谈开始时,英国常务副外交大臣桑德森勋爵认为,德意志第二帝国将得到会谈的消息。他给爱德华·格雷爵士的一份官方备忘录中写道:"军事对话可能必须通过我们在比利时王国的军事武官来进行。我想,德意志第二帝国会从比利时王国得知此事。"③然而,事实并非如此,德意志第二帝国一直被蒙在鼓里。

关于英国与法国的军事会谈,不仅流言满天飞,而且内容十分详尽。这些流言引发了德意志第二帝国官场震动。德意志第二帝国驻巴黎大使在一份报告中提到,英国与法国未来有可能缔结军事协定。德皇威廉二世在这份报告的空白处批注道:"英法军事协定几乎已经成形!"④

---

① 爱德华·格雷爵士所著《二十五年间》第1卷第93页。——原注
② 《英国政府公文汇编》第3卷第187页,1906年关于比利时王国的综合报告。——原注
③ 《英国政府公文汇编》第3卷第172页(1906年1月11日);赫尔曼·卢茨所著《爱德华·格雷爵士与世界大战》(1927年版)第89页。——原注
④ 《欧洲内阁的重大政治》第21卷第2章第531页,1906年11月4日。——原注

德意志第二帝国的态度或许有时被人们形容为"威胁恐吓"或者（正如爱德华七世在一份备忘录中用到的字眼）"恃强凌弱"。实际上，德意志第二帝国的态度反映出自己孤立无援的紧张状态，甚至可以说恐惧心理。如今，德皇威廉二世为人孤僻的性格已经广为人知。一位欧洲大陆政治家曾一针见血地指出："1906年至1909年，一个想法已经在德意志第二帝国生根。德意志第二帝国身边环绕着不怀好意的表亲。总有一天，德意志第二帝国需要改变这种局面。"[①]这位政治家政治嗅觉十分敏锐，他的这番评论可谓一语成谶。

[①] 威廉·马丁所著《战争政治家》（1928年版）第20页；《英国政府公文汇编》第3卷第151页，爱德华七世在备忘录中的原话是"一贯恃强凌弱"。——原注

第 20 章
波斯尼亚与黑塞哥维那

精彩看点

奥匈帝国外交大臣阿洛伊斯·莱克萨·冯·艾伦塔尔——君士坦丁堡会议——桑贾克铁路特许权——青年土耳其党革命——马其顿的欧洲协调终结——《地中海协定》——1908年危机——哈布斯堡王朝面临巨大危险——波斯尼亚与黑塞哥维那问题——德意志第二帝国被迫走上奥匈帝国开辟的危险道路——布劳克城堡会谈——奥匈帝国吞并波斯尼亚与黑塞哥维那——"闪亮盔甲演讲"

1908年，欧洲危机十分严重，几乎达到莫此为甚的程度。欧洲协调已经名存实亡。令人惊讶的是，五年后，欧洲协调竟然变得十分强大，并且真实有效地存在着。然而，1908年，欧洲协调没能起到任何作用。

　　根据《米尔茨施泰格协定》，马其顿处于奥匈帝国与俄罗斯帝国的双重托管之下。对此，俄罗斯帝国驻维也纳大使尼古拉·欧鲁瑟夫说："容易被批评。"不过，他补充道："若以先天不足的欧洲协调取而代之，则会遭受更多批评。"[①]爱德华·格雷爵士写信给英国驻圣彼得堡大使阿瑟·尼克尔森爵士称，英国政府"非常渴望支持有效的改革方案，以保持欧洲大国协调一致"。然而，作为外交大臣，爱德华·格雷爵士大概是唯一一位下定决心要为这项工作努力的大国外交首脑[②]。1907年夏，英国外交部收到一份准确无误的报告，大意是说奥匈帝国外交大臣阿洛伊斯·莱克萨·冯·艾伦塔尔正在重组大国力量以解决马其顿问题，目的是把英国排除在外。德意志第二帝国驻君士坦丁堡大使阿道夫·马沙尔·冯·比贝尔施泰因认为，无论阿洛伊斯·莱克萨·冯·艾伦塔尔是无心为之还是有心为之，一切根源在于"艾伦塔尔铁路计划"。在这个问

---

① 《英国政府公文汇编》第5卷第186页，1906年12月25日爱德华·戈申爵士写给爱德华·格雷爵士的信；关于《米尔茨泰格协定》见《英国政府公文汇编》第5卷第144页至第145页。——原注
② 《英国政府公文汇编》第5卷第197页，1907年1月9日爱德华·格雷爵士写给阿瑟·尼克尔森爵士的信。——原注

题上,俄罗斯帝国与英国意见一致。意大利王国与德意志第二帝国则支持奥匈帝国提出的铁路计划。最终,关于马其顿问题的欧洲协调不欢而散①。

1907年12月25日,英国驻君士坦丁堡大使尼古拉·奥康纳在年终汇报时说,阿洛伊斯·莱克萨·冯·艾伦塔尔比阿格诺尔·冯·戈鲁乔夫斯基受德意志第二帝国影响更多。一方面,实际上,奥匈帝国与俄罗斯帝国在巴尔干半岛问题上达成的谅解正在逐渐弱化。另一方面,俄罗斯帝国外交大臣亚历山大·伊

阿洛伊斯·莱克萨·冯·艾伦塔尔

① 《欧洲内阁的重大政治》第25卷第2章第294页,第295页至第296页,第301页,以及第306页。——原注

亚历山大·伊兹沃尔斯基

兹沃尔斯基一直坚持欧洲协调。日俄战争这场灾难刚刚过去,一场严重的革命便在俄罗斯帝国发生。1907年秋,亚历山大·伊兹沃尔斯基不愿实施冒险政策,一直马不停蹄地奔忙于欧洲大国首都之间[1]。

1908年2月5日,为了阻止马其顿再次发生"大屠杀"[2],各国驻君士坦丁堡大使最终在君士坦丁堡举行了一次重要会议。这次会议由外交界元老阿道夫·马沙尔·冯·比贝尔施泰因主持。英国在会议上发起了一项倡议,由大会向

---

[1] 《英国政府公文汇编》第5卷第213页,1907年10月4日爱德华·戈申爵士在维也纳写给爱德华·格雷爵士的信。——原注
[2] 《英国政府公文汇编》第5卷第221页,1907年12月25日尼古拉·奥康纳写给爱德华·格雷爵士的信。——原注

土耳其帝国苏丹阿卜杜勒·哈米德二世提交一份联合照会,要求土耳其帝国在马其顿进行司法改革。"俄罗斯帝国驻君士坦丁堡大使、奥匈帝国驻君士坦丁堡大使、法国驻君士坦丁堡大使与意大利王国驻君士坦丁堡大使重申,他们奉命在照会上签字。然而,除俄罗斯帝国驻君士坦丁堡大使略有表示之外,没有人支持将照会立即提交给土耳其帝国苏丹阿卜杜勒·哈米德二世。虽然德意志第二帝国驻君士坦丁堡大使阿道夫·马沙尔·冯·比贝尔施泰因宣称自己也是奉命签字,但他认为照会得不到德皇威廉二世与土耳其帝国苏丹阿卜杜勒·哈米德二世的支持。当然,他绝不反对也绝不否认自己的签名。他还补充说,土耳其帝国苏丹阿卜杜勒·哈米德二世定会在四十八小时之内做出回应,拒绝各国大使提议。"① 结果,联合照会根本没有提交给土耳其帝国苏丹阿卜杜勒·哈米德二世。英国驻君士坦丁堡大使尼古拉·奥康纳不无遗憾地汇报说,爱德华·格雷爵士本来打算进一步提出由列强任命马其顿总督,但这样的提议必将成为众矢之的,被误解为"有意造成欧洲协调内部进一步分裂"②。与其说对德意志第二帝国言听计从的奥匈帝国造成了欧洲协调再次瘫痪,不如说真正阻力来自德意志第二帝国。"目前,只要土耳其帝国苏丹阿卜杜勒·哈米德二世坚持绥靖政策就能占据明显优势,而德皇威廉二世也不会听从劝告去为土耳其问题伤神了。"③

英国外交大臣爱德华·格雷爵士本来打算直接向奥匈帝国宣布,"欧洲协调变成了一场闹剧,英国打算脱离欧洲协调"④。不过,他最终并没有这样做,而是继续任劳任怨地工作。然而,他有一丝不快的感觉,因为1907年"司法改革照会撤销"与阿洛伊斯·莱克萨·冯·艾伦塔尔从土耳其帝国获得延伸至波

---

① 《英国政府公文汇编》第5卷第226页,1908年2月7日尼古拉·奥康纳写给爱德华·格雷爵士的信。——原注
② 《英国政府公文汇编》第5卷第229页,1908年2月18日。——原注
③ 《英国政府公文汇编》第5卷第221页,1907年12月25日。——原注
④ 《英国政府公文汇编》第5卷第234页,1908年3月11日尼古拉·奥康纳写给爱德华·戈申爵士的信。——原注

斯尼亚铁路特许权有关。这条铁路将穿过桑贾克，从乌瓦茨一直通到米特罗维察。爱德华·格雷爵士写信给在圣彼得堡的阿瑟·尼科尔森说："在君士坦丁堡会议上，我们把马其顿改革视为己任，其他国家却从土耳其帝国苏丹阿卜杜勒·哈米德二世那里谋取特许权，千方百计地阻挠马其顿改革。"①二十年后，奥地利外交家亚历山大·奥约斯写道，阿洛伊斯·莱克萨·冯·艾伦塔尔的桑贾克铁路特许权"结束了君士坦丁堡的欧洲协调"②。

此外，俄罗斯帝国也为奥匈帝国获得桑贾克铁路特许权感到闷闷不乐，认为与奥匈帝国结盟正在牺牲斯拉夫人的利益。俄罗斯帝国想把目光投向志同道合的大国，而英国恰好是俄罗斯帝国最中意的伙伴。至少从对待马其顿问题的态度上可以看出，英国是一个富有同情心的大国。显然，俄罗斯帝国此番考虑是1907年与英国重建友好关系的直接原因，也是1908年6月沙皇尼古拉二世与英王爱德华七世在瑞瓦尔举行会晤的诱因。瑞瓦尔会议反过来催生了青年土耳其党革命。这场革命酝酿已久，旨在推翻阿卜杜勒·哈米德二世的专制统治。至少英国驻君士坦丁堡大使尼古拉·奥康纳与德皇威廉二世如此认为。在1908年的年度报告中，G.劳瑟爵士写道："土耳其革命爆发的原因究竟是什么？是谁点燃了革命之火？答案是瑞瓦尔会议。马其顿的双重财政监督与国际宪兵部队让青年土耳其党的自尊心遭受重创。青年土耳其党一心想要维护土耳其帝国的完整性。瑞瓦尔会议的消息一传出，这些狂热分子就认为，一旦英国与俄罗斯帝国的计划付诸实施，土耳其帝国将失去马其顿，不久还有可能失去在欧洲的其他领土。"③在与英国驻柏林大使爱德华·戈申爵士的谈话中，德皇威廉二世"曾提及土耳其帝国近期发生的重要事件，并且认为这些事件的导火索正是英王爱德华七世与沙皇尼古拉二世在瑞瓦尔会晤"④。

---

① 《英国政府公文汇编》第5卷第334页，1908年2月10日。——原注
② 1929年5月《当代评论》所载亚历山大·奥约斯的文章《俄罗斯帝国战前政策》。——原注
③ 《英国政府公文汇编》第5卷第249页。——原注
④ 《英国政府公文汇编》第5卷第310页，1908年8月13日。——原注

青年土耳其党革命与土耳其帝国恢复宪政制度的结果之一是结束了马其顿的欧洲协调。欧洲列强认为，新政府必须有机会在没有外来干涉的情况下进行改革。事实上，有一段时间，马其顿与其他某些行政区的状况得到了显著改善。马其顿境内"马其顿最高委员会"的突袭与战斗实际上已经停止。因此，宪兵部队的外国军官被撤回。与此同时，青年土耳其党在年逾八旬的大维齐尔塞浦路斯人贾米尔帕夏的领导下，一直奉行平和、克制的外交政策。然而，奥匈帝国竟然引发了一场严重危机。

贾米尔帕夏

这场危机的起因是奥匈帝国违反《柏林条约》，否认第二十五条。第二十五条规定："波斯尼亚与黑塞哥维那应当由奥匈帝国占领与管理"①。这一规定显然是土耳其帝国挽救其统治不力局面的政策，也是欧洲协调的缓兵之计。奥匈帝国打算等到时机成熟，将全权统治波斯尼亚与黑塞哥维那，而其他欧洲列强无法提出任何反对意见。1881年，奥匈帝国获得俄罗斯帝国与德意志第二帝国的支持，可以"在任何恰当时机"兼并波斯尼亚与黑塞哥维那②。不过，奥匈帝国并未立即行动。显而易见，此举给未来埋下了隐患。这三个大国即便并未付诸行动，也不应该未经《柏林条约》其他缔约国同意，便私自将波斯尼亚与黑塞哥维那的地位"合法化"。

　　事实上，调整条约或修改条约有着非常明确的原则。1870年，俄罗斯帝国谴责《巴黎条约》中的"黑海中立条款"。这种肆无忌惮的行为发生在普法战争期间（原因是俄罗斯人与奥托·冯·俾斯麦达成了一项协议），所以欧洲协调虽然表示了抗议，却没有产生十分有效的影响力。不过，在格兰维尔伯爵乔治·莱维森－高尔表示强烈抗议后，大家一致认为，俄罗斯帝国的谴责应当提交国际会议。最终，伦敦会议合理解决了这一问题。与会列强签署了新条约（1871年3月13日《伦敦条约》），承认黑海不再保持中立。不过，博斯普鲁斯海峡与达达尼尔海峡依然禁止对军舰开放。1871年1月17日，在伦敦会议开幕式上，各国共同签署的一份议定书宣布："北德意志邦联、奥匈帝国、英国、意大利王国、俄罗斯帝国与土耳其帝国会议全权代表共同认可了国际法的一条基本原则，即未经缔约国友好协商，任何大国不得脱离条约约束，不得修改相关规定。"③

---

① 这是《柏林条约》关于波斯尼亚与黑塞哥维那的全部内容。第二十五条的其余部分涉及诺维巴扎尔的桑贾克。——原注
② 关于1881年6月18日的三皇同盟，参见阿尔弗雷德·弗朗西斯·普利布拉姆所著《奥匈帝国的秘密协定》（1920年译本）第1卷第43页。又见埃德蒙·乔治·佩蒂-菲茨莫里斯男爵所著《格兰维尔·莱韦森－高尔传》第2卷第76页。——原注
③ 爱德华·赫兹莱特所著《条约下的欧洲地图》第3卷，1904年第433号文件。由于德意志第二帝国尚未宣布成立，协议中出现的名称是北德意志邦联。——原注

黑海水域与海岸不设防的国际地役权①已经解除。不过，在紧随其后的几年，列强不准备继续向俄罗斯帝国妥协。1887年2月至1887年3月，英国、意大利王国与奥匈帝国交换了地中海、爱琴海及黑海的政策确认声明，表达了维持以上地区现状的意愿②。毫无疑问，所谓的《地中海协定》（其中并无明确约定）是为了防止俄罗斯帝国在博斯普鲁斯海峡与达达尼尔海峡的政策发生变动。看起来，奥托·冯·俾斯麦赞成英国、意大利王国与奥匈帝国对地中海问题的协调。毕竟，协调的目的是维持现有的欧洲条约③。

1908年，危机突然降临欧洲。1907年，俄罗斯帝国与奥匈帝国更换了外交大臣。亚历山大·伊兹沃尔斯基接替弗拉基米尔·尼古拉耶维奇·兰姆斯多夫伯爵担任俄罗斯帝国外交大臣。阿洛伊斯·莱克萨·冯·艾伦塔尔接替阿格诺尔·冯·戈鲁乔夫斯基担任奥匈帝国外交大臣。这两位新上任的外交大臣踌躇满志。他们爱国心切，都想要为自己国家争取最大利益。不过，我们无从得知，他们是否心甘情愿为了国家利益而牺牲个人事业与私利。亚历山大·伊兹沃尔斯基是一名职业外交官，曾经在慕尼黑、贝尔格莱德与东京的俄罗斯帝国公使馆工作。1904年"多格滩事件"发生时，亚历山大·伊兹沃尔斯基作为俄罗斯帝国驻哥本哈根大使为实现和平做了充分工作。他深谙国际政治事务之道。他认为，国际政治是一种技巧游戏，他的职责就是赢得胜利。总体而言，富有的俄罗斯世界主义者往往具有泛斯拉夫主义倾向，通常不讲究人道主义精神。他们可能会设计一场欧洲战争，却不会为战争带来的流血牺牲与无尽痛苦而良心不安。然而，亚历山大·伊兹沃尔斯基并不是这样的人。一方面，他的行事风格比较内敛。即便在重要谈判中，他也更喜欢"学术式"讨论，而不愿提出精确观点或具有约束力的约定。另一方面，毋庸置疑，他志存高远，渴望在担任外

---

① 国际地役是指一个国家根据条约所承担的对本国领土主权的特殊限制，主要目的是满足别的国家需要或者为别的国家服务。——译者注
② 关于意大利王国、英国、奥匈帝国的注释文本，参见阿尔弗雷德·弗朗西斯·普利布拉姆所著《奥匈帝国的秘密协定》第1卷第94页至第103页。——原注
③ 《英国历史评论》所载威廉·L.兰格教授的文章《俄罗斯帝国与海峡问题》。——原注

多格滩事件，俄罗斯帝国军舰用探照灯发现英国渔船

多格滩事件，俄罗斯帝国军舰击沉英国渔船

交大臣期间能够取得个人成就。他的最大优点（与他有关的所有真实文件都反映出这一点）是具有欧洲观。他把欧洲会议"报告"视为欧洲成文宪法。与前任弗拉基米尔·尼古拉耶维奇·兰姆斯多夫伯爵与尼古拉·卡尔洛维奇·吉尔斯一样，亚历山大·伊兹沃尔斯基笃信大国外交大臣之间私人交往的成效。他常常不知疲倦地奔忙于各国首都。他如果去度假，就必定去像卡尔斯巴德这样的温泉疗养胜地，找大国或小国的"同僚"交谈。此外，虽然他的外交手段让人难以捉摸，但他并非不讲诚信。亚历山大·伊兹沃尔斯基秉承的外交信条是条约具有不可侵犯性。

比较而言，奥匈帝国外交大臣阿洛伊斯·莱克萨·冯·艾伦塔尔为人处世缺乏道德原则。在担任驻圣彼得堡大使期间，他虽然已经进入了高层社交圈，却从未真正融入。不过，阿洛伊斯·莱克萨·冯·艾伦塔尔从圣彼得堡离任时，依然被认为是"亲俄派"[①]。阿洛伊斯·莱克萨·冯·艾伦塔尔认为，可以通过巧妙手段维护哈布斯堡王朝领土的完整性。他甚至不反对破坏欧洲条约。当然，阿洛伊斯·莱克萨·冯·艾伦塔尔不主张发动战争。他虽然不像陆军元帅弗朗茨·康拉德·冯·赫岑多夫那般冷酷无情，却也没有更多关注欧洲协调或欧洲利益。根据海因里希·冯·齐尔斯基提交柏林的报告称，在"吞并危机中"，阿洛伊斯·莱克萨·冯·艾伦塔尔对自己的个人观点"毫不避讳"，他认为奥匈帝国与塞尔维亚王国之间的战争不可避免，同时符合实际需要[②]。不过，在一项商业条约谈判过程中，前任外交大臣阿格诺尔·冯·戈鲁乔夫斯基曾经举步维艰，阿洛伊斯·莱克萨·冯·艾伦塔尔却在1907年"想方设法为塞尔维亚王国考虑"[③]，从而开启了贸易谈判的良好开端。

第一次世界大战后，在各种自传或回忆录中，弗朗茨·康拉德·冯·赫岑多

---

① 《英国政府公文汇编》第5卷第160页，1906年11月15日布鲁克·布思比爵士写给爱德华·戈申爵士的信。——原注
② 《欧洲内阁的重大政治》第26卷第2章第773页（1909年4月2日）。——原注
③ 《英国政府公文汇编》第5卷第16页，《1907年奥匈帝国年度报告》。——原注

弗朗茨·康拉德·冯·赫岑多夫

夫的回忆录《我的职业生涯》一书最生动有趣，也最发人深省。他拥有强烈的爱国情怀。1906年，弗朗茨·康拉德·冯·赫岑多夫开始担任奥匈帝国的总参谋长。在回忆录中他毫无保留地陈述了自己的个人观点与历史哲学观：

> 一个国家正像丛林里的一棵树。在成长过程中，它要战胜或压制弱小邻居。从根本上说，生活是一场生存斗争。对一个国家和其他任何形式的生命来说，这就是生存之道。健康的树木或国家遭遇砍伐或灾难，依然能够恢复元气。聪明的园丁或护林人虽然可以延缓树木衰老，却无法阻挡一棵老朽树木倒下。毕竟，朽木难以抵挡暴风侵袭。

个人无法主导时代的运动。事实恰好相反,时代的运动主导着个人。法兰西大革命的"人民力量"推动着法军横扫欧洲大陆。后来,1814年,其他国家的人民力量打倒了四处入侵的法兰西第一帝国。不过,无论在1806年还是在1814年,拿破仑·波拿巴一直都是伟人。人的一生不过是在努力完成命运的召唤。人类亘古未变,其生存法则是为了生存而奋斗。

哈布斯堡王朝面临巨大危险(弗朗茨·康拉德·冯·赫岑多夫原话),既有民族斗争的内部危险,又有来自塞尔维亚王国、俄罗斯帝国与意大利王国的外部危险,以及与德意志第二帝国结盟所带来的间接危险。因此,弗朗茨·康拉德·冯·赫岑多夫不得不将战争视为有效的防御手段。永久和平可望而不可即。妥协政策可以缓解次要问题上由敌对方带来的压力。不过,面对国家生死存亡的重压,只有拿起武器一决高下。如果犹豫不决,其实就等于将所有机会拱手相让[①]。

弗朗茨·康拉德·冯·赫岑多夫认为,在外交中,巴尔干半岛问题最关键。它让哈布斯堡王朝面临分崩离析的威胁。奥匈帝国必须通过吞并波斯尼亚与黑塞哥维那,向塞尔维亚人表明,不打算放弃已经占领的斯拉夫人的领土[②]。

据说,负责波斯尼亚与黑塞哥维那事务的内阁大臣伊斯特万·布里安——第一次世界大战期间曾两次出任奥匈帝国外交大臣——让阿洛伊斯·莱克萨·冯·艾伦塔尔相信,青年土耳其党革命已经使吞并波斯尼亚与黑塞哥维那成为奥匈帝国的当务之急[③]。1908年8月19日,部长级会议在维也纳举行。会议上,奥匈帝国做出了吞并波斯尼亚-黑塞哥维的决定。奥匈帝国将采取"出其不

---

① 陆军元帅弗朗茨·康拉德·冯·赫岑多夫所著《随时待命:1906年至1918年》(1921年版)引言第7页至第10页及第14页至第15页。——原注
② 陆军元帅弗朗茨·康拉德·冯·赫岑多夫所著《随时待命:1906年至1918年》(1921年版)第1章第51页与第98页。——原注
③ 1929年5月《当代评论》所载亚历山大·奥约斯的文章《俄罗斯帝国的战前政策》。——原注

伊斯特万·布里安

意"的手段实现吞并①。无论如何,有一点可以说明眼下就是恰当时机。奥匈帝国可以肯定,此次行动无论对错,都会获得德意志第二帝国支持。自从英国、法国与俄罗斯帝国成立三国协约集团以来,德意志第二帝国意识到意大利王国与法国关系良好,便清楚地看到奥匈帝国现在是自己唯一的朋友。没有什么比孤独更能让一个人或一个国家感到想要依赖来自外部的任何形式的帮助。德意志第二帝国高层已经下定决心,绝不能失去奥匈帝国这个盟友,也不能以任何方式疏远奥匈帝国。众所周知,奥托·冯·俾斯麦拒绝承担与巴尔干半岛问题相关的任何义务。然而,德意志第二帝国政治家已经放弃这一政策好几年了。1906年,在摩洛哥危机与阿尔赫西拉斯会议举行期间,德意志第二帝国突然明白,"没有奥匈帝国支持,自己将陷入孤立无援"②。于是,德意志第二帝国开始坚定不移地奉行支持奥匈帝国的政策,甚至在巴尔干半岛问题上也不例外。

其实,德意志第二帝国感觉自己被迫走上了奥匈帝国开辟的危险道路。这恰好说明,第一次世界大战前,德意志第二帝国的外交政策愚蠢至极。事实上,不仅奥匈帝国是德意志第二帝国的唯一盟友,德意志第二帝国也是奥匈帝国的唯一盟友。然而,实力较弱的奥匈帝国不敢得罪德意志第二帝国,因为它承受不起相应后果。相对而言,实力较强的德意志第二帝国若得罪了奥匈帝国,付出的代价则要少许多。从一开始,如果德意志第二帝国就态度坚决地告诉奥匈帝国,自己不会支持其不计后果的行为,那么奥匈帝国将不得不做出让步③。德意志第二帝国无条件支持奥匈帝国的外交政策是一个严重错误。奥

---

① 陆军元帅弗朗茨·康拉德·冯·赫岑多夫所著《随时待命:1906年至1918年》(1921年版)第1章第102页。——原注
② 《英国政府公文汇编》第5卷第150页,1906年4月18日乔治·布坎南写给爱德华·戈申爵士的信。——原注
③ 关于德意志第二帝国意识到自己对奥匈帝国的"依赖",见埃里希·勃兰登堡所著《从奥托·冯·俾斯麦到第一次世界大战》(1927年译本)第304页;《欧洲内阁的重大政治》第26卷第1部分第50页至第51页,伯恩哈特·冯·比洛写给德皇威廉二世的信;赫尔曼·卢茨所著《爱德华·格雷爵士与第一次世界大战》(1927年英译版)第143页与第144页。——原注

托·冯·俾斯麦的外交原则虽然是不能轻易支持奥匈帝国在巴尔干半岛的特殊利益，但1908年最终被德意志第二帝国放弃。1908年至1909年的危机爆发时，德意志第二帝国驻伦敦大使保罗·沃尔夫·梅特涅曾发出警告，帮助奥匈帝国实现其在巴尔干半岛的野心不符合德意志第二帝国的利益。然而，他的警告未能产生任何实际作用①。

1908年夏，德意志第二帝国已经知道，奥匈帝国打算不久"在特定时刻"（阿洛伊斯·莱克萨·冯·艾伦塔尔"无法决定准确时间"）吞并波斯尼亚与黑塞哥维那。德意志第二帝国外交大臣威廉·冯·舍恩在贝希特斯加登向阿洛伊斯·莱克萨·冯·艾伦塔尔表示，德意志第二帝国将支持这一行动。威

威廉·冯·舍恩

① 《欧洲内阁的重大政治》第26卷第2章第393页（1909年1月5日）。——原注

廉·冯·舍恩在自己的回忆录中写道："从德意志第二帝国目前的态度来看，我可以肯定，德意志第二帝国的既定原则是进一步满足盟友在巴尔干半岛问题上的利益、愿望甚至需求。"①当奥匈帝国吞并计划成为既成事实之时，德皇威廉二世对这种不合时宜之举感到无比愤怒。整场危机如同预演了1914年的历史悲剧。

1908年8月，奥匈帝国已经决定吞并波斯尼亚。接下来，奥匈帝国想要取得俄罗斯帝国的同意。1908年9月16日，在利奥波德·冯·贝希托尔德伯爵的布克

利奥波德·冯·贝希托尔德伯爵

---

① 威廉·冯·舍恩所著《大使回忆录》（1922年译本）第78页至第79页。《欧洲内阁的重大政治》第26卷第1章第27页至第29页，威廉·冯·舍恩的报告。《法国外交文献汇编》第1卷第63页，1911年11页9日，法国驻维也纳大使克罗齐耶写给贾斯汀·德·塞尔夫斯的信。——原注

劳城堡，奥匈帝国外交大臣阿洛伊斯·莱克萨·冯·艾伦塔尔与俄罗斯帝国外交大臣亚历山大·伊兹沃尔斯基举行会晤并达成一致意见。当时，由于马其顿铁路问题，奥匈帝国与俄罗斯帝国的关系已经降至冰点。奥匈帝国驻圣彼得堡大使利奥波德·冯·贝希托尔德伯爵情绪十分低落[①]。此时，他正在卡尔斯贝德度假。奥匈帝国外交大臣阿洛伊斯·莱克萨·冯·艾伦塔尔与俄罗斯帝国外交大臣亚历山大·伊兹沃尔斯基在布劳克城堡的一个小房间内举行会谈。小房间装点着18世纪的精致家具，墙上挂着一些鹿头，很可能是利奥波德·冯·贝希托尔德伯爵猎来的"战利品"。如今，小房间可以被视作一处历史遗迹。

布劳克城堡会谈是奥匈帝国与俄罗斯帝国关系的转折点。这次会谈使它们之间的关系产生了裂痕。这种裂痕一直持续到1914年危机产生，并最终导致战争爆发。

布劳克城堡会谈之前，奥匈帝国与俄罗斯帝国的关系已经非常紧张。1908年2月13日，英国驻圣彼得堡大使阿瑟·尼克尔森爵士在写给爱德华·格雷爵士的信中说："亚历山大·伊兹沃尔斯基无法掩饰的事实是，他对奥匈帝国的成见颇深。"[②]正当欧洲协调试图向土耳其帝国苏丹阿卜杜勒·哈米德二世施加压力，敦促他实施马其顿改革时，阿洛伊斯·莱克萨·冯·艾伦塔尔暗中取得了桑贾克铁路的特许权。亚历山大·伊兹沃尔斯基（事实上，欧洲其他列强）对奥匈帝国此举极其不满。阿瑟·尼克尔森爵士在从圣彼得堡发回的信中提到，"亚历山大·伊兹沃尔斯基感觉自己一直被蒙在鼓里。他真心希望看到马其顿改革能够顺利启动。当然，他的不满情绪很快便会消散。他不会与奥匈帝国外交大臣或德意志第二帝国外交大臣争论不休。不过，今后他会更加谨慎，不会轻易信任他们"。阿洛伊斯·莱克萨·冯·艾伦塔尔十分厌恶俄罗斯帝国外交大臣亚历山大·伊兹沃尔斯基。他在私下里说，根本无法与

---

① 《英国政府公文汇编》第5卷第361页，1908年8月25日阿瑟·尼克尔森写给爱德华·格雷爵士的信。——原注
② 《英国政府公文汇编》第5卷第336页，阿瑟·尼克尔森写给爱德华·格雷爵士的信。——原注

乌尔里希·冯·布罗克多夫-兰曹

亚历山大·伊兹沃尔斯基共事。他曾对德意志第二帝国驻维也纳大使乌尔里希·冯·布罗克多夫-兰曹说,亚历山大·伊兹沃尔斯基心里一套,嘴上一套。乌尔里希·冯·布罗克多夫-兰曹解释说,阿洛伊斯·莱克萨·冯·艾伦塔尔认定亚历山大·伊兹沃尔斯基是个虚伪小人[①]。

1908年9月16日,布克劳城堡会谈没有第三方在场。真实情况只能通过两位外交大臣后来给出的只言片语推断。亚历山大·伊兹沃尔斯基因为对会谈

---

① 《欧洲内阁的重大政治》第26卷第1章第25页(1908年8月7日)。——原注

结果十分不满意，甚至满腔怒火，所以事后给出的相关描述较多。而阿洛伊斯·莱克萨·冯·艾伦塔尔得到了想要的结果，自然有理由保持沉默，所以总是尽量避免谈及此事。

根据俄罗斯帝国外交大臣亚历山大·伊兹沃尔斯基的描述，阿洛伊斯·莱克萨·冯·艾伦塔尔在会谈中首次"谈到奥匈帝国正在考虑吞并波斯尼亚与黑塞哥维那"。亚历山大·伊兹沃尔斯基"坚持认为，这次会谈是学术性的，影响着未来有可能发生的事件。他让阿洛伊斯·莱克萨·冯·艾伦塔尔明白，吞并波斯尼亚与黑塞哥维那的计划涉及整个欧洲。他进一步暗示，自己未赞同该计划，只是申明俄罗斯帝国不会认为这是发动战争的理由，将来也不会表示反对。与此同时，他曾在闲聊中提及，如果奥匈帝国实施吞并波斯尼亚与黑塞哥维那的计划，俄罗斯帝国可能会要求获得相应补偿"[①]。根据英国驻圣彼得堡大使阿瑟·尼克尔森爵士得到的"确凿消息"，阿洛伊斯·莱克萨·冯·艾伦塔尔后来在写给亚历山大·伊兹沃尔斯基的信中说："基于布克劳城堡会谈，经俄罗斯帝国外交大臣同意，奥匈帝国准备宣称吞并波斯尼亚与黑塞哥维那。"在布克劳城堡会谈中，尽管奥匈帝国外交大臣阿洛伊斯·莱克萨·冯·艾伦塔尔与俄罗斯帝国外交大臣亚历山大·伊兹沃尔斯基并未形成任何书面承诺，也没有发布任何明确声明，但已经达成了一份谅解，即一旦奥匈帝国表示要吞并波斯尼亚与黑塞哥维那，在获得其他大国同意的基础上，俄罗斯帝国就不会反对。俄罗斯帝国自然会提出相应的补偿要求，可能会要求解除对达达尼尔海峡的封锁。其实，在这种情况下，应当召开一次欧洲会议。俄罗斯帝国与奥匈帝国完全可以在会议桌上给予对方外交支持，最终实现这些目标[②]。

到目前为止，还没有出现削弱欧洲协调或者损害条约尊严的行为。布劳克

[①] 此处引用的原话与亚历山大·伊兹沃尔斯基的性格相符。——原注
[②] 《英国政府公文汇编》第5卷第367页与第385页，以及第386页弗朗西斯·伯蒂爵士对亚历山大·伊兹沃尔斯基一番话的批评。《英国政府公文汇编》第5卷第480页，1908年11月3日沙皇尼古拉二世与阿瑟·尼科尔森的谈话内容。——原注

城堡会谈结束后,亚历山大·伊兹沃尔斯基回到坐落在泰根塞河畔的乡间别墅。随后,他动身前往欧洲各国首都访问。1908年10月4日,亚历山大·伊兹沃尔斯基一到巴黎,就从位于奥赛路的法国外交部得知,奥匈帝国皇帝弗朗茨·约瑟夫一世已经向法国宣布,将于1908年10月7日吞并波斯尼亚与黑塞哥维那。就在同一天,亚历山大·伊兹沃尔斯基收到了阿洛伊斯·莱克萨·冯·艾伦塔尔的来信,内容与他从法国外交部得到的消息相似[①]。

  1908年10月5日,奥匈帝国以通知照会的形式向欧洲列强突然宣布吞并波斯尼亚与黑塞哥维那的消息。恰好在同一天,保加利亚大公斐迪南·马克西米利安——史称"斐迪南一世"宣布保加利亚公国完全独立[②]。根据《柏林条约》,保加利亚公国名义上一直是隶属于土耳其帝国的公国。整个欧洲都认为,这是一场由阿洛伊斯·莱克萨·冯·艾伦塔尔与斐迪南一世共同策划的阴谋,矛头直指土耳其帝国与《柏林条约》。事实上,阿洛伊斯·莱克萨·冯·艾伦塔尔与斐迪南一世并没有勾结。当年,斐迪南一世刚刚成为保加利亚大公时,便备受奥匈帝国皇帝弗朗茨·约瑟夫一世冷遇。多年之后,1906年斐迪南一世在索菲亚向英国大使乔治·布坎南吐露,"对于奥匈帝国,他胸中义愤难平。他永远不会忘记当年奥匈帝国皇帝弗朗茨·约瑟夫一世及其政府对自己冷眼相加的情景"[③]。1907年,斐迪南一世决定在登基二十周年之际,在特尔诺沃宣布保加利亚公国独立。这实际上是一项公开计划,因为"保加利亚首相迪米特尔·斯坦乔夫在与一些外交人员谈话时,曾经透露过此事"。早在1907年8月,斐迪南一世在巴特伊舍尔拜访奥匈帝国皇帝弗朗茨·约瑟夫一世时,曾被劝阻放弃宣布独立。不过,英国驻索菲亚大使乔治·布坎南十分明智地报告说,保加利亚公国并未彻底放弃独立计划。下一次,保加利亚公国或许就不会

---

① 弗里德里希·施蒂弗所著《德意志第二帝国与欧洲》第94页。——原注
② 1908年10月5日,保加利亚公国完全独立后,改国号为"保加利亚王国"。保加利亚大公斐迪南一世改称"沙皇斐迪南一世"。——译者注
③ 《英国政府公文汇编》第5卷第115页,1906年12月2日乔治·布坎南写给爱德华·戈申爵士的信。——原注

保加利亚大公斐迪南·马克西米利安

提前发出通知。"当那一刻来临之时，我们可能会感到惊讶，事先竟然没有得到警告。"①

阿洛伊斯·莱克萨·冯·艾伦塔尔得知斐迪南一世准备宣布保加利亚公国独立的消息后，便匆忙决定提前吞并波斯尼亚与黑塞哥维那，以免看起来像是跟在保加利亚公国后面行动。无论如何，对欧洲来说，奥匈帝国吞并波斯尼亚与黑塞哥维那带来了一场灾难。国际法的基本原则规定，条约只有在缔约各方同意的情况下才能改动。为了确定对此事应当采取的态度，英国外交大臣爱德华·格雷爵士写信给英国驻柏林大使弗兰克·拉塞尔爵士说："若以这种方式改变条约，条约就失去了存在的意义。"②爱德华·格雷爵士曾亲口对奥匈帝国驻伦敦大使艾伯特·门斯多夫说过同样一番话，并且追问道："奥匈帝国是否会承认，其他大国在不召开会议的情况下也有权随意修改《柏林条约》"。对此，艾伯特·门斯多夫并未做出回应。阿洛伊斯·莱克萨·冯·艾伦塔尔已经做出指示，让艾伯特·门斯多夫声明吞并波斯尼亚与黑塞哥维那并未违反《柏林条约》，因为《柏林条约》并未提及"主权"问题。然而，谈到阿洛伊斯·莱克萨·冯·艾伦塔尔的指示时，奥匈帝国驻伦敦大使艾伯特·门斯多夫明显持怀疑态度。于是，他决定不做这种声明。他说："我们迫切需要吞并波斯尼亚与黑塞哥维那的真正原因是塞尔维亚人正在进行反对奥匈帝国的宣传。"③艾伯特·门斯多夫或许应当做出补充说明，事情的真相是奥匈帝国这个最保守的欧洲国家，一直冥顽不化地守护着自己最古老的条约权力，而如今它却无视欧洲，任意修改欧洲条约。

阿洛伊斯·莱克萨·冯·艾伦塔尔实施吞并波斯尼亚与黑塞哥维那的计划

---

① 《英国政府公文汇编》第5卷第357页1907年8月7日乔治·布坎南写给爱德华·戈申爵士的信。——原注
② 《英国政府公文汇编》第5卷第419页，1908年10月9日爱德华·格雷爵士写给弗兰克·拉塞尔爵士的信；《欧洲内阁的重大政治》第26卷第2章第394页，1909年1月7日爱德华·格雷爵士的态度由保罗·沃尔夫·梅特涅向伯恩哈德·冯·比洛转述。——原注
③ 《英国政府公文汇编》第5卷第405页，1908年10月7日爱德华·格雷爵士写给爱德华·戈申爵士的信。——原注

艾伯特·门斯多夫

后，确信会得到德意志第二帝国（并不十分情愿）支持，便对俄罗斯帝国外交大臣亚历山大·伊兹沃尔斯基所提条件，即召开欧洲会议的提议及关于达达尼尔海峡问题，完全失去了兴趣。

得知此事后，亚历山大·伊兹沃尔斯基暴跳如雷。根据德意志第二帝国驻圣彼得堡大使弗里德里希·冯·普塔莱斯从圣彼得堡发出的一份报告称，暴怒的亚历山大·伊兹沃尔斯基就像一个歇斯底里的女人[①]。整个欧洲流传着一个谣言，称亚历山大·伊兹沃尔斯基向阿洛伊斯·莱克萨·冯·艾伦塔尔发出了挑战（最后却不了了之）。要知道，亚历山大·伊兹沃尔斯基认为，自己在桑贾克铁路与马其顿改革问题上，已经被阿洛伊斯·莱克萨·冯·艾伦塔尔欺骗过一次。他去了布克劳城堡，虽然很不情愿[②]，但他已经准备既往不咎。因为他一厢情愿地认为，这次阿洛伊斯·莱克萨·冯·艾伦塔尔肯定会坦诚以待。现在，他再次被骗。阴险狡猾的阿洛伊斯·莱克萨·冯·艾伦塔尔吞并了波斯尼亚与黑塞哥维那。俄罗斯帝国在斯拉夫事业上遭受重创，根本没有机会在达达尼尔海峡问题上获得特权。其实，法国、意大利王国、土耳其帝国、塞尔维亚王国与英国已经准备召开会议。俄罗斯帝国甚至承诺，不在欧洲会议上谈论达达尼尔海峡问题。然而，德意志第二帝国并未表示准备参会。奥匈帝国提出，若会议讨论波斯尼亚与黑塞哥维那问题，将拒绝参会[③]。因此，即使欧洲会议如期举行，也没有任何意义。在保罗·沃尔夫·梅特涅发来的一份加急电报上，德皇威廉二世在空白处做了批注，表达了自己对此次会议的看法："愿上帝保佑我们不受伤害！到时候，除了新闻媒体与好事者，最重要的是泛斯拉夫主义者肯定会想尽一切办法兴风作浪。整个夏天，欧洲将处于动荡不安之中。"[④]

阿洛伊斯·莱克萨·冯·艾伦塔尔与保加利亚沙皇斐迪南一世尽管违反了

---

① 《欧洲内阁的重大政治》第26卷第2章第594页。——原注
② 《英国政府公文汇编》第5卷第366页，1908年9月1日戴雷尔·克艾肯索普的报告。——原注
③ 《英国政府公文汇编》第5卷第420页，1908年10月9日爱德华·格雷爵士在写给爱德华·戈申爵士的信中用了艾伯特·门斯多夫的原话；又见《英国政府公文汇编》第5卷第471页。——原注
④ 《欧洲内阁的重大政治》第26卷第2章第628页。——原注

《柏林条约》，却没有受到任何惩罚。塞尔维亚王国是唯一表现出诚意，坚决反对奥匈帝国的国家。不过，英国、意大利王国、德意志第二帝国与俄罗斯帝国均主张以温和的方式解决问题①。经历了漫长而严重的战争危机后，塞尔维亚王国冷静了下来，1909年3月10日宣布将波斯尼亚与黑塞哥维那问题交给欧洲列强解决②。然而，当时欧洲协调已经不复存在，所以此事便不了了之。

奥匈帝国破坏了欧洲协调（事实的确如此），阿洛伊斯·莱克萨·冯·艾伦塔尔竟然没有感到良心不安。事实上，如前所述③，俄罗斯帝国曾在1870年谴责《巴黎条约》中禁止在黑海修建防御工事的条款。然而，在英国与法国据理力争之下，俄罗斯帝国虽然愤愤不平，最终同意将问题提交欧洲会议。俄罗斯帝国与奥匈帝国及各大强国共同签署了1871年1月17日的议定书。阿洛伊斯·莱克萨·冯·艾伦塔尔唯一的顾虑是要确保英国相信，尽管保加利亚公国宣布独立与奥匈帝国吞并波斯尼亚与黑塞哥维那同时发生，但奥匈帝国没有与保加利亚公国沆瀣一气。1908年10月14日，英国驻维也纳大使向爱德华·格雷爵士汇报说："阿洛伊斯·莱克萨·冯·艾伦塔尔告诉我，自从声明公布以来，他一直在想我会怎样看他。一想到在你我眼中，他必定是恶人形象，他就感到十分惶恐。"④阿洛伊斯·莱克萨·冯·艾伦塔尔以个人名誉郑重地发誓，奥匈帝国

---

① 爱德华·格雷爵士所著《二十五年间》第1卷第186页至第187页；冯·希伯特编著的《协约国政治发展史的外交卷宗》第75页至第78页；《英国政府公文汇编》第5卷第479页及第498页至第499页（1908年11月14日与1908年11月18日）。——原注
② 《欧洲内阁的重大政治》第20卷第2章第650页。——原注
③ 参见本书第19章。——原注
④ 《英国政府公文汇编》第5卷445页，哈佛大学的威廉·L.兰格教授对亚历山大·伊兹沃尔斯基与阿洛伊斯·莱克萨·冯·艾伦塔尔的分歧给出了另一种解释。大意是说，当亚历山大·伊兹沃尔斯基同奥匈帝国吞并波斯尼亚与黑塞哥维那时，他没有同俄罗斯首相彼得·斯托雷平商议此事。彼得·斯托雷平听说此事时，立即进行了谴责，并向亚历山大·伊兹沃尔斯基发出了拒绝接受奥匈帝国吞并波斯尼亚与黑塞哥维那计划的指示。亚历山大·伊兹沃尔斯基没有提到自己的行为已被俄罗斯帝国政府否认。为了挽回声誉，他将责任归咎于阿洛伊斯·莱克萨·冯·艾伦塔尔单边吞并波斯尼亚与黑塞哥维那。威廉·L.兰格教授的权威消息来自俄罗斯大公外交部高级官员沙雷科夫未曾公开的手稿。另请参阅1928年10月《当代评论》的沙雷科夫的文章。沙雷科夫的解释独一无二，其观点似乎并未得到其他评论过"布劳克城堡会谈事件"的外交家与政治家认可。——原注

与保加利亚王国之间绝无瓜葛。三年后,当意大利军队在的黎波里战斗①时,阿洛伊斯·莱克萨·冯·艾伦塔尔想要召开欧洲会议进行斡旋。法国驻维也纳大使克罗齐耶报告称,这位"克莱门斯·冯·梅特涅的继任者"希望"恢复欧洲——在巴尔干半岛问题上团结一致的欧洲"②。不过,重新恢复欧洲协调之人并非这位欧洲协调的毁灭者——阿洛伊斯·莱克萨·冯·艾伦塔尔。

同样,奥匈帝国皇帝弗朗茨·约瑟夫一世完全漠视国际道义,却对"外界的传言——奥匈帝国吞并波斯尼亚与黑塞哥维那和保加利亚公国独立密切相关"感到惴惴不安。他向英国驻维也纳大使爱德华·高森爵士真诚地表态,奥匈帝国吞并波斯尼亚与黑塞哥维那跟保加利亚公国独立没有任何关系③。爱德华·高森爵士不可能对一国之君妄加评论。不过,在发给爱德华·格雷爵士的加急电报中,他说出了自己对奥匈帝国外交大臣阿洛伊斯·莱克萨·冯·艾伦塔尔的看法:"看起来,他的外交策略属于老派作风,明显不同于现代流行的做派。"英王爱德华七世更加直率,他在这份加急电报上批注道:"我不相信阿洛伊斯·莱克萨·冯·艾伦塔尔'信誓旦旦'的保证,因为事实就摆在那里。"④

显然,德意志第二帝国的责任要比奥匈帝国少得多,因为它既未怂恿也不赞成阿洛伊斯·莱克萨·冯·艾伦塔尔违反《柏林条约》。不过,德意志第二帝国并未对奥匈帝国不守诚信的做法表示反对。德意志第二帝国虽然"原则上"不反对召开欧洲会议,但明显在支持奥匈帝国的所作所为。在奥匈帝国宣布吞并波斯尼亚与黑塞哥维那后,俄罗斯帝国外交大臣亚历山大·伊兹沃尔斯基访问柏林时。他曾问伯恩哈德·冯·比洛,德意志第二帝国为奥匈帝国承担的义务是否已经超出了所谓的三国同盟目标,甚至扩大到干涉巴尔干半岛事务。伯恩

---

① 1911年9月30日,为争夺对的黎波里的控制权,意大利王国向土耳其帝国宣战。之后,意大利军队立即向土耳其军队发动进攻.——译者注
② 《法国外交文献汇编》第1卷第65页,1911年11月9日克罗齐耶写给贾斯汀·德·塞尔夫斯的信——原注
③ 《英国政府公文汇编》第5卷第446页。——原注
④ 《英国政府公文汇编》第5卷第459页。——原注

哈德·冯·比洛"明确而坦率地"回答道:"鉴于目前欧洲形成了大国集团,德意志第二帝国将与奥匈帝国在所有问题上休戚与共。"①这表明德意志第二帝国已经完全背离了奥托·冯·俾斯麦的既定政策——绝不能因为奥匈帝国在巴尔干半岛的利益受到牵连而与俄罗斯帝国为敌。同时,这表明,早在1908年,德意志第二帝国对待奥匈帝国针对塞尔维亚王国外交政策的态度,与1914年"萨拉热窝刺杀事件"发生后如出一辙。

此事不仅让俄罗斯帝国外交大臣亚历山大·伊兹沃尔斯基一直耿耿于怀,而且对俄罗斯人产生了难以消除的影响。"阿洛伊斯·莱克萨·冯·艾伦塔尔的阴谋之所以能够得逞,是因为他一直在说模棱两可的话,不管从哪方面都能轻易说通。他两次以同样方式将亚历山大·伊兹沃尔斯基玩弄于股掌之中。"②这两次分别是"桑贾克铁路事件"与"吞并波斯尼亚与黑塞哥维那事件"。关于亚历山大·伊兹沃尔斯基反对奥匈帝国延长桑贾克铁路计划一事,德皇威廉二世曾对英国驻柏林大使弗兰克·拉塞尔斯爵士说:"我给亚历山大·伊兹沃尔斯基发去电报后,他才服软。"③德意志第二帝国首相伯恩哈德·冯·比洛听闻此言,感到非常不安。他担心,德皇威廉二世有可能对其他外交官也说过同样或者类似的话。

这场危机一直持续到1909年春天。奥匈帝国与塞尔维亚王国动员长达数月,这表明两国在没有爆发战争的情况下存在动员的可能性。显然,俄罗斯帝国已经决定不在波斯尼亚与黑塞哥维那问题上挑起战争。事实上,众人皆知,俄罗斯帝国并没有条件发动战争。然而,俄罗斯帝国强撑着拒绝承认奥匈帝国吞并波斯尼亚与黑塞哥维那。最后,德意志第二帝国发布了一条消息,实际上

---

① 《英国政府公文汇编》第5卷第474页,1908年10月30日阿瑟·尼科尔森给爱德华·格雷爵士的信。——原注
② 《英国政府公文汇编》第5卷第446页,1908年10月14日爱德华·戈申爵士写给爱德华·格雷爵士的信。——原注
③ 《英国政府公文汇编》第5卷第346页,1908年3月2日弗兰克·拉塞尔斯爵士写给爱德华·格雷爵士的信。——原注

就是一份最后通牒。1909年3月21日，最后通牒直接发给了德意志第二帝国驻圣彼得堡大使弗雷德里希·冯·普塔莱斯，其内容如下："我们必须明确了解俄罗斯帝国是否接受奥匈帝国照会，并且俄罗斯帝国能否毫无保留地正式同意废除《柏林条约》第二十五条。请向亚历山大·伊兹沃尔斯基讲明，我们期待明确答复：是或否。但凡得到的答复避重就轻、带有条件或模棱两可，我们将视其为拒绝。我们将因此而撤回请求，让一切顺其自然。"①德意志第二帝国驻圣彼得堡大使弗里德里希·冯·普塔莱斯明白，无法再继续保持沉默。于是，他将消息原原本本地传给了亚历山大·伊兹沃尔斯基②。俄罗斯帝国最后做出了让步。1909年3月31日，塞尔维亚王国放弃了所有抵抗的想法，并发表了一份声明，表明放弃反对奥匈帝国吞并波斯尼亚与黑塞哥维那③。

德意志第二帝国外交政策的捍卫者无法否认，1909年3月21日消息的内容"与最后通牒并无二致"④。俄罗斯人一向关心外交多于内政。对他们来说，连续两次受辱犹如当头一棒。英国驻圣彼得堡大使阿瑟·尼克尔森爵士写道："俄罗斯人在一个问题上意见比较一致，那就是在巴尔干半岛问题上拒绝给奥匈帝国或德意志第二帝国任何特权而损害斯拉夫人利益。"⑤事实上，1907年与1908年俄罗斯人未抵制奥匈帝国的"桑贾克铁路计划"与"吞并波斯尼亚与黑塞哥维那计划"，而阿洛伊斯·莱克萨·冯·艾伦塔尔根本无意缓解局面。在危机最严重的时刻，阿洛伊斯·莱克萨·冯·艾伦塔尔对英国驻圣彼得堡大使阿瑟·尼克尔森爵士说："俄罗斯帝国若想动武，悉听尊便。"⑥第二次即波

---

① 1929年4月美国杂志《外交事务》第388页皮埃尔·雷努文原话。——原注
② 德语原文见希伯特编著的《协约国政治发展史的外交卷宗》；又见希伯特编著的《亚历山大·本肯多夫的外交通信》(1928年版)第1卷第54页。——原注
③ 《战争》(1928年版)第4卷第1119号文件塞尔维亚王国备忘录。——原注
④ 赫尔曼·卢茨所著《爱德华·格雷爵士与世界大战》第142页。——原注
⑤ 《英国政府公文汇编》第5卷第335页，1908年2月12日阿瑟·尼科尔森给爱德华·格雷爵士的信。——原注
⑥ 《英国政府公文汇编》第5卷第485页，1908年11月5日爱德华·戈申爵士写给爱德华·格雷爵士的信。——原注

腓特烈大公

斯尼亚与黑塞哥维那事件发生时,德皇威廉二世发表了臭名昭著的"闪亮盔甲演讲",实际上等于当众羞辱了俄罗斯帝国。

  1910年,德皇威康二世拜访腓特烈大公时,在腓特烈大公位于匈牙利卡拉潘斯卡的狩猎行宫做了"闪亮盔甲演讲"。在返回途中,德皇威廉二世经过维也纳时受到了盛大无比的接待。维也纳新闻界高度赞扬了德奥联盟在巴尔干半岛问题及其他问题上的团结。1910年9月21日,维也纳市政厅专门为德皇威廉二世举行了盛大的招待会。回应维也纳市政厅将以他的名字命名一座美丽公园时,德皇威廉二世说:"我想,我看到了维也纳市政厅的盛情。作为盟友,在关键时刻,我们穿着闪亮的盔甲站在贵国君主身旁。"[1]

如果生活在1908年的人将在有生之年再次见证新一轮危机,几乎可以肯定的一点是,俄罗斯帝国不会第三次做出让步。因为在1908年至1909年一系列事件中,俄罗斯帝国认为自己有可能在斯拉夫世界甚至在整个国际社会的声誉严重受损。当事件结束时,塞尔维亚王国驻圣彼得堡大使斯帕拉科维奇在报告中说:"在这里的外交界,人们言辞激烈地谴责俄罗斯帝国一贯奉行软弱的外交政策。面对德意志第二帝国的威胁,俄罗斯帝国竟然因恐惧而畏缩不前,甚至收回了几天前宣布的内容。"[2]

---

[1] 1910年9月2日《泰晤士报》。——原注
[2] 米洛希·博希舍维奇所著《塞尔维亚王国外交政策:1903—1914》(1928年版)第97页,1909年3月17日至1909年3月30日斯帕拉科维奇致塞尔维亚王国外交部的信。——原注

第 21 章
第二次海牙国际会议

精彩看点

俄罗斯帝国的会议邀请通知照会——第二次海牙国际会议的各国代表——第二次海牙国际会议的会务安排十分混乱——《最终法案》——《和平解决国际争端公约》

第二次海牙国际会议即将在荷兰海牙举行。1906年4月，俄罗斯帝国向全世界有组织的国家均发出了会议邀请。1899年第一次海牙国际会议仅仅邀请了在圣彼得堡有外交代表的二十六个国家。第二次海牙国际会议邀请了四十七个国家参加，其中有四十五个国家接受了邀请。美国总统西奥多·罗斯福想通过会议提议与会议邀请来显示美国对和平运动的兴趣（尽管他本人对此事表示十分怀疑）①。1904年11月，西奥多·罗斯福通过国务卿约翰·海伊发出了会议邀请。不过，由于当时日俄战争正在进行，会议提议不合时宜，美国发出的会议邀请并未得到回应②。后来，西奥多·罗斯福便将机会让给了成功发起第一次海牙国际会议并且希望承担第二次海牙国际会议邀请任务的俄罗斯帝国。值得注意的是，俄罗斯帝国在通知照会中提议，召开第二次海牙国际会议的主题仅限于改善仲裁法庭及关于陆地与海洋战争法律及惯例的条例。不过，在英国、美国以及西班牙王国的建议下，削减军备的问题也被列入会议议题中③。对此，德皇威廉二世十分愤慨。他拒绝参加1907年在柏林举行的各国议

---

① 1904年12月4日西奥多·罗斯福给国会的信及他与德意志第二帝国大使斯帕克·冯·斯特恩伯格的谈话；《欧洲内阁的重大政治》第23卷第1章第57页注释引用了这些内容。——原注
② 《欧洲内阁的重大政治》第33卷第1章第61页。——原注
③ 《英国议会文件汇编》第8页与第9页，1908年第3857号文件中1906年7月25日爱德华·格雷爵士写给亚历山大·本肯多夫的信与1907年4月3日亚历山大·本肯多夫写给爱德华·格雷爵士的信。——原注

美国总统西奥多·罗斯福

会联盟，认为此次会议将支持裁军①。美国总统西奥多·罗斯福希望第二次海牙国际会议计划能纳入一项提议，即将驱逐舰的吨位限制在一万五千吨以内。德皇威廉二世拒绝了这项提议。他写道："每个国家应该各取所需。"

在1906年4月的会议邀请通知照会中，俄罗斯帝国指出："第一次海牙国际会议结束时，与会各国深信，随着各国日益开明并且经验不断增长，会议的使命会最终完成。"不过，随后几年，俄罗斯帝国的美好愿望并未实现。正因

---

① 《欧洲内阁的重大政治》第33卷第1章第80页与第81页。当德意志第二帝国首相请求德皇威廉二世批准德意志第二帝国受邀参加各国议会联盟时，德皇威廉二世的旁注为："我坚决不同意。"不过，他允许德意志第二帝国派代表参加（1907年第二次海牙国际会议结束后的第二年）1908年在柏林举行的会议。——原注

为希望破灭,俄罗斯帝国才会从第二次海牙国际会议中删去削减军备的议题。然而,英国没有任何不切实际的幻想,而是认为必须直面裁军问题。

"英国认为最好就军备问题进行讨论。即便讨论没有得出令人满意的结果,也应该进行讨论。没有结果的讨论至少会为继续协商敞开大门。如果把问题束之高阁,就等于承认没有任何希望可言,也就会离第一次海牙国际会议设立的主要目标渐行渐远。英国认为,这个问题取得任何进展前必须经过多次讨论,即使最终未能取得任何明确结果,也胜过根本不去讨论。基于以上原因,英国保留在这次会议上提出裁军问题的权利,并且告诉同样持保留态度的美国,自己将支持美国促成讨论裁军问题。"[1]

爱德华·弗莱将担任第二次海牙国际会议的英国首席代表。他奉命在裁军问题上与美国代表合作。然而,在下达上述指令的同时,爱德华·格雷爵士

爱德华·弗莱

---

[1] 《英国议会文件汇编》第12页,1908年第3857号文件中1907年6月12日爱德华·格雷爵士写给爱德华·弗莱的信。——原注

不无遗憾地感慨道:"德意志第二帝国最后明确宣布,绝不参加裁军讨论。因而,讨论能否顺利展开着实令人怀疑。显而易见,作为陆军大国与海军强国的德意志第二帝国若不参加裁军讨论,很难将其视作严肃认真的行为。"当然,这反映出,在文明国家协调一致努力和平解决国际难题的道路上,德意志第二帝国是最大阻碍。德意志第二帝国申辩说,它只不过坦诚地说出了其他国家心中所想。德意志第二帝国称,英国与美国提议讨论裁军,虽然法国、意大利王国与俄罗斯帝国纷纷表示支持,却不过是在虚与委蛇。"德意志第二帝国不屑于阳奉阴违,而是开诚布公地表示,拒绝将裁军问题与强制仲裁法院纳入会议议题。"①这一切绝非妄言。根据公开文件来看,俄罗斯帝国并不赞成裁军。其他国家对此也并不热衷②。尽管如此,在英国与美国的坚持下,除了德意志第二帝国与奥匈帝国,其他国家都准备在会议上考虑裁军问题③。然而,德意志第二帝国态度坚决地表示反对,使裁军计划成为泡影。

1907年6月15日,第二次海牙国际会议正式开幕。会议开幕式由荷兰外交大臣德克·范·泰特·范·贡德里安主持。会议主席是俄罗斯帝国驻巴黎大使内利多。美国代表包括驻伦敦大使约瑟夫·乔特、驻巴黎大使霍勒斯·波特、外交史学家大卫·杰恩·希尔及国际律师詹姆斯·布朗·斯科特。德意志第二帝国代表有驻君士坦丁堡大使阿道夫·马沙尔·冯·比贝尔施泰因、常设仲裁法院成员约翰内斯·克里格及波恩大学教授佐恩。佐恩教授曾作为代表积极参与了第一次海牙国际会议。阿道夫·马沙尔·冯·比贝尔施泰因认为,将法语作为会议专用语言为会议增加了不必要的负担④。奥匈帝国代表中最著名的是维也纳大学教授海因里希·拉马施。他曾担任过第一次海牙国际会议代表。中国派出

---

① 弗里德里希·施蒂弗所著《德意志第二帝国与欧洲》第103页。——原注
② 《欧洲内阁的重大政治》第23卷第1章第127页,1907年2月18日威廉·冯·舍恩从圣彼得堡发来的报告。又见130页至131页,第132页至第133页,第135页,第138页至第139页以及第152页。——原注
③ 《欧洲内阁的重大政治》第23卷第1章第153页与第155页。——原注
④ 《欧洲内阁的重大政治》第23卷第1章第264页。——原注

第二次海牙国际会议现场

约瑟夫·乔特

霍勒斯·波特

约翰·福斯特

官员同美国前国务卿约翰·福斯特一起前去参会。古巴共和国代表是著名国际律师布斯塔门特。西班牙王国代表是驻伦敦大使文策斯劳·德·维拉-乌鲁蒂亚。法国再次派出莱昂·布儒瓦、保罗-亨利-邦雅曼·德斯图内勒·德康斯坦与巴黎大学教授路易·雷诺作为会议代表参会。英国代表有常设仲裁法院成员爱德华·弗莱、罗莎蒙德·雷伊及两位高级外交官恩斯特·梅森·萨道义爵士与亨利·霍华德爵士。意大利王国代表是驻巴黎大使兼常设法院成员托尔涅利伯爵。俄罗斯帝国代表除了内利多以外,还有资深国际法律学者费奥多·费奥多罗维奇·马顿斯(他曾经作为官方代表访问欧洲各国首都,为此次会议协调待议事项)[1]。瑞士联邦派出了一名外交官与两位法学教授——日内瓦大学的波雷尔教授与苏黎世大学的欧根·胡贝尔。

---

[1] 《欧洲内阁的重大政治》第23卷第1章第103页。——原注

在海牙，与所有国际会议一样，各代表团成员之间有许多非正式场合可以私下接触。会议期间，英国代表团与西班牙王国代表团、意大利王国代表团及日本帝国代表团都住在茵德斯酒店。然而，德意志第二帝国代表团住在几英里之外的斯海弗宁根。"结果，英国代表、西班牙王国代表、意大利王国代表与日本帝国代表之间经常进行轻松愉快的交流，与德意志第二帝国代表交流的机会却少之又少。"①对俄罗斯帝国代表来说，情况更糟，因为有些人住在海牙，有些人住在斯海弗宁根，他们分散居住在不同的酒店。

第二次海牙国际会议召开地点与第一次海牙国际会议不同，没有安排在"森林之屋"（对四十六个国家来说，此处太小），而是在荷兰议会大厦的骑士厅。"从外部构造来看，建于13世纪的荷兰议会大厦，无论塔楼、山墙还是哥特式窗户都十分像教堂。然而，大厦内部有一个宽敞的大厅，专门用于召开此次会议。大厅内不仅电灯、电话一应俱全，而且所有座位都装有软垫。大厅上面还有很多专门为各委员会准备的小房间。"②然而，骑士厅的音响效果太差，根本无法召开全体会议。③

据说，第二次海牙国际会议的会务安排十分混乱。这或许是参会代表过多的缘故，因为与会代表超过了二百五十人④。事实上，有了第一次海牙国际会议的经验，第二次海牙国际会议本应该安排得更加井井有条。然而，1907年第二次海牙会议比1899年第一次海牙国际会议多出二十个参会国家，给会议秘书处带来了莫大的压力。在一封私人书信中，爱德华·弗莱写道："实际上，会议机构太臃肿了。说起来四十七个国家开会讨论重大问题，却几乎没有任何既定程序。正如我们所见，许多国家对讨论的问题毫无头绪。一些会议主席甚至把所有问题混杂在一起⋯⋯许多代表都是聪明人。然而，一群聪明人在一

---

① 伊丽莎白·A.弗莱所著《爱德华·弗莱传》（1921年版）第198页。——原注
② 伊丽莎白·A.弗莱所著《爱德华·弗莱传》（1921年版）第201页。——原注
③ 《欧洲内阁的重大政治》第23卷第1章第264页。——原注
④ 《欧洲内阁的重大政治》第23卷第1章第264页。——原注

莱昂·布儒瓦

保罗-亨利-邦雅曼·德斯图内勒·德康斯坦

恩斯特·梅森·萨道义爵士

欧根·胡贝尔

茵德斯酒店

荷兰议会大厦

起吵吵嚷嚷，根本不可能有任何办事效率。"① 尽管对某些问题的看法完全不同，但代表团之间有许多正式聚餐活动。例如，在强制仲裁法院和其他一些问题上，爱德华·弗莱与阿道夫·马沙尔·冯·比贝尔施泰因意见相左。在分会场上，他们的争吵偶尔会十分激烈。然而，两人私交甚好，经常心情愉快地一起用餐。阿道夫·马沙尔·冯·比贝尔施泰因常常感叹，大把时间都花在了娱乐上②。第二次海牙国际会议只有全体会议是公开的。然而，公众对全体会议并无太大兴趣。正如阿道夫·马沙尔·冯·比贝尔施泰因所说，在会场上根本无法听清楚发言。爱德华·弗莱拒绝向记者提供会议信息，因此产生了一些不良后果。"在海牙会议上，他召集了新闻界的主要代表，却以一副公事公办的态度漠然地说，对他们无可奉告。"阿道夫·马沙尔·冯·比贝尔施泰因在报告中说："再也找不出比爱德华·弗莱更绝的手段去得罪新闻媒体了。"③ 不过，阿道夫·马沙尔·冯·比贝尔施泰因对待新闻记者一向豪爽大度。在报道外交事务方面，《伦敦时报》在欧洲报界最有影响力。《伦敦时报》毫不留情地记录了会议的全过程。《法国外交评论》曾评论道："1899年与1907年两次海牙国际会议均未赢得新闻界好评。"④

第二次海牙国际会议的目标是完善与发展第一次海牙国际会议的成果。从追求目标过程和付出的努力来看，第二次海牙国际会议与第一次海牙国际会议极其相似。一方面，与第一次海牙国际会议相比，第二次海牙国际会议召集了四十七个国家，给世人留下了更加深刻的印象，可谓引人瞩目的国际盛会。1648年，首次国际会议——威斯特伐利亚会议曾给人们留下了诸多遗憾。之后，西方国家时常汇聚一堂召开会议，这一事实本身就标志着巨大进步。

然而，第二次海牙国际会议结束时，立法方面并没有太多成就可言。事实

---

① 伊丽莎白·A.弗莱所著《爱德华·弗莱传》（1921年版）第201页。——原注
② 《欧洲内阁的重大政治》第23卷第1章第264页。——原注
③ 《欧洲内阁的重大政治》第23卷第1章第269页。——原注
④ 《法国外交评论》（1909年版）第33卷第1章第25页。——原注

第二次海牙国际会议

上，由于德意志第二帝国态度坚决，裁军成了十分敏感的问题，未在会议上真正讨论。英国没有大量陆军装备需要削减，因而准备讨论限制海军军备问题。不过，爱德华·弗莱接到指示，在裁军问题上不要冒犯德意志第二帝国。他拥有的最大权限是，在得到法国代表与美国代表正式同意的情况下，才能发表演讲（阿道夫·马沙尔·冯·比贝尔施泰因称之为"葬礼演说"），并且演讲目的仅仅是在会议上表达限制军备的"愿望"而已。

关于强制仲裁提议，此次会议并未取得进一步成果。阿道夫·马沙尔·冯·比贝尔施泰因表示，德意志第二帝国赞成这一原则。事实上，这种态度本身就是一种进步。然而，与此同时，阿道夫·马沙尔·冯·比贝尔施泰因反对为强制仲裁而提出的一切具体方案，认为这些方案约束力不足，没有实际价值。后来有一次，法国代表团团长莱昂·布儒瓦恰好坐在阿道夫·马沙尔·冯·比贝尔施泰因旁边。他说："你说'是'的同时，总能优雅地说出

'不'。"阿道夫·马沙尔·冯·比贝尔施泰因曾经这样写道:"这恰好证明了我们的策略万无一失。"①

第二次海牙国际会议从1907年6月15日一直持续到1907年10月18日结束。各国签署了《最终法案》与一些公约。《最终法案》宣布:"此次会议本着互相协商与让步的精神,商定了以下宣言。宣言在保证各国充分拥有投票自由的同时,使各国共同确认了一致接受的原则。各国一致同意:第一,承认强制仲裁原则;第二,某些争端,尤其是与国际条约的解释与适用有关的争端,可以不受限制地提交强制仲裁。最后,各国一致宣布,尽管在某种意义上缔结一项公约不可行,但已经暴露的意见分歧并未超出司法争议范围。此外,经过四个月的共同努力,各国不仅学会了互相理解与紧密团结,而且在此次会议合作期间成功提炼出'人类共谋福祉'的崇高概念……""最后,大会向各国建议召开第三次国际会议。第三次国际会议可在前一次会议结束后的相应时期举行,日期由各国共同商定。"虽然法国代表雷诺教授有些过于乐观地惊呼"国际联盟成立了"②,但"会议原则"就此在欧洲确立起来。第三次海牙国际会议本来计划于1914年夏季召开。不过,在前两次会议上阻挠限制军备与强制仲裁的大国不会参加。与此同时,第一次世界大战不期而至。

第二次海牙国际会议成员国签署的《最终法案》只是表达了对国际合作原则的信念,并未以任何契约或承诺的形式约束各国。不过,除了《最终法案》,1907年10月18日,第二次海牙国际会议还签署了十五项独立公约。

第一项是《和平解决国际争端公约》。它取代了第一次海牙国际会议签署的公约,但二者原则上并无太大出入。《和平解决国际争端公约》基于自愿原则保留了常设仲裁法院,却更广泛、更准确地界定了其程序。第二次海牙国际会议全部成员共同签署了《和平解决国际争端公约》。虽然有人提出了一些保留意见,但它们都是无足轻重的。

---

① 《欧洲内阁的重大政治》第23卷第1章第266页与第268页。——原注
② 《法国外交评论》(1909年版)第33卷(1909年)第60页。——原注

其余十四项公约与和平或维护和平问题无关，主要涉及战争与战争行为问题。这些公约更新并扩充了第一次海牙国际会议制定的条例。其中，特别事项包括：限制以武力追偿合同约定的债务；各国有义务在敌对行动开始前发表宣战声明；陆战法规与惯例；敌对行动发生时敌国的商船状况；商船改装成军舰；铺设自动潜艇接触式地雷；战时海军轰炸；《日内瓦公约》适用于海战[①]；实施海战俘获权的限制规定；建立国际捕获法庭；中立国在海战中的义务；禁止从气球上抛掷投射物与爆炸物。在外交家眼中，技术专家一向是不折不扣的"现实主义者"。托尔涅利伯爵曾向阿道夫·马沙尔·冯·比贝尔施泰因感慨道："海军司令希望在全世界的海面上布雷。"在发往柏林的加急电报中，阿道夫·马沙尔·冯·比贝尔施泰因汇报说，"因为我对水雷知之甚少"[②]，实在无法给予托尔涅利伯爵任何安慰。

第一次世界大战期间，总有人无视这些缓和战争行为的公约。不过，除了第十四项公约规定的例外情况——禁止从气球上抛掷投射物，交战国的政策基本符合它们在第二次海牙国际会议上的承诺。

英国对建立国际捕获法庭的计划非常热衷，因为它能给英国带来实际便利。捕获法属于地方法律。海上被捕获的中立国家的船舶通常会被带到捕获国家的海事法庭。在日俄战争期间，英国船舶连连遭难，或者说英国认为其船舶屡遭劫难。一旦拥有从地方捕获法庭向国际捕获法庭的上诉权，中立国家的船舶就获得了重要保障。应争端任何一方的要求，一旦设立国际法庭，就必须是强制性的。非强制法庭起不到任何作用，因为不能指望争端双方都同意上诉——只有败诉方才想要上诉。因此，国际捕获法庭必须拥有强制司法原则特许权。然而，这恰好是在设立常设仲裁法院项目中，人们曾经争取过却未能实现的原则。

德意志第二帝国曾经阻止过建立强制性国际仲裁法院项目，但赞成建立

---

① 《法国外交评论》第33卷（1909年）第149页，1864年《日内瓦公约》只提到了陆战。——原注
② 《欧洲内阁的重大政治》第33卷第1章第265页。——原注

强制性国际捕获法庭①。在第二次海牙国家会议上，当阿道夫·马沙尔·冯·比贝尔施泰因宣布，有意提交建立国际海事捕获上诉法庭计划时，英国首席代表爱德华·弗莱立刻起身宣布，英国也有意提出类似计划，并且表达了与德意志第二帝国代表团进行合作的强烈愿望。此事在会场上引起了很大轰动。众所周知，英国与德意志第二帝国一直在海军军备方面竞争激烈。结果，两国代表在此次会议上竟然出乎意料地联合起来，愉快地制订并接受了建立国际捕获上诉法庭的公约。然而，国际捕获上诉法庭最终并未建立。除了英国与俄罗斯帝国，其他大国都毫无保留地签署了这项公约。英国最后一刻改变了主意。

阿道夫·马沙尔·冯·比贝尔施泰因认为，通过四个月的会期，他发现了日本帝国与美国之间、美国与南美洲国家之间互相对立的蛛丝马迹。求真务实的阿道夫·马沙尔·冯·比贝尔施泰因曾这样写道，与整个美洲大陆四分五裂的状态相比，"经常遭受世人诟病的欧洲反而更加团结"②。尽管第二次海牙国际会议的结果令人失望，但它成为欧洲协调存在的意外证明！

---

① 《欧洲内阁的重大政治》第23卷第1章第262页。——原注
② 《欧洲内阁的重大政治》第23卷第1章第279页。——原注

第 22 章
欧洲协调的破裂

精彩看点

"卡萨布兰卡事件"——德意志第二帝国外交大臣阿尔弗雷德·冯·基德伦-韦希特尔——阿加迪尔危机——大卫·劳埃德·乔治的市政厅讲话——德意志第二帝国舰队的"崛起"引起英国的恐慌

奥匈帝国吞并波斯尼亚与黑塞哥维那，德意志第二帝国对此表示支持，直接导致了国际协调破裂。在紧随其后的四年时间，虽然欧洲协调曾经在1913年伦敦会议（为了解决第二次巴尔干战争遗留问题）期间临时重建，但整个欧洲的国际社会一直处于失序状态。欧洲各大国纷纷居安思危，加强军备。与此同时，在没有达成普遍谅解的情况下，为了消除对立双方的摩擦根源，它们不是已经签订条约，就是正在努力签订条约。鉴于欧洲各大国因惶恐不安而采取各自为政的外交政策并且不断进行激烈的军备竞赛，要想无限期地维护和平，根本就是痴心妄想。事实上，就在1911年，一场欧洲战争一触即发。

1908年秋，"卡萨布兰卡事件"让德意志第二帝国与法国之间沉寂已久的摩洛哥问题再次发酵。在驻摩洛哥法国外籍军队中，有六名德意志第二帝国籍士兵试图登上一艘船逃跑时，得到了德意志第二帝国驻卡萨布兰卡领事的帮助。法国人在追捕逃兵时，被指控侵犯了德意志第二帝国领事权。法国与德意志第二帝国并未继续进行这场指控与反指控游戏，因为这样做不仅无济于事，而且火上浇油。两国同意将此事提交仲裁。1908年11月24日，它们共同签署了一份和解协议，根据《海牙和平解决国际争端公约》，成立了一个仲裁法庭。1909年5月22日，仲裁法庭宣布：一方面，德意志第二帝国驻卡萨布兰卡领事存在"明显的严重失误"；另一方面，法国军事当局对德意志第二帝国领事缺乏尊重。双方接受裁决时，均表示了歉意。

据此看来，法国与德意志第二帝国之间并不会因摩洛哥问题而开战。1908年10月6日，德皇威廉二世听说奥匈帝国打算吞并波斯尼亚与黑塞哥维那时，意识到这场新危机事关重大。在写给伯恩哈德·冯·比洛的信中，他说："鉴于当前情况，我们现在必须尽快解决发生在摩洛哥的不幸事件。这件事情不会有什么结果，因为摩洛哥始终是法国地盘。让我们体面地结束此次事件，这样就有可能消除与法国之间的摩擦。现在，我们面临更加重大的问题。"[①] 伯恩哈德·冯·比洛十分认同德皇威廉二世的观点。不过，他说法国人肯定不知情，否则他们绝不会因德意志第二帝国退让之举而提供任何赔偿[②]。自从奥托·冯·俾斯麦下台后，正是因为德意志第二帝国奉行锱铢必较的赔偿政策，欧洲大国关系日益恶化。不过，1909年2月9日，法国与德意志第二帝国就摩洛哥问题达成了一项君子协议。该协议表达了双方执行《阿尔赫西拉斯法案》的愿望。法国承诺，尊重摩洛哥王国的独立与完整，并且承诺德意志人在摩洛哥王国拥有平等的商业机会。德意志第二帝国则承认法国维护摩洛哥王国和平与秩序的特殊政治利益，并保证绝不会横加干涉。[③]

虽然德意志第二帝国在波斯尼亚与黑塞哥维那问题上支持奥匈帝国，最终导致欧洲协调破裂，但它最终以比较温和的方式解决了摩洛哥争端。显而易见，在摩洛哥问题上，德意志第二帝国希望避免战争。因此，它不太可能想在波斯尼亚与黑塞哥维那问题上发动战争。当然。如果奥匈帝国请求德意志第二帝国支持，德意志第二帝国也做好了面对战争的准备。总而言之，看起来，英国首相赫伯特·亨利·阿斯奎斯对德意志第二帝国的态度判断有误。1908年秋，赫伯特·亨利·阿斯奎斯曾向阿瑟·詹姆斯·贝尔福表明了自己的态度。

1908年11月，阿瑟·詹姆斯·贝尔福在写给兰斯多恩侯爵亨利·佩蒂-菲茨

---

① 《欧洲内阁的重大政治》第24卷第440页；西德尼·布拉德肖·费伊所著《世界大战的起源》（1928年版）第1卷第247页至第248页。——原注
② 西德尼·布拉德肖·费伊所著《世界大战的起源》（1928年版）第1卷第248页。——原注
③ 《欧洲内阁的重大政治》第24卷第489页。——原注

赫伯特·亨利·阿斯奎斯

莫里斯的信中说:"昨晚议会休会后,赫伯特·亨利·阿斯奎斯要和我聊一聊。显然,他十分担心欧洲当前的局势。在他看来,我们正在经历着自1870年以来最严峻的考验。""他说,尽管看起来不可思议,但英国实在无法看透符合所有已知事实的德意志第二帝国政策,只能判断出它想要发动战争。然而,战争一旦发生,就绝对不可与1870年战争同日而语。因为俄罗斯帝国、奥匈帝国与近东地区必定会卷入战争,更不用说我们自己了……我说过,根据我的个人理解,一旦德意志第二帝国的军队入侵比利时王国,我们应该根据条约义务介入。赫伯特·亨利·阿斯奎斯十分认同我的看法。他说,众所周知,法国边境的防御工事非常坚固,德意志第二帝国难以抗拒入侵比利时王国的诱惑。""他没有给我透露任何信息。我相信,也没有什么消息能逃得过新闻报纸的法眼。但他在谈论个人观点时,语气十分悲观,这令我颇感震惊。"①

一方面,英国自由党政府或许误解了德意志第二帝国的政策;另一方面,这说明德意志第二帝国在执行对外政策时,的确太不顾后果,处处以自我为中心。显然,对整个欧洲与德意志第二帝国来说,最好的解决办法是由新鲜血液来主导外交事务。1909年,德意志第二帝国外交部进行了大换血。阿尔弗雷德·冯·基德伦-韦希特尔接替了威廉·冯·舍恩(被任命为驻巴黎大使)的外

阿尔弗雷德·冯·基德伦-韦希特尔

---

① 牛顿男爵托马斯·沃德豪斯·利所著《兰斯多恩侯爵亨利·佩蒂-菲茨莫里斯传》(1929年版)第371页至第372页。——原注

特奥巴尔德·冯·贝特曼-霍尔韦格

交大臣职务。伯恩哈德·冯·比洛辞去首相职务后,由特奥巴尔德·冯·贝特曼-霍尔韦格继任。特奥巴尔德·冯·贝特曼-霍尔韦格与阿尔弗雷德·冯·基德伦-韦希特尔均希望促进德意志第二帝国与邻邦的友好关系。阿尔弗雷德·冯·基德伦-韦希特尔上任后首先关注的便是摩洛哥问题。

在1911年5月3日的一份备忘录中,阿尔弗雷德·冯·基德伦-韦希特尔宣称,鉴于苏丹阿卜杜勒·哈菲德在摩洛哥王国的统治失败,《阿尔赫西拉斯法案》关于摩洛哥王国独立与完整的条款无法继续生效。"如果反对法国兼并摩洛哥王国,不会带来任何好处。我们的目的是务必让法国给予我们补偿。按照法国保护在菲斯的本国公民的方式,我们也可以在莫加多尔与阿加迪尔以和

"猎豹"号炮舰

平的方式驻扎军舰，以保护德意志第二帝国的公民。"①正是基于这番论断，1911年7月1日，德意志第二帝国派出"猎豹"号炮舰前往阿加迪尔。这引起一片哗然。

德意志第二帝国将军舰派往阿加迪尔之前，为了单独控制摩洛哥王国，法国已经开始与德意志第二帝国就补偿问题进行谈判。法国提议，用刚果铁路计划补偿德意志第二帝国，阿尔弗雷德·冯·基德伦-韦希特尔参加了1911年6月11日开始的这场会谈。对于法国提出的如此微不足道的补偿，阿尔弗雷德·冯·基德伦-韦希特尔嗤之以鼻，直截了当地表明必须满足德意志第二帝国所提要求。随后，德意志第二帝国便将"猎豹"号炮舰派往阿加迪尔。阿尔弗雷德·冯·基德伦-韦希特尔向法国驻柏林大使朱尔斯·康邦暗示，德意志第二帝国想要整个法属刚果殖民地。

① 《欧洲内阁的重大政治》第29卷第101页至第108页。——原注

显然,德意志第二帝国已经偏离了自己在1905年坚持的立场。当时,德意志第二帝国坚持摩洛哥问题应当"欧洲化",绝不能由几个大国单独解决。此外,阿尔弗雷德·冯·基德伦-韦希特尔忽略了一点,他并未向英国申明,德意志第二帝国并不打算夺取摩洛哥王国在大西洋海岸的港口,而这恰恰是英国在1905年最担心的事情。因此,这次摩洛哥危机爆发时,英国坚决支持法国。德

阿加迪尔危机漫画,标题为"先生,您先请"。漫画显示了法国和德意志第二帝国之间的一场射击比赛,一只"和平"的白鸟刚刚从"摩洛哥局势"的陷阱中被释放出来,参赛者各自等待对方先射击。射击台周围聚集着来自欧洲和亚洲国家的统治者,其中包括山姆大叔、英国国王爱德华七世和沙皇尼古拉二世

意志第二帝国将"猎豹"号炮舰派往阿加迪尔后,英国外交部进一步确信,德意志第二帝国意欲占领摩洛哥王国大西洋海岸港口,并且随时都可能实施占领计划。然而,事实上,德意志第二帝国只想要法属刚果殖民地。

当德意志第二帝国"猎豹"号炮舰的行动传到伦敦,1911年7月4日英国外交大臣爱德华·格雷爵士告知德意志第二帝国,它往阿加迪尔派驻军舰引发了新的争端。"与之前有所不同,未来发展趋势会更加直接地影响英国利益。我们将不会承认英国未曾参与的任何安排。"[1]法国自然很欢迎英国参加皮埃尔·保罗·康邦与阿尔弗雷德·冯·基德伦-韦希特尔的谈判。根据1904年签订的《三国协约》相关条款,英国在摩洛哥问题上有义务支持法国。然而,事实上,法国渴望更大范围的讨论,并非局限于三国会谈。正如当年,德意志第二帝国曾在1905年提议召开国际会议,这次法国请求爱德华·格雷爵士提议召开列强会议。

爱德华·格雷爵士提出参加谈判的请求后,一直在等待德意志第二帝国外交部的回复。然而,整整两周过去了,依然毫无音信。爱德华·格雷爵士决定,一定要做一番大动作,以引起德意志第二帝国的重视,证明英国将不惜采用武力捍卫自己的权利。不过,值得怀疑的是,通过这番动作对抗一个大国是否真正有效。毕竟,无论英国此举的直接结果如何,必定会对两国关系造成永久伤害。爱德华·格雷爵士采取的策略是,与首相赫伯特·亨利·阿斯奎斯和内政大臣温斯顿·丘吉尔协商,最后决定由财政大臣大卫·劳埃德·乔治发表公开声明。仲夏时节,财政大臣大卫·劳埃德·乔治经常出席伦敦市长在市政厅举行的特别宴会,并在宴会上发表重要讲话。1911年7月21日,一场宴会如期而至。大卫·劳埃德·乔治是英国内阁最受欢迎的发言人。他在宴会上说:"我愿意为维护和平而鞠躬尽瘁。我认为,除了最严重的国家危机,没有任何理由能够堂而皇之地破坏国际善意。然而,如果我们被迫面对的情况是,要想捍卫和

---

[1] 爱德华·格雷爵士所著《二十五年间》第1卷第214页;《欧洲内阁的重大政治》第29卷第167页。——原注

平就必须牺牲几代人英勇奋斗得来的安定祥和的局面，甚至牺牲国家利益，仿佛英国在内阁制国家中没有任何地位，必须任人宰割，那么我必须在此强调，对于英国这样的大国，以此为代价实现和平是令人无法忍受的耻辱。"

对此，一位历史学家给出了自己的批评意见。大卫·劳埃德·乔治的讲话的确有一定效果，最终使德意志第二帝国宣布无意占领摩洛哥王国的港口，并且态度更加温和地向法国提出要求①。其实，采用更加耐心的外交手段可能会取得同样的效果。从本质上看，大卫·劳埃德·乔治市政厅讲话与德意志第二

大卫·劳埃德·乔治

---

① 西德尼·布拉德肖·费伊所著《世界大战的起源》（1928年版）第1卷第289页至第290页。——原注

国派军舰前往阿加迪尔,两者并无不同。事实上,大卫·劳埃德·乔治市政厅讲话恰好使用了德意志第二帝国以武力相挟的方式。这是一种强硬的外交手段,常常会给国家关系蒙上一层阴影。法国认为,这是一个明确信号,表明了英国与法国之间特别军事同盟关系,尽管严格来说,这种关系只是暂时的[①]。德意志第二帝国完全可以将大卫·劳埃德·乔治市政厅讲话视为战争挑衅,并凭借此事获得德意志人的支持[②]。不过,德皇威廉二世与特奥巴尔德·冯·贝特曼-霍尔韦格决定,不会将摩洛哥问题升级为战争。相反,他们极力克制,接受妥协。法国也做了相应妥协。不过,德意志帝国议会与法国国会极力反对妥协之举。朱尔斯·康邦在签协议当天说:"德意志帝国议会必定一片哗然。"[③]1911年11月4日,朱尔斯·康邦与阿尔弗雷德·冯基德伦-韦希特尔在柏林签订了《摩洛哥公约》,《摩洛哥公约》承认了法国在摩洛哥王国的利益。作为回报,法国割让了法属刚果十万平方英里的土地。德意志第二帝国则以喀麦隆的一小块土地补偿法国,从而表明两国是在互相交换土地。就这样,摩洛哥问题未经欧洲会议便得以解决。

除了摩洛哥问题,一直以来,德意志第二帝国海军是有可能产生严重国际问题的不安因素。不过,除非欧洲各国普遍关心削减军备问题,否则这一问题与欧洲协调并无瓜葛。1907年第二次海牙国际会议曾经提出削减军备问题,但最终不了了之。与其他大国一样,德意志第二帝国海军规模问题依然属于国家内部事务。

然而,英国政府与人民对德意志第二帝国海军问题十分关注。对此,德意志人不以为然。有时,德意志第二帝国的内阁大臣会通过解释性的发言来满足

[①] 雷蒙·庞加莱所著《回忆录:1913—1914》(1928年版)第204页与第234页。——原注
[②] 赫尔曼·卢茨所著《爱德华·格雷爵士与世界大战》(1927年版)第130页及以下。雷芬特洛所著《德意志第二帝国的暴力政治:1888—1914》(第11版和修订版)第408页,雷芬特洛夫认为大卫·劳埃德·乔治的讲话对两国未来关系造成了极坏的影响。又见《法国外交文献汇编》第1卷第143页。——原注
[③] 《法国外交文献汇编》第1卷第4页,朱尔斯·康邦给贾斯汀·德·塞尔夫斯的信。法国与德意志第二帝国签订的《摩洛哥公约》文本见第17页到第21页。——原注

英国人的好奇心。当然，英国并未就德意志第二帝国海军规模提出任何要求。英国曾经断言，德意志第二帝国海军力量在20世纪最初十年迅速发展起来，直接针对的国家只可能是英国。英国人心知肚明，他们完全依赖海上供应，必须下定决心不顾手段地保持自己的海军优势。因此，英国有极大的危机感。尽管德意志第二帝国舰队的发展并未威胁到英国海上优势地位，但无形中增加了政府的开支。虽然两国之间不存在军备"竞赛"，但只要德意志第二帝国往海军投入资金，英国必然要投入相应的资金。然而，对两国来说，这些增加的支出完全可以节省下来。两国可以通过签订一项协议，将舰队规模稳定下来，保持现有状态。

德意志第二帝国海军部大臣阿尔弗雷德·冯·蒂尔皮茨想建立一支强大的海军舰队。他并非想给英国制造巨额开支的负担，而是为了维护德意志第二帝国的尊严与声望，支持德意志第二帝国的外交政策。德意志第二帝国海军虽然不足以挑战英国海上霸权，但十分强大。英国"肯定不愿意铤而走险，与德意志第二帝国发生海上冲突，而会做出外交让步"①。从这个角度来看，阿尔弗雷德·冯·蒂尔皮茨的海军政策似乎有可行性，同时并非全无道理。不过，这样的海军政策缺乏政治家风度。一旦将之付诸实践，引起的种种不快、怀疑与摩擦必定大大超过它带来的好处。"阿尔弗雷德·冯·蒂尔皮茨与德皇威廉二世犯下了一个悲剧性的错误。他们断然拒绝了谈判，将英国推入法国与俄罗斯帝国的怀抱，从而加强了三国协约，于无形中坚定了英国的反对决心。"②德意志第二帝国政策的主要辩护者如果承认这是一个政治错误，就是对阿尔弗雷德·冯·蒂尔皮茨海军政策的最好辩护③。美国历史学家亨利·亚当斯写道，20世纪德意志第二帝国舰队的"崛起"引起了英国的恐慌，使其投入美国怀抱。1909年，德意志第二帝国驻伦敦大使保罗·沃尔夫·梅特涅向德皇威廉

---

① 西德尼·布拉德肖·费伊所著《世界大战的起源》（1928年版）第1卷第234页。——原注
② 西德尼·布拉德肖·费伊所著《世界大战的起源》（1928年版）第1卷第243页。——原注
③ 马克斯·冯·蒙舍拉所著《三国同盟形成的原因》（1925年版）第28页。——原注

二世汇报道:"正是这一问题严重影响了我们与英国之间的关系。"①特奥巴尔德·冯·贝特曼-霍尔韦格利用自己作为首相的影响力,支持"减缓"海军建设的速度。1909年6月26日,他干脆用辞职进行威胁。他或许并非做表面文章。因为他根本无法让德皇威廉二世与顽固的阿尔弗雷德·冯·蒂尔皮茨在海军问题上让步。"在行使首相职权时,特奥巴尔德·冯·贝特曼-霍尔韦格从未像自己离职时那么决绝。"②1912年,理查德·霍尔丹访问柏林未能使英国与德意志第二帝国在海军问题上达成一致意见。从1912年初,英国舰队便开始在北海集结。与此同时,法国舰队在地中海集结。即使英国与法国此前并未达成互相谅解,也不得不这样做,从而产生了一种"不可逃避的义务"。法国总参谋部"十七号计划"已经考虑到英国军队或许不会与法国军队共筑法国陆地防线,因而做了补充说明,"在海上,我们可以万无一失地获得英国海军有力支持"。③爱德华·格雷爵士与温斯顿·丘吉尔都曾在书中表明,英国"内阁内部"同样支持这种观点。1914年8月3日,冒着与德意志第二帝国发生战争的风险,爱德华·格雷爵士公开承诺保护法国北部海岸,并采取了相应行动。德意志第二帝国与英国在海军问题上的分歧恰好证明了协约国与同盟国在1909年至1914年存在的尖锐矛盾。

---

① 《欧洲内阁的重大政治》第28卷第167页;《亨利·亚当斯的教育》(1918年版)第363页。——原注
② 西德尼·布拉德肖·费伊所著《世界大战的起源》(1928年版)第1卷第259页——原注
③ 西德尼·布拉德肖·费伊所著《世界大战的起源》(1928年版)第1卷第324页;《法国总参谋部:第一次世界大战期间的法国军队》第1卷第19页。——原注

第 23 章
巴格达铁路问题

精彩看点

奥斯曼公共债务管理委员会——巴格达铁路修建计划——巴格达铁路具有不可估量的价值——安纳托利亚铁路公司——德意志第二帝国议会通过《德意志第二帝国舰队法案》——巴格达铁路特许权——巴格达铁路公司——印度的安全问题——巴格达铁路债券——德意志银行董事卡尔·海费里希——波茨坦会谈——巴格达铁路国际化——《巴格达铁路协议》

在现代历史的长河中，总有一些国际问题能从某一方面映射出欧洲的混乱状态——它们互相猜忌，争强斗胜，针锋相对。同样，这些国际问题恰好反映出欧洲大国之间存在共同利益，不可避免地需要互相合作。巴格达铁路问题就属于此类问题。正是因为巴格达铁路问题，英国与德意志第二帝国之间产生了种种不快，甚至针锋相对。不过，两国没有将其视作"重大利益"问题。显然，这一问题可以通过互相协商，和平解决。当然，最恰当的解决办法是将巴格达铁路国际化。1914年，两国经历了一拖再拖甚至几次中断的协商之后，最终圆满解决了巴格达铁路问题。

德意志第二帝国并非第一个进入土耳其帝国铁路企业领域的国家。1888年，奥匈帝国与塞尔维亚王国边境的东方铁路正式通车。这条铁路连接塞姆林与君士坦丁堡，途经贝尔格莱德、尼什、索菲亚与阿德里安堡。这条铁路的资金与控制权几乎完全掌握在英国人和法国人手中。不过，东方铁路的延伸建议与计划由德意志人威廉·冯·普雷塞尔提出。他提议，将东方铁路穿过小亚细亚一直延伸至波斯湾。威廉·冯·普雷塞尔曾经凭借瑞士与蒂罗尔的铁路建设工作赢得了国际声誉。[1]

---

[1] E.M.厄尔所著《土耳其帝国、欧洲列强与巴格达铁路》（1923年版）第18页。我非常感谢该著作提供了本章的大部分信息。——原注

奥斯曼公共债务管理委员会对东方铁路延伸计划产生了极大兴趣。该委员会属于国际机构，由土耳其帝国、奥匈帝国、英国、法国、德意志第二帝国与意大利王国分别派出一名代表组成。1881年，由于土耳其帝国无力偿付海外金融债务，无奈之下与债权国达成协议，成立了奥斯曼公共债务管理委员会。奥斯曼公共债务管理委员会负责土耳其帝国税收的评估、征收与支出工作。这部分税收将用作外部融资债务的利息与分期偿还。奥斯曼公共债务管理委员会实际上控制了土耳其帝国的金融，极大改善了整个国家的经济状况。当然，奥斯曼公共债务管理委员会必须与委员会成员国步调一致。土耳其帝国若想提高海关税率，必须征得委员会成员国同意。"可以说，只有奥斯曼公共债务管理委员会成员充分了解土耳其帝国的需要。"[①]奥斯曼公共债务管理委员会准备在资源与权力允许范围内，支持修建穿越小亚细亚直达波斯湾的铁路计划。这条铁路后来被称作"巴格达铁路"。

巴格达铁路修建计划至关重要，不仅引起了德意志第二帝国关注，而且令欧洲各大国趋之若鹜。土耳其帝国在亚洲的土地不仅辽阔，而且是世界上少有的资源富饶地区。在这片土地上，欧洲列强还未曾"占据一席之地"。当然，这片土地属于一个主权国家，但土耳其帝国的主权只是"一种礼貌形式"[②]。

从战略角度来看，巴格达铁路连接欧亚大陆，所经地区具有不可估量的价值。这条铁路不仅是大英帝国的交通命脉，而且是许多国家的财富命脉。对土耳其帝国来说，巴格达铁路会使其军队的战斗力大增。在以往的战争中，土耳其帝国只能将部分兵力运送至战区。遥远偏僻的行省不仅无法向外派送兵力，而且需要增加驻军，以防止有人趁机作乱。巴格达铁路将打通土耳其帝国偏远地区，从而使土耳其帝国实现快速调遣兵力。

尽管巴格达铁路项目最初由一名德意志人设计，并由奥斯曼公共债务管理

---

① E.M.厄尔所著《土耳其帝国、欧洲列强与巴格达铁路》（1923年版）第17页；D.C.布莱斯德尔所著《土耳其帝国的欧洲金融控制》（1929年版）。——原注
② E.M.厄尔所著《土耳其帝国、欧洲列强与巴格达铁路》（1923年版）第9页。——原注

委员会与土耳其帝国苏丹阿卜杜勒·哈米德二世接手，但最早组织财团为该项目融资的是一名英国人，即奥斯曼公共债务管理委员会主席文森特·凯拉德。他曾试图组建英美联合辛迪加，却未能成功。"英国资本家错失的机会却被德意志第二帝国金融家牢牢抓住。"①1888年10月6日，由德意志银行支持的一家财团获得了土耳其帝国的特许权，将海达尔帕夏-伊斯米德铁路延伸修至安哥拉。这项工程由专门成立的安纳托利亚铁路公司负责。这是德意志第二帝国在土耳其帝国的第一家铁路公司。据了解，安纳托利亚铁路公司将获得经营安纳托利亚至巴格达铁路的特许权。此外，德意志第二帝国财团通过购买莫里茨·赫希男爵手中股份，还控制了从塞林姆至君士坦丁堡的东方铁路。与此同时，安纳托利亚铁路公司选举文森特·凯拉德为董事会成员，希望获得奥斯曼公共债务管理委员会与英国资本家的财政支持。

  巴格达铁路项目既具有政治意义又有战略意义，但最初德意志人并未意识到这一点。在德意志人承担巴格达铁路项目之初，似乎仅仅将其视作一般商业项目。巴格达铁路项目根本没有引起欧洲公众的关注。铁路建设进展速度非常缓慢。1893年，安纳托利亚铁路公司获取了土耳其帝国的特许权，负责修建从埃斯基谢希尔到安纳托利亚南部的哥尼亚的铁路支线。1896年，该铁路支线完工。1899年，由于俄罗斯帝国反对在安纳托利亚以北进一步修建铁路，通往巴格达的铁路改变了路线，不是从安哥拉出发，而是从哥尼亚出发，途经阿勒颇与摩苏尔。

  大约就是在这个时候，1899年，德意志第二帝国政府与公众开始对巴格达铁路项目产生兴趣。从此，巴格达铁路项目被赋予了明确的政治"气息"。随后几年，巴格达铁路项目一直存在国际争议。1899年12月7日，泛德主义媒体的机关刊物《泛德报》关注到德意志第二帝国在巴格达铁路项目上取得的成功，并补充评论道："我们应该对这一成功感到万分满意，因为俄罗斯帝国与英国

---

① E.M.厄尔所著《土耳其帝国、欧洲列强与巴格达铁路》（1923年版）第31页。——原注

一直千方百计地阻挠德意志第二帝国的铁路计划。"①德意志第二帝国热衷于巴格达铁路项目，最早可以追溯至1897年阿道夫·马沙尔·冯·比贝尔施泰因开始担任驻君士坦丁堡大使时。奥托·冯·俾斯麦一直反对巴格达铁路项目。他曾说："我们不能因为巴格达的未来而与俄罗斯帝国开战，并将此义务强加于德意志人。"②然而，阿道夫·马沙尔·冯·比贝尔施泰因坦十分看好德意志第二帝国在土耳其帝国的未来。他认为，巴格达铁路项目不仅不会与其他大国的良好关系不相容，而且也不会与土耳其帝国的关系不相容。在阿道夫·马沙尔·冯·比贝尔施泰因上任后的第二年，即1898年，德皇威廉二世第二次访问土耳其帝国（德皇威廉二世第一次访问土耳其帝国是在1889年）。1897年亚美

德皇威廉二世第二次访问土耳其帝国期间在耶路撒冷

① E.M.厄尔所著《土耳其帝国、欧洲列强与巴格达铁路》（1923年版）第34页；《欧洲内阁的重大政治》第6卷第360页至第361页。——原注
② E.M.厄尔所著《土耳其帝国、欧洲列强与巴格达铁路》（1923年版）第41页。——原注

尼亚大屠杀后，土耳其帝国苏丹阿卜杜勒·哈米德二世感觉受到欧洲列强排挤，自然十分欢迎欧洲最强大国家元首访问。在德皇威廉二世访问土耳其帝国的同一年，德意志帝国议会通过了《德意志第二帝国舰队法案》①。可以说，1898年德意志第二帝国已经成形了"前瞻性政策"。

此外，德意志第二帝国财团依然急于获得可利用的国际资本。1899年5月6日，德意志第二帝国财团签署了一项协议，承认代表法国利益的土耳其帝国银行与士麦那-卡萨巴铁路公司共同参与融资。该协议包括一项条款，即英国资本可以同等条件参与融资。然而，正当英国金融家开始研究巴格达铁路项目细节时，布尔战争转移了英国的注意力。最终，1899年11月27日，土耳其帝国苏丹阿卜杜勒·哈米德二世将修建与经营哥尼亚至巴格达与波斯湾铁路的特许权交给了德意志银行财团。对此，英国未提出反对意见②。1900年，兰斯多恩侯爵亨利·佩蒂-菲茨莫里斯就任英国外交大臣。他十分赞同英国官方参与投资筹建中的巴格达铁路公司。然而，英国部分公众对此事的态度十分漠然，甚至还有一部分人表示坚决反对③。

德意志第二帝国财团直到1903年才开始行使巴格达铁路特许权。1903年3月3日，德意志第二帝国财团与土耳其帝国签订了一份新协议。协议规定，安纳托利亚铁路公司将继续管理与运营埃斯基谢希尔到哥尼亚的铁路。从哥尼亚至波斯湾的铁路将由巴格达的一家铁路公司管理与运营，期限为九十九年。特许权包括该公司在巴格达、巴士拉与波斯湾终点站修建码头的权力。土耳其帝国保留铁路的军事征用权。

同一年，即1903年，巴格达铁路公司成立。它首先吸收英国资本参与投

---

① 《德意志第二帝国舰队法案》又称《德意志第二帝国海军法》。1897年，阿尔弗雷德·冯·提尔皮茨升任德意志第二帝国海军大臣后，向帝国议会提交了发展海军的法案。1898年3月，帝国议会通过了该法案。——译者注
② E.M.厄尔所著《土耳其帝国、欧洲列强与巴格达铁路》(1923年版)第59页。——原注
③ 牛顿男爵托马斯·沃德豪斯·利所著《兰斯多恩侯爵亨利·佩蒂-菲茨莫里斯传》第250页至第254页。——原注

资，然后吸收法国资本参与投资。"然而，由于英国新闻界对此事持敌对态度，加上阿瑟·詹姆斯·贝尔福领导的英国政府表示反对，拟议中的三国财团投资计划最终不了了之。"①《兰斯多恩侯爵亨利·佩蒂-菲茨莫里斯传》的作者牛顿男爵托马斯·沃德豪斯·利曾披露："反对英国投资计划的核心人物有已故《观察家报》主编约翰·圣洛·斯特雷奇、已故下议院议员T.G.B鲍尔斯与利奥·马克西。他们成功推翻了英国投资巴格达铁路计划。此事无论最终有益与否，都证明了能谋善断之人无论何时都会产生一定影响力。显然，他们的动机

约翰·圣洛·斯特雷奇

① E.M.厄尔所著《土耳其帝国、欧洲列强与巴格达铁路》（1923年版）第93页。——原注

十分纯粹，毫无半点私心杂念。"[①]即便如此，巴格达铁路的财政权与控制权并非完全掌握在德意志人手中。巴格达铁路公司的二十七位董事中，八位是土耳其帝国银行提名的法国人。

英国拒绝参与巴格达铁路公司投资，绝非明智之举，令人不无遗憾。1903年4月8日，英国首相阿瑟·詹姆斯·贝尔福在下议院发表讲话时，非常客观地向国人提出了与巴格达铁路项目有关的问题。在讲话中，他全面衡量了所有利弊。但他的思想导向非常明了，他赞成英国参与巴格达铁路公司项目。1903年4月，阿瑟·詹姆斯·贝尔福与兰斯多恩侯爵亨利·佩蒂-菲茨莫里斯和阿瑟·冯·格温纳达成协议，巴格达至波斯湾的铁路应由德意志第二帝国、英国

阿瑟·冯·格温纳

[①] 牛顿男爵托马斯·沃德豪斯·利所著《兰斯多恩侯爵亨利·佩蒂-菲茨莫里斯传》第254页。——原注

与法国联合管理。关于这项协议的谣言传开后，英国内阁发生了骚乱。骚乱得到了英国新闻界的支持。最终，阿瑟·詹姆斯·贝尔福领导下的英国政府未能参与并实现巴格达铁路的国际化。事实证明，这是一个巨大的外交失误[①]。

究其根源，英国人对待巴格达铁路的态度反映出他们特别担心印度的安全问题。1899年，当印度总督乔治·纳撒尼尔·寇松听说，土耳其帝国与德意志

乔治·纳撒尼尔·寇松

---

① E.M.厄《土耳其帝国、欧洲列强与巴格达铁路》（1923年版）第188页；《英国议会议事录》第4部第120卷第1247页（1903年4月7日）；《英国关于战争起源的政府公文集》第6卷第325页与第355页。——原注

保罗·罗尔巴赫

银行正在讨论巴格达铁路特许权时，他便立即与巴士拉以南、比邻波斯湾的科威特酋长达成协议。科威特酋长接受了英国保护，并承诺未经英国常驻顾问同意，绝不签订任何国际协议①。就这样，巴格达铁路未来在波斯湾的一个出口被封锁住了。1903年，保罗·罗尔巴赫出版了一部德语著作《巴格达铁路》。或许正是这本书加深了英国人的恐慌情绪。他在书中写道："只有在一个地方——埃及，英国有可能遭到来自欧洲陆地的攻击，受到重创……然而，我们绝无可能攻击埃及，除非土耳其帝国在小亚细亚与叙利亚拥有发达的铁路系

---

① 《英国议会议事录》第4部第101卷（1902年）第129页。——原注

统,并且将阿纳托利亚铁路延伸至巴格达。如此一来,土耳其帝国就能够抵御英国对美索不达米亚的攻击。"①

1903年10月,在法国新闻界强烈抗议下,法国将巴格达铁路债券阻挡在巴黎证券交易所门外。之前,法国在巴格达铁路问题上一直保持中立——一种善意的中立。1905年,在阿尔赫西拉斯会议前夕,为了巩固法国在摩洛哥王国的地位,巴格达铁路是法国总理莫里斯·鲁维埃给德意志第二帝国的交换条件之一。然而,德意志第二帝国拒绝了法国的提议②。

德意志第二帝国认为,英国、法国与俄罗斯帝国反对巴格达铁路项目,证明了德意志第二帝国担心的"包围圈"的存在。因此,当爱德华·格雷爵士提出由德意志第二帝国、法国、英国与俄罗斯帝国召开四国会议解决问题时,德意志第二帝国拒绝了提议。德意志第二帝国担心,在四国会议上,自己将寡不敌众,不断遭到否决。德意志第二帝国希望,与英国单方面协商,解决巴格达铁路问题③。德皇威廉二世说,正如七年战争之前那样,反德联盟正在悄然形成④。在"一份非常机密的私人书信"中,伯恩哈德·冯·比洛写道:"明眼人都能看出,我们正在腹背受敌。"⑤事实上,一旦巴格达铁路的控制权与财政权实现了国际化,德意志第二帝国就不会有芒刺在背的感觉。

1908年,青年土耳其党执掌政权后,对巴格达铁路特许权十分不满。青年土耳其党本来不想投入德意志第二帝国怀抱,因为德意志第二帝国对土耳其帝国议会制政府运动反应十分冷漠⑥。然而,青年土耳其党的进步运动遭到英国与法国反对时,其只能投靠德意志第二帝国。青年土耳其党急需资金。然

---

① E.M.厄尔所著《土耳其帝国、欧洲列强与巴格达铁路》(1923年版)第128页。——原注
② 西德尼·布拉德肖·费伊所著《世界大战的起源》(1928年版)第1卷第231页。——原注
③ 《欧洲内阁的重大政治》第25卷第2章第455页;《英国关于战争起源的政府公文集》第6卷第367页。——原注
④ 《欧洲内阁的重大政治》第25卷第2章第454页(旁注5)。——原注
⑤ 《欧洲内阁的重大政治》第25卷第2章第466页,1908年6月17日。——原注
⑥ 《欧洲内阁的重大政治》第25卷第2章第601页,1908年8月14日保罗·沃尔夫·梅特涅的备忘录。——原注

卡尔·海费里希

而，由于无法获得英国外交部与法国外交部批准，英国银行家与法国银行家也就不可能向土耳其帝国提供贷款。于是，青年土耳其党向德意志第二帝国求助。德意志银行董事卡尔·海费里希十分爽快，立刻给土耳其帝国安排了一笔六百万英镑的贷款。德意志银行购买了土耳其帝国的债券。德意志第二帝国承诺，不会阻挠土耳其帝国向欧洲列强提出提高关税的请求。德意志银行将修建从巴格达至巴士拉与波斯湾段的巴格达铁路特许权还给土耳其帝国。德意志第二帝国的这一举措似乎是为了消除英国对巴格达铁路项目的敌意。大约在同一时间，高瞻远瞩的德意志第二帝国驻伦敦大使保罗·沃尔夫·梅特涅试图说服自己的政府——英国与德意志第二帝国在近东同时发挥作用符合两国利益。如果解决了造成两国分歧的一个问题（非近东问题），就很有可能实现两国在近东的合作。根据一份备忘录的脚注可知，保罗·沃尔夫·梅特涅认为造成两国分歧的问题即"舰队问题"①。

德意志第二帝国外交大臣威廉·冯·舍恩曾表达过类似观点。他写道："现在土耳其帝国苏丹阿卜杜勒·哈米德二世（德皇威廉二世的私交）不再是绊脚石，德意志第二帝国与英国在巴格达铁路问题上完全可以成为合作伙伴。而这恰恰是青年土耳其党最不愿看到的一幕。"②巴格达铁路项目的最大推动者——德意志银行——非常渴望英国参与该项目。1908年冬，德意志银行董事卡尔·海费里希在君士坦丁堡洽谈铁路项目。他发现，青年土耳其党人不仅不好打交道，而且花钱如流水。如果想要见到青年土耳其党的政界要人与新闻界要人，就必须在俱乐部或佩拉宫酒店举行晚宴用香槟与雪茄招待他们。海卡尔·海费里希曾写信给银行董事会同僚阿瑟·冯·格温纳谈及自己遇到的这

佩拉宫酒店

---

① 《欧洲内阁的重大政治》第25卷第2章第607页。——原注
② 《欧洲内阁的重大政治》第27卷第2章第559页，1908年12月8日。——原注

些困难。他说，阿道夫·马沙尔·冯·比贝尔施泰因呼风唤雨的影响力已经不复存在，同时宣称"德意志第二帝国通往波斯湾的巴格达铁路之梦已经破灭"。他提议将巴格达铁路巴士拉段交给英国人。最后，他对阿瑟·冯·格温纳说："我恳请您仔细斟酌，是否与英国在巴格达铁路项目上尽快合作及如何合作。因为这不仅符合我们的利益，而且这一问题解决后，一切难题极有可能将迎刃而解。"①

1909年2月8日至11日，英王爱德华七世在外交部副大臣查尔斯·哈丁的陪同下访问了柏林。这次访问明显改善了两国关系。1909年2月21日，伯恩哈

查尔斯·哈丁

---

① 《欧洲内阁的重大政治》第27卷第2章第565页，1908年11月30日。——原注

德·冯·比洛在一份备忘录中指出:"我提议考虑与英国就巴格达铁路达成谅解的时机是否已经到来。"威廉·冯·舍恩在备忘录的旁注是,主动权必须留给银行家。不过,另外一份官方记录显示的是"我们只需要暗示德意志银行"①。两国银行家一直在竭尽全力地促成合作。现在,两国需要进一步合作。1909年7月14日,伯恩哈德·冯·比洛下台了。尽管他经验丰富,对世界局势了然于心,却傲慢不合群。接替伯恩哈德·冯·比洛首相职务的是特奥巴尔德·冯·贝特曼-霍尔韦格。1909年7月17日,德意志第二帝国外交部起草了一份备忘录。这份备忘录声明,德意志第二帝国不反对法国、英国与俄罗斯帝国的资本参与,条件是保留德意志第二帝国对巴格达铁路的运营权。德意志第二帝国之前已经对外宣称,在巴格达铁路问题上并无政治目的。事实上,从政治角度来看,与英国合作对德意志第二帝国十分有利。②

巴格达铁路问题如果仅由德意志第二帝国银行家与英国银行家负责,或许很快就能解决。然而,英国与德意志第二帝国在达成协议的道路上遇到了重重困难。英国外交大臣爱德华·格雷爵士希望召开由英国、法国、俄罗斯帝国、德意志第二帝国参加的四国会议。德意志第二帝国反对四国会议提议,据理力争地宣称这样的会议实际上等于三对一。当时,德意志第二帝国驻伦敦大使依然是保罗·沃尔夫·梅特涅。他希望德意志第二帝国与英国之间能达成全面政治谅解(包括他重申的海军舰队问题)。阿瑟·冯·格温纳已经做好了准备,如果能够找到一种"保住德意志第二帝国颜面"的方式,就让德意志银行把巴格达至科威特的铁路交给英国。德意志第二帝国驻君士坦丁堡大使阿道夫·马沙尔·冯·比贝尔施泰因支持阿瑟·冯·格温纳的提议。特奥巴尔德·冯·贝特曼-霍尔韦格向爱德华·格雷爵士提议,巴格达铁路问题应当依照阿瑟·冯·格温纳的方案解决,但前提是英国必须做出一定让步作为交换条件。然而,1901年1

---

① 《欧洲内阁的重大政治》第27卷第2章第568页。——原注
② 《欧洲内阁的重大政治》第27卷第2章第571页。——原注

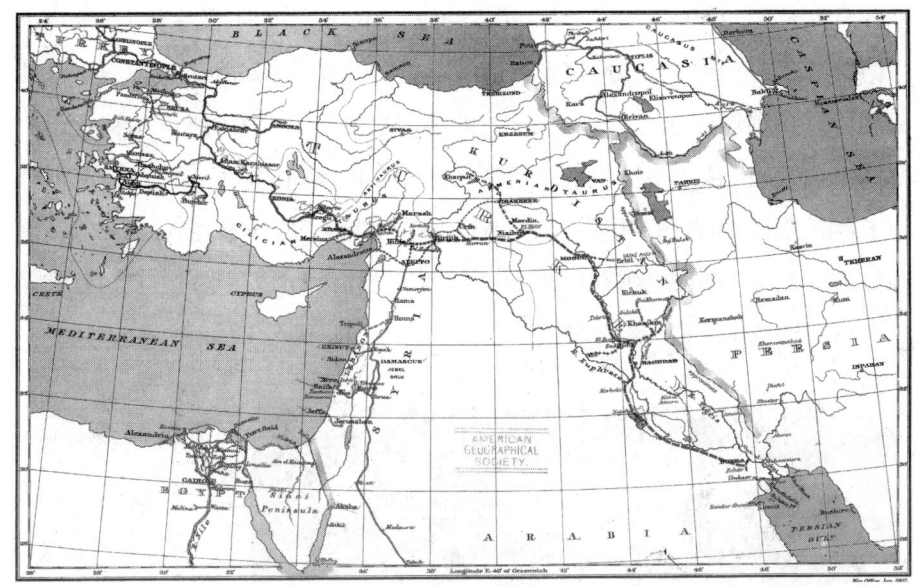

巴格达铁路示意图

月14日，爱德华·格雷爵士回复说，"英国不会考虑"该提议①。为什么英国不会考虑呢？特奥巴尔德·冯·贝特曼-霍尔韦格直言不讳指出，德意志第二帝国以一种高高在上的姿态，理所应当地认为有所失必有所得②。不过，由于英国当时大选在即，爱德华·格雷爵士才找了一个借口回绝特奥巴尔德·冯·贝特曼-霍尔韦格。

与此同时，德意志第二帝国依然有可能与俄罗斯帝国或者法国就巴格达铁路达成协议。此时，德意志第二帝国外交大臣已经换成了阿尔弗雷德·冯·基德伦-韦希特尔。1910年10月30日，他起草了一份关于德意志第二帝国政策的重要备忘录。在他看来，德意志第二帝国虽然是奥匈帝国的盟友，但依然可以与俄罗斯帝国友好相处；事实上，德意志第二帝国可以成奥匈帝国与

---

① 《欧洲内阁的重大政治》第27卷第2章第617页；《英国关于战争起源的政府公文集》第6卷第409页。——原注
② 《欧洲内阁的重大政治》第27卷第2章第624页与第668页。——原注

俄罗斯帝国之间的调停人。阿尔弗雷德·冯基德伦-韦希特尔在备忘录中写道:"德意志第二帝国有能力确保奥匈帝国不会在巴尔干半岛实施任何有野心的计划。"[①]1910年11月,沙皇尼古拉二世访问德意志第二帝国期间,特奥巴尔德·冯·贝特曼-霍尔韦格与俄罗斯帝国外交大臣泽格·萨索诺夫在波茨坦举行了会谈。阿尔弗雷德·冯基德伦-韦希特尔的重大宣言——德意志第二帝国确保遏制奥匈帝国在巴尔干半岛扩张势力,正是由特奥巴尔德·冯·贝特曼-霍尔韦格传递给了泽格·萨索诺夫[②]。人们现在认为,阿尔弗雷德·冯·基德伦-

泽格·萨索诺夫

---

① 《欧洲内阁的重大政治》第27卷第2章第832页。——原注
② 《欧洲内阁的重大政治》第27卷第2章第840页至841页。——原注

韦希特尔的重大宣言蒙蔽了俄罗斯帝国，使其未能对1914年7月初德意志第二帝国的行动方向做出准确判断①。泽格·萨索诺夫向特奥巴尔德·冯·贝特曼-霍尔韦格保证，俄罗斯帝国目前无意在巴尔干半岛扩张势力，当务之急是稳定国内局势②。

1910年11月，在波茨坦会谈中，一直反对巴格达铁路计划的俄罗斯帝国与德意志第二帝国达成了全面谅解。1911年8月19日，两国签署了一项具体协议③。事实上，俄罗斯帝国没有投入巴格达铁路项目的资金。根据该协议，德意志第二帝国承认俄罗斯帝国在波斯的利益范围，以换取俄罗斯帝国承诺不会阻碍巴格达铁路建设工作。当时，理性依然在国际事务中占据着主导地位。各国都在努力消除产生摩擦的根源。1912年2月，在与德皇威廉二世讨论巴格达铁路问题时，理查德·霍尔丹指出，一旦英国拥有了波斯湾的"大门"，英国的担忧定会得到缓解。德皇威廉二世的回答是"我愿意把波斯湾大门交给你们"④。人们认为，当时戈特利布·冯·雅格被任命为德意志第二帝国外交大臣，十分有助于德意志第二帝国与英国重建友好关系。戈特利布·冯·雅格相信，除非英国与德意志第二帝国能够调和双方在土耳其帝国的利益冲突，否则欧洲战争无法避免。一直担任德意志第二帝国驻君士坦丁堡大使的阿道夫·马沙尔·冯·比贝尔施泰因在外交界的声誉无人能及。他被派往伦敦，主要负责解决这一难题⑤。然而，一切还未尘埃落定，阿道夫·马沙尔·冯·比贝尔施泰因撒手人寰了。

不过，整个事态正朝着巴格达铁路国际化方向发展。1914年2月15日，德意志第二帝国财团与法国财团签署了一份密约。"这份密约是第一次世界大战前

---

① 1929年5月《当代评论》所载亚历山大·奥约斯的文章《俄罗斯帝国的战前政策》。——原注
② 《欧洲内阁的重大政治》第27卷第2章第836页。——原注
③ 《欧洲内阁的重大政治》第27卷第2章第957页至第960页；《欧洲内阁的重大政治》第31卷第324页。——原注
④ 理查德·霍尔丹所著《战前》（1920年）第48页。——原注
⑤ E.M.厄尔所著《土耳其帝国、欧洲列强与巴格达铁路》（1923年版）第247页。——原注

夕最重要的国际协议之一。"①虽然这是德意志第二帝国财团与法国财团之间的密约,但法国与德意志第二帝国外交部官员不仅参与了讨论,并且签署了密约。密约规定:黑海沿岸地区的北安纳托利亚、叙利亚应当视作法国铁路企业管辖范围;德意志第二帝国铁路企业管辖范围应该是现存的安纳托利亚铁路与巴格达铁路所经地区。这些地区的法国铁路系统与德意志第二帝国铁路系统应当互相连通②。

英国也正在努力与相关国家达成一致协议。俄罗斯帝国与法国同属协约国集团,不会成为英国签约的障碍。1913年5月,英国与土耳其帝国已经达成一项协议。土耳其帝国承认英国在波斯湾的特殊利益,赞同巴士拉作为巴格达铁路的终点站,并且承诺未经英国同意不得向波斯湾延伸铁路。1914年2月10日,在议会开幕的御前致辞中,英国宣布,除了其他事项外,英国、德意志第二帝国与土耳其帝国在美索不达米亚利益问题上的谈判进展顺利③。四个月后,即1914年6月15日,英国外交大臣爱德华·格雷爵士与德意志第二帝国驻伦敦大使卡尔·马克斯·弗斯特·里奇洛乌斯基签署了《巴格达铁路协议》。根据《巴格达铁路协议》,英国"承认巴格达铁路建设对国际贸易具有普遍重要意义",承诺既不采取也不支持任何阻碍铁路建设与管理的措施,并且支持土耳其帝国将关税从百分之十一提升至百分之十五的请求,同时不反对将关税收入用于铁路建设。巴格达铁路的终点站将设在巴士拉。《巴格达铁路协议》第二条指出,"巴格达铁路公司声明放弃建设从巴士拉到波斯湾的支线"。签订《巴格达铁路协议》的各方承诺不支持建设巴士拉支线或主干线上任意一条通往波斯湾的铁路,除非英国、德意志第二帝国与土耳其帝国达成完全谅解。德意志第二帝国承诺,在巴格达铁路上,各国国民在费率上不应有所区别。英国同意任命

---

① E.M.厄尔所著《土耳其帝国、欧洲列强与巴格达铁路》(1923年版)第247页。——原注
② E.M.厄尔所著《土耳其帝国、欧洲列强与巴格达铁路》(1923年版)第247页至248页,来自阿瑟·冯·格温纳提供的私人信息。关于法国正式参与柏林谈判并最终签署该密约的参考资料见雷蒙·庞加莱所著《回忆录:1913—1914》(1928年译本)第98页至99页。——原注
③ 《英国议会议事录》第5部第55卷第51页。——原注

卡尔·马克斯·弗斯特·里奇洛乌斯基

两名英国人担任董事会成员。因《巴格达铁路协议》产生的任何分歧都将通过仲裁解决①。

欧洲大国的共同利益最终战胜了民族利己主义与互相猜忌。巴格达铁路将按照苏伊士运河的模式实现国际化。对英国来说，这是一个十分满意的解决方案，德意志第二帝国在没有任何交换条件的情况下承认了这一方案。实际上，1912年，理查德·霍尔丹正在进行谈判时，英国已经准备放弃奔巴岛与桑给巴尔岛②。然而，《巴格达铁路协议》正式获批前，第一次世界大战爆发了。事实上，巴格达铁路及所有相关利益均在德意志第二帝国控制之下。这也是土耳其帝国在第一次世界大战爆发后加入德意志第二帝国的决定性因素之一。

第一次世界大战爆发前夕，巴格达铁路短暂存在期间，为沿线贸易带来了显著利益。巴格达铁路不断向股东支付百分之五至百分之六的股息。"1918年10月25日，巴格达铁路上最重要的交汇点阿勒波正式投降，就此终结了德意志第二帝国与土耳其帝国的大冒险。"③

1919年6月28日，《凡尔赛条约》将德意志第二帝国在巴格达铁路项目上的相关利益移交给赔偿委员会。

---

① 《政治科学季刊》第38卷（1923年）第29页。——原注
② 《欧洲内阁的重大政治》第31卷第119页。——原注
③ E.M.厄尔所著《土耳其帝国、欧洲列强与巴格达铁路》（1923年版）第299页。——原注

第 24 章
1913年的伦敦大使会议

精彩看点

巴尔干联盟——巴尔干战争爆发——雷蒙·庞加莱的计划被搁置——伦敦会议——阿德里安堡问题——《伦敦条约》——第二次巴尔干战争——《布加勒斯特条约》

在《二十五年间》这本书中，虽然爱德华·格雷爵士所用笔墨不多，也没有详细解释，但他的确曾指出，各大国在1913年上半年召开的伦敦大使会议避免了一次欧洲大战，或者说伦敦大使会议消除了战争隐患。

20世纪，尽管大使会议完全退出了历史舞台，但这样的会议曾在19世纪频繁举行。大使会议是大国之间就特定问题建立密切联系的最方便手段。当然，各国驻欧洲大国首都的大使必须在当地外交部首脑主持下会面。大使并非责任内阁的首脑[①]，所以必须奉命行事。但在职责范围内，他们凭借职业外交家的斡旋能力有可能会改变局势。当僵局出现时，如果大使将提议送回国内，很可能会产生更加通融的新外交指示。

巴尔干战争是伦敦会议召开的主要原因。1908年，土耳其帝国发生了革命。随后，青年土耳其党在国内建立起君主立宪政体。君主立宪政体的确立意味着土耳其帝国新政府有可能出手干涉波斯尼亚与黑塞哥维那事务。于是，1908年10月5日奥匈帝国决定吞并波斯尼亚与黑塞哥维那。虽然塞尔维亚王国差点对奥匈帝国发动战争，但这场严重危机并未演变成战争。最终，没有经过任何会议，危机便解决了。然而，在这场危机中，俄罗斯帝国没有打算支持塞尔维亚王国。

---

① 即君主制国家的首相和共和制国家的总理。——译者注

多年以来，意大利王国一直想要吞并的黎波里。土耳其帝国民族主义与立宪政体的复兴（虽然并不完美）可能是意大利王国选择在1911年实施吞并的黎波里计划的原因。这也是促成1912年巴尔干联盟形成的原因[①]。当意大利王国向土耳其帝国宣战时，巴尔干联盟的各项计划才开始"实现"[②]。

迄今为止，巴尔干半岛各国因仇恨而矛盾重重。如今，它们可以在一个共同联盟中搁置分歧，这一切让人们对未来充满憧憬，希望在不久的将来能再次结出硕果。显然，这是一次区域性国际合作试验。

经过希腊王国首相埃莱夫塞里奥斯·韦尼泽洛斯、保加利亚王国首相伊万·埃夫斯特拉提夫·盖肖夫与塞尔维亚王国首相米洛万·米洛瓦诺维奇以及

埃莱夫塞里奥斯·韦尼泽洛斯

---

① 盖肖夫所著《巴尔干联盟》（1925年）；1929年7月及9月《柏林月刊》中的《克拉斯尼档案》所提供的电报内容。关于希腊-塞尔维亚王国联盟，见《外交印记》第4页的《希腊官方白皮书》。——原注

② 《法国外交文献汇编》第1卷第50页，1911年11月7日《邦帕德报告》。——原注

塞尔维亚外交大臣尼古拉·帕希奇共同协商，建立巴尔干同盟的条约最终签订。黑山王国①也参与了此次协商。俄罗斯帝国外交部对巴尔干联盟建立不仅十分关注，而且使用外交资源推波助澜②。

虽然巴尔干联盟缔造者的终极目标不为人知，但他们遵照欧洲条约进行了首次行动。巴尔干联盟向土耳其帝国提出，必须根据《柏林条约》第二十三条对土耳其帝国的欧洲行省实施改革。巴尔干各国因为未收到满意答复，所以1912年10月8日向土耳其帝国宣战③。

这场战争爆发得十分突然。也许是因为法国总理雷蒙·庞加莱一直在努力促成各大国采取集体行动，向巴尔干半岛各国与土耳其帝国提出联合建议，从而阻止战争爆发。由于英国不愿向土耳其帝国施加压力，俄罗斯帝国也不愿向巴尔干半岛各国施压，1912年9月22日雷蒙·庞加莱提出的计划被搁置④。欧洲大国本来可以阻止此次战争爆发，却没有采取任何行动，可谓失败至极。事实证明，正是巴尔干战争将各国推向了欧洲战争。

在与欧洲各国的战争中，土耳其人一向善于防守。然而，在此次战争中，土耳其人防守较弱，着实让欧洲国家颇感意外。1912年年底之前，巴尔干半岛国家征服了整个马其顿。阿尔巴尼亚和色雷斯遭到入侵。斯库台湖与阿德里安堡遭到围攻。欧洲大国焦虑不安地关注着巴尔干半岛的局势，因为它们的利益与土耳其帝国的命运在一定程度上息息相关。"欧洲列强一致认为，君士坦丁堡必须留在土耳其人手中。"⑤不过，巴尔干半岛各国并未流露出关于君士坦

---

① 1910年8月28日，黑山公国改国号为"黑山王国"。——译者注
② 俄罗斯帝国驻索菲亚大使聂留道夫与驻贝尔格莱德大使尼古拉·哈特维希的加急电报载于《战争罪责问题》(1925年版)第3卷第789页至第818页。——原注
③ 根据上述条款成立的欧洲委员会于1880年在君士坦丁堡召开会议，制订了一项改革计划，爱德蒙·菲茨莫里斯是该委员会的英国专员。——原注
④ 雷蒙·庞加莱所著《为法国服务》第1部第261页。——原注
⑤ 爱德华·格雷爵士所著《二十五年间》第1章第264页；卡尔·马克斯·弗斯特·里奇洛乌斯基所著《我的伦敦使命》(1928年)第159页，1912年11月14卡尔·马克斯·弗斯特·里奇洛乌斯基发给德意志第二帝国外交部的信。——原注

伊万·埃夫斯特拉提夫·盖肖夫

米洛万·米洛瓦诺维奇

尼古拉·帕希奇

雷蒙·庞加莱

丁堡问题的意图。爱德华·格雷爵士提议进行斡旋。交战双方达成停战协议后，"选择伦敦作为会议地点，会议代表于1912年12月抵达伦敦"。"在圣詹姆斯宫，与会代表被安排在不同房间，我（爱德华·格雷爵士）代表英国政府会见了各国代表，热烈欢迎他们的到来，并表达了谢意，感谢各方为和平而付出的努力。"①在伦敦会议上，巴尔干半岛各国与土耳其帝国最终未能达成协议。这次会议最大难题是阿德里安堡问题。保加利亚军队没有夺取阿德里安堡，却坚持索要此地。

1912年12月，在伦敦召开的巴尔干半岛问题会议谈判破裂。不过，在爱德华·格雷爵士的提议下，伦敦会议结束当月，各国大使便开始着手举行下一次会议。第二次伦敦会议召开的原因是欧洲确实有爆发战争的危险。不过，战争威胁并非来自阿德里安堡问题，而是阿尔巴尼亚问题。

土耳其帝国在阿尔巴尼亚的统治因战争中的军事失败而瓦解。巴尔干同盟因为大获全胜而欢呼雀跃。塞尔维亚王国希望进入亚得里亚海进行商业活动。塞尔维亚王国与黑山王国或许都把阿尔巴尼亚的部分地区视作战争的犒赏与战利品。

奥匈帝国坚持认为，阿尔巴尼亚如果不再是土耳其帝国的领土，那么也不应该落入塞尔维亚人手中，成为塞尔维亚王国的一部分。然而，塞尔维亚王国当时正沉浸在胜利的喜悦中，很容易与奥匈帝国发生不可避免的冲突。一旦发生这种情况，如果俄罗斯帝国认为需要支持塞尔维亚王国，一场欧洲战争将无法避免。

"为了防患于未然，避免灾难发生，我（爱德华·格雷爵士）提议召开大国会议。德意志第二帝国与奥匈帝国已经表示同意，俄罗斯帝国也乐意参会。如此一来，法国与意大利王国肯定会同意参会。我没有要求伦敦必须作为会议地点。其实，我个人更倾向于将巴黎这个'亲善之都'作为会议召开地点。同时，

---

① 爱德华·格雷爵士所著《二十五年间》第1卷第261页。——原注

我不渴望参与会议的繁重工作。不过,伦敦被选作了会议地点。第一次伦敦会议已于1912年12月月初召开。"①

伦敦大使会议召开时,欧洲确实存在着战争危险。俄罗斯帝国驻巴黎大使亚历山大·伊兹沃尔斯基曾告诉德意志第二帝国驻巴黎大使威廉·冯·舍恩,俄罗斯帝国"无法忍受在巴尔干半岛问题上再次受辱"②。实际上,亚历山大·伊兹沃尔斯基暗示,俄罗斯帝国为在1908年奥匈帝国吞并波斯尼亚与黑塞哥维那危机中不得不做出外交让步而感到耻辱。1912年11月25日,亚历山大·本肯多夫警告卡尔·马克斯·弗斯特·里奇洛乌斯基说,俄罗斯帝国正在开始动员③。意大利王国驻伦敦大使吉里诺·因佩利亚里言之凿凿地向卡尔·马

吉里诺·因佩利亚里

① 爱德华·格雷爵士所著《二十五年间》第1卷第265页。——原注
② 雷蒙·庞加莱所著《为法国服务》第1部第261页。——原注
③ 卡尔·马克斯·弗斯特·里奇洛乌斯基所著《我的伦敦使命》第163页(1912年11月26日加急电报)。——原注

克斯·弗斯特·里奇洛乌斯基指出,"如果你认为俄罗斯帝国是在虚张声势,那就大错特错了。现在的局势非常严峻。除非奥匈帝国能在塞尔维亚港口问题上表现出更加缓和的态度,否则战争不可避免"①。

1912年12月17日,伦敦大使会议召开。就各大国而言,大使会议的工作进行得十分顺利。五位大使——德意志第二帝国驻伦敦大使卡尔·马克斯·弗斯特·里奇洛乌斯基、奥匈帝国驻伦敦大使艾伯特·门斯多夫、意大王国利驻伦敦大使吉里诺·因佩利亚里、法国驻伦敦大使皮埃尔·保罗·康邦、俄罗斯帝国驻伦敦大使亚历山大·本肯多夫——与会议主席爱德华·格雷爵士共事,相处十分融洽。他们在执行国内指示时,并非各行其是,常常心平气和地见机行事。五位大使充分利用对本国政府的影响力,不断向政府提议修改指令,以便互相之间能够及时做出让步。土耳其帝国与巴尔干半岛各国分别通过外交大臣或代办不断协商。最终,1913年5月30日,希腊王国、保加利亚王国、黑山王国与塞尔维亚王国作为一方代表,与土耳其帝国签署了《伦敦条约》。《伦敦条约》涉及土耳其帝国欧洲领土的巨大变动。土耳其帝国欧洲领土缩减后,仅局限于君士坦丁堡、马尔马拉海沿岸地区及加里波利半岛。此外,根据《伦敦条约》第二条,从爱琴海的埃内兹到黑海沿岸的米迪亚以西土耳其帝国的欧洲领土全部被割让给了巴尔干半岛国家。这些领土——实际上是马其顿与色雷斯——的再次分配将由巴尔干联盟成员国之间已经存在的条约决定。根据该条约第五条,交战双方决定将爱琴海群岛的最终归属问题交由大国做出裁决。其中不包括交给希腊王国管辖的克里特岛与在希腊王国管辖范围之内的阿索斯山所在半岛。另外,根据该条约第三条,欧洲大国还将负责解决阿尔巴尼亚边界问题。

《伦敦条约》签署时,各方表面上看起来皆大欢喜。它可谓欧洲协调的代表性工作成果。然而,事实证明,《伦敦条约》带来了不幸的结果,可谓一大败

---

① 卡尔·马克斯·弗斯特·里奇洛乌斯基所著《我的伦敦使命》第175页(1912年12月1日加急电报);雷蒙·庞加莱所著《回忆录:1913—1914》(1928年版)第7页。——原注

签订《伦敦条约》

笔。它有着致命缺陷,并未像解决爱琴海群岛问题那样要求大国负责在巴尔干半岛国家之间分配埃内兹到米迪亚以西的欧洲大陆领土。如果《伦敦条约》不曾有这样的漏洞,参加伦敦大使会议的各大国代表会根据巴尔干半岛国家之间已经缔结的条约,采用条约未适用的衡平法,分割土耳其帝国割让的领土。如此一来,保加利亚王国与巴尔干半岛其他国家之间就不会爆发可怕的第二次巴尔干战争,也就不会造成动荡局面与不解之仇。1913年6月至7月的第二次巴尔干战争虽然持续时间不长,但十分惨烈。

1913年6月29日,保加利亚军队突然进攻塞尔维亚军队的防线,从而引发了第二次巴尔干战争。不过,保加利亚王国内阁似乎不知晓这次袭击计划。事实上,保加利亚国王斐迪南一世给萨多夫将军下达了一份书面命令后,这场突袭便开始了①。1913年7月9日，罗马尼亚军队参战，夺取了多瑙河上的斯利斯特拉，然后向保加利亚王国首都索菲亚推进。此时，敌对行动实际已经停止。在随后的谈判中，交战双方对于1912年5月签订的《伦敦条约》相关规定（除了涉及阿尔巴尼亚的规定）置之不理，重新签订了条约，即1913年8月10日的《布加勒斯特条约》。巴尔干半岛国家与土耳其帝国均表示同意的情况下，各大国制定了《伦敦条约》，所以签约各国本来应该坚决维护该条约。只要各大国意见保持一致，巴尔干半岛国家和土耳其帝国肯定会屈服。随着第二次巴尔干战争出现了一系列戏剧性事件，尤其是希腊军队大获全胜与罗马尼亚军队成功干预，大国之间出现了分歧。英国拒绝承认《布加勒斯特条约》。然而，德意志第二帝国立刻发电报表示承认《布加勒斯特条约》②。德皇威廉二世不仅祝贺果敢的

签订《布加勒斯特条约》的各国代表

① 雷蒙·庞加莱所著《回忆录：1913—1914》（1928年版）第59页。——原注
② 《欧洲内阁的重大政治》第35卷第371页。——原注

希腊国王康士坦丁一世

罗马尼亚国王卡罗尔一世成功干预了这场战争，还给希腊国王康士坦丁一世致电说："我把卡瓦拉拱手让给您。"事实上，卡瓦拉是爱琴海上的良港，本来应该由保加利亚王国接管。于是，欧洲大国关于巴尔干半岛问题的协调就这样不了了之。

不过，伦敦大使会议还是做出了一定贡献。此次会议促成阿尔巴尼亚王国的建立，这显然是一个重要成就。伦敦大使会议的另外一个显著成就是，它确保了奥匈帝国与俄罗斯帝国不会在塞尔维亚王国通往亚得里亚海的航道问题上发生冲突。①

---

① "航道"（corridor）一词当时没有在这个意义上使用。原文所用表述是贯穿阿尔巴尼亚的"一片塞尔维亚王国领土"。卡尔·马克斯·弗斯特·里奇洛乌斯基所著《我的伦敦使命》第171页及第173页，1912年11月18日阿尔弗雷德·冯·基德伦–韦希特尔写给卡尔·马克斯·弗斯特·里奇洛乌斯基的信。——原注

爱德华·格雷爵士在《二十五年间》曾经表达过内心的遗憾，大使会议未能永久存在。一旦再次发生类似危机，各大国本来可以利用大使会议作为交流中心，从而进行斡旋。事实上，不一定要真正坐在一起召开一次会议。不过，召开会议的想法应该一直存在，毕竟大使们一直居住在欧洲各国首都。然而，欧洲各国政府根本没有去拜访各国大使的意识。对此，爱德华·格雷爵士写道："据我所知，大使会议的所有成员，无论个人还是集体，都有一颗赤子之心。即使他们全心全意地排除各种各样的利己主义与个人争斗，也未能给各国政府留下深刻印象，或者即便留有印象，这种印象也转瞬即逝……

1912年至1913年的大使会议成员依然健在。直到1914年，他们依然坚守各自的岗位。不过，无论是在柏林还是在维也纳，似乎没有人记得过去，也没有人在1912年至1913年的回忆中找到未来的希望。当1914年危机爆发时，有人曾建议利用1912年的大使会议机制解决问题，却遭到德意志第二帝国与奥匈帝国的断然拒绝。如果当时有两个人，一个在维也纳，另一个在圣彼得堡，分别明智地预见到险恶的未来，其中一个能够提议召开类似伦敦大使会议的会议，而另一个能够接受这样的永久机制。如此一来，随着危机不断缓解，未来巴尔干半岛争端或许会彻底解决。然而，圣彼得堡与维也纳没有这样的政治家。"[①]

[①] 爱德华·格雷爵士所著《二十五年间》第1卷第276页。——原注

第 25 章

1914年上半年

精彩看点

《英德公约》——1914年前六个月欧洲动荡不安——《格雷-康邦照会》——英王乔治五世访问巴黎——英国海军军官与俄罗斯帝国海军军官的对话——1914年上半年欧洲前途的不确定性

1914年，虽然《布加勒斯特条约》给巴尔干半岛留下了动荡不安的后患，但整个欧洲的前景并非一片黯淡。德意志第二帝国为自己孤立无援的处境感到惶惶不安。不过，德意志第二帝国与英国在海军实力问题上的紧张程度并未加深。实际上，在英国，关于海军实力问题的讨论已经基本停止。卡尔·马克斯·弗斯特·里奇洛乌斯基称，爱德华·格雷爵士"坚定不移地遵守《三国协约》"。这或许是比以往任何时候都更加明显的事实。不过，卡尔·马克斯·弗斯特·里奇洛乌斯基将之归因于爱德华·格雷爵士"担心再次听到传遍欧洲的骂名——'背信弃义的阿尔比恩[①]，'[②]"。在伦敦会议召开期间，德意志第二帝国驻伦敦大使卡尔·马克斯·弗斯特·里奇洛乌斯基曾对英国首相爱德华·格雷爵士说，英国与德意志第二帝国之间的关系已经很长时间没有出现如此和谐的局面了[③]。卡尔·马克斯·弗斯特·里奇洛乌斯基认为，1913年以来形势已经改变的说法毫无根据。此外，他还认为，英国会一如既往地坚持在欧洲大陆保持力量平衡，"无论如何都会对法国伸出援手"。在同一份加急电报中，卡尔·马克斯·弗斯特·里奇洛乌斯基继续评论道："我们在伦敦会议上受到了

[①]　阿比恩德英语是Albion，是英国雅称。——译者注
[②]　卡尔·马克斯·弗斯特·里奇洛乌斯基所著《我的伦敦使命》第295页（1914年2月26日加急电报）。——原注
[③]　卡尔·马克斯·弗斯特·里奇洛乌斯基所著《我的伦敦使命》第188页。——原注

尊重，而且受到的是高度尊重。这一切或许言过其实。据此，有人认为这一切皆因畏惧。他们甚至认为，正是因为畏惧，英国才会竭力限制我们。这其实与想要和我们开战完全是两码事。"[1]1913年8月14日，针对葡萄牙王国的东非殖民地问题，卡尔·马克斯·弗斯特·里奇洛乌斯基与爱德华·格雷爵士草签了一份《英德公约》。虽然《英德公约》并未被正式批准，但反映出两国为建立与保持良好关系做出的共同努力。《英德公约》承认了德意志第二帝国与英国在莫桑比克与安哥拉的经济利益范围，并确定了在葡萄牙殖民帝国解体的情况下，这些殖民地的归属问题。当然，《英德公约》实在无法令人称道。虽然《英德公约》并非完全有悖于1661年签订的《白厅条约》与1899年签订的《温莎条约》，但从精神层面来看，它显然违背了英国与葡萄牙王国当年签订条约的初衷。英国曾经承诺，"无论现在与将来，都会捍卫并保护葡萄牙王国的所有殖民地免受敌人侵犯"。卡尔·马克斯·弗斯特·里奇洛乌斯基在发给德意志第二帝国外交大臣戈特利布·冯·雅格的加急电报中曾说："我们的真正意图已经广为人知，均在这两个条约的允许范围之内。正是在条约权限范围之内，我们可以巧妙规避英国与葡萄牙王国所签条约旧的基本原则，使用武力侵犯葡萄牙王国的主权。"[2]我们不能说卡尔·马克斯·弗斯特·里奇洛乌斯基的这番话纯属无稽之谈。无论如何，爱德华·格雷爵士至少有勇气要求（虽然他并未坚持到底）公开《英德公约》与迄今一直保密的《温莎条约》。尽管直到第一次世界大战爆发，爱德华·格雷爵士也未能促成此事。《英德公约》虽然未能让英国与德意志第二帝国结为盟友，但至少表明两国一直在努力缓和关系，缓解紧张局势。

事实上，1914年前六个月，欧洲大国之间有可能达成"全面"协定。土耳其

---

[1] 卡尔·马克斯·弗斯特·里奇洛乌斯基所著《我的伦敦使命》第190页。——原注
[2] 卡尔·马克斯·弗斯特·里奇洛乌斯基所著《我的伦敦使命》第294页（1914年2月7日）。卡尔·马克斯·弗斯特·里奇洛乌斯基所说"两个条约"是指涉及葡萄牙王国的《1898年的英德协定》与《1913年协定》；见上文第16章。——原注

帝国局势动荡，依然是欧洲的不安定因素。不过，德意志第二帝国、法国与英国互相之间发表声明，把维护土耳其帝国亚洲领土完整视为正确的政策方向。为了最终解决巴格达铁路建设与运营方面的利益冲突，三大强国——法国与德意志第二帝国之间及英国与德意志第二帝国之间正在进行磋商①。如果它们达成一致意见，那么意大利王国、奥匈帝国和俄罗斯帝国分别作为法国、德意志第二帝国与英国的盟友，肯定会与三大强国保持一致意见。就英国与德意志第二帝国的关系而言，巴格达铁路项目并未引起纷争。第一次世界大战爆发时，一项关于巴格达铁路的协定——它有利于德意志第二帝国——已经草拟完毕并准备签署②。然而，1914年上半年，一种明显不安的情绪笼罩着整个欧洲。俄罗斯帝国外交大臣谢尔盖·德米特里耶维奇·萨佐诺夫竟然提议，英国与俄罗斯帝国应该确保双方在亚洲的利益不受侵犯③。此事恰好反映了不安情绪的普遍存在。

　　就目前所知，《英法协约》签订时，兰斯多恩侯爵亨利·佩蒂-菲茨莫里斯未曾想过，《英法协约》意味着一旦法国与德意志第二帝国之间发生战争，英国将支持法国。不过，在爱德华·格雷爵士担任英国外交大臣期间，似乎一直支持这一观点。1911年，在阿加迪尔危机爆发期间，英国内阁成员④了解到，英国工作人员与法国工作人员多年来一直在进行技术对话。得知此事后，他们深感不安，要求以书面形式记录对话中"态度不明"的情况。对此，不仅爱德华·格雷爵士表示同意，法国政府也表示赞同。1912年11月22日，英国与法国互换了涉及总参谋部协商内容的照会，即著名的《格雷-康邦照会》。《格雷-康邦照会》声明："大家一致认为，这种协商并未限制一方未来决定是否动用武

---

① 卡尔·马克斯·弗斯特·里奇洛乌斯基所著《我的伦敦使命》第318页至第323页；第312页与第314页。——原注
② 《英国政府公文汇编》第11卷第10页。——原注
③ 《英国政府公文汇编》第11卷第11页。该提议于1914年7月9日提出。如果没有随后发生的世界大战，它应该会在接下来的协商中进一步体现。——原注
④ 因为核心人物早已知晓，所以这里是指处于核心圈外的内阁成员。——原注

力援助对方的自由。"就在两个月前,在巴尔莫勒尔堡拜见英王乔治五世时,爱德华·格雷爵士曾告诉俄罗斯帝国外交大臣谢尔盖·德米特里耶维奇·萨佐诺夫,如果德意志第二帝国试图以空前强大的军事力量征服法国,英国绝对不会袖手旁观。不过,他还宣称:"我们是否参战将取决于战争如何发生。"1914年4月,在爱德华·格雷爵士的陪同下,英王乔治五世访问了巴黎。法国外交部长

英王乔治五世

雷内·维维安尼

雷内·维维安尼请求爱德华·格雷爵士，允许英国海军军官与法国盟友——俄罗斯帝国的海军军官进行技术对话。爱德华·格雷爵士感觉没有必要拒绝这一请求，虽然它不会带来任何有战略价值的成果，但会让俄罗斯人与法国人心满意足。于是，英国海军军官与俄罗斯帝国海军军官进行了对话。爱德华·格雷爵士并未参与其中。后来，他在书中写道："我之后未向海军部询问此事。但我认为两国海军的实际协商结果并不理想。"① 然而，俄罗斯帝国在信函或电报中把这些假设的安排称作"惯例"。显然，1914年初的某个时候，德意志第二帝国外交部获悉其中一些信函的内容时，自然感觉一切对自己十分不利。1914年6月

---

① 爱德华·格雷爵士所著《二十五年间》第1卷第285页。——原注

13日，《圣彼得堡证券公报》上刊登的一篇文章说："俄罗斯帝国准备好了，法国也必定做好了准备。"毫无疑问，这篇文章加剧了德意志第二帝国的紧张情绪。不过，它似乎不认为英国与法国或者俄罗斯帝国之间存在着明确的约定，并受其约束。德意志第二帝国很可能已经十分准确地判断出英国的参与程度，正如爱德华·格雷爵士留下的全部文字资料显示的那样，英国依然可以自行决定是否在战争中加入法国一方。不过，英国已经与法国互信，两国甚至共同部署了军舰。一旦法国被迫卷入战争，英国已经很难全身而退。

  1914年上半年，纵观全局，有一点应该确凿无疑，那就是欧洲的国际关系虽然存在一丝隐隐的不安，但欧洲战争决不会即刻爆发，因为没有人故意去筹划这样一场战争。1913年爆发了一场严重危机，但在欧洲协调的作用下，这场危机并未演变成欧洲战争。人们自然会认为，欧洲协调既然能在1913年起到如此关键的作用，那么在1914年也必定能够化险为夷。

第 26 章

决定欧洲命运的关键十二天

精彩看点

"包围圈"成为热议话题——科诺派斯特城堡会谈——"萨拉热窝刺杀事件"——奥匈帝国对塞尔维亚王国的最后通牒——德意志第二帝国的态度与对策——法国的态度与对策——俄罗斯帝国的态度与对策——围绕"最后通牒"展开的斡旋——俄罗斯帝国军事动员——德意志第二帝国军事动员——大战不可避免——德意志第二帝国向俄罗斯帝国发出最后通牒——欧洲协调彻底失败

没有任何证据表明，俄罗斯帝国或者德意志第二帝国曾在1914年蓄意策划发动一场欧洲战争[1]。这样的阴谋理论根本站不住脚。当然，众所周知，俄罗斯帝国希望重新讨论"达达尼尔海峡问题"，从而能够以于己有利的方式解决问题。俄罗斯帝国政治家认为，这样的愿望在和平时期很难达成，所以准备以欧洲战争为契机解决"达达尼尔海峡问题"并从中获利。1913年11月23日，俄罗斯帝国外交大臣谢尔盖·德米特里耶维奇·萨佐诺夫在一份备忘录中写道："在重申继续维持现状的愿望同时，有必要再次强调：海峡问题只能艰难地向前迈出一步，否则只会让欧洲问题复杂化。"在1914年2月21日至1914年2月22日举行的一次会议上，他宣布："只有在欧洲战争爆发的情况下，我们才可能对达达尼尔海峡采取行动。"另外一份备忘录（不是谢尔盖·德米特里耶维奇·萨佐诺夫所写）做了补充说明："我国外交部当前的职责是进行系统的工作，从而创造有利的政治环境。"[2]这一切似乎表明，俄罗斯帝国外交部做好了迎接危机的准备。实际上，当危机真正来临时，谢尔盖·德米特里耶维奇·萨佐诺夫十分准确地判断出欧洲面临的可怕前景，并对自己的外交工作恪尽职守，竭尽全力化解危机。他断然不会建议塞尔维亚王国屈服，也绝不会对塞尔

---

[1] 皮埃尔·勒努万所著《战争的直接原因》（1928年版）第335页至第336页。——原注
[2] J.S.埃沃特所著《战争的根源与原因》（1925年版）第1章第55页、第56页与第57页。——原注

维亚王国坐视不管。当然，没有一个俄罗斯帝国政治家会这样做。否则，舆论会把这样的政治家赶下台，转而支持极端的泛斯拉夫主义者。奥匈帝国与德意志第二帝国非常清楚，1908年至1909年"波斯尼亚与黑塞哥维那危机"爆发时，俄罗斯帝国因退让而受到了公开羞辱。当时，德皇威廉二世的"闪亮盔甲演讲"让俄罗斯帝国颜面扫地①。这次，俄罗斯帝国绝不会再次袖手旁观。就在1914年战争危机爆发前夕，卡尔·马克斯·弗斯特·里奇洛乌斯基一直用德皇威廉二世"闪亮盔甲演讲"带来的灾难性影响来警告俄罗斯帝国。在此之前，他曾经写信给德意志第二帝国首相伯恩哈特·冯·比洛说："俄罗斯帝国坚决支持塞尔维亚王国。谢尔盖·德米特里耶维奇·萨佐诺夫或者任何一位俄罗斯帝国大臣都不会贸然公开发表反对意见，否则他们将因此而被赶下台。"②人们或许会指责俄罗斯人是泛斯拉夫主义者③。不过，每个民族都会毫无例外地受到激进民族主义思想的困扰。

  令人百思不得其解的是，虽然经历了多次危机，但地位与威望未曾受损的德意志第二帝国为何在1914年春末变得格外敏感。尤其是在军界，"包围圈"成为前所未有的热议话题。这一切影响了德意志第二帝国政府与外交部。它们感到孤立与悲观。在德意志第二帝国政界极具影响力的德军总参谋部似乎不想发动战争。不过，德军总参谋部未排除爆发战争的可能性，所以有意在德意志人中培养战争精神。1913年3月19日，埃里希·冯·鲁登道夫在一份报告中写道："德意志人必须接受训练，认识到我们必须发动大规模进攻来应对敌人挑衅。事情必须如此设计，人们才会把战争爆发视为摆脱沉重的军备负担与紧张的政治局势的有效方法。"④

---

① J.S.埃沃特所著《战争的根源与原因》（1925年版）第1章第273页与至274页。——原注
② 卡尔·马克斯·弗斯特·里奇洛乌斯基所著《我的伦敦使命》第175页。——原注
③ 雷蒙·庞加莱所著《回忆录：1913—1914》（1928年译本）第11页，皮埃尔·保罗·康邦1914年1月4日的报告："俄罗斯帝国与奥匈帝国在巴尔干半岛的斗争……根植于传统的偏见，不是对自身利益的清晰思考。自尊高于理性。"——原注
④ 雷蒙·庞加莱所著《回忆录：1913—1914》（1928年译本）第39页。法国政府设法获得了这份报告的副本，其摘录由雷蒙·庞加莱提供。——原注

埃里希·冯·鲁登道夫

德意志第二帝国政治家本来就不大认同欧洲协调与欧洲会议的价值。不知不觉中，他们完全抹杀了对欧洲协调与欧洲会议仅存的一点信念。他们兜兜转转又回到了原来的想法，认为只有自己国家的军队及盟友奥匈帝国才是唯一的依靠。在德意志第二帝国政治哲学家的教导下，他们坚信一点：要想在这个世界上生存，除非在残酷的斗争中胜出，否则别无他法。根据这一原则，他们得出了致命结论：第一，德意志第二帝国决不能坐以待毙；第二，德意志第二帝国决不会置奥匈帝国于不顾。

巴尔干半岛问题使欧洲的形势变得动荡不安，不仅希腊王国与土耳其帝国之间存在领土纷争，而且新成立的阿尔巴尼亚王国骚乱不断。此外，奥匈帝国与塞尔维亚王国之间因"南斯拉夫"问题而起的摩擦由来已久。1914年6月13日，德皇威廉二世曾与奥匈帝国皇储弗朗茨·斐迪南大公在科诺派斯特城堡会面。他们很有可能讨论过巴尔干半岛问题。正如英国驻维也纳大使莫里

奥匈帝国皇储弗朗茨·斐迪南大公

莫里斯·德·本森

斯·德·本森推断，德皇威廉二世这次访问"主要为了欣赏弗朗茨·斐迪南大公的玫瑰园美景，但不能排除谈论其他话题的可能性"[1]。关于德皇威廉二世这次访问，民间流传着各种版本。如今已经没有人再认为当时的玫瑰园充斥着鲜花盛开的美景，而是认为一场破坏欧洲和平的阴谋在这次访问中形成[2]。不过，塞尔维亚王国一位历史学家曾分析，"科诺派斯特城堡阴谋策划论"的流言才是导致"萨拉热窝刺杀事件"发生的罪魁祸首[3]。

---

[1]　《英国政府公文汇编》第11卷第1章，1914年6月19日英国驻维也纳大使莫里斯德·本森致爱德·华格雷爵士的信。——原注

[2]　参见1928年11月《战争》中的文章《蒙羞的玫瑰》，雷蒙·庞加莱建议讨论向塞尔维亚王国施加军事压力。雷蒙·庞加莱所著《回忆录：1913—1914》（1928年译本）第146页至第147页。——原注

[3]　斯塔诺耶·斯塔诺杰维奇所著《弗朗茨·斐迪南大公遇刺始末》（1923年版）；斯通-沃森所著《萨拉热窝》第99页。——原注

毋庸置疑，在科诺派斯特城堡，德皇威廉二世曾与奥匈帝国皇储弗朗茨·斐迪南大公忧心忡忡地谈论过中欧的混乱局面及一直令两国坐卧不宁的"包围圈"问题。当时，奥匈帝国的《军事评论》曾以"四面楚歌"为题，发表了一篇危言耸听的文章。这篇文章谈论了奥匈帝国的立场。《军事评论》声称了解科诺派斯特城堡重要军事决策的内幕，并称此次会谈细化了两国军队总参谋部最近在卡尔斯巴德会晤初步提出的措施[①]。

随着法国与英国、俄罗斯帝国与法国在许多外交场合表现出统一战线的姿态，欧洲大国协调的想法似乎已经从中欧政治家的脑海中彻底消失。1898年，英国首相罗斯贝利伯爵阿奇博尔德·菲利普·普利姆罗斯曾对德意志第二

罗斯贝利伯爵阿奇博尔德·菲利普·普利姆罗斯

---

① 《英国政府公文汇编》第11卷第1章，1914年6月19日英国驻维也纳大使莫里斯德·本森致爱德·华格雷爵士的信。——原注

斐迪南大公夫妇在萨拉热窝遇刺

帝国驻伦敦大使保罗·沃尔夫·梅特涅说:"一旦德意志第二帝国坚信,英国奉行的政策是收紧德意志第二帝国面临的包围圈,形势就会无法逆转。"[1]

1914年6月28日,科诺派斯特城堡会谈结束后的第十四天,"萨拉热窝刺杀事件"发生了。目前,关于这次事件的相关事实已经十分明了。塞尔维亚王国战争部的情报部门负责人德拉古丁·德米特里耶维奇根据手中得到的、可能与科诺派斯特城堡会谈有关的情报认为,奥匈帝国军队在波斯尼亚演习是进攻

---

[1] 赫尔曼·卢茨所著《爱德华·格雷爵士与世界大战》(1927年译本)第54页与第64页注释;《欧洲内阁的重大政治》第24卷第8219号文件。——原注

塞尔维亚王国的前奏。于是，他着手策划暗杀奥匈帝国军队统帅弗朗茨·斐迪南大公。德拉古丁·德米特里耶维奇是塞尔维亚黑手会成员。软弱无能的塞尔维亚王国政府一直对"黑手会"这一秘密组织束手无策。它似乎已经发觉了针对弗朗茨·斐迪南大公的刺杀阴谋，于是将国界封锁了起来。然而，黑手会成员不费吹灰之力，从另外一条道路进入了波斯尼亚与黑塞哥维那。塞尔维亚王国似乎并未向奥匈帝国发出明确警告。大约在1914年6月5日，很有可能在接到塞尔维亚外交大臣尼古拉·帕希奇的指示后，专门负责波斯尼亚与黑塞哥维那事务的塞尔维亚王国驻维也纳大使约万·约万诺维奇曾对奥匈帝国驻波斯尼亚-黑塞哥维那公使利昂·冯·比林斯基说，弗朗茨·斐迪南大公视察奥匈帝国

利昂·冯·比林斯基

军队在波斯尼亚与黑塞哥维那的演习,现场被激怒的波斯尼亚士兵可能会向他开枪。可悲的是,塞尔维亚王国未能发出更明确的警告。当然,明确的警告也未必能打消弗朗茨·斐迪南大公此行念头。因为他非常清楚,此次前往萨拉热窝必定命悬一线[①]。

"萨拉热窝刺杀事件"发生后,塞尔维亚王国本应立刻展开周密的调查。如果它这样做了,奥匈帝国直到1914年7月23日才公布的要求及最后通牒的条款就不会如此苛刻。虽然塞尔维亚王国做事拖沓,但奥匈帝国也不能以此为借口发出战争挑衅。1914年7月7日,当奥匈帝国内阁会议讨论向塞尔维亚王国发出最后通牒的相关条款时,奥匈帝国首相卡尔曼·蒂萨宣称,奥匈帝国当然要提

卡尔曼·蒂萨

---

① 皮埃尔·勒努万所著《战争的直接原因》(1928年版)第18页与第28页。关于"萨拉热窝刺杀事件"的事实与来源材料的讨论,参见西德尼·布拉德肖·费伊所著《世界大战起源》(1928年版)第1卷第2章第57页至第166页。不过,在1928年12月《战争责任问题》第1153页至第1154页中,关于约万·约万诺维奇提出"警告"的说法遭到奥匈帝国驻波斯尼亚-黑塞哥维那公使利昂·冯·比林斯基手下一位官员质疑。——原注

出苛刻的条件，但应当在塞尔维亚王国可接受范围之内。1914年7月1日，在写给奥匈帝国皇帝弗朗茨·约瑟夫一世的信中，卡尔曼·蒂萨曾指出，政府"没有充分理由让塞尔维亚王国承担责任并向其发动战争"①。然而，奥匈帝国其他内阁大臣赞同外交大臣利奥波德·冯·贝希托尔德伯爵的意见。奥匈帝国外交大臣利奥波德·冯·贝希托尔德伯爵认为，"纯粹的外交胜利即使能让塞尔维亚王国颜面扫地，也没有任何意义。向塞尔维亚王国提要求时，我们必须从长计议。只有塞尔维亚王国拒绝了我国的要求，我国才能为采取军事进攻的激进手段铺平道路。"②1914年7月14日，卡尔曼·蒂萨转而支持奥匈帝国外交大臣利奥波德·冯·贝希托尔德伯爵的观点。1914年7月20日，塞尔维亚王国驻维也纳大使米洛希·博希舍维奇在向塞尔维亚王国外交部提交的报告中称，奥匈帝国认为，不对塞尔维亚王国开战将产生"自我毁灭"的后果。由于塞尔维亚王国已经被两场战争耗得筋疲力尽，奥匈帝国"将赶在欧洲列强干预之前"占领塞尔维亚王国③。不过，奥匈帝国陆军元帅弗朗茨·康拉德·冯·赫岑多夫未打算在1914年8月12日前开始军事行动。

奥匈帝国对塞尔维亚王国的表现极其不满，其主要错误在于向塞尔维亚王国发出的最后通牒太苛刻，几乎令人难以接受④。此外，奥匈帝国拒绝将这次争端视为欧洲问题，拒绝将所有建议提交海牙仲裁法庭。塞尔维亚人曾经三次提议将争端提交海牙仲裁法庭。第一次提议是在1909年"波斯尼亚与黑塞哥维那危机"爆发时；第二次提议也是在1909年，涉及"弗里德容审判"问题；第三次是在1914年7月25日，塞尔维亚王国在回应奥匈帝国发出的最后通牒时，

---

① 斯蒂芬·蒂萨伯爵所著《书信集》（1929年德语译本）第1章第37页。——原注
② 《奥匈帝国红皮书》第1章第8页；西德尼·布拉(«»肖·费伊所著《世界大战起源》（1928年版）第2卷第231页至第232页。——原注
③ 米洛希·博希舍维奇所著《1913年至1914年塞尔维亚王国的对外政策》第431页。——原注
④ 在米洛希·博希舍维奇所著《1913年至1914年塞尔维亚的对外政策》第1章第438页，有一份文件指出，塞尔维亚王国向驻维也纳大使米洛希·博希舍维奇提供资金用于泛塞尔维亚主义宣传。这份文件没有日期，但根据登记处的编号来判断，应该在1913年年底或1914年年初。——原注

曾提出进行国际仲裁。然而，奥匈帝国坚决认为，与塞尔维亚王国之间的争端与欧洲列强毫无关系①。

不过，奥匈帝国并非欧洲的中流砥柱。德意志第二帝国若将奥匈帝国与塞尔维亚王国之间争端视作欧洲问题，那么争端就会按照欧洲问题来处理。然而，不幸的是，德意志第二帝国已经下定决心，决不做出任何疏远唯一的盟友奥匈帝国的举动。事实上，奥匈帝国十分依赖德意志第二帝国，远远超过了德意志第二帝国对它的依赖程度。1914年7月5日至1914年7月6日，德意志第二帝国将塞尔维亚王国问题完全放手，任由奥匈帝国自行决定②。德意志第二帝国认为，从某种角度来看，这次争端是奥匈帝国与塞尔维亚王国之间的事务，纯粹属于局部地区问题。德皇威廉二世不仅收到奥匈帝国皇帝弗朗茨·约瑟夫一世的一封解释性亲笔签名信，而且收到一份来自奥匈帝国的表明意图的备忘录。1914年7月5日，德皇威廉二世向奥匈帝国驻柏林大使拉迪斯劳斯·斯左格京尼宣称，"如果我们认为向塞尔维亚王国采取军事行动十分必要，却错过了当前这个对我们十分有利的时机，将来肯定会后悔不迭"。德皇威廉二世还向奥匈帝国大使做出保证，"若奥匈帝国与俄罗斯帝国之间的战争不可避免，德意志第二帝国一定会坚定不移地支持奥匈帝国"③。1914年7月6日，德意志第二帝国首相特奥巴登·冯·贝特曼·霍尔维格进一步宣称："但凡涉及塞尔维亚王国问题，陛下绝不会干涉当前的争端，因为这已经超越了陛下的职权。弗朗

---

① 1928年12月《战争责任问题》第1118页，塞尔维亚备王国忘录。"弗里德容审判"是克罗地亚议会中塞尔维亚-克罗地亚联盟的某些成员对历史学家弗里德容提出的诽谤诉讼。弗里德容在1909年3月25日的《新自由新闻》上发表了一篇文章，指控这些人受雇于塞尔维亚。在审判过程中，弗里德容受控依据的文件被证明是奥匈帝国驻贝尔格莱德公使馆官员伪造的。——原注
② 赫尔曼·卢茨所著《爱德华·格雷爵士与世界大战》（1927年译本）第222页。皮埃尔·勒努万所著《战争的直接原因》（1928年版）第41页至第42页。西德尼·布拉德肖·费伊所著《世界大战的起源》（1928年版）第2卷第203页。——原注
③ 《奥匈帝国红皮书》（英译版）第1部分第1号文件，标注日期为1914年7月2日，内容是奥匈帝国皇帝弗朗茨·约瑟夫一世的亲笔签名信及备忘录，于1914年7月5日递交给德皇威廉二世。《奥匈帝国红皮书》（英译版）第1章第6号文件，奥匈帝国驻柏林大使拉迪斯劳斯·斯左格京尼关于德皇威廉二世声明的报告。——原注

戈特利布·冯·雅格

茨·约瑟夫一世可以放心,陛下将遵守盟约义务、坚守昔日友情,衷心支持奥匈帝国。"①

　　根据德意志第二帝国外交大臣戈特利布·冯·雅格的说法,一方面,德意志第二帝国将这次争端视作区域性问题;另一方面,德意志第二帝国认为此事牵涉自己至关重要的利益问题。"从奥托·冯·俾斯麦时代起,与奥匈帝国结盟就是德意志第二帝国外交政策的主要动力。可以肯定地说,我们的政策范围并未扩大至奥匈帝国在巴尔干半岛的特殊利益范围。然而,这次争端无关乎奥匈帝国在巴尔干半岛的特殊利益问题,无关乎奥匈帝国在巴尔干半岛扩张势力、

---

① 《考茨基公文集》第15号文件。——原注

增强影响力的问题,而是关乎我们的盟友——奥匈帝国——作为世界大国的地位问题。奥匈帝国是在反对塞尔维亚王国的侵略政策,因为塞尔维亚王国已经威胁到奥匈帝国南部边界的安全……我们需要仰赖的盟友不应该虚弱不堪,更不应该因此而瓦解。……基于上述原因,我们完全赞同奥匈帝国的自主决定——追究塞尔维亚王国所犯罪行。"①

从本质上看,德皇威廉二世及德意志第二帝国等于向奥匈帝国开出了"空头支票"。正是在收到德意志第二帝国开出的"空头支票"后,奥匈帝国才向塞尔维亚王国发出最后通牒。从这个层面来看,德意志第二帝国应当对最后通牒负责任。德皇威廉二世承诺支持奥匈帝国时,已经意识到奥匈帝国采取军事行动将引发一场全面战争。1914年7月5日,他将埃里希·冯·法金汉将军召至

埃里希·冯·法金汉将军

---

① 《德意志第二帝国有关第一次世界大战的官方文件》(1923年译本)第1章第27页,文中这段话是戈特利布·冯·雅格在1919年成立的帝国调查委员会上提供的证词。"我们需要依赖的盟友不应该虚弱不堪,更不应该因此而瓦解。"这句话引自《1914年德意志第二帝国白皮书》。——原注

新宫。根据埃里希·冯·法金汉将军本人的陈述,"陛下给我读了弗朗茨·约瑟夫一世那封著名信函的部分内容及奥地利政府发出的著名最后通牒的部分内容。他指出,奥匈帝国下定决心要结束建立大塞尔维亚王国的宣传,这将引发非常严重的后果。最后,陛下问我,军队是否已经准备好应对所有突发事件"。对此,埃里希·冯·法金汉将军干脆利落地做出了万分肯定的回答[①]。

显而易见,如果说德皇威廉二世并未意识到自己与首相特奥巴登·冯·贝特曼·霍尔维格毫无保留地支持奥匈帝国将带来严重后果,纯属无稽之谈。然而,三个半星期后,德皇威廉二世亲眼看到奥匈帝国与塞尔维亚王国之间的战争将俄罗斯帝国、法国与英国卷入其中,它们与德意志第二帝国为敌时,就把一切归咎于德意志第二帝国盟友——奥匈帝国——的愚蠢之举。"奥匈帝国的愚蠢之举等于为我们制造了绞索。"[②]不过,根据1914年7月5日德皇威廉二世向埃里希·冯·法金汉将军提出的问题可知,他向奥匈帝国做出承诺时,完全明白所要承担的风险。

德皇威廉二世说自己虽然放手让奥匈帝国对抗塞尔维亚王国,却并未意识到根据1897年签订的盟约,德意志第二帝国也将卷入战争。显然,他的这套说辞根本站不住脚。不过,众所周知,1879年成立的德奥同盟只是一个防御机制。根据盟约,只有在条约明确约定的情况下,即俄罗斯帝国对奥匈帝国无端发动攻击(不仅仅是动员)的情况下,德奥同盟才生效[③]。奥托·冯·俾斯麦曾经再三谨慎地叮嘱,这是条约生效的唯一情况。他坚决反对缔结军事协定。德皇威廉二世在1912年11月9日的著名照会(备忘录)中写道:"毋庸置疑,一旦奥匈帝国遭受俄罗斯帝国攻击,条约才会生效。但奥匈帝国绝对不会故意与俄罗斯帝国开战。"[④]

---

① 《德意志第二帝国关于第一次世界大战的官方文件》(1923年译本)第1章第64页。——原注
② 《考茨基公文集》第401号文件,1914年7月30日。——原注
③ 《历史杂志》第193卷第2册章(1928年版)第443页,《德意志第二帝国与奥匈帝国之间条约的订明情况》。——原注
④ 《欧洲内阁的重大政治》第33卷第303页。——原注

实际上，这正是德奥同盟成立的初衷。不过，1912年，德奥同盟已经发生了变化。根据德意志第二帝国总参谋部与德意志第二帝国外交部的说法，德皇威廉二世的解释早已过时。阿尔弗雷德·冯·基德伦·韦希特尔趁机对德皇威廉二世的解释提出质疑，并说服了耿耿于怀的德皇威廉二世。事实上，代表奥匈帝国总参谋部的弗朗茨·康拉德·冯·赫岑多夫与代表德意志第二帝国总参谋部的赫尔穆特·约翰内斯·冯·毛奇已经达成了军事谅解，并且随后双方便将其视为具有约束力的协议。

此前，弗朗茨·康拉德·冯·赫岑多夫一直想方设法，要把德奥防御同盟转化成一项协定。如此一来，他便能在德意志第二帝国的帮助下发动渴望已久的防御战。1908年至1909年，奥匈帝国、塞尔维亚王国与俄罗斯帝国之间的"波斯尼亚与黑塞哥维那危机"给弗朗茨·康拉德·冯·赫岑多夫带来了机会。在得到阿洛伊斯·莱克萨·冯·艾伦塔尔同意后，他与赫尔穆特·约翰内斯·冯·毛奇举行了会谈。关于此次会谈，德皇威廉二世与德意志第二帝国首相伯恩哈德·冯·比洛完全知情。会谈结束后，双方互换了文书。1909年1月21日，赫尔穆特·约翰内斯·冯·毛奇在写给弗朗茨·康拉德·冯·赫岑多夫的信中宣称："我认为，奥匈帝国首先向塞尔维亚王国发难，俄罗斯帝国必定会积极介入。这样一来，德意志第二帝国则必须根据条约履行义务。"[①]。弗朗茨·康拉德·冯·赫岑多夫与赫尔穆特·约翰内斯·冯·毛奇签署的"协定"并非约束两国的政治条约，但由于其内容为两国君主与外交大臣所知，他们均难逃其责。令人始料未及的是，德意志第二帝国作为一个大国竟然与胆大妄为的邻国——奥匈帝国——结为进攻性的同盟。如今，在冲突开始前，这样一个进攻性同盟将与中立国进行讨论、斡旋与调停的可能性排除在外，这种行为可谓直接否定了欧洲大国协调原则。

当然，德意志第二帝国负有一定责任并不意味着奥匈帝国发出最后通牒

---

① 1929年1月《战争》第8页至第9页；1928年2月，《德奥密约》。——原注

的罪责会相应减轻。最后通牒如预料中一旦引发了奥匈帝国与塞尔维亚王国之间的战争，必将迫使俄罗斯帝国采取行动。1914年7月7日，在奥匈帝国内阁会议上，奥匈帝国外交大臣贝利奥波德·冯·贝希托尔德伯爵承认，最后通牒可能会导致俄罗斯帝国干预。斯蒂芬·蒂萨伯爵则直言不讳地说，俄罗斯帝国干预是必然的①。

斯蒂芬·蒂萨伯爵

---

① 赫尔曼·卢茨所著《爱德华·格雷爵士与世界大战》（1927年版）第228页。——原注

弗里德里希·斯扎帕利

此后，两周过去了，在最后通牒发出前，法国总统雷蒙·庞加莱推测奥匈帝国即将采取行动。他向奥匈帝国驻圣彼得堡大使弗里德里希·斯扎帕利指出，欧洲战争迫在眉睫。他试图警告奥匈帝国外交大臣利奥波德·冯·贝希托尔德伯爵，奥匈帝国向塞尔维亚王国所提要求不能太苛刻。他对斯蒂芬·蒂萨伯爵说："俄罗斯人是塞尔维亚人的真诚朋友。法国则是俄罗斯帝国的盟友。"当然，雷蒙·庞加莱提出警告的消息传到了维也纳[①]。此前，1914年7月18日，谢

---

① 《奥匈帝国红皮书》第1部分第45页与第60页。《考茨基公文集》第134号文件；雷蒙·庞加莱所著《为法国服务》第4部第253页，1914年7月21日，雷蒙·庞加莱正在拜访沙皇尼古拉二世。——原注

拉多米尔·普特尼克

尔盖·德米特里耶维奇·萨佐诺夫已经向斯蒂芬·蒂萨伯爵发出警告,"一旦塞尔维亚王国受辱,俄罗斯帝国绝不会无动于衷"[1]。很有可能,在写给塞尔维亚军队总司令拉多米尔·普特尼克的加急电报中,尼古拉·帕希奇(自然不会夸大俄罗斯帝国的温和态度)曾经恰如其分地描述了俄罗斯帝国的政策。其大致内容如下:

---

[1] 《奥匈帝国红皮书》第1部分第25页;《考茨基公文集》第120号文件。——原注

俄罗斯帝国已经宣布,希望看到奥匈帝国与塞尔维亚王国之间的争端得到和平解决;不过,它同时宣称,一旦奥匈帝国军队越过塞尔维亚王国边境,俄罗斯帝国将向塞尔维亚王国伸出援手。

其实,在这种情况下,俄罗斯帝国希望针对奥匈帝国的战争维持在局部战争范围之内,但它也担心随着德意志第二帝国的卷入,将引发一场欧洲战争。于是,俄罗斯帝国与德意志第二帝国展开了谈判工作,以便有备无患。这样一来,俄罗斯帝国即便不得不与德意志第二帝国交战,也获得了进行军事准备的时间①。

一旦奥匈帝国发布了最后通牒,短短的四十八小时期限一到,除非欧洲协调能够处理此事,否则一场欧洲战争在所难免。对于此事,众说纷纭。然而,有一点确凿无疑:召开国际会议解决此次争端的两次提议均遭到德意志第二帝国的拒绝。

这次,摆在欧洲大国面前的选择非常明确:它们把奥匈帝国与塞尔维亚王国之间的争端是视为局部问题还是整体问题?从一开始,奥匈帝国与德意志第二帝国就决定把争端视为纯粹的地方事务,只涉及奥匈帝国与塞尔维亚王国。奥匈帝国与德意志第二帝国的态度十分坚决,绝不允许节外生枝。然而,其他四大强国认为,只有把这次冲突视为整个欧洲的问题,才能防止全面战争爆发。如今,孰是孰非一目了然。人们自然心知肚明,如果将争端本地化,各大国会相继进行军事动员。不过,如果将争端视作整个欧洲的问题,就不大可能引发大国之间的军事动员。大国之间在举行会议期间不会开始动员。奥匈帝国与塞尔维亚王国之间的争端尤其适合通过欧洲会议进行解决。1908年至1909年奥匈帝国与塞尔维亚王国之间的危机结束时,塞尔维亚王国曾在一份公开声明中承诺,将对所有欧洲大国负责,以此作为向奥匈帝国示好的保证。如果塞

---

① 米洛希·博希舍维奇所著《塞尔维亚王国的对外政策》第435页。这份加急电报的日期为1914年7月18日至7月31日。——原注

尔维亚王国未能实现诺言，将由欧洲大国进行裁决。俄罗斯帝国外交大臣谢尔盖·德米特里耶维奇·萨佐诺夫曾告诉德意志第二帝国驻圣彼得堡大使弗里德里希·冯·普塔莱斯，"进行相关调查属于欧洲事务"①。

从奥匈帝国与塞尔维亚王国产生争端开始，德奥同盟的态度一直十分坚定，将其视为地方冲突。在奥匈帝国向塞尔维亚王国发出最后通牒的第二天，即1914年7月24日早上，德意志第二帝国驻圣彼得堡大使弗里德里希·冯·普塔莱斯、驻巴黎大使威廉·冯·舍恩与驻伦敦大使卡尔·马克斯·弗斯特·里奇洛乌斯基分别向俄国政府、法国政府与英国政府递交了一份同文照会，表明了同盟国的坚定态度。在这份照会中，德意志第二帝国宣称"我们必须将奥匈帝国处理问题的方式与要求视为温和与正当的"，并且"待议问题要由奥匈帝国与塞尔维亚王国单独解决"。在照会的结尾，德意志第二帝国威胁道："我们迫切希望此次冲突局部化。一旦其他大国出于各种联盟义务进行干预，将带来难以估量的后果。"②

我们无法断言，德意志第二帝国因提前并不知晓最后通牒的要求如此苛刻，以至没有时间对其做出判断并进行修改，所以难辞其咎。1914年7月18日，巴伐利亚王国在柏林的临时代办威廉·冯·舍恩说，德意志第二帝国副外交大臣阿瑟·齐默尔曼向他说明了奥匈帝国对塞尔维亚王国所提要求的基本内容，其中，包括"对参与萨拉热窝暗杀事件的罪犯展开调查，并且必须有一名奥匈帝国官员参与调查"。对此，塞尔维亚王国接到最后通牒时非常反对。阿瑟·齐默尔曼还说，奥匈帝国将针对最后通牒实施四十八小时的时间限制。此消息通过奥匈帝国外交大臣利奥波德·冯·贝希托尔德伯爵传到了德意志第二帝国外交部③。然而，关于即将发布的最后通牒，柏林方面并没有向维也

---

① 皮埃尔·勒努万所著《战争的直接原因》（1928年版）第87页。——原注
② 《考茨基公文集》第100号文件。皮埃尔·勒努万所著《战争的直接原因》（1928年版），第74页。——原注
③ 《考茨基公文集》补编4第2号文件。西德尼·布拉德肖·费伊所著《世界大战的起源》（1928年版）第2卷第261页至第262页。——原注

拉迪斯劳斯·斯左格京尼

纳传达任何有助于缓和局势的信息。1914年7月22日,就在最后通牒向贝尔格莱德发出的二十四小时之前,奥匈帝国驻柏林大使拉迪斯劳斯·斯左格京尼给德意志第二帝国外交大臣戈特利布·冯·雅格看了最后通牒的内容。戈特利布·冯·雅格批评最后通牒措辞过于尖锐,所提要求太过苛刻。此时,虽然时间不多,但德意志第二帝国依然有时间通过电报敦促或建议奥匈帝国的最后通牒要温和。然而,戈特利布·冯·雅格没有这样做。1914年7月23日18时,在贝尔格莱德,奥匈帝国将最后通牒交至塞尔维亚王国代理首相尼古拉·帕希奇手中。此后,欧洲历史便进入被人们称作"关键十二天"的重要时期。

1914年7月24日，奥匈帝国向各大国通报官方最后通牒内容时，英国与法国要求德意志第二帝国外交部向维也纳提议，延长奥匈帝国向塞尔维亚王国发出最后通牒的四十八小时时限。然而，这一要求遭到德意志第二帝国外交大臣戈特利布·冯·雅格拒绝。1914年7月25日，英国也向德意志第二帝国表达了同样要求。1914年7月25日18时，最后通牒才到期，德意志第二帝国与奥匈帝国完全有时间通过电报进行沟通。然而，戈特利布·冯·雅格说，因为奥匈帝国外交大臣利奥波德·冯·贝希托尔德伯爵此时在伊舍尔，所以不可能延长时限[1]。

　　从一开始，欧洲政治家就对奥匈帝国与塞尔维亚王国之间的争端"欧洲化"的可能性与可取性有所考虑。对此，英国外交大臣爱德华·格雷爵士首先提出了明确建议。1914年7月24日，他与德意志第二帝国驻伦敦大使卡尔·马克斯·弗斯特·里奇洛乌斯基会面时，提出"在奥匈帝国与俄罗斯帝国的关系日趋紧张时，四大强国——德意志第二帝国、意大利王国、法国和英国应当共同努力，从而缓和两国关系"。他还补充道："只有德意志第二帝国提议并参与此次协调，我们才可能影响奥匈帝国。"[2]最初，德意志第二帝国同意参与协调。不过，1914年7月26日，当法国外交部代理部长让-巴普蒂斯特·安弗尼-马丁询问德意志第二帝国驻巴黎大使威廉·冯·舍恩："德意志第二帝国是否同意四个利益不相关的大国在维也纳与圣彼得堡同时采取协调行动？"毫无疑问，威廉·冯·舍恩遵照政府指示给出了否定回答[3]。同一天，英国明确提出了正式的会议提议。德意志第二帝国首次拒绝了该提议。显而易见，形势每时每刻都在恶化。各大国现在都面临着一场随时可能爆发的战争。每一个大国都清楚，如果提前掌握了一天先发制人的优势，将决定着胜负。既然形势已经如此，战争爆发的危险已经不可避免。然而，除了奥匈帝国，其他大国依然控制着自己的军事力量，盼望着和平。这次，就连一向对形势缺乏判断的爱德华·格雷爵

---

[1] 《考茨基公文集》第164号文件与第171号文件。——原注
[2] 《英国关于战争起源的政府公文集》第11卷第78页。——原注
[3] 皮埃尔·勒努万所著《战争的直接原因》（1928年版）第103页。——原注

士也对当前形势做出了极其准确的判断。他看出，欧洲协调提供了绝无仅有的和平机会，并且极有可能取得成功。他写道："我整日在外交部与常务副大臣阿瑟·尼克尔森爵士磋商。我们一致认为，如果前景堪忧，情况恶化，我应当按照1912年至1913年曾经做出的和平努力，提议召开各国大使会议。这是一个有助于扭转形势的良好开端。提前一天通知各国大使后，会议便可开始。会议还在伦敦召开，与会者依然是原班人马：皮埃尔·保罗·康邦、卡尔·马克斯·弗斯特·里奇洛乌斯基、亚历山大·本肯多夫、艾伯特·门斯多夫与我。我们就像同一战壕的战友，不仅相知相识，而且彼此信任。如果我们能够得到各自政府的信任，让我们担当此任，我们可以在任何危机爆发时维护欧洲和平。虽然不会有任何外交成就，但这是光荣的和平事业。绝不会造成一方得势、另一方受辱的情况。在塞尔维亚王国向奥匈帝国提交答复后，与奥匈帝国协商至少更方便，从而光明正大地达成和平。"

当然，事实并非如爱德华·格雷爵士所想，一场大使会议就能轻松解决和平问题。不过，召开会议至少可以阻止欧洲战争爆发。在召开会议期间，各大国不可能开战。一触即发的战争一旦被推迟一个月，将无限期地延迟。随之，这场危机也将烟消云散。

德意志第二帝国对爱德华·格雷爵士的提议并非毫无准备。1914年7月24日，卡尔·马克斯·弗斯特·里奇洛乌斯基向德意志第二帝国外交部报告了爱德华·格雷爵士首次提出的联合调解倡议。

在卡尔·马克斯·弗斯特·里奇洛乌斯基加急电报的边缘，德皇威廉二世批注道："多此一举！奥匈帝国已经向俄罗斯帝国挑明了一切。爱德华·格雷爵士的提议毫无新意。除非奥匈帝国提出明确要求，否则我不会加入四国协商。然而，奥匈帝国不可能提出这样的要求。在重大问题与关乎国家荣誉的问题上，奥匈帝国不会去征询别国意见。"

显然，德皇威廉二世已经下定决心，阻止欧洲大国协调施加和平影响力。此时，在1914年7月24日这样一个关键时刻，对于另一个选择——战争，德皇威廉二世却轻描淡写，甚至显得有些轻率。在加急电报的最后一段，卡尔·马克斯·弗斯特·里奇洛乌斯基说，一旦发生战争，奥匈帝国定会血战到底。德皇威廉二世却在旁边批注道："一派胡言。一旦发生战争，波斯将成为英国的囊中之物。"[①]

爱德华·格雷爵士与阿瑟·尼克尔森爵士之间曾达成一致意见，如果没有其他国家发出会议邀请，英国将"适时"发出会议邀请。1914年7月26日，恰逢星期日，爱德华·格雷爵士返回乡间别墅度假，阿瑟·尼克尔森爵士则留在伦敦负责外交部工作。

此时，欧洲战争爆发的危险并非来自奥匈帝国与塞尔维亚王国的争端，而在于奥匈帝国与俄罗斯帝国之间（在奥匈帝国与塞尔维亚王国争端上）的争议。如果哈布斯堡王朝以战争进行威胁，坚持塞尔维亚王国必须满足其所提一切要求，俄罗斯帝国定会出手帮助塞尔维亚王国。不过，俄罗斯帝国准备好了武力解决问题的替代办法，即调停或仲裁。1914年7月25日，俄罗斯帝国外交大臣谢尔盖·德米特里耶维奇·萨佐诺夫对英国驻圣彼得堡大使乔治·布坎南说："希望看到此次争端能在国际基础上进行解决。如果塞尔维亚王国向欧洲大国发出呼吁，俄罗斯帝国将十分乐意把问题留给英国、法国、意大利王国与德意志第二帝国联手解决。"[②]与此同时，随着战争日益逼近，各大国都在不动声色地进行着战争准备，以免遭受突袭。虽然没有一个国家想要发动欧洲战争，却有一个迫在眉睫的危险存在——某个大国可能会放弃和平努力，并且可能会因过度恐慌而发动进攻。1914年7月26日，阿瑟·尼克尔森爵士给正在伊钦阿巴斯度假的爱德华·格雷爵士发了一封电报。他说："我认为，避免全面冲突的唯一希望是，利用乔治·布坎南发来的第一百六十九号电报第二段中俄罗斯帝国外交大臣谢尔盖·德米特里耶维奇·萨佐诺夫提出的几点建议。你今天上午便会收到这份电报。据此，我们需要分别向柏林、巴黎与罗马发电报，要求

---

① 《考茨基公文集》第157号文件。——原注
② 《英国政府公文汇编》第11卷第93页第169号文件，乔治·布坎南电报第2段。——原注

三国政府分别授权各自的驻伦敦大使与你共同召开一次会议，以寻找问题的解决方案，防止问题复杂化。同时，我们还要敦促奥匈帝国、塞尔维亚王国与俄罗斯帝国放弃积极的军事行动，等待此次会议结果。"①

对此，爱德华·格雷爵士当即表示同意。按照阿瑟·尼克尔森爵士的建议，爱德华·格雷爵士拟定了电文并将电报同时发送至柏林、巴黎与罗马。在写给爱德华·格雷爵士的私人信函中，阿瑟·尼克尔森爵士曾说："在我看来，这是避免战争的唯一一次机会。"如果说和平的机会已经微乎其微，只要德意志第二帝国、法国与意大利王国都同意召开会议，这至少是一次难得的好机会。

对于爱德华·格雷爵士召开会议的提议，意大利王国与法国随即表示赞同②。德意志第二帝国驻伦敦大使卡尔·马克斯·弗斯特·里奇洛乌斯基是一位高瞻远瞩的政治家。他使出浑身解数，试图说服德意志第二帝国同意参会。1914年7月26日，卡尔·马克斯·弗斯特·里奇洛乌斯基在一份电报中说："没有人会怀疑，任由奥匈帝国如此作为，必然会导致一场世界大战。"1914年7月24日，德意志第二帝国已经表示赞同爱德华·格雷爵士之前的提议——四国应在俄罗斯帝国与奥匈帝国之间进行斡旋。1914年7月26日，卡尔·马克斯·弗斯特·里奇洛乌斯基致函英国外交大臣爱德华·格雷爵士说："我国政府接受你提议的四国调停。"③然而，就在第二天，即1914年7月27日，德意志第二帝国表示拒绝参会。英国驻柏林大使爱德华·戈申发回了一份电报，内容如下："德意志第二帝国外交大臣戈特利布·冯·雅格说，你提议召开的会议实际上相当于仲裁法庭。在他看来，如果奥匈帝国与俄罗斯帝国并未提出召开会议的请求，那么会议根本无法召开。他尽管希望在维持和平方面进行合作，却无法赞同你召开会议的提议。我对他说，我可以确信你的提议与仲裁毫无瓜葛，只是想通

---

① 《英国政府公文汇编》第11卷第100页。——原注
② 《英国政府公文汇编》第11卷第107页（第154号文件）与第127页（第183号文件）。法国显然犹豫了，但最终于1914年7月27日接受（西德尼·布拉德肖·费伊所著《世界大战的起源》（1928年版）第2卷第390页）。——原注
③ 《英国政府公文汇编》第11卷第103页。——原注

过不涉及直接利害关系的四国代表共同讨论避免灾难发生的方法。然而，他坚持认为，你提议的召开会议这种方式根本行不通。"①

德意志第二帝国做出如此答复时，甚至没有征询奥匈帝国的意见，也根本不知道奥匈帝国是否会同意召开会议的提议②。事实上，奥匈帝国无意听取欧洲意见。奥匈帝国陆军元帅弗朗茨·康拉德·冯·赫岑多夫似乎已经认定，1914年8月12日是与塞尔维亚王国开战的恰当日期。然而，在听说召开会议的提议后，鉴于奥匈帝国驻圣彼得堡大使弗里德里希·斯扎帕利与俄罗斯帝国外交大臣谢尔盖·德米特里耶维奇·萨佐诺夫（在德意志第二帝国驻圣彼得堡大使弗里德里希·冯·普塔莱斯的建议下）已经开始友好会谈，有可能修改针对塞尔维亚王国的最后通牒③，利奥波德·冯·贝希托尔德伯爵特意拜见了奥匈帝国皇帝弗朗茨·约瑟夫一世。奥匈帝国外交大臣利奥波德·冯·贝希托尔德伯爵获得授权之后，决定在1914年7月28日对塞尔维亚王国宣战。

正如利奥波德·冯·贝希托尔德伯爵对弗朗茨·约瑟夫一世所说，他之所以做此决定，是因为"协约国将再次努力和平解决冲突。只有早日宣战，才能表明我们的立场"④。当然，奥匈帝国外交大臣利奥波德·冯·贝希托尔德伯爵是指和平解决奥匈帝国与塞尔维亚王国之间的争端。他不可能忘记，俄罗斯帝国外交大臣谢尔盖·德米特里耶维奇·萨佐诺夫曾经暗示过，俄罗斯帝国绝不会对奥匈帝国与塞尔维亚王国之间的战争坐视不管。对于奥匈帝国决心宣战一事，德意志第二帝国早已心知肚明，本来可以对维也纳施加压力，从而促使其推迟宣战，但并未做任何努力。1914年7月26日，海因里希·冯·齐尔斯基从维

---

① 《英国政府公文汇编》第11卷第128页。——原注
② 《奥匈帝国红皮书》第2部分第126页，1914年7月28日奥匈帝国驻柏林大使拉迪斯劳斯·斯左格京尼发给利奥波德·冯·贝希托尔德伯爵的电报。——原注
③ 《奥匈帝国红皮书》第2部分第73页，1914年7月26日奥匈帝国圣彼得堡大使弗里德里希·斯帕利与俄罗斯帝国外交大臣谢尔盖·德米特里耶维奇·萨佐诺夫的谈话。——原注
④ 《奥匈帝国红皮书》第2部分第138页，1914年7月27日利奥波德·冯·贝希托尔德伯爵的即时报告。——原注

也纳向戈特利布·冯·雅格发回了一份电报。他在电报中称:"奥匈帝国外交大臣利奥波德·冯·贝希托尔德伯爵给我读了拉迪斯劳斯·斯左格京尼的电报。拉迪斯劳斯·斯左格京尼称,柏林当局认为,必须尽快采取军事行动并立即宣战,从而尽可能规避第三方介入的风险……对此,我表示热烈支持。"①

事实上,在爱德华·格雷爵士的敦促下,德意志第二帝国最终在1914年7月27日做出决定,向奥匈帝国提出缓和局势的忠告,将塞尔维亚王国的答复视为协商基础。1914年7月27日,德意志第二帝国首相特奥巴登·冯·贝特曼·霍尔维格发电报给海因里希·冯·齐尔斯基说:"我们已经拒绝了英国召开会议的请求,不可能对英国此次提议弃之不顾。我们如果拒绝所有调停提议,就会被视为战争的始作俑者,必须为全面爆发的世界战争负责。如此一来,我们国家将难以立足。我们必须表现出是被迫卷入战争的。既然塞尔维亚王国已经做出很大让步,我们举步维艰。尤其在当下,英国与法国正不断向俄罗斯帝国施加影响,我们更不能拒绝调停的提议,必须向维也纳传达英国的提议。我不仅想听一听奥匈帝国外交大臣利奥波德·冯·贝希托尔德伯爵对英国提议的看法,而且想知道他对俄罗斯帝国外交大臣谢尔盖·德米特里耶维奇·萨佐诺夫希望直接与奥匈帝国进行谈判的看法。"②

从这样的信息中,我们很难看出德意志第二帝国缓和事态的诚意。无论如何,德意志第二帝国做出了缓和事态的计划。然而,当海因里希·冯·齐尔斯基传达这一指示时,奥匈帝国外交大臣利奥波德·冯·贝希托尔德伯爵回复说:"由于塞尔维亚王国首先开始敌对行动,奥匈帝国随后才宣战,英国提出调停建议显然为时已晚。"③之前,海因里希·冯·齐尔斯基已经警告过德意志第二帝国,"为了断绝外部干涉的一切念想"④,奥匈帝国要对塞尔维亚王国宣战。

---

① 《考茨基公文集》第213号文件。——原注
② 《考茨基公文集》第277号文件。——原注
③ 《考茨基公文集》第313号文件,1914年7月28日。——原注
④ 《考茨基公文集》第257号文件,1914年7月27日。——原注

奥匈帝国外交大臣利奥波德·冯·贝希托尔德伯爵不无讽刺地告知德意志第二帝国与英国，爱德华·格雷爵士的提议"已经落后于形势的发展"①。

直到1914年7月27日之前，德意志第二帝国似乎一直认为，英国会在欧洲战争中保持中立。然而，1914年7月27日，卡尔·马克斯·弗斯特·里奇洛乌斯基与爱德华·格雷爵士会谈结束后，他从伦敦向德意志第二帝国发出明确警告，反驳了这一观点。与此同时，他送回了一份英国的新提议。这份提议并非建议召开会议（该建议已经失败），而是建议奥匈帝国就塞尔维亚王国的最后通牒答复进一步协商。如上所述，1914年7月27日，在给海因里希·冯·齐尔斯基的电报中，德意志第二帝国根据英国的新提议，第一次向奥匈帝国提出缓和形势的建议。于是，1914年7月27日至7月30日，德意志第二帝国采取了缓和形势的政策，却为期不到三天。即便时间如此短暂，德意志第二帝国的政策也显得苍白无力。德意志第二帝国虽然将爱德华·格雷爵士的建议转达至维也纳，却在明明知道奥匈帝国将在几日内宣战的情况下，没有采取任何行动去阻止奥匈帝国宣战。因此，收到海因里希·冯·齐尔斯基的电报，得知英国提议的第二天，奥匈帝国便理直气壮回复海因里希·冯·齐尔斯基："为时已晚。奥匈帝国与塞尔维亚王国已经进入战争状态，塞尔维亚王国照会已经被其他事件取而代之。"②这里的其他事件是指奥匈帝国已经公布了宣战声明。

当然，1914年7月28日，德意志第二帝国曾经再次尝试，促使奥匈帝国恢复理智。（在得知奥匈帝国已经向塞尔维亚王国宣战前）德皇威廉二世曾向特奥巴登·冯·贝特曼·霍尔维格建议，奥匈帝国可占领贝尔格莱德以获得塞尔维亚王国的暂时保证。德皇威廉二世还说："在此基础上，我准备与奥匈帝国一道进行和平调停。"③特奥巴登·冯·贝特曼·霍尔维格给海因里希·冯·齐

---

① 《奥匈帝国红皮书》第2部分第81页与第90页，1914年7月28日；西德尼·布拉德肖·费伊所著《世界大战的起源》（1928年版）第2卷第419页。——原注
② 《考茨基公文集》第400号文件。——原注
③ 《考茨基公文集》第293号文件，1914年7月28日德皇威廉二世给戈特利布·冯·雅格的信。——原注

尔斯基发去一封电报，内容如下："你应该立即向奥匈帝国外交大臣利奥波德·冯·贝希托尔德伯爵强调这一指示。拟议调解的基础是奥匈帝国通过占领贝尔格莱德获取塞尔维亚王国的领土承诺，即贝尔格莱德停火提议。"然而，特奥巴登·冯·贝特曼·霍尔维格在给海因里希·冯·齐尔斯基做出指示的同时，补充道："你一定要谨慎，避免让人误解我们希望阻止奥匈帝国行动。"奥匈帝国外交大臣利奥波德·冯·贝希托尔德伯爵拒绝接受一切明确指示。1914年7月30日3时，特奥巴登·冯·贝特曼·霍尔维格指示海因里希·冯·齐尔斯基敦促奥匈帝国外交大臣利奥波德·冯·贝希托尔德伯爵与俄罗斯帝国举行会谈，强调"此事刻不容缓，要态度明确，措辞严谨"[①]。至少表面上看起来，奥匈帝国外交大臣利奥波德·冯·贝希托尔德伯爵最终注意到了此提议（尽管他不十分关注）。1914年7月30日，他授权驻奥匈帝国圣彼得堡大使弗里德里希·斯扎帕利开始与俄罗斯帝国外交大臣谢尔盖·德米特里耶维奇·萨佐诺夫进行会谈[②]。根据目前公布的文件显示，奥匈帝国外交大臣利奥波德·冯·贝希托尔德伯爵当时并不打算接受贝尔格莱德停火提议[③]。不过，会谈进行期间，奥匈帝国与俄罗斯之间也不可能发生战争。然而，1914年7月31日，德意志第二帝国停止了暂时的调停努力，决定开战。

由于德意志第二帝国拒绝参加大使会议，欧洲战争迫在眉睫。1914年7月29日，美国向爱德华·格雷爵士提议，根据《海牙公约》第三条，调停奥匈帝国与塞尔维亚王国、俄罗斯帝国的争端。爱德华·格雷爵士回复说，"非常高兴看到美国有机会参与此次调停"。然而，事实上，美国根本没有参与调停的机会。1914年7月28日，奥匈帝国对塞尔维亚王国宣战，促使俄罗斯帝国进行战争

---

① 《考茨基公文集》第396号文件。——原注
② 《考茨基公文集》第433号文件，1914年7月30日2时30分海因里希·冯·齐尔斯基给特奥巴登·冯·贝特曼·霍尔维格的信。西德尼·布拉德肖·费伊所著《世界大战的起源》（1928年版）第2卷第505页至第506页。——原注
③ 文件引自西德尼·布拉德肖·费伊所著《世界大战的起源》（1928年版）第2卷第520页至第521页。——原注

弗拉基米尔·苏霍姆里诺夫将军

动员。早在1914年7月26日,沙皇尼古拉二世已经颁布了"预备动员"令,主要涉及召集军队的某些措施。1914年7月26日夜晚,俄罗斯帝国战争大臣弗拉基米尔·苏霍姆里诺夫将军向德意志第二帝国武官以自己的名誉担保,"没有征用一匹马,没有征召一名预备役军人"[①]。他的这番话可谓准确无误。

1914年7月28日,奥匈帝国对塞尔维亚王国宣战的消息传到圣彼得堡后,

---

① 塞奇·多布罗罗斯基所著《1914年俄罗斯帝国军事动员》(1922年版)第43页与第46页,内容提供者为B.格林。——原注

俄罗斯帝国决定于第二天，即1914年7月29日，开始部分动员。此次局部动员涉及十三个军，它们将对奥匈帝国军队开战。此次涉及的战争动员范围包括莫斯科、敖德萨、基辅与喀山。然而，就在1914年7月29日18时左右，德意志第二帝国驻圣彼得堡大使弗里德里希·冯·普塔莱斯拜访了谢尔盖·德米特里耶维奇·萨佐诺夫，并传达了来自德意志第二帝国首相特奥巴登·冯·贝特曼·霍尔维格的一个消息，大致意思是："俄罗斯帝国继续深入动员将迫使德意志第二帝国进行动员。如此一来，必然引发欧洲战争。"[1]这一消息似乎对俄罗斯帝国起到了威慑作用。当晚18时至20时之间，沙皇尼古拉二世曾被说服，准备授权立刻开始全面动员[2]。然而，就在命令即将发出的那一刻，他改变了主意，突然取消了授权。"事实确凿无疑。尽管众说纷纭，却无人怀疑其真实性。"[3]1914年7月30日早上，沙皇尼古拉二世仅仅颁布了部分动员令[4]。部分动员令发出前，即1914年7月29日20时20分，沙皇尼古拉二世曾经发电报给德皇威廉二世。他在电报中说："应当把奥匈帝国与塞尔维亚王国之间的争端提交海牙仲裁法庭。"收到电报后，威德皇廉二世在空白处批注道："一派胡言。"德意志第二帝国首相特奥巴登·冯·贝特曼·霍尔维格代表德皇威廉二世给德意志第二帝国驻圣彼得堡大使弗里德里希·冯·普塔莱斯回复道："在这种情况下，我们自然不会考虑提交海牙仲裁法庭。"[5]

1914年7月30日，沙皇尼古拉二世最终屈服于来自军方的压力，授权1914年7月31日开始全面动员。直到1914年7月31日凌晨，俄罗斯帝国才公开全面动员的消息。

---

[1] 《考茨基公文集》第342号文件。——原注
[2] 塞奇·多布罗罗斯基所著《1914年俄罗斯帝国军事动员》（1922年版）第24页至第25页，内容提供者为B.格林。——原注
[3] 皮埃尔·勒努万所著《战争的直接原因》（1928年版）第153页。——原注
[4] 1917年，弗拉基米尔·亚历山德罗维奇·苏霍姆利诺夫在接受审判过程中说，陆军将领违背沙皇尼古拉二世的命令，发布了总动员命令。不过，他的说法似乎并不符合实际。皮埃尔·勒努万所著《战争的直接原因》（1928年版）第153页第46条注释。——原注
[5] 《考茨基公文集》第391号文件。——原注

1914年7月30日,德意志第二帝国仍未决定开战。1914年7月30日19时,特奥巴登·冯·贝特曼·霍尔维格给海因里希·冯·齐尔斯基发电报说:"如果奥匈帝国拒绝做出让步……就不可能让俄罗斯帝国承担点燃欧洲战火的罪责。"因此,特奥巴登·冯·贝特曼·霍尔维格指示海因里希·冯·齐尔斯基,敦促奥匈帝国接受英国提议,停止占领贝尔格莱德的军事行动,以此作为临时保证。因此,1914年7月30日,在给海因里希·冯·齐尔斯基的电报(第二〇〇号电报)中,特奥巴登·冯·贝特曼·霍尔维格打算与英国合作,通过说服奥匈帝国停止进攻贝尔格莱德,避免一场全面战争。到目前为止,1914年7月27日至7月30日期间,德意志第二帝国已经偏离了坚持奥匈帝国与塞尔维亚王国争端本地化的政策方向。不过,这场闻名于世的"政策逆转"很快就结束了。在第二〇〇号电报发出当晚,即1917年7月30日11时20分,特奥巴登·冯·贝特曼·霍尔维格给海因里希·冯·齐尔斯基还发了另外一份电报,内容如下:"紧急!请暂时不要执行第二〇〇号电报指令。"[①] 显然,特奥巴登·冯·贝特曼·霍尔维格被德意志第二帝国总参谋部说服了。德意志第二帝国总参谋部认为,如果迟一步采取战争措施,德意志第二帝国将承担失败的风险。于是,一直主张和平的德意志第二帝国首相霍尔维格·冯·贝特曼·霍尔维格放弃了努力[②]。

一场全面战争已经在所难免。1914年7月30日,奥匈帝国似乎放弃了强硬态度,决定与俄罗斯帝国在圣彼得堡与维也纳举行会谈,讨论双方有争议的问题。然而,奥匈帝国并未认真对待1914年7月31日举行的会谈。1914年7月31日当天,奥匈帝国内阁会议决定,不接受贝尔格莱德停火提议[③]。而这恰好是俄罗斯帝国无法接受的结果。

德意志第二帝国已经下定决心,或者说它一直在努力说服自己:现在除了战争别无选择。1914年7月30日,就在特奥巴登·冯·贝特曼·霍尔维格向德意

---

① 《考茨基公文集》第450号文件。——原注
② 皮埃尔·勒努万所著《战争的直接原因》(1928年版)第191页。——原注
③ 皮埃尔·勒努万所著《战争的直接原因》(1928年版)第192页。——原注

志第二帝国总参谋部做出让步的当天，总参谋长赫尔穆特·约翰内斯·冯·毛奇给奥匈帝国总参谋长弗朗茨·康拉德·冯·赫岑多夫发了一份电报，称："抵制俄罗斯帝国动员。必须拯救奥匈帝国。立即动员抵制俄罗斯帝国。德意志第二帝国将动员起来。"①

1914年7月31日7时45分，俄罗斯帝国宣布总动员的消息传到了维也纳。正是这一消息扭转了奥匈帝国内阁的态度，奥匈帝国内阁转而支持奥匈帝国进行总动员，以抵制俄罗斯帝国。随后，奥匈帝国颁布了动员令。然而，两国都宣布谈判可以继续进行。战争动员仅仅是防御手段②。1914年8月1日，沙皇尼古拉二世给德皇威廉二世发去一份重要电报，说："我承认，你是被迫进行动员的。不过，我希望你能和我一样做出保证，这些措施并不意味着战争，我们将继续进行协商。"

然而，德意志第二帝国并不认同这样的观点。相反，正如奥匈帝国所作所为，德意志第二帝国不是仅仅以动员回应动员，而是以战争进行回应。这是它们要为燃起全面战争的大火而负责的最关键一步。直到战争已经爆发，双方并未继续进行协商，或许这样的事情永远也不会发生。

1914年7月31日11时40分，俄罗斯帝国宣布总动员的消息传到柏林。在收到俄罗斯帝国总动员的消息前，德意志第二帝国已经准备向俄罗斯帝国发出最后通牒。当天早上，德意志第二帝国已经通过海因里希·冯·齐尔斯基告知奥匈帝国这一决定③。因此，俄罗斯帝国总动员的消息并非德意志第二帝国决定向俄罗斯帝国发出最后通牒的起因。不过，德意志第二帝国发出最后通牒，的确是在收到俄罗斯帝国总动员消息之后。

支持德意志第二帝国做法的人认为，"动员导致战争"是整个欧洲普遍接

---

① 弗朗茨·康拉德·冯·赫岑多夫所著《工作之余》第4章第152页。关于小毛奇与弗朗茨·康拉德·冯·赫岑多夫共同干预"外交"，见1929年1月《战争》第4页所载文章《军事外交》。——原注
② 皮埃尔·勒努万所著《战争的直接原因》（1928年版）第219页引文。——原注
③ 1929年3月《战争》第41页所载文章《德意志第二帝国对俄罗斯帝国的最后通牒》。——原注

受的原则。然而，事实绝非如此。欧洲曾经发生过几次战争动员，却并未爆发战争。尤其是1908年至1909年，塞尔维亚王国与奥匈帝国曾经为战争充分动员起来。如今，人们已经了解到，1894年《法俄同盟协定》中有一项规定——动员即意味着开战。但该规定已于1912年被废除。1914年7月29日，谢尔盖·德米特里耶维奇·萨佐诺夫向德意志第二帝国驻圣彼得堡大使弗里德里希·冯·普塔莱斯保证，俄罗斯帝国军队将在几周内进行动员，但绝对不会越过边境。1914年8月1日，沙皇尼古拉二世发出动情的呼吁时，曾向德皇威廉二世说过同样的话。他保证，只要奥匈帝国就塞尔维尔亚王国问题继续进行谈判，俄罗斯帝国军队不会采取任何挑衅行动[①]。1914年7月30日，俄罗斯帝国高级军官向德意志第二帝国军事代表保证："对俄罗斯帝国来说，从动员到战争开始，留有足够充分的时间用于进行友好协商。"[②]

奥匈帝国也从未认为，动员必然意味着战争。奥匈帝国承认，与俄罗斯帝国政策相同。弗朗茨·康拉德·冯·赫岑多夫曾对借调至德意志第二帝国总参谋部的一名奥匈帝国军官说："德意志第二帝国在动员与遣散方面，与俄罗斯帝国惯例恰好相反。对德意志第二帝国来说，军事动员必将导致战争。"[③]弗朗茨·康拉德·冯·赫岑多夫一直急于进行军事动员。在给利奥波德·冯·贝希托尔德伯爵的回复中，弗朗茨·康拉德·冯·赫岑多夫说，即使俄罗斯帝国被迫动员却并未因此而卷入战争，奥匈帝国也依然可以有条不紊地为了战争而进行动员。他说："如果俄罗斯帝国不对我们采取军事行动，我们也不需要与俄罗斯帝国兵戎相见。"弗朗茨·康拉德·冯·赫岑多夫的这一观点得到了奥匈帝国内阁大臣的一致认同[④]。

其实，德意志第二帝国本身也并不认为动员必然导致战争。1914年7月26

---

① 《考茨基公文集》第487号文件。——原注
② 《考茨基公文集》第445号文件。——原注
③ 弗朗茨·康拉德·冯·赫岑多夫所著《工作之余》第4章第152页，1914年7月30日。——原注
④ 弗朗茨·康拉德·冯·赫岑多夫所著《工作之余》第4章第151页，1914年7月30日。——原注

日，特奥巴登·冯·贝特曼·霍尔维格给驻圣彼得堡大使弗里德里希·冯·普塔莱斯发了一封电报，让他向俄罗斯帝国转达"动员即意味着战争"[①]。1914年8月1日，德皇威廉二世在给英国的电报中称，他无法阻止德意志第二帝国（针对法国与俄罗斯帝国）动员，但如果英国能保证法国中立，"我自然会放弃针对法国的进攻，并将军队调遣至别处……我将通过电报与电话阻止德意志第二帝国军队越过法国边境"[②]。事实上，在卢森堡边境，德意志第二帝国军队整整六个小时按兵未动，一直在等待德皇威廉二世的提议能得到回应。一切表明，动员并非一定导致战争。

有人曾指出，当德意志第二帝国总参谋部与政府有"战争的意愿"并且打算发动战争时，才会把"动员等于战争"奉为金科玉律。这样一来，我们就能够理解，为何德意志第二帝国在1914年7月30日得出结论——对俄发动战争是必要的，因为德意志人对俄罗斯帝国采取"动员等于战争"的原则[③]。然而，德意志第二帝国认为，法国有可能保持中立，这也是它想要的结果。对法国来说，动员不等于战争[④]。

德意志第二帝国向俄罗斯帝国发出了最后通牒，要求俄罗斯帝国停止动员并在十二小时内发表明确声明。1914年7月31日至1914年8月1日午夜时分，由德意志第二帝国驻圣彼得堡大使弗里德里希·冯·普塔莱斯向俄罗斯帝国发出了这份最后通牒。德意志第二帝国向还未颁布动员命令的法国也发出了最后通牒，要求法国在十八小时内回复是否将保持中立。德意志第二帝国一直等到给俄罗斯帝国与法国的最后通牒到期，才下令进行动员。此时，谈判依然有可能继续进行下去。不过，按照德意志第二帝国的计划，军事动员与发动战争将同步进行。1914年8月1日18时45分，德意志第二帝国驻圣彼得堡大使弗里德里

[①] 《考茨基公文集》第219号文件。——原注
[②] 《考茨基公文集》第575号文件。——原注
[③] 1929年4月《战争》第53页所载文章《动员与战争意愿》。——原注
[④] 关于"动员等于战争"的全部问题，《战争》1929年1月、2月与3月所载三篇文章。——原注

希·冯·普塔莱斯向俄罗斯帝国外交大臣谢尔盖·德米特里耶维奇·萨佐诺夫递交了宣战书。

1914年7月29日，沙皇尼古拉二世曾提议将奥匈帝国与塞尔维亚王国之间的争端提交海牙仲裁法庭。为何德意志第二帝国拒绝了俄罗斯帝国的提议？为何德意志第二帝国非但没有接受俄罗斯帝国的提议，反倒向俄罗斯帝国发出了难以接受的最后通牒[①]，并随后向俄罗斯帝国宣战？

虽然德意志第二帝国与俄罗斯帝国都是《海牙公约》仲裁协议的缔约方，但这些仲裁协议仅仅具有"兼容性"，并不具有强制性。德意志第二帝国坚持认为，提交海牙仲裁法庭与否本来就纯属自愿，所以它完全可以拒绝将奥匈帝国与塞尔维亚王国之间的争端提交海牙仲裁法庭。德意志第二帝国反对进行斡旋、调解或仲裁，因为这等于"给了敌人进行动员的时间"[②]。在1899年起草《海牙公约》时，德意志第二帝国便持此观点，此后未曾改变。也就是说，德意志第二帝国一方面不愿失去进行快速动员的优势，另一方面也不愿放弃和平的最后一线机会。不过，德意志第二帝国更加倾向于发动突袭。这也是德意志第二帝国要对第一次世界大战爆发负有责任的根本原因。

对于1914年德意志第二帝国发动战争之举，一位支持者曾轻描淡写地说："德意志第二帝国在两条战线上进行战争的计划已经存在多年，其核心内容是通过中立国比利时王国发动进攻。"[③]德意志第二帝国如此藐视国际法与国际道德，却表现得如此淡定，断然拒绝向邻国及欧洲承认错误。仅此一条，德意志第二帝国就应该遭到谴责。然而，在一篇建议进行防御战的官方文章空白

---

① 1909年3月，德意志第二帝国以比较温和的方式，在并非十分紧迫的情形下，向俄罗斯帝国发出了最后通牒。俄罗斯帝国接受了最后通牒。因为据德意志第二帝国所知，俄罗斯帝国当时并没有条件发动战争。德意志第二帝国同样清楚地知道，俄罗斯帝国在1914年有条件接受挑战，或者说，俄罗斯帝国自视自己有条件接受挑战。毫无疑问，德意志第二帝国明白，俄罗斯帝国不愿意也不应该接受1914年7月31日的最后通牒。参见1929年1月《战争》第12页。——原注

② 《欧洲内阁的重大政治》第15卷第238页至第240页，1899年5月31日出席第一次海牙国际会议代表团成员佐恩教授的第三次会议工作报告。——原注

③ 弗里德里希·施蒂弗所著《德意志第二帝国与欧洲》第166页。——原注

处,德皇威廉一世曾亲笔批注道:"为了成功发动一场战争,进攻者必须赢得正义的支持与同情。"①

1914年7月,欧洲协调以彻底失败而告终。事实证明,面对1914年7月的危机,欧洲协调完全束手无策,并因此受到了各方指责。然而,从上一次欧洲大战结束,1814年至1815年《维也纳条约》签订后,一百年来,欧洲协调曾经真实地存在着,并在多次危机中维护了和平。然而,欧洲协调存在致命的软肋,再加上德意志第二帝国拒绝参加会议,最终使它在1914年完全陷入瘫痪。欧洲协调的软肋即没有常设组织机构,没有常设理事会与常设委员会。因此,一般情况下,欧洲协调处于休眠状态。每当新危机出现时,必须由某个大国或某些大国提议召开会议。一旦危机来临,某个大国可能会发起欧洲协调会议,但有可能一切为时已晚;一方面,发出会议倡议的大国可能会遭受质疑,被认为别有用心;另一方面,相关各方有可能拒绝参会。总而言之,各国外交部与政府就会议时间、地点与议程达成一致意见之前,必须通过频繁的电报与照会进行沟通,这使召集会议的进程既艰难又缓慢。欧洲协调需要一个永久性的组织机构,才能提高工作效率。只有如此,欧洲协调才能注意到欧洲危机发生的早期迹象,及时为欧洲联合行动提供服务。

直到1914年,一场大使会议有时会历时两年甚至更久。不过,这样的会议机构不可能永久存在。因为大使会议必须在大国首都召开,并且必须由一位大国外交部首脑主持会议。如此一来,大使会议也就不可能指望得到其他大国的长久信任。后来出现的国际联盟建立了常设秘书处及由所有成员国代表组成的常设理事会,并且有签字盖章的条约作为其庄严的基础,可谓补充了一百多年来国际协调的不足之处。除了常设组织机构,国际协调组织还需要成员国的正义感。在第一次世界大战前的几代人中,德意志第二帝国的怀疑论曾是欧洲协调存在的严重缺憾。德意志第二帝国首相奥托·冯·俾斯麦曾经将"欧洲"

---

① 《欧洲内阁的重大政治》第1卷第282页,1875年3月16日的旁注。——原注

称之为"虚幻之境"。在奥托·冯·俾斯麦外交传统的影响下,德意志人不相信存在所谓的"欧洲"。正因为如此,德意志第二帝国霍亨索伦王朝的最大罪状将呈现在历史的法庭之上:在国际事务中,德意志第二帝国只相信炮舰,不相信其他。第一次世界大战不仅证明了德意志第二帝国信念的最终破灭,而且催生了永久性的协调组织。在这个国际组织中,欧洲国家无论大小,都承诺通过谈判及司法裁决的方式解决问题,绝不诉诸武力。

译名对照表

Abdul Aziz	阿卜杜勒·阿齐兹
Abdul Hamid II	阿卜杜勒·哈米德二世
Achmad Arabi	艾哈迈德·阿拉比
Act of Algeciras	《阿尔赫西拉斯法案》
Act of Concession	《特许法案》
Adalbert Falk	阿达尔贝特·福克
Admiral von Diedericks	海军上将冯·迪德里希斯
Adolf Marschall von Bieberstein	阿道夫·马沙尔·冯·比贝尔施泰因
Adolphe Opper Blowitz	阿道夫·奥珀·布洛威茨
Adrianople	阿德里安堡
Aegean	爱琴海
Agadir	阿加迪尔
Agadir Crisis	阿加迪尔危机
Agenor von Goluchowski	阿格诺尔·冯·戈鲁乔夫斯基
Ahmed Midhat Pasha	艾哈迈德·米德哈特帕夏
Albania	阿尔巴尼亚
Albanian	阿尔巴尼亚人
Albanian mountains	阿尔巴尼亚山
Albert Billot	艾伯特·毕乐
Albert I	阿尔贝特一世
Albert Mensdorff	艾伯特·门斯多夫
Alberto Blanc	阿尔贝托·布兰克

Aleppo	阿勒颇
Alexander Hoyos	亚历山大·奥约斯
Alexander I	亚历山大一世
Alexander II	亚历山大二世
Alexander Isvosky	亚历山大·伊兹沃尔斯基
Alexander Ivanovich Baryaczynski	亚历山大·伊万诺维奇·巴里亚茨斯基
Alexander Mikhajlovich Gortchakoff	亚历山大·米哈伊洛维奇·戈尔恰科夫
Alexander Zaimis	亚历山德罗斯·柴伊米斯
Alexandre Jomini	亚历山大·乔米尼
Alexandria	亚历山大港
Alfons Mumm von Schwarzenstein	阿尔方斯·穆默·冯·施瓦岑施泰因
Alfonso XIII	阿方索十三世
Alfred Graf Von Waldersee	阿尔弗雷德·格拉夫·冯·瓦德西
Alfred Rothschild	阿尔弗雷德·罗斯柴尔德
Alfred Thayer Mahan	阿尔弗雷德·塞耶·马汉
Alfred von Kiderlen-Waechter	阿尔弗雷德·冯·基德伦-韦希特尔
Alfred von Schlieffen	阿尔弗雷德·冯·施里芬
Alfred von Tirpitz	阿尔弗雷德·冯·蒂尔皮茨
Algeciras Conference	阿尔赫西拉斯会议
Algiers	阿尔及尔
Alois Lexa von Aehrenthal	阿洛伊斯·莱克萨·冯·艾伦塔尔
Alsace	阿尔萨斯
Amalia of Solms-Braunfels	索尔姆斯-布劳恩费尔斯的阿玛莉亚
Anatolian Railway Company	安纳托利亚铁路公司
Andrew D. White	安德鲁·D.怀特
Anglo German Agreement	《英德协定》
Anglo-Boer War	英布战争
Anglo-German Alliance	英德同盟
Anglo-German Convention	《英德公约》
Anglo-Portugese Commission	英葡委员会
Angola	安哥拉
Angra Pequena	安哥拉佩克纳

Annam	越南
Anton Saurma von der Jeltsch	安东·萨尔玛·冯·德尔·杰尔奇
Aoki Shūzō	青木周藏
Arabi Pasha	阿拉比帕夏
Arabia	阿拉伯半岛
Arbitration Committee	仲裁委员会
Archbishop of Posen and Gnesen	波兹南主教兼格涅兹诺主教
Archduke Franz Ferdinand	弗朗茨·斐迪南大公
Archduke Frederick	腓特烈大公
Archibald Primrose	阿奇博尔德·菲利普·普利姆罗斯
Areopagus	最高法院
Armed Peace	武装和平
Armenian Triple Alliance	亚美尼亚三国同盟
Armenians	亚美尼亚人
Arthur James Balfour	阿瑟·詹姆斯·贝尔福
Arthur Nicolson	阿瑟·尼克尔森
Arthur von Gwinner	阿瑟·冯·格温纳
Arthur Zimmerman	阿瑟·齐默尔曼
Asia Minor	小亚细亚
Augustin Pouyer-Quertier	奥古斯丁·普耶-克蒂埃
Austria-Hungry Empire	奥匈帝国
Austro-German Treaty	《德奥同盟条约》
Austro-Prussian Dual Alliance	德奥同盟
Austro-Prussian War	普奥战争
Bad Ischl	巴特伊舍尔
Baden	巴登
Bagdad Railway	巴格达铁路
Bagdad Railway Agreement	《巴格达铁路协议》
Balkan War	巴尔干战争
Balmoral	巴尔莫勒尔堡
Bar	巴尔
Baron Blanc	布兰克男爵

Baron Hayashi	林董男爵
Baron Mauritz Hirsch	莫里茨·赫希男爵
Baron Nothomb	诺东男爵
Basra	巴士拉
Batoum	巴统港
Battle of Koniggratze	克尼格雷茨战役
Battle of Sadowa	萨多瓦战役
Bavaria	巴伐利亚
Belford	贝尔福
Belgrade	贝尔格莱德
Benedetto Cairoli	贝内德托·凯罗里
Benjamin Disraeli	本杰明·迪斯雷利
Benjamin Karolyi	本杰明·卡罗伊
Berchtesgaden	贝希特斯加登
Berlin Act	《柏林法案》
Berlin Conference	柏林会议
Bernhard von Bülow	伯恩哈德·冯·比洛
Bessarabia	比萨拉比亚
Bettino Ricàsoli	贝蒂诺·里卡索利
Big Bulgaria	大保加利亚
Bishop of Nancy	南锡主教
Bitlis	比特利斯
Black Hand Society	黑手会
Black Sea	黑海
Black Sea Neutralisation Clause	黑海中立条款
Black Sea Squadron	黑海舰队
Boer War	布尔战争
Bohemia	波希米亚
Bordeaux	波尔多
Borel	波雷尔
Borneo	婆罗洲
Bosnia	波斯尼亚

Bosphorus	博斯普鲁斯海峡
Boyana river	博雅纳河
Brandenburg	勃兰登堡
Bremen	不来梅
British Cabinet	英国内阁
British East Africa Company	英属东非公司
British War Office	英国战争部
Brussels	布鲁塞尔
Brussels Convention	《布鲁塞尔公约》
Bulgarian Atrocities	保加利亚暴行
Bustamente	布斯塔门特
Buyukdere	比于克代雷
Caesar Borgia	恺撒·博尔吉亚
Cairo	开罗
Camille Barrere	卡米尔·巴雷尔
Camillo Benso	卡米洛·奔索
Canal Company	运河公司
Candia	干地亚
Canea	哈尼亚
Canevaro	卡内瓦罗
Cape Colony	开普敦
Caribbean Sea	加勒比海
Carlsbad	卡尔斯巴德
Caroline Islands	卡罗林群岛
Castle of Buchlau	布克劳城堡
Castle of Konopischt	科诺派斯特城堡
Cattegat	卡特加特海峡
Ceuta	休达
Charilaus Trikupisz	查里劳斯·特里库皮斯
Charles de Freycinet	夏尔·德·弗雷西内
Charles Dilke	查尔斯·迪尔克
Charles Forbes Rene de Montalembert	夏尔·福尔贝·勒内·蒙塔朗贝尔

Charles François Marie	夏尔·弗朗索瓦·玛利
Charles Hardinge	查尔斯·哈丁
Charles Repington	查尔斯·雷平顿
Charles Rivers Wilson	查尔斯·里弗斯·威尔逊
Chatsworth House	查茨沃斯庄园
Chief of the African Department	非洲司司长
Chinese Maritime Customs	中国海关总税务司
Chlodwig Carl Viktor	克洛德维希·卡尔·维克托
Clare Ford	克莱尔·福特
Claudio Gabriele	克劳迪奥·加布里尔
Clayton-Bulwer Treaty	《克莱顿—布尔沃条约》
Clemens von Ketteler	克莱门斯·冯·克林德
Colonel Gilinsky	吉林斯基上校
Colonial Office	殖民地部
Comite des Etudes du Haut Congo	刚果河上游研究委员会
Commission of the Public Debt	公共债务委员会
Commune of Paris	巴黎公社
Comte de Chambord	尚博尔伯爵
Concert of European Powers	欧洲大国协调
Concessions	租界
Conference of Ambassadors	大使会议
Conference of Constantinople	君士坦丁堡会议
Conference of London	伦敦会议
Congo Free State	刚果自由邦
Congress of Berlin	柏林会议
Congress of Vienna	维也纳会议
Congress of Westphalia	威斯特伐利亚会议
Constantine I	康士坦丁一世
Constantinople	君士坦丁堡
Constitutional Government	宪政政府
Consular Service	领事馆
Consul-General	总领事

Conte Menabrea	梅纳布雷亚伯爵
Convention of Madrid	《马德里公约》
Costantino Nigra	科斯坦蒂诺·尼格拉
Council of the King of Prussia	普鲁士国王御前会议
Count Carlo Robilant	卡洛·罗比兰特伯爵
Count de Launay	劳奈伯爵
Count Gustav Kálnoky	古斯塔夫·卡诺基伯爵
Count Gyula Andrassy	久洛·安德拉希伯爵
Count Jenő Zichy	尤金·兹奇伯爵
Count Khevenhuller	赫文胡勒伯爵
Count Luigi Corti	路易吉·科尔蒂伯爵
Count Munster	蒙斯特伯爵
Count of Cavour	加富尔伯爵
Count Osten-Sacken	奥斯坦－萨肯伯爵
Count Pierre de Brazza	皮埃尔·德布拉柴伯爵
Count Stephen Tisza	斯蒂芬·蒂萨伯爵
Count Tornielli	托尔涅利伯爵
Cretan Concert	克里特岛协调
Crete	克里特岛
Crimean War	克里米亚战争
Crown Prince of Prussia	普鲁士王储
Crown Princess	皇储妃
Czechs	捷克人
Czikann von Wahlborn	齐干·冯·沃尔本
Dalmatia	达尔马提亚
Danish Duchies of Schleswig and Holstein	石勒苏益格－荷尔斯泰因公国
Danube	多瑙河
Dardanelles	达达尼尔海峡
Darkest Africa	非洲黑暗大陆
David Jayne Hill	大卫·杰恩·希尔
David Livingstone	大卫·利文斯通
Declaration of St. Petersburg	《圣彼得堡宣言》

Dervish Pasha	德维什帕夏
Die Bagdadbahn	《巴格达铁路》
Dimitar Stanchov	迪米特尔·斯坦乔夫
Director of Military Operations	军事行动部主任
Dirk van Tets van Goudriaan	德克·范·泰特·范·贡德里安
Dogger Bank	多格海岸
Draguddin Dmitrijevitch	德拉古丁·德米特里耶维奇
Drama	德拉马
Dreikaiserbund	三皇同盟
Dual Control	双重监督
Dual Mandate	双重托管
Duchy of Schleswig	石勒苏益格公国
Duke of Brabant	布拉班特公爵
Dulcigno	乌尔齐尼
Earl Granville	格兰维尔伯爵
Earl of Kimberley	金伯利伯爵
Earl of Derby	德比伯爵
Earl of Dufferin	达弗林伯爵
Earl of Kimberley	金伯利伯爵
Earl of Rosebery	罗斯贝利伯爵
Earl of Shelburne	谢尔本伯爵
Eastern Rumelia	东鲁米利亚
Edmond George Petty-Fitzmaurice	埃德蒙·乔治·佩蒂-菲茨莫里斯
Edouard Eugène Descamps	爱德华·尤金·德康
Edward Fry	爱德华·弗莱
Edward Henry Stanley	爱德华·亨利·斯坦利
Edward Hertslet	爱德华·赫兹莱特
Edward Hobart Seymour	爱德华·霍巴特·西摩尔
Edward Malet	爱德华·马利特
Edward Stanley	爱德华·斯坦利
Egypt	埃及
Elefttherios Venizelos	埃莱夫塞里奥斯·韦尼泽洛斯

Elihu Burritt	埃里胡·伯里特
Emile Francois Loubet	埃米尔·弗朗索瓦·卢贝
English-Russian-American Proposal	《英－俄－美议案》
Enos	埃内兹
Entente Conventions	《英法协约》
Epirus	伊庇鲁斯
Eric von Falkenhayn	埃里希·冯·法金汉
Erich Von Ludendorff	埃里希·冯·鲁登道夫
Eski Shehr	埃斯基谢希尔
Eternal City	永恒之城
Étienne Clémentel	艾蒂安·克莱门泰尔
Eugen Huber	欧根·胡贝尔
European Areopagus	欧洲最高政府会议
European Financial Adviser	欧洲金融顾问
Evangelical State of Europe	福音派国家
Evelyn Baring	弗林·巴林
Far East	远东
Far Eastern Entente	远东利益集团
Fedele de Giorgis	费代莱·德·乔治斯
Federico Luigi	费德里科·路易吉
Ferdinand I	斐迪南一世
Ferdinand von Richthofen	斐迪南·冯·里希霍芬
Ferrieres	费里耶尔
Feudal Daimios	封建大名
Fez	菲斯
Final Act	《最终法案》
Final Peace Treaty	《最终和约》
First Hague Conference	第一次海牙国际会议
First Lord of the Admiralty	英国海军大臣
Florence	佛罗伦萨
Foreign Office	外交部
France-Russian Alliance	俄法同盟

Francis de Winton	弗朗西斯·德·温顿
Franco-British Arbitration Treaty	《法英仲裁条约》
Franco-British-Spanish Agreement	《法国－英国－西班牙王国协定》
Franco-Prussian War	普法战争
Frankfort	法兰克福
Franz Conrad von Hötzendorf	弗朗茨·康拉德·冯·赫岑多夫
Franz Joseph I	弗朗茨·约瑟夫一世
Franzensbad	弗兰兹贝德
Frederick Temple Hamilton	弗雷德里克·坦普尔·汉密尔顿
Fredrich von Holstein	弗里德里希·冯·荷尔斯泰因
Fredrick Henry	腓特烈·亨利
French Consul-General in Egypt	法国驻埃及总领事
French General Staff	法国总参谋部
French Ministry of War	法国战争部
French Revolution	法兰西大革命
French War Office	陆军部
Friedjung trial	弗里德容审判
Friedrich Ferdinand von Beust	弗里德里希·斐迪南·冯·博伊斯特
Friedrich Szapary	弗里德里希·斯扎帕利
Friedrich von Pourtalès	弗里德里希·冯·普塔莱斯
Fyodor Fyodorovich Martens	费奥多·费奥多罗维奇·马顿斯
Gallipoli	加里波利半岛
Gambia	冈比亚
Gastein	加施泰因
General Council	普世会议
General Edwin Von Manteuffel	埃德温·冯·曼陀菲尔将军
General Fabrice	法布里斯将军
General Savoff	萨多夫将军
Geneva Convention	《日内瓦公约》
George Buchanan	乔治·布坎南
George Herbert Munster	乔治·赫伯特·蒙斯特
George I	乔治一世

George Joachim Goschen	乔治·约阿希姆·戈申
George Leveson Gower	乔治·莱维森·高尔
George Nathaniel Curzon	乔治·纳撒尼尔·寇松
George Robinson	乔治·罗宾逊
German Consul-General	德意志第二帝国驻开罗总领事
German General Staff	德意志第二帝国总参谋部
German South-West Africa	德属西南非
Germanic Confederation	德意志邦联
Gerson von Bleichroder	格尔松·冯·布雷史劳德
Gi-acchino Vinconzo Pecci	枢机主教基诺佩契
Gibraltar	直布罗陀海峡
Giovanni Battista Cavalcaselle	乔瓦尼·巴蒂斯塔·卡瓦尔卡塞莱
Giulio Prinetti	朱利奥·普里内蒂
Giuseppe Salvago Raggi	朱塞佩·萨尔瓦戈·拉吉
Gontaut-Biron	贡托－比隆
Gottlieb von Jagow	戈特利布·冯·雅格
Governor-General	总督
Graf Goluchowski	格拉夫·戈鲁乔夫斯基
Grand Canal	京杭大运河
Grand Vizier	大维齐尔
Great Slav State	大斯拉夫国家
Great War	世界大战
Gronert Goercke	格罗内尔德·格克
Gross von Schwarzhoff	格罗斯·冯·施瓦兹霍夫
Guiglielmo Imperiali	吉里诺·因佩利亚里
Guildhall	市政厅
Gusinje	古西涅
Gustav Adolf von Hohenlohe	古斯塔夫·阿道夫·冯·霍恩洛厄
Gustav Nachtigal	古斯塔夫·纳赫迪加尔
Habsburg Monarchy	哈布斯堡王朝
Hague Convention of 1899	《1899年海牙公约》
Hague Court of Arbitration	海牙仲裁法庭

Haidar Pasha-Ismid Railway	海达尔帕夏－伊斯米德铁路
Halt in Belgrad	贝尔格莱德停火
Hamburg	汉堡
Hanover	汉诺威
Hans Lothar von Schweinitz	汉斯·洛塔尔·冯·施魏尼茨
Harry von Arnim	哈里·冯·阿尼姆
Hatfeld	哈特菲尔德
Hatzfelds	哈兹菲尔德家族
Hay-Pauncefote Treaty	《海—庞斯富特条约》
Heinrich Freiherr von Calice	海因里希·弗雷赫尔·冯·卡利斯
Heinrich Karl Von Heymerle	海因里希·卡尔·冯·海默勒
Heinrich Lammasch	海因里希·拉马施
Heinrich Von Treitschke	海因里希·冯·特赖奇克
Heinrich von Tschirschky	海因西里·冯·齐尔斯基
Helmuth von Moltke	赫尔穆特·冯·毛奇
Henckel von Donnersmarck	亨克尔·冯·多纳斯马克
Henckel-Donnersmarcks	亨克尔－多纳斯马尔克家族
Henri V	亨利五世
Henry Campell-Bannerman Government	亨利·坎贝尔－巴纳曼政府
Henry Edward Manning	亨利·爱德华·曼宁
Henry Elliot	亨利·艾略特
Henry Howard	亨利·霍华德
Henry John Temple Palmerston	亨利·约翰·坦普尔·帕默斯顿
Henry Morton Stanley	亨利·莫尔顿·斯坦利
Henry Newman	亨利·纽曼
Henry Petty-Fitzmaurice	亨利·佩蒂－菲茨莫里斯
Henry VII of Reuss	罗伊斯的亨利七世
Herbert Henry Asquith	赫伯特·亨利·阿斯奎斯
Herr Aegidi	赫尔·埃吉迪
Herzegovina	黑塞哥维那
Hesse-Cassel	黑森－卡塞尔
Hierapetra	耶拉佩特拉

Hohenlohes	霍恩洛厄家族
Holy Alliance	神圣同盟
Horace Porter	霍勒斯·波特
Hotel de Russie	俄罗斯酒店
Hotel des Indes	茵德斯酒店
Hotel Zum Schwan	苏姆施万酒店
House in the Wood	森林之屋
House of Bleichroder	布雷施劳德 家族
House of Coburg	科堡王室
House of Rothschild	罗斯柴尔德家族
Hugo Fürst von Radolin	雨果·弗斯特·冯·拉多林
Hugo von Radolin	雨果·德·拉多林
Hugues Felicité Robert de Lamennais	于格·费利西泰·罗贝尔·德拉梅内
Huis ten Bosch	豪斯登堡
Ibrahim Edhem Pasha	易卜拉欣·埃德恒帕夏
Ignaz Dollinger	伊格纳兹·多林格尔
Iles de Los	洛斯岛
Imperial Irade	帝国敕令
Imperial Ottoman Bank	土耳其帝国银行
Indian Civil Service	印度行政参事会
Indian Ocean	印度洋
International African Association	国际非洲协会
International Association of the Congo	刚果国际协会
International Bureau	国际局
International Commission of Inquiry	国际调查委员会
International Red Cross Society	国际红十字协会
International Tribunals	国际法庭
Interparliamentary Union	各国议会联盟
Isabella II	伊莎贝拉二世
Ischl	伊舍尔
Ismail	伊斯梅尔
Istvan Burian	伊斯特万·布里安

Italians	意大利人
Italo-Turkish War	意土战争
Itchen Abbas	伊钦阿巴斯
Ivan Evstratiev Geshov	伊万·埃夫斯特拉提夫·盖肖夫
J. Bolton	J. 博尔顿
Jacques Victor Albert	雅克·维克多·阿尔贝
James Brown Scott	詹姆斯·布朗·斯科特
James Grierson	詹姆斯·格里森
Jean Baptiste	让·巴普蒂斯特
Jean Henri Dunant	让·亨利·杜南
Jean-Baptiste Bienvenu-Martin	让－巴普蒂斯特·安弗尼－马丁
Jean-Baptiste Henri Lacordaire	让－巴普蒂斯特·亨利·拉科代尔
Johannes Kriege	约翰内斯·克里格
John Acton	约翰·阿克顿
John Arbuthnot Fisher	约翰·阿巴思诺特·费希尔
John Bright	约翰·布莱特
John Foster	约翰·福斯特
John Hay	约翰·海伊
John Strachey	约翰·圣洛·斯特雷奇
John Wodehouse	约翰·沃德豪斯
Jonkheer van Karnebeck	约恩克海尔·冯·卡纳贝克
Joseph Archer Crowe	约瑟夫·阿切尔·克罗
Joseph Chamberlain	约瑟夫·张伯伦
Joseph Choate	约瑟夫·乔特
Joseph de Cadoine	约瑟夫·德·卡多因
Joseph de Maistre	约瑟夫·德·迈斯特
Joseph Imbart de la Tour	约瑟夫·因巴特·德拉·图尔
Joseph Maria von Radowitz Jr.	小约瑟夫·玛利亚·冯·拉多维茨
Joseph von Gorres	约瑟夫·冯·格雷斯
Joseph-Alfred Foulon	约瑟夫－阿尔弗雷德·福伦
Jova Jovanovitch	约万·约万诺维奇
Jules Favres	儒勒·法夫尔

Julian Pauncefote	朱利安·庞斯福特
Kálmán Tisza	卡尔曼·蒂萨
Karapansca	卡拉潘斯卡
Karatheodori Pasha	卡拉特奥多里帕夏
Karl Helfferich	卡尔·海费里希
Karl Max Fürst von Lichnowsky	卡尔·马克斯·弗斯特·里奇洛乌斯基
Karl Robert Nesselrode	卡尔·罗伯特·内塞尔罗德
Karl von Stengel	卡尔·冯·施坦格尔
Karl von Werther	卡尔·冯·维特
Kavara	卡瓦拉
Kazan	喀山
Ke-ying	耆英
Kiamil Pasha	贾米尔帕夏
Kiev	基辅
King of Saxon	萨克森国王
Kingdom of Italy	意大利王国
Kingdom of Sardinia	撒丁王国
Kissingen	基辛根
Klemens von Metternich	克莱门斯·冯·梅特涅
Knights' Hall of the Binnenhof	议会大厦的骑士厅
KomuraJutaro	小村寿太郎
Konia	哥尼亚
Kulturkampf	文化斗争
Ladislaus Szogyeny	拉迪斯劳斯·斯左格京尼
Lake Chad	乍得湖
Lake Tanganyika	坦葛尼喀湖
Lauenburg	恩堡
Law of the Guarantees	《保障法》
League of Nations	国际联盟
League of the Three Emperors	三皇同盟
Leicester	莱斯特
Lemnos	利姆诺斯岛

Leo Bourgeois	莱昂·布儒瓦
Leo Maxse	利奥·马克西
Leo von Caprivi	列奥·冯·卡普里维
Leo XIII	利奥十三世
Léon Gamnetta	莱昂·甘必大
Leon von Bilinski	利昂·冯·比林斯基
Leopold II	利奥波德二世
Leopold von Berchtold	利奥波德·冯·贝希托尔德
Levant	黎凡特
Lichnowskris	里奇洛乌斯基家族
Lion of Batoum	巴统之狮
Lire	里拉
Loge	洛日
Lombardy	伦巴第
Lord Ampthill	安普蒂尔勋爵
Lord Augustus Loftus	奥古斯特·洛夫图斯勋爵
Lord Carnock	卡诺克勋爵
Lord Odo Russell	奥多·拉塞尔
Lorraine	洛林
Louis Decazes	路易·德卡兹
Louis Renault	路易·雷诺
Louisa Cavendish	路易莎·卡文迪什
Louis-Adolphe Tiers	路易－阿道夫·梯也尔
Louis-Napoléon Bonaparte	路易－拿破仑·波拿巴
Luigi Corti	路易吉·科尔蒂
Lumberg	伦堡
Luxembourg	卢森堡
M.Joostens	姚士登
Macedonia	马其顿
Macedonian Committee	马其顿委员会
Machiavelli	马基雅弗利
Magyars	马扎尔人

Manfred von Richthofen	曼弗雷德·冯·里希特霍芬
Mannheim	曼海姆
Marlborough House	马尔博罗别墅
Marquess of Ripon	里里彭侯爵
Marquis de Gabriac	加布里亚克侯爵
Marquis di Visconti-Venasto	维斯孔蒂-维斯塔诺侯爵
Matthew C. Perry	马修·C.佩里
Maurice Rouvier	莫里斯·鲁维埃
Mauricede Bunsen	莫里斯德·本森
Maximilien Strauch	马克西米利安·斯特拉赫
May Laws	《五月法令》
Mediterranean	地中海
Mediterranean Agreements	《地中海协定》
Mehemet Ali	穆罕默德·阿里
Meiji Restoration	明治维新
Melilla	梅利利亚
Mesopotamia	美索不达米亚
Metz	梅斯
Midhat's Parliament	米德哈特议会
Midia	米迪亚
Mieczysław Halka-Ledóchowski	米奇斯瓦夫·哈尔卡-莱多霍夫斯基
Mihaly Karolyi	米哈伊·卡罗里
Mikado	天皇
Mikhail Nikolayevich Muraviev	米哈伊尔·尼古拉耶维奇·穆拉维约夫
Milosch Boghitschewitsch	米洛希·博希舍维奇
Milovan Milovanovitch	米洛万·米洛瓦诺维奇
Minister of Finance	财政部长
Minister of War	战争大臣
Ministerial Council	部长级会议
Mitrovitsa	米特罗维察
Mitylene	米特利尼
Mixed Courts	混合法庭

Mogador	莫加多尔
Monaco	摩纳哥
Monastir	莫纳斯蒂尔
Morocco	摩洛哥
Morocco Convention	《摩洛哥公约》
Moscow	莫斯科
Mosul	摩苏尔
Mount Athos	阿索斯山
Mozambique	莫桑比克
Muluya River	穆卢耶河
Munich	慕尼黑
Murad V	穆拉德五世
Muravieff Note	穆拉维约夫照会
Murtzstag	米尔茨施泰格
Murzsteg Agreement	《米尔茨施泰格协定》
Naples	那不勒斯
Napoleon Bonaparte	拿破仑·波拿巴
Napoleon I	拿破仑一世
Napoleon III	拿破仑三世
Napoleonic Wars	拿破仑战争
National Assembly	国民议会
National Liberals	民族自由党
Ndambi Mfongo	恩达姆比穆丰戈
Near Eastern Concert	近东协调
Neo-Catholicism	新天主教
Neues Palais	新宫
New Hebrides	新赫布里底群岛
Nicaragua	尼加拉瓜
Nice	尼斯
Nicholas O'Connor	尼古拉·奥康纳
Nicholas II	尼古拉二世
Nicholas Novikov	尼古拉·诺维科夫

Nicholas Wiseman	尼古拉·怀斯曼
Nicolas Ouroussoff	尼古拉·欧鲁瑟夫
Nicolay Karlovich Giers	尼古拉·卡尔洛维奇·吉尔斯
Nikola Pashitch	尼古拉·帕希奇
Nikolay Pavlovich Ignatyev	尼古拉·帕夫洛维奇·伊格纳季耶夫
Nish	尼什
North Germany	北德意志邦联
Northern Schleswig	北石勒苏益格
Nubar Pasha	努巴尔帕夏
Odessa	敖德萨
Odo Russell	奥多·罗素
Orange River	奥兰治河
Order of the Jesuits	耶稣会
Organic Statute	《基本法》
Otto von Bismarck	奥托·冯·俾斯麦
Pacific Ocean	太平洋
Pact of Halepa	《哈勒帕公约》
Panama	巴拿马
Panama Canal	巴拿马运河
Pan-Slavist	泛斯拉夫主义
Papal Infallibility	教皇永无谬误
Papal Nuncio	教皇使者
Papal states	教皇国
Pasha of Egypt	埃及帕夏
Patrice de Mac-Mahon	帕特里斯·德·麦克马洪
Paul Hatzfeldt	保罗·哈兹菲尔德
Paul Rohrbach	保罗·罗尔巴赫
Paul Wolff Metternich	保罗·沃尔夫·梅特涅
Peace of Nikolsburg	《尼科尔斯堡和约》
Pemba	奔巴岛
Peninsula of Gallipoli	加里波利半岛
Pera Palace Hotel	佩拉宫酒店

Percy Anderson	珀西·安德森
Permanent Court	常设法院
Permanent Under-Secretary	常任副秘书长
Perponchers	贝莱尔庞斯家族
Persian Gulf	波斯湾
Pescadores	澎湖列岛
Peter Andreevich Shouvaloff	彼得·安德烈耶维奇·舒瓦洛夫
Peter d'Oubril	彼得·德奥布里尔
Philander Chase Knox	菲兰德·蔡斯·诺克斯
Philippopolis	菲利波波利
Pierre Paul Cambon	皮埃尔·保罗·康邦
Pious VII	庇护七世
Piraeus	比雷埃夫斯港
Plava	普拉瓦
Pope Clement XIV	教皇克莱门特十四世
Porta Pia	庇亚门
Preliminary Treaty of Nikolsburg	《尼科尔斯堡预备条约》
Preliminary Treaty of Versailles	《凡尔赛初步条约》
Prince Hohenlohe	霍恩洛厄侯爵
Prince Victoria	维多利亚公主
Pronuncio Jacobini	教皇使者雅各比尼
Protestant Powers	新教强国
Prussia-Italian Alliance	普意同盟
Prussian Minister of Public Instruction	公共教育部长
Quai d'Orsay	奥赛路
Queen Victoria	维多利亚女王
Queen Wilhelmina	威廉明娜女王
Radomir Putnik	拉多米尔·普特尼克
Radzwills	拉特兹维莱家族
Rainy	雷尼
Raymond Poincare	雷蒙·庞加莱
Reformation	宗教改革

Reichstadt	赖希施泰特
Reichstadt Agreement	《赖希施泰特协议》
Reichstag	帝国议会
Reinsurance Treaty	《再保险条约》
Rene Viviani	雷内·维维安尼
Reni	雷尼港
Rennell Rodd	伦内尔·罗德
Reparation Commission	赔偿委员会
Rethymne	罗希姆诺
Reval	瑞瓦尔
Rhine	莱茵河
Richard Haldane	查德·霍尔丹
Risorgimento	统一运动
River Niger	尼日尔河
Robert Meade	罗伯特·米德
Robert Morier	罗伯特·莫里尔
Rosamund Reay	罗莎蒙德·雷伊
Rouen	鲁昂
Rumilia	鲁米利亚
Russo-Japanese War	日俄战争
Russo-Turkish War	俄土战争
Sadowa	萨多瓦
Safvet Pasha	萨夫韦特帕夏
Sagans	萨冈家族
Said I	塞伊德一世
Saint-Vallier	圣瓦利耶
Salonika	萨洛尼卡
Samoa	萨摩亚群岛
Samsun	萨姆松
San Stefano	圣斯特凡诺
Sanjak	桑贾克
Sanjak of Novi Bazar	诺维巴扎尔的桑贾克

Sarajevo murders	萨拉热窝刺杀事件
Satsuma clan	萨摩蕃
Savoy	萨伏依
Saxe-Coberg-Cohary	萨克森－科堡－哥达
Saxony	萨克森
Scheldt	斯海尔德河
Scheveningen	斯海弗宁根
Schleswig-Holstein War	石勒苏益格－荷尔斯泰因战争
Schonbrunn	美泉宫
Scutari	斯库台湖
Sea of Maroma	马尔马拉海
Semlin	塞姆林
Serbo-Bulgarian Treaty	《塞尔维亚－保加利亚条约》
Serge Sazonov	泽格·萨索诺夫
Sergei Dmitryevich Sazonov	谢尔盖·德米特里耶维奇·萨佐诺夫
Sergei Yulyevich Witte	谢尔盖·尤利耶维奇·维特
Serres	塞雷斯
Seth Lo	赛斯·洛
Settlements	外民居住地
Seven Years War	七年战争
Shasi	荆州
Sheikh of Koweit	科威特酋长
Sicily	西西里岛
Silistra	斯利斯特拉
Sir Arthur Nicolson	阿瑟·尼克尔森爵士
Sir Augustus Paget	奥古斯都·佩吉特爵士
Sir C.Scott	C.斯科特爵士
Sir Edward Grey	爱德华·格雷爵士
Sir Edward Monson	爱德华·蒙森爵士
Sir Earnest Mason Satow	恩斯特·梅森·萨道义爵士
Sir Francis Bertie	弗朗西斯·伯蒂爵士
Sir Francis Richard Plunkett	弗朗西斯·理查德·普伦基纳爵士

Sir Frank Lascelles	弗兰克·拉塞尔爵士
Sir G.Lowther	G. 劳瑟爵士
Sir Garnet Wolseley	加内特·沃尔斯利爵士
Sir George Sydenham Clarke	乔治·西德汉姆·克拉克爵士
Sir Henry Bartle Frere	亨利·巴特勒·弗雷尔爵士
Sir Henry Howard	亨利·霍华德爵士
Sir Henry Pottinger	璞鼎查爵士
Sir Henry Rawlinson	亨利·罗林森爵士
Sir John Ardagh	约翰·阿德爵士
Sitia	锡蒂亚
Slave Trade	奴隶贸易
Slivnitza	斯利夫尼察
Smyrna	士麦那
Smyrna-Cassaba Railway	士麦那-卡萨巴铁路公司
Sophia	索菲亚
Spalaikovic	斯帕拉科维奇
Spencer Compton Cavendish	斯宾塞·康普顿·卡文迪什
Spinalonga	斯皮纳龙格
Stanford Newel	斯坦福·纽埃尔
Straits Convention of London	《伦敦海峡公约》
Strasbourg	斯特拉斯堡
Styria	施蒂利亚
Suda Bay	苏达湾
Suez Canal	苏伊士运河
Switzerland	瑞士
Syria	叙利亚
T.G.Bowles	T.G. 鲍尔斯
Tangier	丹吉尔
Tegern See	泰根塞河畔
Tel-el-Kebir	泰勒凯比尔
Temple of Janus	雅努斯神殿
Conservatives	保守党

The Final Act of Algeciras	《阿尔赫西拉斯最终法案》
the Franco-German War	普法战争
Theobald von Bethmann-Hollweg	特奥巴尔德·冯·贝特曼－霍尔韦格
Theodore Roosevelt	西奥多·罗斯福
Theodoros Diligiannis	特奥多巴斯·德利吉安尼斯
Théophile Delcassé	泰奥菲勒·德尔卡塞
Thessaly	色萨利
Thomas Woodrow Wilson	托马斯·伍德罗·威尔逊
Tirnovo	特尔诺沃
Travers Twiss	特拉弗斯·特威斯
Treaty of Bjorko	《比约克条约》
Treaty of Bucharest	《布加勒斯特条约》
Treaty of Budapest	《布达佩斯条约》
Treaty of Cession	《胶澳租界条约》
Treaty of Frankfort	《法兰克福条约》
Treaty of London	《伦敦条约》
Treaty of Paris	《巴黎条约》
Treaty of Plague	《布拉格条约》
Treaty of San Stefano	《圣斯特凡诺条约》
Treaty of Shimonoseki	《马关条约》
Treaty of the Bogue	《虎门条约》
Treaty of Tientsin	《天津条约》
Treaty of Utrecht	《乌德勒支条约》
Treaty of Versailles	《凡尔赛条约》
Treaty Shore	条约海岸
Trebizond	特拉布宗
Trent	特伦特
Trieste	的里雅斯特
Triple Alliance	三国同盟
Tripoli	的黎波里
Tsar's Rescript	沙皇诏书
Tunis	突尼斯

Turkish Empire	土耳其帝国
Tyroi	蒂罗尔
Ulrich von Brockdorff-Rantzau	乌尔里希·冯·布罗克多夫－兰曹
Ultramontane	教皇极权主义
Un Souvenir de Solferino	《回忆索尔费里诺战役》
Upper Silesia	上西里西亚
Uraga	浦和港
Urfa	乌尔法
Uskub	于斯屈普
Uvac	乌瓦茨
Valentine Chrol	瓦伦丁·希罗尔
Van	凡城
Venetia	威尼西亚
Versailles	凡尔赛
Versailles Army	凡尔赛大军
Viceroy of India	印度总督
Victor Huguet	维克多·休格特
Victor Emmanuel II	维克托·伊曼纽尔二世
Vigo	维戈
Villerupt	维勒吕普
Vincent Caillard	文森特·凯拉德
Vladimir Nikoayevich Lamsdorff	弗拉基米尔·尼古拉耶维奇·兰姆斯多夫
Vladimir Sukhomlinov	弗拉基米尔·苏霍姆里诺夫
von Eckardstein	冯·埃克哈德斯坦
von Stumm	冯·斯塔姆
Vosges	孚日山脉
Walfish Bay	沃尔维斯湾
War of Italian Liberation	意大利解放战争
Warsaw	华沙
Wenceslao de Villa-Urrutia	文策斯劳·德·维拉－乌鲁蒂亚
Wenzel Anton	文策尔·安东
West Prussia	西普鲁士

Westphalian spa of Ems	埃姆斯的威斯特伐利亚温泉
Whilhem von Pressel	威廉·冯·普雷塞尔
Whitehall Treaty	《白厅条约》
Wilhelm von Schoen	威廉·冯·舍恩
Wilhelmstrasse	威廉街
Willem de Beaufort	威廉·德·博福特
William Crozier	威廉·克罗泽
William Ewart Gladstone	威廉·尤尔特·格莱斯顿
William I	威廉一世
William II	威廉二世
William Mackinnon	威廉·麦金农
William Petty-Fitzmaurice	威廉·佩蒂－菲茨莫里斯
William Waddington	威廉·沃丁顿
Windsor Treaty	《温莎条约》
Winston Churchill	温斯顿·丘吉尔
Yalta	雅尔塔
Yangtze Treaty	《长江条约》
Yellow Peril	黄祸论